U0669908

培养了不起男孩的100个细节

了不起

的100个细节

云晓 主编

全新增订
白金版

朝華出版社

图书在版编目（CIP）数据

培养了不起男孩的 100 个细节 / 云晓主编.—2 版.
—北京：朝华出版社, 2011.9
ISBN 978-7-5054-2902-4

Ⅰ.①培… Ⅱ.①云… Ⅲ.①男性–家庭教育 Ⅳ.
①G78

中国版本图书馆 CIP 数据核字(2011)第 177642 号

培养了不起男孩的 100 个细节（全新增订白金版）

作　者　云　晓

选题策划　杨　彬　王　磊
责任编辑　姜婷婷
责任印制　张文东
封面设计　荆棘设计

出版发行　朝华出版社
社　　址　北京市西城区百万庄大街 24 号　邮政编码　100037
订购电话　(010)68413840　68996050
传　　真　(010)88415258（发行部）
联系版权　j-yn@163.com
网　　址　www.mgpublishers.com
印　　刷　三河市三佳印刷装订有限公司
经　　销　全国新华书店
开　　本　787mm×1092mm　1/16　　　　**字　　数**　350 千字
印　　张　26.5
版　　次　2011 年 9 月第 2 版　2019 年 7 月第 19 次印刷
装　　别　平
书　　号　ISBN 978-7-5054-2902-4
定　　价　39.80 元

版权所有　翻印必究·印装有误　负责调换

Preface 序 言

　　与养育女孩相比,养育男孩带给父母的挑战要大得多。古希腊伟大的哲学家柏拉图早在 2300 多年前就这样写道:"在所有的动物之中,男孩是最难驾驭的。"

　　的确,这个天生带有"Y"染色体的小家伙,自出生以后就会给父母带来无穷的教育困惑:

　　男孩喜欢冒险,登高、爬树等是他的强项,他常常会因为自己的冒险举动而伤痕累累;

　　男孩天生是个倔脾气,父母说东他偏往西,父母越说不可以他越是想尝试,父母越是严格控制他越叛逆;

　　男孩虽然事事粗心,却有着一颗敏感的心灵,父母的不尊重、不理解,往往是他心中永远的痛;

　　男孩很难自我控制,对诱惑的免疫力低,外界的一点点"风吹草动",都会让他的学习成绩每况愈下;

　　……

　　因此,多次领教过男孩这些"伟大特性"的父母都有这样一个疑问:上天让小男孩出生,难道就是为了给父母制造麻烦的吗?

其实不然。喜欢"制造麻烦"，往往是男孩体内过多的荷尔蒙睾丸素在起作用。睾丸素在赋予男孩男子汉特性的同时，也会带给男孩不安定的个性——坐不住、好斗、喜欢冒险、与同伴竞争、给老师捣乱……而这些不安定的个性，也恰恰是男孩更富探索欲、创造欲、领导欲的最直接体现。

这也就是说，只要父母引导得当，教育得当，善于将男孩的个性弊端转变为一种成功的优势，每个男孩都会成长为一个了不起的人、一个卓尔不凡的男子汉！

俗话说得好，"细节决定成败"，这个道理用在教育男孩方面，也十分适用。如果父母能够在日常生活的细节中，给予男孩正确的引导，男孩体内过多的睾丸素就会促使这些小"捣蛋鬼"成为顶天立地的男子汉！

那么，把男孩培养成了不起的男子汉，做父母的应该注意哪些日常细节呢？

本书从分析男孩的性别和心理特征出发，针对男孩生活、学习、理财、个性培养、能力培养以及危险禁区等多个方面，为家有男孩的父母总结了 100＋10 个教育细节。每个细节中，都分析了男孩某些行为产生的原因，并给为人父母者提出了切实可行的建议。

概括来说，本书给家有男孩的父母提出了教育男孩的四原则：

原则一：从小就要让男孩知道，他是个了不起的男子汉

男孩在四五岁的时候，就已经有了性别意识，他已经知道了自己是个小男子汉。这个时候，父母就要有意识地培养其男子汉的作风——

男孩跌倒了，告诉他：自己爬起来；

男孩胆怯了，告诉他：你可以做得更好；

男孩犯错误了，告诉他：好汉做事好汉当；

男孩不听话了，告诉他：不给父母添麻烦，是一种男子汉的荣耀！

值得注意的是，让男孩从小就具有男子汉意识，父亲的作用是巨大的。无数事实证明：妈妈过多的保护和担心，会削减男孩的男子汉气概；而父亲更显严格的规则、更显宽松的约束，则会赋予男孩无与伦比的坚强与勇气，进而促使男孩更快地成长为一名优秀的男子汉。

原则二：千万别对男孩来"硬"的，要和男孩做朋友

男孩最怕什么？

很显然，他们最怕没有人理解、没有人支持，以及没有自由！

男孩最不怕什么？

家有男孩的父母都知道，男孩最不怕的就是武力胁迫，"越打越犟"是他们的长项。

因此，男孩父母一定要牢记这样一个教子箴言：如果你现在不和你的男孩成为朋友，那么青春期之后，他就会把你当做"敌人"！

和男孩做朋友，其实很简单——

给男孩更多自我选择的权利；

和男孩一同分享他的喜怒哀乐；

尊重你的男孩，并放弃"不打不成材"的教子观念；

时刻让男孩感受到你不温不火的关爱，巧妙约束但不强硬控制；

……

原则三：别让你的男孩太"富有"

我们所说的"富有"包含两个概念，一个是父母太多的溺爱和包办，一个是钱财的充裕。

很多父母特别宠爱男孩，所以一切事情都依着男孩；

很多父母很有钱，所以他们给男孩过多零用钱；

很多父母很有能力，所以男孩的大小事情他们都会包办；

……

然而，父母的这种让男孩过于"富有"的做法，又会给男孩带来什么呢？

父母的过度宠爱让男孩变得自私而没有责任感；太多的金钱让他只想用"奢侈消费"的方式去消耗体内过多的睾丸素，从而忘记了自己还要学习；父母的事事包办则让他丧失了劳动的能力，应对困难的能力，抵抗挫折的能力……

正因如此，明智的父母从不会让自己的男孩太过"富有"，他们会把"爱"藏起来一半，他们会寻找和创造机会让男孩去体验贫穷！

原则四：男孩的成功个性需要从小培养

生活中，男孩父母常常会有许多的无奈——

教他勇敢，他做事却总是唯唯诺诺；

教他坚强，他却屡次轻易放弃；

教他果断，他还是拖拖拉拉；

……

每当遇到这样的情况，男孩的父母总会这样自我安慰："等他长大后，他自然会懂得……"可事实往往与父母的期望截然相反。

如果你期望一个一直都轻言放弃的男孩，长到 18 岁后，忽然一下变得坚强起来，这现实吗？

如果你希望一个一直都畏畏缩缩的小男孩，在 20 岁之后，忽然像个出色外交家一样去交际，这可能吗？

如果你盼望你一直花钱大手大脚的儿子在 25 岁之后，能像理财专家那样去理财，这只能是你的一个美好的梦想。

任何一个男孩，都不能只活在父母的梦想里。所以，教育男孩需要父母在他很小的时候，便脚踏实地、循序渐进地引导他去积累成功的能力和品质。

在此，希望每位阅读此书的父母，在未来的日子里，都能以自己的儿子为傲，以自己了不起的男孩为荣！

Contents 目 录

第一章 教育男孩,请先进入男孩世界

目
录

目录

第十一章 解密危险禁区,防止男孩成为"问题男孩"

第一章

教育男孩,请先进入男孩世界

男孩的内心世界是什么样的呢?

他淘气,是因为他更喜欢冒险;

他喜欢搞破坏,是因为他更具探索精神;

他学习不如女孩,是因为他不喜欢被限制、被束缚;

他好争斗,是因为他内心深处总有着一种挥之不去的英雄情结;

……

任何一个男孩,都有着神秘而丰富的内心世界。只有父母真正走入那个世界,才能理解他那些不可思议的行为,才能知道你的男孩有多棒、多优秀,并为之而感到骄傲!

"我什么都不怕"——男孩的冒险心理

某位国外的教育学家在一所小学里做了这样一个试验：他让所有的小学生写出"是男孩好还是女孩好，并说明理由"。结果，女孩子们大多认为女孩好，写下的理由也非常相似：

1. 女孩闭着嘴巴嚼东西；

2. 女孩更懂礼貌；

3. 女孩的头发梳理得更漂亮；

4. 女孩不挖鼻孔；

5. 女孩没有那么多的体味；

6. 女孩安静得多；

7. 女孩不会把房间弄乱；

8. 女孩的坐相更斯文；

9. 女孩更听老师和父母的话；

10. 女孩更会关心人；

11. 女孩更有仪表风度。

而男孩子们大多也为自己是个小男子汉而感到自豪，他们自豪的原因可以概括成以下几点：

1. 男孩敢于在观看恐怖电影时眼睛眨都不眨一下；

2. 男孩不会总感到难为情；

3. 男孩会爬树；

4. 男孩敢骑马；

5. 男孩比女孩勇敢，不怕毛毛虫；

6. 男孩走路不扭扭捏捏；

7. 男孩为自己身上的气味而自豪；

8.男孩不需要别人指引方向;

9.男孩爱打抱不平;

10.男孩做事更快,不会拖拖拉拉等上"一百年";

11.男孩不会像女孩那样爱哭泣。

事实上,女孩有女孩的长处,男孩有男孩的优点。不管是做试验还是搞调查,都不能因此而确定究竟是男孩好还是女孩好。但是,由此,男孩和女孩的区别就体现出来了,女孩更细心,讲卫生,懂礼貌,会关心人;而男孩更豪爽,勇敢,胆大,具有冒险意识,讲义气。

国外一则古老的童谣说:小女孩是由什么构成的?糖果、香料和一切美好的东西;小男孩又是由什么构成的呢?剪刀、蜗牛和宠物小狗的尾巴。所以,有过教育男孩经验的父母都知道,与女孩相比,男孩似乎更难教育。尤其是在男孩那些引以为豪的"特性"方面,父母往往需要付出比教育女孩更多的心思和精力。

比如,具有冒险精神本是一种很好的品质,男孩却有一种没有任何理由就要去冒险的倾向,而且这种情况开始得很早。

一个刚刚会走路的小男孩,只要他能爬上去的地方,他就会从那里跳下去;他喜欢玩火;他会把自己藏起来,让全家人着急;他会把一切能吃不能吃的东西,统统向嘴里塞;他还会故意惹老师和同学生气,并以此为乐趣。

随着年龄的增长,男孩还会爱上一切富有冒险性的事物,如滑板、攀岩、滑翔、飙车等。因此,有儿童心理学家说,任何一个男孩子在小时候都或多或少地受过外伤,男孩没受过伤而长大成人,只能是奇迹。

曾有一位母亲把自己带大两个儿子的经历说成是"每天都生活在提心吊胆中":

他们每天都让人不得安宁。他们喜欢爬到家具上,再从家具上跳到床上,因此家里的床垫被他们跳出一个大洞。他们还喜欢到楼下的小花园里去爬树,甚至还学"蝙蝠侠"在树与树之间窜来窜去。有一次,他们竟然从几米高的树上摔下来,结果把腿骨摔折了,在家休养了两个月才去上学。

事实上,大多数男孩子都是这样:喜欢爬上爬下,即使因此挨过好几次摔、挨过好几次打,他们还是会对这些冒险的行为乐此不疲;喜欢

搞破坏,他会把所有的屋子都搞得乱糟糟却还意识不到自己的错误;喜欢打架和欺负别人,因此总需要父母为他收拾残局,不是送他去医院,就是送别人去医院……因此,父母往往会对这些调皮的男孩束手无策。

也许也正因如此,古希腊的哲学家柏拉图早在2300多年前就这么写道:"在所有的动物之中,男孩是最难控制对付的!"

为什么会这样呢?男孩、女孩同为小孩子,为什么男孩会如此难管呢?

其实,主要原因在于男孩体内的荷尔蒙睾丸素,它是雄性特征的体现。从襁褓期开始,男孩的体内就有远远多于女孩的激素分泌,他们更需要一些冒险的行为去释放自己的能量。儿科医生也认为,睾丸素会使得男孩的行为不同于女孩。

另外,众多儿童心理学专家也认为,男孩爱冒风险、专断自负、斗殴竞争、争吵、自吹、喜欢出风头的倾向与睾丸素的分泌直接相关。因此,这正是男孩比女孩更不好教育的原因。

◎ 给父母的建议

了解了男孩与女孩的不同,父母肯定对自己的儿子有了全新的认识。那么,在以后的日子里,父母应该怎样对待男孩表现出的种种夸张而又怪异的行为呢?以下的几点方法值得父母借鉴。

方法一:理解男孩的冒险行为

中国人传统上一直要求孩子要静,总是想办法约束孩子的行动。其实,父母应该明白,爱动、好冒险是男孩的天性,他需要广阔的空间和自由的行动,他依靠运动和攀爬来燃烧体内的睾丸素和促使大脑健康发展。因此,当男孩又在虐待他的玩具或"修理"家里的小件电器时,爸爸妈妈不要束缚他,而是要相信他的能力,并且在不干涉他的前提下尽量保护他的安全。

一位明智的妈妈是这样对待儿子的冒险行为的:

6岁的虎子忽然对旦很感兴趣,有一天,他竟然拿着一根小铁丝要去试接线板的插孔,看有没有电。当然,这个可怕的动作及时被妈妈发现了。但是,聪明的妈妈并没有勒令儿子马上住手,而是快速地走到孩子身边,对孩子说:"宝贝,你在玩什么好玩的东西?来,妈妈给你找

个东西,比小铁丝好玩。"说着,妈妈带着孩子去另外一个房间找来了一只测电笔。

孩子用测电笔去接触接线板的插孔,测电笔的灯立刻亮了,而测电笔离开插孔时,灯又熄灭了。看着这种奇怪的现象,孩子拍着手一边跳一边喊:"妈妈,真好玩,真好玩!"

这时,妈妈才认真地对儿子说:"儿子,你手里拿的这个小玩具叫测电笔,它是用来检测电线、接线板是否有电的。实际上,它不是玩具,是人们用来防止触电的工具。你知道妈妈为什么不让你用小铁丝做这个游戏吗?"

孩子若有所思地摇摇头。

"因为电是很可怕的,它会通过小铁丝传到人的身体上,会把人电得很痛,有时甚至会把人电死呢。"

"那为什么用测电笔去触电人就不会死呢?"孩子歪着小脑袋问。

"儿子,你这个问题问得真棒。妈妈问你:电线的外皮是用什么材料做的?"

"塑料呀。"

"对呀,塑料能够包住电,所以电线中的电才不会跑出来。你看这个测电笔,手拿的这一端不就是塑料吗,所以,它才不会使人触电呀!"

孩子听了妈妈详细的解释,很满意地对妈妈说:"妈妈,我明白了。"

也许,遇到这种情况,一般父母的做法都是喝令孩子住手,然后给孩子讲电的可怕性。但这位家长没有这样做,这正是因为她了解孩子的心理。

成长中的孩子往往好奇心很强,尤其是男孩子又有很强的冒险心理,虽然这次他"试电"的行为没有得逞,但他会在爸爸妈妈不注意的时候再次进行他的冒险试验,这样的结果往往会更可怕。而上面事例中的家长既满足了孩子的好奇心,又让孩子通过亲手做试验了解了电的可怕性,这样,孩子不但不会再做用铁丝试电的事情,而且在任何情况下都会对用电表现出谨慎态度。

方法二:正确对待男孩的固执

一个 3 岁的小男孩一直想登上一个高高的童话城堡。他太小了,妈妈告诉他现在还不能玩这个游戏。但男孩好像没听见,还摆出了妈

妈不让他玩他就不回家的架势。

事实上，越是不现实的事情，男孩越想去尝试，这正是他们体内的睾丸素在起作用。从襁褓期开始，男孩就不像女孩那样心安理得地接受挫折，也不喜欢接受他人的帮助。通常他明明知道自己力所不能及，感情上却不能够很快地接受，他还是要坚持不断地尝试。这时，家长就应该给他足够的时间去调整心态。

事例中的妈妈是这样做的：

妈妈看到孩子不达目的不罢休的架式，便陪孩子在城堡下面的椅子上坐着。一会儿，一个 7 岁的小姑娘玩累了，来小男孩所坐的这个椅子上休息。当小男孩的妈妈把小男孩也想去城堡上玩的想法告诉这个小姑娘时，这个小姑娘马上对小男孩说："不可以的，你太小，上面的游戏有点危险，我小时候妈妈就没让我玩。还有，上面几乎都是我这样大的孩子，他们不会跟你玩的。"说完，小女孩又跑去玩了。小男孩似乎相信了小姑娘的话，便主动要求妈妈带他回家了。

在孩子接受自己不能去城堡玩这个事实的过程中，妈妈没有说太多的话，而是借助别的孩子的口，说出了她想说的话。这样，孩子会更容易、更迅速地接受这个事实。所以，当孩子固执地坚持一件事情的时候，家长不妨借助他的同伴的口，说出你想说的话。

方法三：教男孩学会自律

邻居家的小妹妹刚走进房间，小刚就挥起手中的"金箍棒"打过去，虽然没有把小妹妹打疼，却也把她吓了一跳，小刚因此哈哈大笑。客人走后，爸爸针对小刚的这种不礼貌行为，狠狠地教训了他一番。

事实上，男孩都有很强的进攻性，他们的这种进攻心理，有时是因为好玩，有时则是因为愤怒。不管是什么原因，当孩子出现无理进攻的倾向时，家长都应该及时让孩子明白，这种行为是不正确的。家长可以通过让孩子看一些好的电视节目、给他们讲一些好的故事，来告诉孩子什么行为才是正确的。另外，家长还可以把这些电视片、故事上升到价值观、道德观的高度，以培养孩子正确的价值观和道德观，从而让孩子用这些规范来约束自己的行为。

细节 2

"我是拯救地球的奥特曼"
——男孩的英雄情结

家有男孩的父母大都会有这样一个感受：儿子太爱管闲事，尤其爱打抱不平。比如：

看到家里的小狗在欺负小猫时，他会把小狗追得满屋乱跑；

遇到高年级的学生欺负小学生时，他总把拳头攥得紧紧的，想跳出来为小学生讨个公道。

有些父母会对男孩的这种行为很担忧：孩子这样爱管闲事，会得罪很多人。而且有时他的行为太莽撞了，这样的孩子长大后，如何在社会上立足呢？

事实上，父母们的这种担忧是多余的。爱打抱不平是男孩一种本能的反应。每个男孩都有英雄情结。他们总是同情弱小，希望正义永远战胜邪恶；他们常常幻想自己能够身怀绝技，去与恶势力作斗争，让自己成为人们心目中的英雄。因此，当男孩们看到邪恶势力占据上风或者看到有人恃强凌弱、以大欺少时，他们往往会情不自禁地攥紧拳头，为正义而打架。

能够做英雄是最能够让男孩子兴奋的事情，但在现实生活中，男孩的英雄梦想往往很难实现。即便如此，每个男孩的心中依然存在一个鲜明的英雄形象，这个英雄是伟大的、神圣的、没有缺点的。这个形象或许来自现实生活，或许来自他们最热衷的漫画、动画片……

一位妈妈在日记里记录了这样一件事情：

星期天，我带儿子去了一个规模很大的儿童商店买衣服，我问儿子："你喜欢哪一件？"

儿子似乎对买衣服并不感兴趣，他瞄了一眼货架，很干脆地说：

"都不喜欢。"

"这件不好吗?你看,有一道蓝边,你不是最喜欢蓝色吗?还有一个可爱的卡通图案呢。"

"不好看。"

"不好看吗? 那你看看其他有没有喜欢的?"

这时,儿子开始漫不经心地搜索其他货架,突然,他眼前一亮,迅速上前扯出一件 T 恤说:"我喜欢这件,这件有奥特曼!"

我看了看那件 T 恤,果然有一个奥特曼图像,但这件衣服的做工很粗糙,面料也不好,是典型的劣质廉价商品。

"这件不太好,咱们换一件吧?"我试图劝说儿子,可见他一副执著的模样,只好给他买下。

回到家,儿子就迫不及待地换上新衣服,美滋滋地找小朋友玩去了。"看,我的奥特曼!"儿子看见小朋友,马上就说。

那小朋友立即挺胸回应:"我也有奥特曼!"果然,他的鞋上也绣了一个奥特曼的图案。

从此,这件"奥特曼"衣服成了儿子的最爱,每次洗完澡后他都会迫不及待地穿上。

其实,细心的父母都会发现,处在这一年龄段的男孩喜欢奥特曼简直到了入迷的地步。他们会让父母给他们买奥特曼的图书、奥特曼的 VCD、奥特曼的模型;他们还常常模仿奥特曼的语言和动作;有时,他们还会发扬"奥特曼"精神,和马路旁欺负小花狗的大狗作斗争⋯⋯

那么,"奥特曼"到底是什么?"奥特曼"是日本产的系列多集科幻片中的人物,为了世界的爱与和平,英雄的奥特曼兄弟屡次同怪兽作战,一次次在危难中拯救了地球和人类。因此,对于男孩来说,奥特曼是他们心中的英雄。

男孩们往往都渴望自己强大,渴望自己成为英雄,但在现实面前,他们马上又意识到自己在生理和心理上的弱小状态,他们希望得到安慰和激励,希望自己勇敢并被承认。当奥特曼依靠特异功能击败神秘而强大的敌人时,男孩们也生发出拯救世界的梦想。

对于男孩们这种痴迷奥特曼的现象,很多父母都表现出担忧:孩子会不会因此而不爱学习,会不会因此而有暴力倾向?其实,父母们的这

种担忧是没必要的。奥特曼诠释了正义、勇敢、仗义等积极向上的精神，圆了男孩们的英雄梦想。再说，我们做父母的在这个年龄段的时候，不是也喜欢铁臂阿童木和花仙子吗？这些卡通形象曾经为热爱幻想的我们营造了一个美好的世界，深深打动了我们的心，奥特曼也一样。

◎ 给父母的建议

对于男孩的英雄情结，父母首先要理解，不嘲笑他的弱小无力，更不能责怪他"惹是生非"。其实，如果父母引导得当，男孩的这种英雄情结，不仅有利于他男性气质的培养，更能使他尽快成为真正的男子汉。

方法一：满足男孩当英雄的心理

5 岁的健健总爱打抱不平。这天，爸爸把他从幼儿园接回家后，发现他的脖子上有几道不太明显的划痕。爸爸问他是怎么弄的，他先是不说，后来在爸爸的慢慢引导下，他才说出了事情的真相。

原来，今天，他们班的一个"小霸王"乱揪一个女生的小辫子，还用彩笔在这个女生的衣服上乱画。当时正好老师不在，于是健健就控制不住自己爱打抱不平的情绪，走上去与"小霸王"较量，那几道划痕便是那"小霸王"所赐。

听了孩子的叙述之后，爸爸没有责备他的打架行为，而是为孩子的行为拍手叫好："好儿子，你是个爱打抱不平的小英雄，爸爸支持你的做法。"

"可是，你和妈妈还有老师都说，打架的孩子不是好孩子。"健健吃惊地而又有点不好意思地对爸爸说。

"你这是英雄行为，爸爸鼓励你。但是，打架并不是最好的解决办法，你可以心平气和地跟那个欺负人的小朋友讲道理呀，也可以动员别的小朋友一块跟他讲道理呀。如果大家都反对他，他就不敢再欺负别的小朋友了。你说对吗？"

健健很认同地使劲点了点头。

当孩子因为打抱不平与别人打架时，做家长的不要先急于批评孩子的打架行为，要先表扬孩子的英勇行为，肯定孩子的打抱不平是正确的，满足孩子的英雄心理，然后再帮孩子分析，除了打架之外，还有

很多方法可以帮助弱小者脱离困境。

另外,在日常生活中,家长尤其是妈妈,也可以让孩子做一些力所能及的事情,如让孩子帮忙扔垃圾、帮妈妈拎一些轻便的购物袋……这不仅能够满足孩子的英雄心理,而且很利于孩子男子汉气质的培养。

方法二:让孩子知道什么是真正的英雄

现实生活中,英雄不一定要像奥特曼那样去拯救世界、捍卫和平、从起火的房子里救出小孩,或者把抢钱的强盗赶跑。因此,父母必须让渴望做英雄的男孩明白,英雄应该具备什么品质。

振振的家长从小就教育他,真正的英雄不是打架打出来的,而是用自己正义和英勇的行为表现出来的,而振振也常用这个标准来约束自己。

放学了,振振和好朋友伟伟一起回家,刚走出校门不久,就看到一帮孩子在打架。"我们也去看看吧。"伟伟建议。

"不。"振振摇头说,"打架是不好的行为,我们还是回家吧。"

"你真是胆小鬼。"伟伟嘲笑他。旁边的孩子也跟着起哄,可是振振并没有当回事。

过了几天,孩子们去小河边玩耍,一个不小心,伟伟掉进了水里。

"救命!"伟伟不会游泳,他慌了神,拼命地在水里挣扎。

孩子们吓坏了,大家有的跟着喊"救命",有的躲得远远的,没有一点主意,就是会游泳的孩子也不敢下水帮助伟伟。眼看伟伟一点点下沉,形势万分危急。

就在这时,振振从这路过,他看到这一幕,毫不迟疑地跳进河里,在关键时刻把伟伟拉上了岸。

孩子们再也不嘲笑振振是"胆小鬼"了,他也因此而成为了孩子们心目中的小英雄。

事实上,男子汉的权威就是这样树立起来的。也许有的孩子打架确实很厉害,很多孩子都怕他,但很少有孩子会认为他是英雄。而像故事中的振振一样,爱打抱不平、英勇仗义的孩子,往往会成为很多孩子心目中的小英雄。

但是,父母还应给孩子讲解一些保护自己的知识,让孩子明白,英雄并不是靠自己的蛮力一味蛮干,而是要运用自己的英勇和智

慧，巧妙地让弱小者脱离困境。如遇到有人落水的情况，如果自己不会游泳也不要害怕，更不要慌，应该以最快的速度去附近找大人。

另外，父母还要告诉男孩，当英雄是光荣的，但不能不考虑自己的实力而一味地去做英雄。如故事中的振振如果不会游泳，他再跳下水去救落水者，只能使情况越来越糟。所以，只有在力所能及的情况下，才可以去做英雄。同时，父母还要给孩子讲一些在英勇行为中保护自己的方法。

方法三：利用孩子心目中的英雄改正孩子的缺点

在男孩心目中，英雄是伟大的、神圣的，因此，很多男孩都以心目中的英雄为榜样。所以，很多明智的父母抓住了孩子的这一心理，轻松地让孩子改正了缺点。

男孩睿睿很听话，但就是有个不好的习惯——喜欢赖床。早晨，无论妈妈怎么叫他起床，他常常装作听不见。后来，妈妈想到了一个对付儿子的这种坏毛病的好办法。

原来，睿睿很喜欢奥特曼，并把奥特曼作为自己的偶像。因此，妈妈抓住了他的这种心理，每天当睿睿该起床的时候，就对他喊："奥特曼，怪兽来了……"睿睿一下就来了精神，眯着眼睛在被窝里笑，过一会儿，便大声回应妈妈："我是奥特曼，你是怪兽，嗨……"紧接着就从床上跳起来。

其实，每个男孩身上都会有很多缺点，如挑食、不讲卫生、不懂礼貌等。而父母如果借助英雄的形象、英雄的口气去教育他，不仅能让孩子改正缺点，而且可以让他向更高的要求发展。

"谁是头儿"——每个男孩都会有的竞争心理

很多时候我们都会发现,对于同一件事,女孩与男孩的关心点截然不同。

刚刚认识了一群新朋友,女孩最想知道的是:我能与哪个小伙伴成为亲密的知心朋友? 男孩迫切需要知道的却是:谁是这群孩子的头儿?

刚刚到了一个新的班级,女孩最关心的是:这些陌生的同学不会欺负我吧? 而男孩更关心的是:谁是班主任? 谁是班长?……

美国的艾里姆夫妇在名为《养育儿子》的畅销书中也曾提到:"走进男孩的世界,我们会发现,在任何场合,男孩最关心的事情都是:谁是头儿?"

为什么会这样呢?

我们只能说,这是由于男孩强烈的竞争心理造成的。事实上,从妈妈受孕那一刻起,"Y"染色体已经决定了这个小婴儿体内有远远大于女婴的睾丸素,在妈妈的肚子里,这些睾丸素便赋予了男孩不同于女孩的天性——冒险、争吵、炫耀、争斗等。因此,强烈的竞争欲望是每个男孩的天性。

那,"谁是头儿"与男孩的这种竞争天性又有什么关系呢?

行为心理学家认为,每个男人都有当头的欲望,每到一个新的领域,男人之所以关心"谁是头儿",是因为他想知道这个新领域的规则是什么,当"头儿"有什么具体的条件,然后与自己已有的条件对比,确定自己今后努力的方向,与现在的"头儿"去竞争。因此,对于成年男人来讲,这种天生的特性会演化成不断进取的力量。

对于男孩来说,却并非如此。如果没有正确的教育,缺乏正确的引

导,男孩不断进取的天性或者会消失,或者会促使孩子走向相反的方向。

生活中,也许我们对这样的场景并不陌生:

男孩没有好好学习,但又想考个好成绩,于是他"买通"了坐在他旁边的同学,让他把写上答案的小纸条给自己传过来。

男孩竞选班长失败了,于是,在回家的路上,他找了几个"哥儿们"把他的竞争对手狠狠"扁"了一通。

……

其实,这些男孩就把竞争心理用"偏"了,而现实中,这种用"偏"、没用在"正道"上的现象绝对不在少数。那责任在谁呢?答案是:责任在父母。

如果父母让男孩懂得,有竞争心理是对的,但一定要正当竞争,长大后,孩子就会是一个堂堂正正的男子汉。相反,如果父母鼓励孩子的不正当竞争,孩子就会沿着"弯路"成长——现在他就考试作弊,拉帮结伙,长大以后,他可能还会做出更离谱、更可怕的事情来。

竞争是男人的天性,一位研究行为哲学的专家曾说:"一场比赛结束后,你看到一个被打败的男人在真诚地向对手祝贺,其实在这背后,这个男人想的是下一次如何把他打败。"

所以,父母不用担心男孩这种过强的竞争心理,性别赋予他巨大的能量,这是男孩的优势所在。当你试图想通过你的"高招",对男孩进行重新"编程"时,你不如这样做:告诉你的男孩要遵守竞争的规则——公平、公正、正当,然后就放手让他去争吧。这样将更有利于这个小男子汉的成长!

◎ 给父母的建议

当你的男孩"竞争的苗头"开始向外冒时,爸爸妈妈不要着急,更不用慌张。如果你巧妙地运用这个小家伙的这种心理,你会惊奇地发现:教育男孩,原来就这么简单!

方法一:让你的男孩当"头儿"

在丁丁家有一个习惯,每到周末,小男子汉丁丁就成了家庭的"监督员"。但是这个监督员与一般的监督员不同,丁丁不监督家人的坏行为，而是监督、搜集爸爸妈妈的好习惯。

又是一个星期天，丁丁的监督工作开始了，他满屋转悠，搜寻着爸爸妈妈的好习惯。

妈妈在做饭，丁丁像个小尾巴似的跟在后面，一会儿择菜，一会儿帮妈妈收垃圾，忙得不亦乐乎。妈妈要炒菜了，厨房里油烟太大，于是妈妈对丁丁说："丁丁，厨房里油烟太大，去客厅里寻找爸爸的好习惯吧！"

丁丁又来到客厅里，爸爸正在看电视，他拿起一根烟，刚想打着火机，看到丁丁过来了，便把烟放到了烟盒里。

……

晚饭后收拾好厨房，妈妈爸爸刚坐到沙发上，丁丁就过来了，很严肃地说："爸爸，妈妈，我发现你们的好习惯了。"

妈妈放下遥控器说："是吗？说说看。"

"妈妈很勇敢，不怕油烟；爸爸很乖，今天没有吸烟。"说完，丁丁又想了想说："你们俩还有两个共同的好习惯，一是不咬手指甲，二是吃饭不溜达！"

爸爸妈妈听完后都开心地笑了。

每个男孩都有当"头儿"的欲望，而且一旦当了"头儿"，就会全心全力地把工作做好。我们不得不佩服丁丁家长的聪明和用心良苦。说他们聪明，是因为他们很准确地把握了男孩的这一心理，并巧妙地把它运用在了教育儿子的实践中；而说他们用心良苦则在于，他们没让孩子监督自己的缺点，而让孩子从小就仔细观察父母的言行，进而让他早早便能体会到父母的辛苦。

所以，在生活中，父母满足男孩当头儿的欲望，更能促使这个小男子汉成长。比如：找一周的时间，让孩子"当家"，之后他肯定能体会到"柴米油盐贵"；让孩子当监督员，负责纠正全家人的坏习惯，他自己的坏习惯肯定很容易改正。

另外，父母还可以用语言满足孩子当头儿的欲望，如常常问儿子："小监督员，我有哪些地方做得不好吗？""小监督员，你对这个事情怎么看，你有什么意见？"……虽然有时孩子的意见未必合理，你也不一定采纳，但是你会发现，因为这几句话，儿子往往会高兴上一天，他对

生活的积极性也会陡然升高。

方法二：赞赏男孩正当的竞争心理

也许你的儿子现在还很小，但是，他却经常会对你讲起他的目标、他想赢过谁以及他所取得的成绩。这时，你千万不能胡乱搪塞他，因为孩子在这一方面的感觉是很敏感的；另外，万万不可打击孩子，否则会使你的男孩很受伤。

"爸爸，告诉你个好消息，我这次考试终于超过小明，前进了三名。"快乐无比的小男孩兴奋地对爸爸说。

"那现在你在班上排名多少呀？"爸爸着急地问。

"十五名。"儿子感觉到了不妙，小声地说。

"你看，一问你班级的排名，你的声音就小了吧？前进三名有什么了不起的，至于这么高兴吗？快去做作业，争取下次考第一。"爸爸不耐烦地对儿子说。

儿子不再说话，蔫蔫地回到了自己的房间。

男孩普遍有强烈的竞争心理，真正达到自己心中的目标时，他们便会产生一种成就感。而对于男孩来说，成就感是促进他们充分发展潜能的重要动力之一。

如果男孩的这种欲望被家长忽略，没有得到家长的认同，或者家长不但没有认同，反而从某一角度予以打击，这时，男孩就会缺乏前进的动力，他们的潜能就很难再被激发，甚至他们的人格也会因此受到伤害。

就像上面故事中的儿子一样，虽然已经超过了自己心中的那个目标，而爸爸却拿班级排名来刺激他，使他的成就感得不到满足。因此，下次考试后，这位爸爸肯定会失望，因为一个成就感得不到认同的男孩，很难再继续去努力。

所以，天下的父母，请倾听男孩的心声吧，尊重并认同他的成就感。男孩需要你帮他建立起关于成就、胜利、赢、竞争等词汇的健康概念。

方法三：巧用男孩的竞争心理

王猛的房间总是乱糟糟的。妈妈建议他收拾一下，他说："我不喜欢收拾屋子。"

"可是你不认为你的房间太乱了吗？"

"那有什么关系？"王猛答道，"我觉得这样很好。"

过了一会儿，妈妈想出了一个妙招："这样吧，我们来一场比赛怎么样？我来打扫厨房，你打扫自己的房间，我敢肯定，我一定是干得又快又好的那一个。"

"我才不信呢，我一定干得比你好。"小男子汉被激"怒"了，马上行动起来。

有时，儿子不听话，做父母的不妨"激"他一下。小男子汉往往最受不了别人"激"他，只要父母认识到这一点，并开动脑筋，小男子汉就会乖乖地去做你想让他去做的事情。

但是，父母也应注意，不可过多、过分地去"激"他。不然，不谙世事的孩子认同了你的观点，真的认为自己这也不行、那也不行，便会"破罐破摔"，不再去努力。

第一章 教育男孩，请先进入男孩世界

培养了不起男孩的100个细节

"我把玩具拆开了"——男孩的探索心理

"你说这孩子奇怪不奇怪，他竟然问我月亮是谁生的，你说这问题让我怎么回答?我要回答他一个问题吧，他还会打破沙锅问到底，没完没了，真是个麻烦的'小问号'。"

"我家儿子纯粹是个'破坏大王'。刚给他买了个电动小汽车，可没两天就被他拆成一堆零件;他还会把小闹钟、收音机大卸八块;有一次，他竟然把镜子打破了，事后还努力地用胶水粘，想'破镜重圆'。"

......

以上是父母们说起自家的男孩时，经常会说到的一些话。是的，每家的小男孩都不"老实"。他们总会对一些无关紧要的事情感兴趣，喜欢刨根问底;他们总会改造自己的玩具，想把它们变成具有特殊功能的"超能玩具";他们还喜欢拆开收音机，看是谁躲在这小匣子里说话、唱歌......其实，这些都是男孩探索心理的表现。

与女孩相比，男孩的好奇心更为强烈一些。同样是玩变形金刚，女孩可能会给玩具安排一个动人的故事，而男孩却可能把它拆得七零八落。因为男孩希望知道这个玩具更多的用途，以及它是如何起作用的，而且，他们还希望自己能找到多种有创意的玩法。如果他们对这个问题没有搞清楚，就会理所应当地把玩具拆开来看个究竟。这看似破坏性的举动，其实显示着男孩的某种独特能力——曾经有调查表明，在拼图和组装其他三维物体方面，男孩的速度往往是女孩的两倍，犯的错误比女孩少一半。

另外，这还与男孩某些生理和心理特点有关。男孩的发育，无论在生理上还是在心理上都比女孩要慢一些，而且在形成责任感、义务感等心理品质方面表现得较差。所以，男孩的自我控制能力也较差。当他

强烈想知道小闹钟是如何工作的时候,虽然他也知道父母会反对他的这种做法,但在强烈的好奇心和并不是很强大的责任感的稍微"斗争"下,他就会很轻易地选择满足好奇心——把小闹钟拆开看个究竟。

此外男孩往往有一定的"破坏性",但有时,他的"破坏性"并不是纯粹的破坏。

他会将一个小女生好不容易搭造的积木"宫殿"一举摧毁,而后却会盖起一座造型独特的"建筑"来补偿那个女孩;

他把爸爸的闹钟拆得一塌糊涂,然而不一会儿,他又奇迹般地把它重新装好,还修好了其中的小毛病;

……

因此,父母应该意识到,在男孩这些破坏力的背后,往往会隐藏着呼之欲出的天赋。也就是说,用强制方法压制男孩的"破坏性"是最不明智的做法。

那么,父母应如何对待男孩的"破坏性"呢?

一位儿童心理学家表示,男孩的"破坏性"有些是因好奇而破坏,也有一些是故意破坏。因此,父母要依据孩子的"破坏"动机区别对待。对于男孩的探索精神,父母应先予以肯定,然后再教育他爱惜物品、珍惜别人的劳动成果。但是,有些孩子拆毁、摔砸物品,纯属破坏行为,如砸椅子、故意摔碗等。对此,父母切不可姑息,要在弄明白孩子破坏物品的原因后,让他自己承担这种行为所引起的后果,如用自己的零用钱修理、购买新物品等。

◎ 给父母的建议

家里的男孩是"破坏大王",喜欢刨根问底,喜欢拆东西,喜欢搞破坏行动……做父母的不要着急。一般来说,如果父母能够把孩子的这种带有探索性的"破坏行为"引向正路,那么当男孩长大后,就很可能会成为一个了不起的人物。

方法一:正确对待"小问号"

当孩子对周围的事物发生兴趣并努力想探个究竟的时候,父母对于孩子的刨根问底行为,不仅不应表示厌烦,还应予以鼓励和回答。

另外,对于孩子经常提问的一些科学常识,家长应引导孩子自己

去寻找问题的答案。

枫枫好奇心很强,对什么都有兴趣,无论走到哪里,他都喜欢这儿摸摸那儿看看,然后问别人:"这是什么?""为什么会这样呢?"他一天有一千个为什么,常常问得妈妈哭笑不得。

一天,妈妈带他到动物园去玩,他这里看看,那里摸摸,一双好奇的大眼睛忙个不停。

"狮子吃蛇吗?"

"企鹅为什么生活在寒冷的地方?"

"大熊猫为什么是国宝呢?"

枫枫带着好奇与疑问回到家。这时,妈妈拿出有关动物的书给枫枫看,枫枫高兴极了,"哇!里面有这么多动物呀!"书上的动物图片使枫枫看得入了迷,他一边看,一边让妈妈读书上的文字,枫枫就这样开始了读书识字。

其实,正是这种强烈的探求欲望,推动着男孩去主动获取知识。因此,当孩子表现出求知欲望时,父母要及时地给孩子推荐读书,这样不仅会让孩子尊重知识、喜欢上阅读,而且有利于锻炼孩子的思维能力,培养孩子独立解决问题的习惯。而这些习惯和特性,都将会使孩子拥有一个卓尔不凡的未来。

方法二:尊重男孩的"破坏能力"

漫画家蔡智忠四五岁的时候,有一次趁父亲不在,溜进书房玩耍。

看到桌子上瓶瓶罐罐里的墨汁,蔡智忠玩兴大起。他拿毛笔沾满红墨汁,东寻西找"作画"的地方。最后,他选择了客厅通往书房的墙壁作为画板。片刻之间,一个个小圈圈组成的小人跃然墙上。

父亲回来后看到了蔡智忠的大作,不由得火冒三丈。他追着儿子,看样子要大打出手。然而,父亲后来并没有这么做,他只是骂了蔡智忠两句,然后居然给他买了一块小黑板和一些粉笔。

蔡智忠喜出望外,从此,这块小黑板成了他艺术想象力自由驰骋的天地。

如果蔡智忠的父亲没有给儿子买小黑板和粉笔,而是给他一顿打骂,那也许一位天才的艺术家就会因此而被埋没。因此,每一位家长都要正确地对待男孩的"破坏能力",千万不能让天才消失在自己的棍棒下。

男孩往往都会这样，你理解他、尊重他，他就听你的话，从而用正确的方法、手段去探索事物。

因此，对待男孩的"破坏性"，父母应客观地分析其动机，在尊重、鼓励其探索能力的前提下，把孩子的"破坏性"引向正途。

方法三：发现并挖掘男孩"破坏性"背后的天赋

孩子的"破坏性"背后隐藏着很多天赋：探索能力、创造才能、思维能力、动手能力……因此，做父母的千万不可小瞧孩子的"破坏行为"，如果家长用正确的方法引导，孩子一定会在某些方面表现出特殊的才能。

男子汉小波从小就不喜欢汽车、手枪等男孩标志性的玩具，而单单对玩积木着迷。他会把别的同学盖的"大楼"推倒，而后再帮人家设计一座"宫殿"；他会把爸爸的小皮箱挖个洞，给他的小白兔当卧室……

针对儿子的这些破坏行为，小波爸爸没有过分地批评孩子，而是一点点地对孩子的爱好进行引导，比如：经常有意识地带儿子去参观各种风格的建筑；给他买图画书；跟他一起做搭积木游戏，并比赛看谁搭得又快又别具风格……这些正是小波所喜欢的。在爸爸的支持和引导下，小波渐渐地对那些"小房子"着了迷。从此，研究"小房子"便成了他的业余爱好。

更让爸爸欣喜的是：在一次儿童比赛中，小波自己设计的建筑作品竟然获得了特等奖。并且，由此开始，小波有了自己的理想，长大以后一定要做一名出色的建筑师。

其实，父母仅仅不打击孩子的"破坏"行为还是远远不够的。孩子毕竟还小，还意识不到自己的才能和天赋，再加上男孩的自控能力比较差，遇到一点困难，便会打"退堂鼓"，如把小闹钟拆开了，但装了一会儿没有装上便不管了。因此，父母要采取积极的手段，把孩子"破坏性"背后的天赋开发出来。

细节5

"你们打死我好了"——越打越犟的男孩

许多家长在"不打不成器""鞭子底下出孝子"等思想的引导下,教育孩子时,动不动就非打即骂,以期孩子长大成材。但在现实生活中,往往事与愿违,家长发现,孩子是越打越不听话,越打越犟,特别是男孩。

为什么孩子会越打越犟呢?

国外行为学专家研究发现:父母一见孩子犯错误就大发雷霆、大声训斥,甚至打骂,这样重复下去,孩子对训斥的适应能力就会逐渐提高,天长日久,孩子就会对一般的训斥持无所谓的态度。父母如果这时候不反思自己的教育方法不当,而是对越来越犟的孩子采取越来越严厉的教育方式,问题只会越来越严重。

那么,父母打骂孩子,究竟有着怎样的心理隐情呢?一般来说,主要有以下四大原因:

传统教养观念——"父母与子女的关系就是上对下,怎么可能是平等的呢?"

自我情绪管理不佳——"最近本来心情就不好,孩子还总是违背我的意愿,不打他真是难解我的郁闷。"

熟悉的成长经验——"我的父母就是这样教育我的,我现在不也挺好吗?小孩子打打,是应该的。"

寻求快速方便的方法——"孩子不听话,我是真没办法了。有时候打一顿他就能听话几天……"

喜欢打骂孩子的父母,常常会把打骂孩子的原因推到孩子身上,认为是孩子逼自己这样去做。但其实,这只是家长为自己"懒惰"开脱的理由罢了。很多父母正是因为不愿意花心思去寻找其他教育方法,所以才会有打骂孩子的草率表现。

父母通过打骂等强制行为消解了自己内心的火气,那么此时的孩子又会怎么想呢?下面,就让我们一起来看看许多男孩对父母打骂自己的反馈:

"哼,你们从来没有爱过我,我本就不该来到这个世界。"

"打吧,打吧!打死我好了,反正我也不争气。"

"你就打我骂我吧,等我长大了收拾你!"

如果你是男孩的父母,如果你曾经经常用打骂的方式来教育儿子,那么想必这些话语都是你所熟悉的。

在打骂之下,我们的孩子不仅不会对自己的错误产生丝毫的悔意,反会由此对父母产生怨恨。于是,我们的男孩开始变得爱说谎了,开始具有攻击性了,开始变得越来越倔犟并难以接近了……

◎ 给父母的建议

教育孩子的方法有千百种,打骂孩子可以说是最直接的方式。但是时代在变,观念也在更新,父母教育孩子的方法当然也不可能不变通!

也许父母会感到疑惑:把"棍子"收起来,是不是就会宠坏孩子?其实,当孩子犯错时,以尊重的态度让孩子自己负责,反而更能培养孩子独立而理性的人格。

方法一:让你的男孩自己去体验

日本有关部门曾组织过17户日本市民到中国上海居民的家中做客。一次午饭前,有个日本孩子抓起一只生馄饨就往嘴里塞。主人马上站起来想去制止那个小男孩的行为,却被其母亲叫住了,她平静地对主人说:"别管他,这样他才知道生的是不能吃的。"而那个小男孩吃了一口,果然皱着眉头吐了出来。

如果你的男孩老是听不进大人的话,那么在保证安全和没有恶劣后果的前提下,你也可以让孩子自己品尝一下"自食其果"的滋味。通过自己的切身体验,他将能深刻领悟到家长的教导有多么正确和重要。

方法二:告诉男孩"好汉做事好汉当"

男孩做错事,是太平常的事情了。如果男孩每犯一次错,都要挨一

顿打,那么这个男孩在成长过程中所要挨的打真是数不胜数。而且无数事实也证明了这样一个道理:任何一个男孩,都是打不服的!

当男孩犯了错误时,打是不行的,骂是不对的,那么,我们应当用什么样的方法让他认识到自己的错误呢?

答案只有一个,那就是告诉他:"好汉做事好汉当。"

日本著名的文化人类学学者高桥敷先生,在秘鲁的一所大学任客座教授时,曾与一对来自美国的教授夫妇比邻而居。一天,这对夫妇12岁的小儿子不小心将足球踢到了高桥敷先生的家门上,一块很大的茶色玻璃被砸得粉碎。

第二天一大早,那个闯祸的12岁男孩在一位出租车司机的帮助下,送来了一块用于赔偿的大玻璃。

后来,美国教授夫妇这样向高桥敷夫妇讲述了自己的教育原则:

孩子打碎了邻居家的玻璃,为了赔偿这块玻璃,他几乎花掉了自己存折上所有的零花钱。但是,他绝不会因此得到父母一分钱的"财政补贴"。如果他的钱不够,父母可以考虑借钱给他,但他必须有自己的还款计划,比如,早晨为邻居送牛奶、取报纸,周末为别人修剪草坪,节约自己每周的零花钱,等等。这样做,是让他为自己的过失付出代价。只有付出这种代价之后,他才能接受这个宝贵的人生教训。

美国教授夫妇的做法,乍一看,似乎有点儿不讲情理。但其实,这对夫妇的做法是既有"理"又有"情",很值得中国父母借鉴。

"好汉做事好汉当",这是中国人对勇于承担、从不推卸责任的人的高度赞扬。孩子做了损害别人利益的事,让他自己向人家道歉,赔偿损失,是为了让他从小就体验自己的责任。这不仅是为了取得别人的原谅,更重要的是使他从小就学会对自己的言行切实负起责任。

当然,由此我们也不难总结出这样一个道理:教育孩子的方式有千万种,打骂孩子只是其中最坏的一种。为人父母者,要引导孩子,而非控制孩子!

爬树、登高、打架——精力充沛不是错

男孩好像总是那么精力充沛，一刻都不想停下来：上房揭瓦、下河摸鱼、爬树、满院子追逐、欺负女生、与小伙伴打架……因此，有些父母经常不由自主地叹气："养个男孩真麻烦，他好像时时刻刻都在给你惹事。"

事实也正是如此。一位儿童专家曾对4000多名小学生进行统计，其中在学校被称为"问题男孩"的竟然占到70%以上。其中除了学习问题之外，更多的就是行为个性给他们带来的麻烦。

也就是说，这些"问题男孩"的家长将时刻面临着这些事情：被老师"请"到学校、和孩子一块接受老师的"教育"、为孩子的某些行为向老师道歉……在多数情况下，被"请"去学校的家长都会感到羞耻，回到家后他们便会对这些"问题男孩"大上"教育课"，或是直接用拳头与孩子说话。然而，很少有家长从源头上分析：我的男孩到底怎么了？为什么他总是出现"问题"？为什么他的精力总也用不完？

其实，我们并不能完全责备这些精力充沛的男孩，他们总是出现"问题"是有原因的。由于体内大量睾丸素的存在，男孩每天需要更多的课外活动。但是，老师们为了防止孩子们发生意外，往往采取限制学生行动的做法，校外活动自不必说，甚至在学校操场的活动对男孩来说也是一种奢侈。

那么，男孩过剩的精力用来干什么了呢？用父母的话说便是"做小动作""与老师顶嘴""欺负女生""为一点小事就打架"……也正因如此，很多男孩都被贴上了"不听话"的标签。

一个上三年级的小男孩在日记本里记录了这样一件事情：

今天，我们班投票选举中队长，我胜券在握，因为我能感觉到，大多数同

学在写选票时都冲我微笑,这足以证明我在同学们心目中的地位。

然而,老师把所有的选票都看了一遍后,并没有唱票,而是直接宣布选举结果。中队长是老师喜欢的一个女生。

我听后非常生气,要求老师唱票,但老师反而对我说:"老师有权决定谁来做班干部。"后来,老师还跟我讲了不选我的原因:"你上课不遵守纪律,频繁提问,甚至离开座位跟老师争论,这么不听话的学生怎么能当中队长呢?"

我很不认同老师的这种说法,因此,与老师大吵了一架……

老师一般都会认为男孩淘气、不听话,有时甚至连家长也这样认为,因此家长和老师一致用他们的标准来约束孩子的行为,让孩子听话。然而,家长们却不知道,孩子们在背地里都称那些"特别听话"的小男孩为"小姑娘"。父母朋友可以认真想一想:如果一个小男孩因为过分听你的话,而天天被他的小伙伴歧视、被他的小伙伴称为"小姑娘",这对孩子的成长将会多么不利。

爱玩、顽皮、淘气本是男孩的天性,学校不能给男孩提供释放精力的机会,如果在家里,父母再要求他"停下来""安静""学习去"……那男孩与女孩的区别又是什么呢?换言之,如果男孩的行为表现同女孩一致,那性别的意义又在哪里呢?

一位儿童心理学家曾很形象地表达了男孩子的困惑:"现在,家庭和学校教育都存在一个这样的问题:给男孩、女孩穿一样的鞋,却期望他们走出不同的路,这是完全不现实的。"

因此,当老师再度把你"请"到学校时,做父母的也应该扪心自问:你的男孩的精力得到释放了吗?如果学校没有给男孩提供这样的机会,你又是怎么做的呢?是对男孩表示理解和支持了,还是刻意忽略,再度让男孩把宝贵的课余时间用到学书法、练钢琴上去了呢?

◎ 给父母的建议

如果你的男孩是老师口中的"问题男孩",你千万不要对孩子发怒,更不能对孩子拳脚相加,这样只会使你的男孩问题越来越多。其实,只要父母引导有方,"问题男孩"也会成为让你欣赏的男子汉。

方法一：淡看男孩的淘气行为

男孩的淘气行为往往是他好奇的表现，一旦好奇心得到满足，他就会对这种行为失去兴趣，他的这种淘气行为就会自然而然地消失。但是，如果父母一定要管束他，他的好奇心反而会越来越强烈。结果，他的淘气行为就会在父母的管束下变本加厉。

小君突然对玩水很感兴趣：妈妈让他洗手，他却用手堵住水龙头的出水口，让流出的水溅得到处都是；小区的保洁人员正在给草坪浇水，他却时不时地跑去捣乱；妈妈怕他感冒，可越是下雨天，他越是往外面跑，并且在雨中玩得不亦乐乎……

后来，妈妈想了个办法，下雨时，不再控制小君这个爱玩水的"小猴子"，而是为他准备好小雨衣、小雨鞋，让他去水中玩个痛快。没想到，让他玩过几次之后，他对玩水的兴趣就变淡了。

当男孩的好奇心得到满足后，他们的兴趣点往往会转移到别的地方。相反，如果小君的妈妈想方设法对他的好奇心围追堵截，小君这种爱玩水的情况就会延续更长的时间。

方法二：让男孩为自己的行为负责

齐齐是个精力充沛的孩子，他总是能玩出很多花样，把小女生的芭比娃娃偷出来当武器、玩海盗游戏、跟小朋友抢积木、拆家里的闹钟……他的顽皮让爸爸妈妈伤透了脑筋，这不，因为听到同学说了一句他的坏话，他竟把人家刚买的文具盒故意弄坏了。

把人家刚买的文具盒弄坏，当然要赔人家一个新的。但是，齐齐只是个二年级的小孩子，他怎么会有钱呢？对于这件事情，在征得孩子同意的情况下，齐齐的父母是这样处理的：先帮孩子把文具盒买了还给人家，但买文具盒的钱要一点点地从齐齐的零用钱里扣回来。

虽然男孩子有调皮、爱玩、爱捣乱等特性，但父母也不能对孩子一味地迁就。当男孩闯祸后，如果父母每次都为他承担责任，为他解决问题，男孩就会没有一点内疚感，会把父母为他所做的这一切当做理所应当的事情。而且，一旦父母没有把事情帮他处理好，或者没有能力再为孩子处理，这时，孩子就会埋怨父母，甚至会憎恨父母。

对待孩子闯祸后应该承担的责任，父母要切记，为了让你的男孩

成长为一个真正的男子汉,你一定要从小给孩子灌输"自己闯的祸,自己负责"这一原则,并把它认真执行起来。

方法三:让你的小男子汉去尝试

男孩爱冒险的特性经常让父母们做噩梦。父母常常在思考:用什么方法可以永远让孩子系上安全带,保证他的安全呢?

暑假里,超市里的自行车正好特价,爸爸便给儿子小强买了一辆。没想到,自行车刚搬回家,这小家伙便急着要去学,爸爸怕他年龄太小,掌握不好自行车,就以天气太热为理由拒绝了他。

男孩表面上听了爸爸的话,但等到中午,爸妈都在午休时,他便偷偷地自己下楼,把自行车从车库里推出来,在烈日下开始练习骑自行车。

由于怕把自己摔得太痛,这个聪明的男孩在刚刚修剪后的草坪上练习骑车。就这样,在不停的练习下,小强终于能够"骑"着(屁股并没有坐在车座上)自行车缓缓前进了。

正在小强欣喜时,忽然迎面有一棵小树,还没学会拐弯的小强不知道该怎么办了。由于行驶速度很缓慢,自行车只是慢慢向下倒去,聪明的小强也顺势把自行车一扔,自己跳下车。尽管差点摔倒,但他仍然自言自语地嚷了起来:真刺激,还想再来一次!

但由于天气太热了,小强只好上了楼。刚刚进门,见爸妈都在客厅里等他,小强不好意思地低下了头。这时,爸爸笑着对他说:"没摔着吧?我和你妈妈看了一中午的自行车特技表演,我们的心都要跳出来了。好了,你没事就好,快去洗澡吧!"

小强张着大嘴,惊讶地看着爸爸说:"爸爸,你不怪我吗?"

"爸爸小时候也这样,别人越不想让我去做的事情,我越想去做,并且不喜欢别人的帮助。我知道,如果我强迫你不去学自行车,你会吃不香、睡不着的。"爸爸很平静地说。

正如小强爸爸所说的那样,男孩认定的事情就一定要去做。即使有时在父母的要求下没有去做,但在父母不注意的时候,他们仍然会偷偷去做。所以,父母保证男孩安全最有效的方法就是:在你的控制范围内,大胆让男孩去尝试。

男孩的"痛"——不如女生的学习成绩

提到男孩子的学习成绩,很多家有男孩的家长都深有体会:"在小学和初中阶段,男孩的学习成绩都会比女孩差,但没有关系,大约到了高中,男孩子的成绩便会突飞猛进地追赶上来。"

真的是这样的吗?

的确,这样的说法有一定的道理,但并不完全对。

现在,很多国家的心理学专家都有这样的一个疑问:为什么男孩的学习成绩不如女孩?针对这一问题,美国学者的最新研究表明,其中一个非常重要的原因就是:女孩对于有时限的任务和定时考试更加擅长,而男孩恰恰对这些很反感。

美国某大学的一位教授对 8000 名 2~90 岁美国人进行了研究。研究发现,任何年龄组的男女智商差别都很小,但在有时间限制的情况下,女性的表现更优秀,特别是在小学和初中阶段。科学家由此得出结论:很多课堂活动,包括考试,都直接或间接与把握速度有关——女性在这方面表现更好,因此这也决定了小女孩的成绩往往要比小男孩好一些。

美国的学生如此,中国的孩子也是这样。除此之外,以下因素也决定了男孩的成绩要差一些。

1.男孩与女孩的大脑存在一定的差异。与女孩的大脑相比较,男孩的大脑更多地依赖于空间机戒刺激,他们天生更容易接受图表、图像和运动物体的刺激。但是,现行的教育方式多以语言刺激为主,在这种情况下,男孩上课时便会产生厌烦心理,从而出现了上课走神和"如坐针毡"的现象。这也是男孩学习成绩普遍不好的主要原因。

2.现行教育模式限制了男孩成长。事实上,从上学起,男孩的读写

能力发展就比女孩晚两年，可老师和家长往往要求男孩和女孩在相同时间内以同样的方法学习同样的知识。比如，上课时，老师要求男孩和女孩都必须坐得端端正正，把手背在后面，听上 45 分钟的课。对于女孩来说，她们更喜欢这种安静的学习方式，而男孩则喜欢蹦蹦跳跳，通过自己探索去学东西。这些都决定了男孩的学习成绩要比女孩差。

3.老师们对男孩的态度也将决定他的成绩。由于体内的睾丸素在"捣鬼"，"爱玩""调皮""捣乱"等不好的形容词成了男孩的专利。一般情况下，老师们都会更喜欢听话而又懂礼貌的女孩子。因此，班长、课代表、小队长、大队长等班干部成员几乎成了"小小娘子军"，这也是影响男孩成绩的一个重要因素。

除了男孩自身的生理特点和学校方面的因素之外，家长对男孩的某些态度和行为，也会影响男孩的学习成绩。

航航从小在爷爷奶奶家长大，是整个家庭的"小太阳"。有一次，航航不想去上学了，便对奶奶说自己不舒服。奶奶听后，不但没有催他去上学，反而对他爱护有加，给他买好吃的，让他看他最喜欢的动画片。从此以后，航航经常找理由不去上学，学习成绩自然是全班最差的一个。

有一次，小辉因成绩没考好特别沮丧，做房地产起家的爸爸这样安慰他："考好考不好有什么关系？你爸没有文化，照样住大房子，开好车。没事，儿子，等你再上几年学就不要去学校受罪了，跟爸一块儿混。"

舟舟的父母开了一个小商店，每天晚上，舟舟的父母忙于打麻将，便让舟舟在麻将声和谈笑声中一边帮忙看店，一边写作业。

……

男孩子在学习方面本来就处于劣势地位，如果家长再用以上各种不当方式教育孩子，孩子能够学习好简直可以称做奇迹。因此，家长要想男孩学习成绩好，自己必须先摆正对待学习的态度，在不宠、不骄孩子的基础上，为他创造良好的学习环境。

◎ 给父母的建议

父母是孩子的第一任老师，是孩子的榜样，家长优秀，孩子自然也会优秀。此外，下面的几种方法，也可以帮你把男孩慢慢引导到学习的

正规跑道上来,使他的学习成绩一路上升。

方法一:帮男孩把学习任务分成小块

旺旺放学一回到家就愁眉苦脸地对妈妈说:"妈妈,我要背书了,没时间吃晚饭了,你和爸爸不用等我了。"说着便回到自己的房间。

妈妈听了孩子的话,也跟着孩子走进他的房间,问清楚了原因。

原来,今天晚上老师要求背会一篇很长的课文,旺旺觉得任务很重,便想把所有时间都利用起来,把课文背完。

妈妈看着儿子,怜爱地摸着他的头说:"好儿子,你不用把所有的时间都用来背书,妈妈告诉你个好办法,绝对能够保证你在明天上课之前把这篇课文全部背会。"

"真的吗?"旺旺高兴地问妈妈,以为妈妈一定会什么法术。

"当然是真的了。你看,这篇文章看起来很长,其实就三个段落。现在离吃饭还有一个多小时,第一段这样短,你能用晚饭前这段时间把这一段背过吗?"

旺旺点点头。

"第二段虽然有点长,但是你完全可以用晚饭后到睡觉前这段时间把它背过。至于第三段,你也完全可以利用早晨的一点时间把它背好。明天上课之前,你再把全篇课文复习一下,我相信,你绝对是背得最流利的一个。"

旺旺按照妈妈的方法做了,果真很轻松地把全篇文章背下来了。

男孩往往更喜欢富有挑战性和趣味性的事物,所以他们对枯燥的学习并不感兴趣。而且,有儿童心理学家指出,做事之前,男孩在作计划方面有一定的困难,尤其当他面对沉重的学习任务时,更不知道如何入手。所以,在这个时候,最好的解决办法就是,父母帮他把学习任务分解成小块,让他一点点去完成。

方法二:把男孩的学习计划公之于众

对于自控能力比较差的男孩,父母要帮助孩子作一个不是很长的学习计划,如周计划、月计划等。

另外,父母要严格监督男孩学习计划的落实。在这一点上,一位爸爸做得特别出色:

男孩的学习成绩很差,老师帮他作了学习计划,但他总是三天打

鱼,两天晒网,学习计划形同废纸。但是,当男孩的爸爸插手管理孩子的学习后,男孩竟然很轻易地把学习计划坚持了下来。

老师很惊奇地向男孩的爸爸请教:"你是如何做到的?"

男孩的爸爸不好意思地说:"我以前戒过烟,我只是用了心理学戒烟的一个方法。"

原来,在心理学上,常用一个奇怪的方法戒烟,即向家人或朋友公开宣布:"我要戒烟了!"这样做,会起到一个强迫约束的作用。戒烟人忍不住又想吸烟时,马上就会想到:别人都知道我戒烟了,我再吸烟,别人准会笑话我太没出息或意志薄弱。因此,他们往往会坚持一下,再坚持一下,直到烟瘾消失。

男孩的爸爸对待孩子的学习计划也是这样做的,他先把儿子的学习计划在家庭会议上公布,然后又把这个计划告诉了男孩的所有老师和与男孩要好的一些同学。正如这位爸爸所料,男孩在"舆论"和"面子"的压力下,只好把学习计划坚持到底。

男孩往往更爱"面子",他们更看重周围人对自己的看法。所以,不仅仅是学习计划,男孩的一切计划,如读书计划、改正坏习惯计划等等,父母都可以把它们公之于众。在众人的注目下,男孩的进取心、表现欲等都会很大程度地被激发出来。

方法三:让男孩明白"天生我材必有用"

在美国,有一所奇怪的学校,里面没有"问题"孩子,连那些爱捣乱的男孩子也很听话。而且,这所学校的学生不管成绩好坏,从来没有出现过中途辍学的现象。

是什么让这所学校具有如此的魅力?

这所学校的校长表示,他们的秘密就是,在男孩子陷入麻烦之前抓住他们的心。学校的每一位老师都擅长发现男孩的兴趣点,并利用这个兴趣点把他们留在校园里,直到毕业。有一次,15个男孩面临辍学。他们不喜欢学习,也不喜欢运动,但是,老师帮他们弄了个录音棚,他们很感兴趣,于是这便成了他们做一切事情的精神动力。

除此之外,老师们几乎对学生作了所有尝试:跳舞、下棋、打篮球、水养栽培、机器人制作,等等。他们做这一切的目的只是让孩子们明白"天生我材必有用",总有一个地方可以让他取得成功。

父母朋友完全可以借鉴这所学校的做法，当你的男孩在学习方面失去信心时，你不妨帮孩子把注意力转移一下，教他下下棋、打打篮球等。孩子一旦有了自己的兴趣，做一切事情都会充满激情。而接下来，父母需要做的就是，让你的男孩相信，他一定会在这一领域有所作为。

　　男孩子往往就是这样，他渴望得到认可，他希望听到"你是重要的""你会成功"……所以，父母与其整天对孩子讲，"如果""当"你考上大学将如何如何，不如用事实让你的男孩相信"天生我材必有用"。

第一章

教育男孩，请先进入男孩世界

男儿有泪也要弹——男孩的情绪表达

常常听到一些家长这样教育他们的儿子："哭什么哭，女孩子才总是哭哭啼啼的呢！""有什么好哭的，像个女孩子一样！"……

在接受家庭教育方面，男孩子有时是很可怜的。因为是男孩，他们被剥夺了哭泣的权利；因为是男孩，他们必须坚强；因为是男孩，他们的情绪往往被家长忽视……所以有人说，做男人是可悲的，即使在还是小孩子的时候，也要承担比女孩大得多的压力。

事实也的确如此，对于男孩来说，由于种种原因，他们的情绪常常会发泄不出来。情绪不能正常发泄时，人便会感觉到很大的压力。也许正是因为如此，有儿童心理学家说："在孩提时代，男孩比女孩更容易抑郁。"

作为父母，你也许会怀疑这个观点，甚至会予以反驳："我的男孩是快乐的，无忧无虑的。"但是，你是否注意到他的异常行为了呢？

一位研究儿童行为学的专家表示：一个 5 岁的男孩如果感到心情抑郁，会显出懒散嗜睡的症状。他可能会在早晨不想起床，他可能在屋里闷闷不乐地走来走去，他可能会对原先使他兴奋的东西不感兴趣。还有一种特别重要的症状就是，他会公开表示出愤怒、敌意，可能会突然对周围的人和东西进行痛斥、猛击。

如此说来，男孩真是一种奇怪的动物。他们表面看起来大大咧咧，其实他们的内心也有很多秘密；他们表面看起来坚强，其实他们的内心很容易受伤；在别人看来，用手击墙是一种很傻的行为，他们却认为这是最爽的一种发泄方式。

很遗憾的是，大多数情况下，父母往往会忽略男孩子的情绪。

12 岁的石磊没有上初中就辍学了。他非常自卑，害怕见陌生人，

脾气古怪、暴躁，动不动就大发脾气，并常常以自杀威胁家长。

正处于初生牛犊不怕虎的年龄，石磊为什么会变成这个样子呢？

原来，石磊曾经是一个性格开朗、学习成绩优异的孩子。在他上五年级时，班级评选班干部，他满心欢喜地以为能当选，结果老师没选他，反而选了比他差的同学。

这件事对他打击特别大，他放学回家后一句话都没说，直接躲到了屋里。第二天，他把这件事告诉了爸爸妈妈，并且反反复复说了好几遍。但当时石磊的爸爸妈妈由于工作忙，谁也没在意孩子情绪的变化。

从这以后，石磊就像变了一个人似的，沉默寡言，对所有的事物都提不起兴趣，不爱上学，也不喜欢参加班级和课外活动，甚至在街上看见同学和老师都会立刻绕着走。

然而，石磊的这种异常行为还是没有引起父母的注意……最后，等父母发现孩子的变化时，他已经变成了现在的样子。

是的，有时候男孩子就是这么脆弱。他们也会迷路，而且他们不像女孩子，发现自己错了便会马上回头，他们有股一路走下去就是不回头的"倔劲儿"。因此，他们有时更需要父母的关注，需要父母在适当的时候为他们确定航标，指引方向。

我们有理由相信，石磊本来可以成长为一个可爱的少年，他只是在一个人生的岔路口迷了路。但是，父母的疏忽，却造成了他性格的转变。

与女孩相比，男孩不善言辞，不愿意表达自己内心的想法，更容易暴躁、发火……但正因如此，男孩才更需要父母的关注，尤其是在他情绪变化的时候。

◎ 给父母的建议

很多家长都会因"家有男孩"而自豪，因为男孩胆大、好胜、勇敢、坚强，是家里的小小男子汉。但父母也应注意到，一旦男子汉脆弱起来，由于他情绪表达方式的特殊性，他更需要你的帮忙。

方法一：倾听男孩内心的心声

男孩轩轩一放学就撅着嘴对妈妈说："妈妈，我恨老师。"

妈妈看着儿子咬牙切齿的样子，赶忙放下手中的家务，安慰儿子：

"告诉妈妈,老师怎么惹你生气了?"

"老师让我读课文,有一个多音字,我没注意读错了,老师当众指出了我的错误,同学们都笑我。男子汉被全班同学笑,我多没面子呀。"轩轩故意挺挺胸,做出一副男子汉的样子。

妈妈刚想好好劝慰一下儿子,这时电话铃响了,轩轩马上就恢复了以前的顽皮状态,装作很成熟的样子对妈妈说:"妈妈,我要去赴一个约会,晚饭前准时回来。"说着就向门外走。但刚走到门口,轩轩又跑了回来,很认真地对妈妈说:"妈妈,谢谢你听我说话,我没事的。"说完便跑出了门。

男孩也会遇到困难,男孩也有情绪失落的时候,男孩也会伤心,在这些情况下,他们需要发泄自己的情绪,因此他们大多需要一个倾听者。而对于还没有进入青春期的孩子来说,父母往往是他们最好的倾诉对象。

男孩往往都是这样,不开心的事情憋在心里,往往会憋出更严重的事情来。然而,如果能够顺利地把这件事情说出来,他们会马上把那些不高兴的事情忘记,如事例中的小男孩轩轩,也许他和小伙伴约会回来之后,就已经把挨老师批评这件事情忘记了。因此,做父母的应及时发现男孩情绪的变化,当你感觉孩子的情绪有异常时,就应该采取措施引导孩子把心事说出来。

另外,父母也应该注意,如果男孩的诉说内容有偏激的倾向,切记不要在当时就指出孩子的错误,这样会让他感到更加无助,或是加重他的反叛心理。父母可以等孩子平静后,在孩子很高兴的情况下,再帮孩子分析他的错误观点,并帮他提出改正的建议。

方法二:体谅男孩的特殊表达方式

男孩子对家长、老师不满意或者自己的心情不好时,就会大声喊叫,发脾气,甚至砸东西。这时,如果父母训斥他,孩子发怒的劲头往往会越来越大。

事实上,由于体内睾丸素的作用,男孩比女孩更容易愤怒,更需要发泄。而男孩不会像女孩一样,能用语言表达出"我生气了""我很难过"等情绪,他们往往更愿意用身体来表达自己的愤怒。因此,摔东西对男孩来说是很正常的行为,他们高兴时、愤怒时,往往会用周围的东

西来发泄自己的情绪,而且男孩在非常高兴的时候偶尔也会出现这种行为。这是小男子汉成长过程中的正常现象,这些异常行为都是他们体内的睾丸素在"捣鬼"。

当男孩长到2~5岁时,他们易怒的特征会越来越明显。这时,父母不可对孩子的这种行为进行压制,否则很可能会影响孩子一生的性格。

一次,明明的数学成绩没有及格,回家之后,他就把自己关在屋里,用拳头狠狠地击墙,他的手为此也受了伤。后来,爸爸给他做了一个沙袋,于是以后明明在不高兴的时候,就会把自己想象成一个出色的拳击手,用沙袋来发泄自己的情绪。

明明爸爸的做法真是一个一举两得的好办法,给儿子一个沙袋,既能防止他受伤,又能使他的情绪顺利发泄出来。当然,条件不允许的父母,可以为孩子准备一个沙发垫、枕头等,让他捶打发泄情绪。

当然,仅仅让孩子发泄情绪并不是教育孩子的最终目的,当孩子的情绪稍微稳定后,父母应告诉他,什么才是更好的表达方式;并告诉你的小男子汉,他有能力,有责任,也有时间去调整自己的情绪。

方法三:允许你的小男子汉哭泣

哭,对于男孩来讲是非常正常的行为。男孩比女孩哭得少,是因为男孩不愿意,或者说不会表达自己的情绪。比如,妈妈病了,女孩会用自己温柔的语言来抚慰妈妈,而男孩却宁愿给妈妈倒杯水或拿个药片。

但是,男孩哭的时候,往往也是他情感最脆弱、最需要安慰的时候。这时,父母错误的做法就是呵斥孩子:"你哭什么哭,哪里还像个男子汉?完全是个小姑娘!"

其实,与女孩相比,男孩的目的性很强。他向父母哭诉,并不是像女孩一样,只是想获得安慰,他更倾向于寻找问题的最终解决方案。因此,对于父母来说,小男子汉哭泣的时候,恰恰是他最需要你帮助的时候。

细节 9

善待"另类"男孩——胆小、冷漠、孤独

在前面,我们已经提到过,大多数男孩子都是地地道道的"冒险专家",是纯粹的"小破坏王",他们有英雄情结,有攻击性,有表现欲,爱出风头。因此,在我们的印象中,男孩子永远都是风风火火、充满热情地去争取自己想要的东西。

但是,生活中的男孩子都是这样吗?

答案绝对是否定的,因为我们常常也会接触到很多"另类"男孩,他们有的胆小,有的冷漠,有的孤独——

焕焕是个男孩,但他从小就跟一般的男孩子不太一样:6 岁的时候还不敢一个人睡觉;7 岁的时候还不敢坐转椅、滑滑梯;9 岁的时候还不敢主动跟人打招呼,说话的时候也是羞羞答答的;13 岁的时候叫他爬四五层的梯子他腿都抖;15 岁了,妈妈叫他学自行车,他居然还吓得哭鼻子。

小力似乎缺少同情心。有一次,小力的妈妈病了,小力没有说一句问候的话,吃完饭后就早早睡觉了。妈妈因此很伤心,觉得小力是铁石心肠。

上五年级的小健学习成绩优异,但令父母感到奇怪的是,他从来不与女生说话,与男生也来往很少,用他自己的话说就是"我没有朋友,我很孤独"。

……

父母都十分担心:这些男孩子的个性与一般的男孩子如此不同,这正常吗?

答案绝对是肯定的。让我们一个个来分析:

先来看胆小的焕焕,他看起来比女孩还要胆小,因此他的父母有

些担心焕焕是不是患了什么疾病。其实,如果父母了解人类性格特征的多面性和复杂性,就不会如此担心了。

对于男孩而言,胆小并不意味着内心的绝对软弱。

一位妈妈曾这样谈到自己的男孩:"儿子平时看起来有点'窝囊',可是在一个暑假,他和同学打起背包到内蒙徒步旅行,走了3天,还拍了录像。"这个男孩找到了自己释放能量的突破口,也以行动消除了妈妈的疑虑。

因此,父母没有必要为男孩的胆小而过分担忧。很多看似胆小的男孩,往往是因为他还没有发现真正让他感兴趣的事。

再看看被称为铁石心肠的小力。前面我们已经提到了男孩表达感情的方式,他们很少直接用哭泣、言语来表达感情,而是通过一定的实际行为表露。像小力的妈妈病了,小力虽然"没有说一句问候的话",却"早早睡觉了",这其实就是给妈妈一个安慰的信号,表示妈妈可以安心休息,自己长大了,不用妈妈操心了。

因此,小力的妈妈显然误读了儿子的情感表达。小力并非没有同情心,他只是不知道该如何表达,或者怕自己的表达方式不被认同。这时,爸爸就应该告诉他:"看,妈妈病了,你讲个故事安慰一下妈妈好吗?"这样,再遇到这种情况,孩子就知道怎样去做了。

最后是孤独的小健。按说男孩子刚刚十几岁,正好是与小伙伴一块儿玩耍的年龄,而小健却表现得如此不合群,究竟是什么原因呢?其实,这很可能是家庭环境的原因。

教育学家认为,孩子不合群,往往是由家庭因素引起的。父母感情不和或者家庭遭受挫折、父母对孩子过于溺爱、父母不允许孩子串门等,都会使孩子不合群。在孩子小的时候,如果父母尽早发现孩子的这一现象,对孩子进行正确的引导,孩子很快就会融入到小伙伴中间去。

◎ 给父母的建议

面对自己"与众不同"的男孩,父母不可表现出异样,切忌用"你怎么就不像个男孩子""别整天跟个女孩子一样"等语言来刺激他,否则只会使他感到更加无助。

面对这样的男孩,父母应该做的是:耐心地引导,真诚地帮助,把

第一章 教育男孩,请先进入男孩世界

他身上的男子汉因素激发出来。

方法一：培养男孩的勇气

虽然"胆小并不意味着内心软弱"，但男孩只有勇敢起来，才会更加有男子汉气质。所以，胆小男孩的父母，应该着重培养孩子的勇气。

一位爸爸这一点做得很成功，他在自己的教子日记里这样写道：

为了使儿子变得胆大起来，我经常带他去参加体育锻炼，并有意加入一些训练勇气的项目，如练习碰撞、玩勇敢者游戏。孩子很喜欢在游戏里和我较量，在较量中孩子不但增长了力气，而且学会了保护自己。

当然，孩子也有不小心受伤的时候。一次，儿子在玩滑梯时，不小心把膝盖磨掉了一层皮。当时，儿子抱着膝盖，眼泪马上就要掉下来了，我没有大惊小怪，而是一边帮他处理伤口，一边对他说："你是大孩子了，受点小伤就哭鼻子，会被别的小朋友耻笑的。如果你是勇敢、坚强的孩子，就对爸爸笑一笑。"儿子含着眼泪笑了起来。

我的态度对儿子起了很大的作用，从那以后，儿子受一点小伤不再告诉我，甚至还学会了自己包扎伤口。

当孩子的勇气一点点增加时，孩子的胆子就会一点点大起来。而且，随着孩子勇气的增加，他会变得越来越坚强，越来越有男子汉气质。

方法二：培养男孩的爱心

既然男孩喜欢用实际行动表达自己的关爱，父母不妨创造机会，有意识地让男孩表达自己。例如对男孩说"花儿渴了，想喝水"，男孩就会主动去浇花，表达对花儿的爱护。

一个冷漠的小男孩在妈妈的耐心教育下，终于有了很大进步。一次幼儿园举行晚会，小朋友们拿着盘子排起队，去拿好吃的蛋糕。妈妈看见儿子拿了两个盘子，就问：

"你想吃两份吗？"

小男孩回答说："我想给莉莉带一份。"妈妈回过头，看见幼儿园新来的小朋友莉莉正孤单地坐在角落里，显得郁郁寡欢。

"是她让你带一份吗？"

"不，莉莉的爸爸妈妈都没有来，她好像不太开心，我想帮帮她。"

妈妈对小男孩的表现感到惊喜，并不失时机地表扬了儿子。妈妈发现，爱心让儿子越来越善于表达自己的感情了。

父母不仅要使男孩明白"爱"的真谛,还要鼓励男孩把那些隐蔽的情绪表达出来。被承认和肯定有助于男孩形成健康的心理状态。

方法三:让你的男孩走出孤独

没有朋友的童年是不幸的。对于现在的独生子女来说,他们孤独的心理比任何一代人都强烈,他们求友的欲望也比任何一代人都迫切。

面对这些孤独的男孩子,做父母的应该怎样帮助他们呢?

一位聪明的爸爸给我们出了一个好主意:

儿子上幼儿园后,我才发现他不合群。但是,我没有刻意地对儿子说"你应该去交朋友""你应该……",而是引导他无意识地走进家庭的圈子、小伙伴的圈子。因此,在家我是家庭气氛的调动者,我主动与儿子做游戏、沟通……在孩子的小伙伴圈里,我是"孩子王叔叔",我会跟他们一块儿玩警察抓小偷,一块儿讨论奥特曼……

开始时,因为有我的参与,儿子很乐意与小伙伴们一起做游戏。但同龄人毕竟共同语言多,他们往往会玩着玩着就把我这个"孩子王叔叔"忘掉……儿子就在一次次游戏、一次次交谈中融进了他的小伙伴圈里。

当你的男孩表现出孤独时,这是他最需要父母帮助的时刻,因为此时他会觉得全世界都抛弃了他。如果父母这时不对他表现出过多关注,他往往会在孤独中越陷越深。

细节10

0~6岁,男孩需要父母的特别关注

在一般的父母眼中,婴儿都是一样的,饿了会哭,吃饱了就睡,被妈妈搂在怀里,根本看不出他们的性别。事实真的是这样吗?

一位妈妈讲述了自己的教子经历:

我有一个儿子一个女儿,在养育他们的过程中,我体会到了很大的不同。我的女儿总是很安静,儿子却非常不一样:他动不动就哇哇大哭,当我走过去抱抱他、亲亲他,他便能渐渐安静下来。

稍微大一点了,女儿能够自己单独在小床上睡了,儿子却不干,总会在半夜里哭醒,没有办法,我只得时刻搂着他,不断地抚摸他,并轻轻地对他讲话,他才能安静地入睡。

直到儿子上幼儿园,我才意识到,男孩要比女孩难养得多,他需要父母更多的安抚、拥抱和亲吻。这也便意味着要把儿子健健康康地养大,父母应更具耐心并给予更多关注。

是的,很多从事儿童心理学研究的专家也得出了这样的结论:在婴幼儿阶段,男孩需要父母特殊的关注。他们喜欢时刻被父母抱在怀里,他们喜欢父母拿玩具逗他们,他们不喜欢一个人睡在小床上,而爱与父母一起睡……总之,在0~6岁这一阶段,较之女孩,男孩的身体和情绪都要脆弱很多,他们需要父母更多的关注。

◎ 给父母的建议

在0~6岁这一阶段,男孩需要父母更多的关注。但如果父母没能及时满足,他往往就会表现出很多不可思议的行为。例如,故意伤害别人、故意伤害自己等,这很有可能会危害男孩的身体健康,使他的性格扭曲。所以,在这一阶段,父母一定要给男孩特殊的关注。

具体来讲,父母可以参照以下几种方法:

方法一:经常陪在男孩身边,多给他一些关注

强强的爸爸妈妈平时工作都很忙,强强一直在奶奶家生活。一个周末,爸爸妈妈去看强强,强强很高兴。而当大人们聊天时,强强却捣起乱来,他先是追着小猫满房间里跑,爷爷把小猫锁在房间里,他又开始踢爷爷的腿,爷爷痛得直冒化瞪眼,他却乐此不疲。

爸爸很生气,把他单独拉到一个房间里,严肃地问他:"为什么这样不听话?"他低着头一句话也不说。直到爸爸妈妈离开后,奶奶才问出他的心里话:他之所以如此捣乱,是想吸引爸爸妈妈的注意,他不想爸爸妈妈离开。

看,这就是需要父母特殊关注的男孩。一旦父母忽视了他这种心理需求,他便会以错误的方式吸引父母的注意。

如果感觉自己长时间不被父母关注,男孩便会产生强烈的不安全感,这对男孩的身体和心理成长都是极为不利的。就拿上述的情况来说,强强年龄还小,他只能通过欺负比自己弱小的小猫以及疼爱自己的爷爷,来吸引父母的注意。伹随着年龄的增长,他有可能会欺负同学、与社会上的人交往……以此来引起父母对自己的重视。在这种情况下,男孩是最易走上弯路的。

所以,养育男孩,父母更需要细心一些,多拿出时间来陪陪他,认真地听他说说话,关注他做的每一件事……这样男孩渴望被关注的心理才能得到满足。

方法二:不要图省心,把男孩过早地送入幼儿园

在现代社会,很多家长过早地把孩子送入了幼儿园。对此,他们有各种各样的理由:

"让孩子去幼儿园学点东西,增强他的竞争力。"

"为了孩子将来能过上幸福的生活,趁着孩子小,我们要努力奋斗几年,所以不得以只能把他送入幼儿园。"

……

从表面来看,家长们的这些理由既合情,又合理,但教育专家给家长们提了一个完全相反的建议:男孩在 3 岁之前应该留在家里,由父

母照看。对此,专家们给出了这样的理由:幼儿园不适合 3 岁以下的男孩,这是由他们的本性决定的。

男孩的情感很脆弱,他们很需要父母的关注。如果在这个时候,父母让男孩过早地经历分离,他们就会认为自己是被抛弃了,从而变得很焦虑,严重时,他们甚至还会在情感上封闭自己。另外,由于这个年龄段的男孩很容易烦躁,他们很容易会表现出好斗的行为,长久如此,这将十分不利于孩子良好性格和品德的培养。

方法三:不要责备男孩,满怀热情地去鼓励他

细心的父母常常会发现这样一个问题:即使是刚刚 3 岁左右的孩子,他们的性格也会有很大的不同。例如,有的男孩胆子很大,喜欢探索;而有的男孩好像什么都害怕,不愿意去接触新的事物。

为什么如此小的孩子就会产生这么大的性格差异呢?

其实,孩子性格的形成除了与遗传因素有关外,与父母的教育方式和态度有很大的关系。对于年龄比较小的男孩来讲,父母对待他的态度,往往决定他看待外部世界的态度。

举个很简单的例子:

当男孩学习走路时,由于不小心而被绊倒,这时,如果父母不断地埋怨他:"我告诉过你多少次,走路时要注意脚下,你就是记不住,看,摔倒了吧!真是笨死了!"在这种情况下,男孩一般都会委屈地哭起来,而且从此还会产生消极的想法:学走路太难了,我永远都学不会!

然而,当男孩摔倒后,如果父母没有埋怨和辱骂他,而是很关心地告诉他明确的规则:走路的时候,要先看看脚下,这就不会被绊倒了。在这种情况下,男孩不仅不会对自己丧失信心,还会对父母产生好感。这时,在他的眼中,一切都是美好的。在这种心态的影响下,男孩很快就会学会走路。

所以,在日常生活中,父母不应该过多地责备男孩,而应该满怀热情地去教育男孩,鼓励男孩。

6~12岁,男孩需要必要的监督和指导

到了6岁左右,男孩的行为会出现一个巨大的变化,他们会突然从昔日的小男孩,变成一个"男人气"十足的小男子汉。但在成人眼中,他们的行为是那么的可笑,因为他们好像总是试图通过这些奇怪的行为来证明他们的"男人气"。

一位7岁男孩的母亲讲述了一件很有意思的事情:

这段时间,我发现儿子总是不停地照镜子,有时,他甚至还会对镜子里的自己撅嘴,好像对自己的长相很不满意的样子。于是,我故意逗他说:"儿子,别照了,再照你也不会变成小女孩那样漂亮!"

没想到儿子竟然被我的话激怒了,他很生气地说:"我才不想成为小女孩呢!"

"不想成为小女孩,为什么还像小女孩一样不停地照镜子呀?"

"我是看我的胡子有没有长出来。等我的胡子长出来,我就成为男子汉了。"

是的,这一阶段的男孩就是这么可爱!为了证明自己是男子汉,他们很希望自己快些呈现出男性特征。例如,身体突然变得很强壮、力气突然变得很大,或者是突然长出像爸爸那样的小胡子。

然而,在6~12岁这个年龄阶段,男孩所希望的那些男性特征并不会这么快就表现出来。于是,他们不得不在生活中通过各种行为来证明自己是男子汉。

在玩警察抓小偷的游戏时,他们总是抢着做"警察",因为在他们眼中,警察是英雄,是真正的男人;

他们喜欢舞刀弄枪,并梦想着自己有一天能去拯救地球;

他们喜欢爬树、做有些危险性的游戏,并拒绝与小女孩玩,以此来

证明自己与小女孩是完全不同的；

……

除了行为之外，在这一阶段，男孩的思维也发生了很大变化。男孩理解他人情感的能力已经初露端倪了，他们会经常思考这样一些深奥的问题："对于家人来说，我重要吗？""我能为家人做些什么？""我是不是一无是处，只会给爸爸妈妈添麻烦？"……其实，这都是男孩自尊心发展的表现。

另外，基本上从 6 岁开始，男孩就有了攀比的意识。例如，他看到邻居的小朋友有一辆高级的遥控玩具车，他一定也会要求父母给他买一辆价格更贵、更高级的玩具车。

所以，在这一时期，男孩最需要父母科学的引导和监督。

◎ 给父母的建议

随着年龄的增长，男孩在证明他们"男人气"的同时，他们的很多行为也在不断发生变化。例如，在男孩四五岁时，父母要求他帮忙去扔垃圾，或收拾玩具，他一般都会跟父母讲条件："如果你让我吃一根雪糕，我就去收拾玩具。""如果你能给我买一个新玩具，我就去倒垃圾。"……但当男孩到了七八岁时，如果父母能够欣赏他们，或是不经意间夸奖他们几句，他们给父母帮忙的积极性会大为提高。

所以，教育这一年龄段的男孩，父母一定要讲究技巧。

方法一：给予男孩详细的指导是非常有必要的

对于父母而言，6~12 岁的男孩就像一个"不定时炸弹"，由于他们喜欢冒险，因此他们时不时就把自己弄得遍体鳞伤，或者动不动就会给父母闯出祸端。

一位家长讲述了这样一件事情：

一个周末的早晨，我上夜班回来，9 岁的儿子一直在缠着我要 5 元钱。为了使儿子尽快安静下来，我这样对他说："如果你在我睡醒之前能把我的车洗干净，我就给你 5 元钱。"

儿子从来没有帮我洗过车，我想他一定会知难而退了。而事实证明，我的想法错了。当我醒来时，我惊奇地发现，我的车子停在了院子中央，而且上面还有几道不太明显的划痕。

之前我的车是放在车库里的，儿子并不会开车，我惊奇地问他："是谁把车开到这里来的？"

"是我请隔壁的叔叔这样做的。"

"可是，这些划痕是怎么出现的？"

儿子咳嗽了两声，像是做了个暗号，大约四五个全身湿漉漉的男孩子从旁边"冒"了出来，低着头，像是在等待我的惩罚。

这时，儿子小声地讲起了他们洗车的经过。

原来，儿子把他的小伙伴们召集起来后，他们一边打水仗，一边帮我洗车。不但把我的车划坏，他的两个小伙伴还在打水仗中受了伤。

看，这就是这一时期的男孩，他们不仅会挑战自己身体的极限，而且会向各种"难题"挑战。所以，父母在给男孩出"难题"的时候，一定要给他必要的指导。否则，就会像上面事例中那样，不仅自己的车会被孩子弄坏，而且孩子很有可能会在挑战"难题"中受伤。

方法二：给男孩一些鼓励，激发他的男子汉气概

10岁的小波是学校足球队的成员，是一名出色的守门员。

包括足球队的教练，大家都认为小波是一名出色的足球运动员。但在小波内心深处可不这样认为，他认为自己很逊，因为他不当守门员时，从来没有进过球。

小波的叔叔是个退役的足球运动员，当他观察了小波学校的足球比赛后，发现尽管小波把对方所有的球都挡在了球门外，但他的脸上并没有呈现出高兴的神情。

接下来的日子，叔叔一直陪小波练球。在训练的第三天，小波成功地击败了叔叔这个守门员，进了他进入足球队以来的第一个球。训练完之后，小波兴奋地跑到叔叔身边，眼睛里充满了喜悦的泪水。

此后，小波一直把叔叔的照片摆在床头，他要一直感激这个人，因为只有叔叔读懂了他的内心深处，满足了他内心深处的情感要求。

是的，在6~12岁这个阶段，男孩的思维是极端的。在他们的世界里只有"好"与"不好"两个名词，即使他们已经做得很优秀了，但往往一个细小的缺点就会使他们完全否定自己。就像上面事例中的小波一样，虽然他是一名很好的守门员，但由于他之前从来没有踢进过球，就因为这个缺点，使得他用"很逊"来评价自己。

所以，在生活中，父母要细心地感受男孩的内心，多给他一些鼓励，引导他用科学的眼光来看待自己。当然，如果父母能够巧妙地发现并满足男孩内心深处的情感，这不仅能够促使男孩进步和合作，还能增进亲子之间的感情。

方法三：让这一阶段的男孩尽情去体验成功

男孩是精力充沛的，8~12岁的男孩更是如此。在这一阶段，男孩对一切事情都表现出很大的热情：

他们热情地去探索一切新鲜事物；

他们愿意努力地去做父母交代的事情；

他们希望所有事情都做到最好，得到大家的肯定和认同。

然而，由于社会经验少，这一阶段的男孩常常会体验失败。每个人都会经历失败，但在这个特殊的年龄段，男孩似乎对失败更加敏感。

因此，在这一阶段，父母还有一个重大任务，那就是帮助男孩去体验成功。例如，当男孩想要去完成一项不容易完成的任务时，父母可以在背后默默地帮助他。当然，即使他任务完成得不太好，家长也可以寻找他做得好的地方去鼓励他。

例如，8岁的男孩自告奋勇要帮助妈妈收拾房间，尽管经过他的"收拾"之后，房间还是显得乱糟糟的，但父母可以这样让他体验成功感："看，你把沙发上的衣服都挂在衣架上了，这下房间显得干净、整洁多了，这都是你的功劳呀！"

这既能巧妙地使男孩体验到成功感，又能增强他的自信心，可谓是一举多得的好办法。

12~16岁,从小男孩向大男生蜕变的关键期

所谓青春期,是指从12岁到16岁这一阶段。

对于父母来说,男孩进入青春期,是令人忐忑的一件事情。因为在他们眼中,这一时期的男孩与以往有了很大的不同:

他们会穿奇装异服,说他们认为很酷的"鸟语",甚至还会突然把头发染成艳艳的红色或绿色;

他们有时会表现得愤世嫉俗,会批判周围的人或者事;

他们的脾气会突然变得很大,并且常常会埋怨父母不理解他们;

……

一向听话的男孩为什么一时之间表现出如此众多的怪异行为呢?

因为进入青春期之后,你面前的男孩已经不再是以前那个小男孩了,他在逐渐地朝着大男生蜕变,他渴望自由,不希望父母再像以前那样束缚自己。

因此,要想教育好青春期的男孩,父母首先要了解他的特点。

一般来讲,青春期男孩最大的特点就是情绪起伏不定。父母一句鼓励的话就能让他欢天喜地;同样,如果父母批评他一句,他则有可能暴跳如雷,甚至会摔门而出。

另外,青春期男孩的情感也在飞速发展,他们总是喜欢批判,因为他们正在向世人证明他们的分析和批判能力。

还有很重要的一点:青春期的男孩正在努力追求个性,他们不停地尝试着把头发染成不同的颜色,并不是在故意惹父母生气,而是想看看自己究竟适合哪种类型。

◎ 给父母的建议

在青春期,如果父母对男孩的着装、造型等太过在意,那亲子之间的关系只能是不断恶化。当然,如果父母能够抓住男孩的兴趣点对其进行引导,那男孩就会表现出越来越多合作的行为。

方法一:对待青春期的男孩,既要忽视,又要引导

面对青春期男孩的变化,多数父母很不理解,他们曾耐心地对男孩进行说服教育,也经常对男孩进行严厉的批评,但男孩仍然我行我素。更要命的是,父母越是不喜欢什么,男孩越是做什么,好像总是故意与父母对着干。因此,很多专家常常把青春期看做是亲子关系的"危险期"。

那么,如何才能渡过这个亲子关系的"危险期"呢?

一位父亲这样分享他的经验:

对待青春期的男孩,我们既要忽视又要引导。

儿子 15 岁那年,忽然把头发染成了绿色。看着儿子每天顶着一头绿色的头发在我面前晃来晃去,我就会控制不住地心烦。我把自己的感觉告诉了儿子,并建议他把头发染回黑色,没想到却被儿子一口回绝了,他甚至还嘲笑我说:"现在只有'土老帽'的头发才是黑色的。"

我被儿子气得胃疼,但凭我平时与儿子相处的经验,我知道,如果我继续跟他理论下去,我们父子之间的一场冲突又会不可避免。因此,尽管我很生气,但我没再和他继续这个话题。当然,后来想想,这也是我成功的教育方式之一——忽视。

第二天,我想到了一个好办法来对付他:我知道儿子对电脑很感兴趣,而我正好有一个朋友是电脑专家,他不仅精通电脑,而且有一家属于自己的电脑城,儿子很佩服这个人。于是我答应儿子带他去见这个人,但在这个承诺实现之前,我对儿子提了一个条件:在见电脑专家的时候,一定要戴上帽子。

但在我们出发的那一刻,一件令我惊讶的事情发生了,儿子竟然把头发染回了黑色。当我问他原因时,儿子很轻松地对我说:"既然你看到我绿色的头发就心烦,我想电脑专家也会有这种感觉,所以就染回来了。不过,爸爸,我还留着一管绿色的染发膏,说不定哪一天,我又会把头发染成绿色。"

看，如果父母掌握了教育青春期男孩的方法，这些男孩也会变得很可爱。所以，与青春期的男孩相处，父母一定要掌握这个"窍门"：既要忽视，又要引导。

方法二：要学会尊重青春期男孩的朋友

青春期男孩的团体归属心理特别强，当父母在他们面前指责他们的朋友时，他们会非常反感，因为在他们心中，自己与朋友是一体的，父母指责朋友，就等于在指责他们自己。当然，如果父母尊重他们的朋友，他们会觉得很有面子，就像自己受到了尊重一般。

但当男孩真的交到"坏朋友"时，父母可以不否定他的朋友，但一定要为男孩规定具体的"交友规则"。

小伦是一个15岁的男孩，最近他的妈妈正在为他交上了"坏朋友"而担心。小伦的这个朋友在学校是有名的"捣乱鬼"，除了不喜欢上课之外，什么欺负女同学、给老师出难题、打架等这些事情，他都喜欢做。

为此，妈妈给小伦下了"死命令"：不许再和这个孩子继续交往。

但自从小伦妈妈下了这条命令，小伦就不再理妈妈了。晚上放学回家后，他既不做作业，又不做家务，好像就是故意与妈妈作对。

最后，小伦妈妈只好去请教一位心理医生。在医生的指导下，妈妈为小伦制订了一个交往规则。这个交往规则的主要内容如下：

1. 小伦不可以在学校以外的任何场所与这位朋友见面；

2. 妈妈可以允许小伦的这位朋友来家里做客，但必须是在小伦和这位朋友都遵守这些条件的前提下：不抽烟、不喝酒、不大声地放音乐或吵闹、聚会结束后将房间打扫干净。

如果男孩真的是交到了"坏朋友"，父母试图通过暴力的方式，干涉男孩与他那些朋友的正常交往，那男孩跟他的那些坏朋友学坏的几率就会大为增加。因此，遇到这种情况，父母为男孩制订"交往规则"是十分必要的。这既不会使男孩感觉到父母是在干预他的人际关系，又不会使亲子关系恶化。

方法三：父亲要用男人的角色来引导男孩

对于青春期的男孩来说，父亲不仅是父亲，更是一个男人榜样。男

孩除了在日常生活中跟父亲学习如何做男人之外，还需要父亲的引导。

一个正在读初三的青春期男孩这样评价自己的父亲：

那段时间，我们学校很乱，很多男生常常打群架，因此警察常常光顾我们学校。我可以明显地感觉到，爸爸妈妈在为我担心。

有一个周末，我和爸爸一起去爬山，那是我最愉快的一次爬山经历，因为我和爸爸并没有沿着山路向上爬，而是自己探索出了一条不是很平坦但又富有冒险乐趣的小路。

爬到山顶之后，在休息的同时，爸爸开始与我闲聊。爸爸给我讲了他上初中时的经历，那时的他也会因为一点小事而发脾气，因为觉得不公平就想动手打人……当然，他也告诉了我他是如何控制自己情绪的。

爸爸所讲的这些让我豁然开朗，我把与爸爸的这次谈话称做是"男人与男人"之间的谈话。下山之后，我和爸爸约定：每当感到迷惑时，都要和爸爸进行一次"男人与男人"之间的谈话。

这位父亲了解青春期男孩的特点，他们易怒、愤世嫉俗、喜欢暴力，但他们需要一个男人榜样的引导，因此，他给儿子设计了一次"男人与男人"之间的谈话。父亲谈话的大部分内容都是在讲述自己的亲身经历，男孩不会听出说教的意味。当然，这些内容正是男孩所关注的，所以肯定会对他有启发意义。

这种"男人与男人"之间的谈话，不仅能够控制男孩的消极行为，引导男孩的积极行为，而且能成为父子之间感情升温的催化剂。

第二章

养育男孩,父母要扮演好各自的角色

做男孩父母,其实也是一种人生的挑战——

作为父亲,你需要以身作则,为男孩作出人生的榜样,还需要在潜移默化间,将男子汉的气概传输给你的男孩……

作为母亲,你不仅要给予孩子爱,还要教会孩子如何去爱;你既要牵着他的手,不断引导他,还要在适当的时刻放开你的手,给男孩更多自由、自立的机会……

男孩更喜欢什么样的父母?如何才能做好男孩的父母?如何增进父母与男孩之间的感情?

这,也正是本章将要告诉您的!

父亲——用爱培养男子汉

男孩和女孩是不同的。在婴儿期和学步期,年幼的男孩沐浴在母亲女性的温柔怀抱中。那时父爱是重要的,但母爱是首要的。但是,再过 3~5 年,小男孩便开始故意和妈妈拉开距离,而努力去建立一种男性身份。

一个刚刚读小学一年级的小男孩,常常有意识地模仿爸爸的男性风格特点。在一家人乘车外出时,小男孩经常会热情地招呼爸爸:"爸爸,快来,我们男的坐前座,女的坐后排。"

事例中,这个小男孩就是想让别人知道:他是像爸爸一样的"家伙"。这就是他在刻意地模仿爸爸的动作行为和男性风格。

其实,对于男孩来讲,父亲的影响远不止这些。一位老板曾这样表述他选择男性雇员的标准:"我注意的首先是那个人和他父亲的关系。只要他得到过他父亲的爱,尊重他的权威,那他就有可能成为一名很好的雇员。"他还补充说:"我不会雇佣一位反抗自己父亲的年轻人。否则他在我这里也会惹麻烦的。"

这位老板的选人标准也许有失偏颇,却反映出了一个不能被忽视的道理:父亲所给予儿子的健全的男性作用模式,无疑是其在今后能够顺利发展的基础和推动剂。

在父亲角色缺失的情况下,男孩的损失要大于女孩。很多社会学家甚至认为,男孩 80% 的时间和母亲在一起,他们长大以后就会不知道怎样做男人。男人不知道怎样做男人,就会越来越像个长不大的孩子。

某位感情纤敏的女作家,她的多愁善感也传染给了与之形影相随的儿子。儿子 6 岁不敢走夜路,关了灯不敢入睡,喜欢积木及小猫钓鱼之类的女孩子常玩的玩具,喜欢奶声奶气地认母亲的好友做"干妈",

喜欢穿花衣服,他甚至不喜欢"野小子"们的游戏:拍画片、爬树、堆沙、玩泥巴……女作家忧愁起来,她说:"他哪像个虎头虎脑的小男孩呢?"

这位女作家的担忧绝非空穴来风,男孩不像男孩,便会引发很多问题:遭同龄人欺负、"娘娘腔"、同性恋……很多儿童心理学专家曾明确地指出,就问题男孩而言,关键在于父亲的不参与和不关心,其结果是母亲承担更多的责任来填补空位。由此可见,父爱对男孩的影响有多么重要。

◎ 给父母的建议

既然父亲对男孩的影响如此巨大,那么,做父亲的该如何用自己的爱培养出了不起的男子汉呢?

方法一:父亲要给男孩作出榜样

一个人非常喜欢喝酒,每天下班后,他都要到附近的酒馆喝几杯,经常喝到半夜才醉醺醺地回家。

有一天,天空下起鹅毛大雪,积雪把路铺了厚厚的一层。下班后,他和往常一样向酒馆走去,走着走着,他听到后面发出奇怪的声音。他回头一看,原来是放学的儿子。

儿子正顺着父亲的脚印走过来,他的小脸因为兴奋而涨得通红:"爸爸你看,我正踩着你的脚印呢!这多有趣!"

儿子的话让父亲心头一震,他立刻意识到:如果我去酒馆,儿子顺着我的路走,也会找到酒馆的。

父亲马上改变了行走的路线,向家的方向走去。从那以后,他改掉了喝酒的习惯,再也没有去酒馆。

父亲可能没有意识到,你的男孩就像一个永不停息的小雷达,正在专注地观察你的一举一动,并模仿各种被你忽略的琐碎细节。

如果你经常酗酒,那么你的儿子可能也会成为酒鬼;

如果你经常对妻子发火,你的儿子也会脾气粗暴;

如果你不尊重你的父母,你的儿子也不会认为自己有必要尊重你。

身教重于言传。父亲的每一个眼神、每一句话、每一个举动都会被孩子收入眼中、心中,父亲自己如果行为不正,又怎么要求孩子不出差错?

教育孩子的实质在于教育自己，而自我教育则是父母影响孩子最有力的方法。要想把孩子培养成合格的男子汉，作为父亲首先就要成为一个顶天立地的男人。父亲应该意识到，自己就是男孩的模板，如果希望"复制"出让人惊叹的效果，就必须把自己刻画得精细些。

方法二：既要注重身教又要注重言传

对于父亲而言，"身教""言传"不仅是一种责任，更是最适合小男孩的教育手段。要知道，男孩是"尚在接受培训的男人"，他们出于本能的行为习惯需要父亲的循循善诱。同时，与男孩交流，用语言把调皮、不懂事的男孩教育好，也是一门深奥的艺术。

小志开始住校了，父亲和他约定，每个月月初给他寄 500 元钱作为一个月的生活费。

小志还是头一次掌管这么多钱。最初的一个月，他完全没有节约的观念，三天两头跟同学朋友在餐馆挥霍。结果一个月还没有过完，他的口袋里就所剩无几了。小志没有办法，只好向父亲求援。父亲容忍了他的做法，提前把第二个月的生活费寄了过来。

然而小志并不觉得自己有什么不对。第二个月刚过了一半，他就"预支"了第三个月的钱，然后在第三个月开始不久就捉襟见肘。于是小志只好打电话回家："爸爸，我饿坏了。能把下个月的生活费给我吗？"

"孩子，饿着吧。"这一次，爸爸很干脆地拒绝了，没有任何商量的余地。

生活真是太奇妙了。在那之后只有 50 元钱的半个月里，小志绞尽脑汁节衣缩食，居然也熬过来了。从那以后，小志学会了精打细算……

也许小志的父亲并不在乎儿子一个月多花几百元的生活费，也许小志的父亲在儿子很小的时候就有意识地做儿子勤俭节约的榜样……但是，任何一种可能都没有他的那句话——"孩子，饿着吧"所起的作用大。这句话让小志学到了很多：节约、做事有计划、自立……或许还有更多。

由此可见，言传与身教相结合，对男孩的教育才是最有效果的。

方法三：父亲对男孩要多一些宽容

男孩总有一些让父亲气得怒火冲天的行为。他会把最好的雨具扔到一边，而自己却在淋雨的过程中玩得不亦乐乎；他会把眼镜弄

丢,把照相机掉在地上;他常常会扮演冒失鬼、不负责任、调皮捣蛋的角色……

面对这些情况,父亲不应该有太多抱怨,因为你也做过男孩,也曾经使自己的父亲气得发疯过,所以你最好的选择就是:对小"捣蛋鬼"宽容一点。

著名画家达·芬奇的父亲彼特罗培养孩子的信条是:给孩子最大的自由,让孩子发展自己的兴趣。

6岁那年,达·芬奇上学了,在学校里学了很多知识,但对绘画最感兴趣。一天,他上课不专心听讲,还给老师画了一幅速写。老师很生气,把达·芬奇的父亲请到学校,让他好好教育调皮的儿子。

回到家后,父亲不仅没有生气,反而夸奖达·芬奇画得很好,并决定培养他在绘画这方面的能力。16岁那年,父亲把达·芬奇带到画家维罗奇奥那里学画画。在维罗奇奥的指导下,达·芬奇刻苦学习,掌握了很多绘画技巧,终于成为一代大画家。

如果彼特罗先生从儿子的学校回来之后,不是鼓励儿子,而是"赏"儿子一顿打骂,也许一位天才的画家就会这样消失。

因此,那些总是抱怨孩子不听话、不上进、不成材的父亲,我们是不是也应该反省一下,我们是如何教育孩子的?我们是不是不能容忍孩子的一点点错误呢? 其实,男孩并不是不懂事,当他做错事情时,你没有批评他,反而原谅他,鼓励他,他往往会努力改正自己的缺点、错误,以回报你的宽容。

缺少父爱——男孩缺乏男子气概

生活中,我们会发现,由父亲带大的男孩,或者从小与父亲接触比较多的男孩往往表现出很多优势,如性格开朗、头脑灵活、身体健壮、充满活力。

为什么会出现这种现象呢?教育学家表示,这是由于父亲的教育方式、父亲的影响使这些男孩更为健康地成长。

在一般家庭中,妈妈总在扮演老师的角色:告诉孩子什么是应该做的、什么是不应该做的;要求幼儿听话、不淘气、做乖孩子;总是喜欢让孩子做画画、看书、搭积木等安静的活动;即便是带孩子游戏或外出活动,也要订下规矩,给予各种指导。受妈妈思维方式和教养方式的影响,那些不离妈妈左右的男孩总是重复、模仿妈妈的言行,变得乖巧、顺从、循规蹈矩,缺乏独立性和探索的精神。

但是,如果父亲也参与到男孩的教育中来,他的男子汉硬派作风,往往会在其教养方式中注入阳刚之气。父亲知识面宽广,常常灌输给男孩一些书本以外的知识;父亲会鼓励男孩遇事自己动手、大胆尝试;父亲对男孩的坏毛病不迁就,不妥协;父亲总是以朋友和"大孩子"的姿态与男孩一起无拘无束地玩耍。

小男孩博博最喜欢和爸爸一起玩打枪的游戏。这不,父子俩一人一杆"枪",一个当"好人",一个当"坏蛋",嘟嘟嘟,嗒嗒嗒,双方交火,各不相让,你"打"伤了我的腿,我"击"中了你的胳膊。直到最后父子俩滚成一团,累得大汗淋漓、筋疲力尽。

他还喜欢与爸爸一块踢足球、放风筝、抓小虫、堆雪人……每次玩得既轻松又尽兴。

妈妈问博博:"妈妈也和你做游戏呀,你为什么更喜欢和爸爸玩呢?"

"因为和爸爸一起玩，不用怕弄脏衣服，也不怕满头大汗。"博博说出了心里话。

可以说博博说出了小男孩们的心声：与爸爸一起玩，没有太多的顾虑，玩得开心，也玩得尽兴。更为重要的是，在游戏的过程中，爸爸教会了男孩什么叫骨气、什么叫胆量、什么叫坚强、什么叫男子汉气概……

有心理学专家研究证明，男孩与父亲接触的机会越多，在一起的时间越长，他们就越勇敢、坚强、豁达、乐观。因为父亲不会像母亲那样对孩子百般宠爱，父爱主要表现在冷静地面对孩子的优缺点，教会他们应付和解决成长过程中遇到的各种问题，给他们坚定的意志和聪慧的头脑。而且，父亲与男孩的游戏方式多是动态的，较激烈，富有对抗性和创造性的，这有利于男孩强身健体和培养思维的敏捷性、创造性。

美国一项最新的研究成果表明：男人带大的孩子，智商更高些。这是因为父亲在教育孩子方面有更强的目的性，他们一般会有计划地培养孩子某些方面的品质，注意发展孩子某些方面的才能，而母亲往往缺少这些。

在培养日常的生活习惯方面也是如此，母亲总是喜欢保护孩子，怕孩子磕着、碰着、摔着，很容易不自觉地出现包办现象。而父亲则更重视教育孩子自立、自理、勇敢地面对一切、自己的事情自己做。

◎ 给父母的建议

在男孩"女性化"倾向日趋严重的现代社会，父亲必须马上参与到家庭教育中来，这样才更有利于男孩子生理、心理的健康和发展，才更有利于男孩男子汉气概的培养。

现在，在美国家庭中，为了把孩子培养得更加出色，很多爸爸主动放弃自己的事业，而甘愿做一名"袋鼠爸爸"。当然，我们并不是鼓励中国爸爸也去做"袋鼠爸爸"，但是我们很真诚地提倡：做爸爸的再忙，也要尽可能多地抽出时间来陪陪你的男孩。

一个小男孩看见他父亲花很多时间和心思为他的汽车打蜡，便说："爸爸，你的车子一定是很名贵的，是吗？"他的父亲说："是啊！这部车子很名贵,所以要时常保养。如果保养得好,将来换车时也会多值一点钱。"

孩子沉默了一会儿,说:"爸爸!我想我并不是那么值钱,是吗?"

不要认为男孩大大咧咧,什么都不在乎,他也有感情细腻的时候,他也需要爱;也不要认为儿子无缘无故对你冷漠、跟你闹别扭,只是因为他不懂事,那是他正在用行为提示你,他需要你的关注和关爱。

男孩需要的不仅仅是你的精力、你的时间,他更需要的是,你男子汉的阳刚之气给他作出榜样——面对压力不退缩的意志,跌倒了、失败了再爬起来的勇气,知足常乐约平和心态……

母亲——请撒开你的手

孩子在人世间认识的第一个人是妈妈，会说的第一个词是"妈妈"，生病时最依恋的是妈妈，夜晚睡觉时寻找的是妈妈，放学回家问的第一句话是"我妈妈呢"。因此，不管是男孩还是女孩，都会对自己的母亲特别依恋。

但值得注意的是，当妈妈过于对男孩精心照顾时，男孩往往会因为对母亲的过度依恋，其"阳刚之气"渐渐消失。

一个男孩经常对妈妈说："我们班上的女生经常把我的书包扔出教室，还打我的头，我也不敢吭声，你去帮我出气吧！"

一个男孩经常对妈妈说："妈妈，你陪我去上学吧。小朋友们总是欺侮我，我怕！"

是什么原因让越来越多的男孩开始变得唯唯诺诺甚至胆小怕事了呢？

首先，我们不得不把矛头指向任劳任怨的妈妈。有人说，现在妈妈对孩子的爱就像鸡妈妈溺爱它的小鸡一样：小鸡饿了，鸡妈妈给它们找食吃；风雨天，鸡妈妈用自己的翅膀为小鸡遮风避雨；当面临外敌入侵（如狗、老鹰等欺负自己的小鸡）时，鸡妈妈会主动出击……

其实，影响男孩男子汉气概的因素，除了这种"鸡妈妈"类型的妈妈外，还有"代办型"和"满足型"两种妈妈。

1.代办型妈妈。

一所学校通知学生打扫卫生，只见妈妈们拿着扫帚、抹布和铁锹，成群结队来到学校。有人问一位男孩的妈妈："你孩子在家做家务吗？"那位妈妈毫不含糊地回答："疼还疼不过来呢，还让他做家务？"

是的，不要说让孩子做家务，即使是孩子自己的事情，又有多少是

孩子自己在做呢？

每天，他们的书包，妈妈代替收拾；他们的铅笔，妈妈代替削尖；他们的钢笔，妈妈代替灌水；老师告诉他们的事，妈妈全替孩子想着。然而，孩子们又是如何看待妈妈的这种代办行为呢？

一天，一位二年级班主任批评几个没带齐学习用具的学生，几个孩子都埋怨起来。这个说："都怪妈妈没给我装上！"那个叫："都怪妈妈没给我收拾好！"

好像一切过错都是妈妈的、他们什么责任也没有。

代替，除了给孩子带来懒惰与无能、给父母带来悲哀和失望之外，究竟还带来了什么呢？

2.满足型妈妈。

一个北京的小男孩，妈妈在国外工作，把他寄养在朋友家里，每月给他寄两三千元零用钱。男孩平时不常写作业，谁帮他做一道数学题，他就给谁5毛钱；谁给他写一次语文作业，他就给谁一块钱。

远在国外的母亲好像觉得，用钱可以表达自己不能关心帮助孩子的歉意，却不知道，无度地给孩子钱，是在害孩子。

◎ 给父母的建议

《动物世界》常常会有这样的片段：

母狮对幼狮关爱有加，但是并不过分娇纵。幼狮刚开始蹒跚学步，母狮便让它体验生命中迈向自立的第一步——觅食。幼狮哭也好，哀求也好，母狮就是不将食物给它，还"残忍"地将它推出门外。于是，看到依赖父母行不通的幼狮便鼓足勇气执著地爬起来，一步一步地向前走……最终学会了生存。也正是如此，狮子的勇猛特性才得以形成。

动物要学会自己觅食才能在弱肉强食的动物界生存下去，孩子要经历自己独立处事才能长大成人。一位哲人说过："经过什么样的洗礼，就能造就什么样的灵魂。"因此，作为妈妈，请大胆地撒开你的双手，让孩子尽快自强自立起来吧！

方法一：妈妈，请用你的肯定去激发儿子的男子汉气概

一位母亲有这样一句口头禅："有儿子就是不一样。"

儿子4岁的时候有一次生病发烧,这位母亲带他去打针。针刚扎进屁股,儿子哇的一声大哭起来。母亲见儿子哭得小肩膀直打颤,自己也忍不住哭起来。儿子看到妈妈哭了,立刻停止了哭泣,揉着眼睛问妈妈:"又没扎你,你哭什么?"

妈妈给儿子擦了擦眼泪,说:"妈妈胆子小,看见你一哭就害怕。"

闻听此言,儿子转而显出一副无奈的样子:"唉!你们女人太胆小。算了吧,以后你甭进去了,我一个人进去!"

第二天,儿子壮着胆独自走到护士面前,大声说:"你扎吧,我是警察!"妈妈和护士都被这个小小男子汉逗笑了。

这位妈妈便是研究儿童心理和行为的专家、青少年的知心姐姐——卢勤。卢勤一直主张,母亲对儿子的肯定,最能激发男孩的潜力。为了给妈妈一个惊喜,儿子就可以创造奇迹,这种动力能使一个幼小的男孩成为勇敢的男子汉。

方法二:告诉你的儿子,一切全靠你了

要想把自己的儿子培养成为适应未来社会的男子汉,当妈妈的不妨表现得弱一些,给孩子提供显示本事的机会。如果母亲过于能干、刚强,就会使孩子没有施展自己本领的天地,他会变得软弱;相反,如果母亲表现得柔弱一些,则会令男孩子坚强起来,意识到自己有保护弱者、保护母亲的责任。

爸爸出差了,妈妈独自照料儿子。妈妈胆子很小,她家楼上有人养了一条大狗,每次上楼,狗一叫,妈妈就会吓得直哆嗦。爸爸出差之后,妈妈对儿子说:"这回惨了,你爸走了,我连楼都不敢上了。你要保护妈妈,一切全靠你了!"儿子拍着胸脯说:"别怕,妈妈,我来保护你!"

于是,爸爸不在家的日子,每次上楼,儿子走前面,妈妈跟在后面。大狗一叫,儿子虽然也害怕,却壮着胆子对妈妈说:"别怕,有我呢!跟我走!"从此以后,不论在任何场合,儿子都争着保护妈妈。

的确如此,妈妈把儿子当成男子汉来培养,他就会变成令妈妈满意的男子汉;相反,如果妈妈一直把儿子看成小孩子,即使儿子已经长到了10岁、20岁,他在心底还是希望妈妈关心他、保护他,永远像个长不大的小孩子。

方法三:给孩子爱,还要教孩子付出爱

一个母亲总是向别人诉苦,她的儿子很无情,她不知道怎么办才好。

原来,她的儿子喜欢吃虾。一天,这个下了岗的母亲给孩子买了半斤虾,儿子津津有味地吃着,剩下最后几只的时候,母亲拿起一只说:"我也尝尝。"儿子大声喝道:"那是我的虾,你不许吃!"

生活中,这样的事例很多。这位妈妈也正是典型的任劳任怨类型的母亲,她往往是把自己全部的爱都给了孩子,却忘记了教孩子也要付出自己爱。在这种爱的方式下长大的孩子,大多会自私自利、不会体谅别人。而这种母亲也常常会落入很惨的结局:把全部爱和财产都给了孩子,自己年老时,或受到儿子的虐待,或被儿子赶出家门……

其实,在孩子小时候,妈妈就应该教孩子在接受爱的同时,也要奉献自己的爱。

亮亮小时候,妈妈经常告诉他,要学会感恩。因此,亮亮从小就学会了对亲人给予自己的爱。

一天,天气转凉了,亮亮从高高的柜子上取下厚棉被,并对妈妈说:"妈妈,天气凉了,你今晚盖厚被子吧,千万别感冒。"

教育孩子就如同播种,你播下什么样的种子,便会结出什么样的果子。因此,在儿子成长的过程中,妈妈一定要播下爱心的种子,并让这颗爱心的种子,在你的小男子汉心中生根、发芽……

方法四:管教男孩,权威是关键

也许,男孩们都抓住了"妈妈无论在任何时候都是温柔的"这一特性,所以往往更喜欢向母亲挑衅。比如,妈妈越是温柔地对男孩说:"儿子,别哭了!"他往往会哭得越起劲。

一位儿童心理学家说,妈妈对儿子发出的温柔警告——"儿子,别这样做",对于男孩的一些恶劣行为,如调皮、爱玩、好斗等,是完全不起作用的。因此在这时,管教男孩,有规则是必要的,而权威才是关键。

超市里,一位女顾客和她5岁的儿子都表现出一脸的不高兴。原来,小男孩要妈妈给他买一个很高档的文具盒,在妈妈表示拒绝时便发起火来,并且赖在文具盒旁边不肯走。这时,这位妈妈不顾别人有没有听见,弯下身子,耐心地说服儿子。

"我本来准备给你买你想要的东西，"那位妈妈平静地说，"但是现在我不买了，因为我不能对你的这种哭闹进行奖励。"

但是小男孩还是不听话，他依然鼓着鼻子，嘴里嘟嘟哝哝着，这逼得母亲说出她最不想说的话："你知道我们回家以后会发生什么吗？"

"知道的。"他回答。

"是什么呢？"母亲问。

"一顿打。"

"没错，"她说道，"要是你继续这样，那就是两顿打。"

于是，一场战火平息了。男孩安静了下来，模样像个小绅士。

男孩在陌生人面前向母亲的权威挑战，尽管这样的情景使人很窘迫，但聪明的母亲仍然保持沉着镇定。与此同时，她还向孩子清楚地传达了这样一个信息：家里的规矩在这个超市照样执行。在一个闹事的孩子面前，她保持了她做母亲的权威。

对父母来讲，权威的尺度是最难把握的，因为把握不当，便会使教育走上极端——对孩子过于严厉，会压制孩子的成长；对孩子过于宽容，又会使孩子变得软弱无力。因此，每一位家长都要针对自己孩子的特点，总结出适合自己的权威"尺度"。

营造温馨的家庭氛围,温暖男孩的一生

美国心理学家诺尔蒂生动地描绘了家庭教育环境与儿童成长之间的关系:

如果儿童生活在批评的环境中,他就学会指责;

如果儿童生活在敌意的环境中,他就学会打架;

如果儿童生活在嘲笑的环境中,他就学会难为情;

如果儿童生活在羞辱的环境中,他就学会内疚;

如果儿童生活在忍受的环境中,他就学会忍耐;

如果儿童生活在鼓励的环境中,他就学会自信;

如果儿童生活在赞扬的环境中,他就学会抬高自己的身价;

如果儿童生活在公平的环境中,他就学会正义;

如果儿童生活在安全的环境中,他就学会信任他人;

如果儿童生活在赞许的环境中,他就学会自爱……

对于孩子来说,家庭与社会相比,前者对他们的影响更大,因为家庭是他们主要的生活场所和赖以生存的地方。所以,创造一个良好的家庭环境,营造一种快乐和睦、温馨甜蜜的家庭气氛,对孩子身心的健康成长相当重要。

那么,什么样的家庭氛围才更适合你的小男子汉成长呢?这要问一问小男子汉自己了。

一位教育学家在一所小学里做了这样一个实验:

他让所有的孩子都回答这样两个问题:"你理想的家应该是怎样的?""哪些东西使你感觉温暖?"让这位教育学家意想不到的是,孩子们的回答都集中于微小的、每天发生的事情上——几乎没有孩子提到旅行、游乐场、大房子、昂贵的衣服或玩具;相反,温暖的感觉、鼓励、民主、

爱、玩耍、与父母的沟通等等,在孩子的回答中占据了最重要的位置。

以下是男孩子心中理想的家的标准:

1.一块儿玩游戏:每个人都下棋,或者玩游戏,一边吃着爆玉米花,那时候最开心了。

2.一块儿玩:爸爸妈妈也和我一样喜欢玩玩具!

3.养宠物:快乐的家里有小动物——鸟啊,小白鼠啊,小乌龟啊,鱼啊,狗啊,猫啊,猴子啊,这些动物我都养过。味道不好闻,但是在我家里,我可以养。

4.制造特别的气氛:我们吃晚餐的时候,妈妈会点上蜡烛,这是我家最快乐的时候。

5.一块儿下厨:我喜欢和父母一起做好吃的东西,像饼干啦,面包啦,房间里充满了好闻的味道。

6.表达情感:我喜欢爸爸把我扔得高高的再接住,并用胡子扎我的脸。

7.互相欣赏:妈妈坐在那儿,看着我微笑。

8.互相沟通:当人们喜欢对方时,他们在饭后坐在一起,随意闲谈。

9.互相认可:每个人都称赞别人的成绩,特意做使别人高兴的事。

10.制造友爱和安全的家庭气氛:我不在家的时候,总盼着快快回家,因为我喜欢在家里的感觉。

在这些孩子的心中,家不一定富丽堂皇,但一定要充满温馨和爱意;每餐不一定都有美味的食物,但他们喜欢全家人在一起进餐的感觉;游戏也不一定有游乐场的好玩,但他们喜欢与父母一起在家做游戏的感觉……

其实,父母可以问问你可爱的儿子"你心中理想的家是什么样子",然后,把他回答中的合理要求一条条实现,孩子会因父母的改变而惊奇,他会在父母的改变中读出尊重、关心、疼爱……他也会因父母的改变而改变自己。

◎ 给父母的建议

家庭是孩子的第一所学校,父母是孩子的第一任老师,健康的家庭氛围,是孩子身心健康发展的首要因素。

方法一：创造学习气氛浓厚的家庭氛围

一位老师，他的两个儿子正在读小学，无论和谁聊天，这两个孩子的话题都丰富得惊人。

"现在物价上涨得厉害，国家应该采取措施了。"

"姚明生病了还坚持打球，真敬业。"

"余秋雨的文笔就是好！"

……

当别人问这位老师是"如何让孩子如此博学"时，这位老师笑着说："你去我们家看一看就知道了。"

原来，在这位老师的家里，所有称得上是房间的地方，都堆满了杂志和各种类型的书籍。

试想：在这样的家庭氛围下，孩子能不喜欢读书吗？正如一位教育家所说，如果你想把孩子培养成博览群书的"小博士"，就要把家里布置出书香气，让孩子随手就可以拿到书。

现代社会，每个家庭都十分重视孩子的学习，希望孩子每次都能考得好成绩，将来能有出息。但是，作为父母更应该想一想：你在家里看书吗？你的家里有学习的氛围吗？……要知道，你的行为对孩子的影响很大，这往往也是书香门弟的孩子更容易成为"小博士"的原因。

方法二：营造民主的家庭氛围

很多家庭可以做到温馨，却难以做到民主，而缺乏民主的温馨家庭某种程度上将会压抑孩子——尤其是男孩子——个性的成长和创造力的发挥。

父母动不动就对孩子说：你应该这样、你应该那样……在这样的环境下，孩子不是被管成一声不吭的"小呆子"，就是被逼成随时都会爆发的"小炸弹"，所以，民主的家庭氛围最有利于男孩的健康成长。

家庭教育中，平等意识是营建民主氛围的基础。

首先父母应摆脱"老子怎样管儿子都是应当的"的传统家长作风，明确孩子不仅是自己的血肉，是家庭的成员，更是一个独立的社会成员，他有自主意志，有自己的思想，有得到家长尊重的强烈心理要求。父母只有树立这种平等意识，孩子对父母才会由"怕"，变化为发自内心的尊重。

另外,父母不要因为孩子小,家庭中的一些事情就不告诉孩子,否则会使孩子觉得自己游离于家庭之外,有一种孤独感。

方法三:营造和谐的家庭氛围

"你真无能!"

"瞧你一副黄脸婆的样子,哪还像个女人!"

"有本事去外面干点正经事,别在家里凶。"

生活中,我们经常听到一些家长这样充满敌意地攻击对方。然而,他们从来没有想到,这样的家庭环境对孩子会产生多大的影响。

心理学家研究表明:从小就生活在气氛紧张的"缺陷家庭"中的孩子,智商一般较低,而且存在不少心理问题;而生活在和睦家庭中的孩子,心理都比较健康。

在夫妻恩爱、和睦温馨的家庭里,孩子过着无忧无虑、自然有序的幸福生活。父母经常带孩子散步、逛公园、参加体育锻炼、做游戏等,孩子可以全方位接受教育,从而使孩子热爱学习,对周围的事物充满好奇和求知欲。反之,若夫妻感情不合,家庭气氛紧张,父母不仅无心照顾孩子,甚至会将孩子当做"出气筒"。这种家庭的孩子感情上很痛苦,精神上很压抑,健康和智力都会受到严重影响。

方法四:营造快乐的家庭氛围

调查显示,常有笑声相伴的家庭,孩子的情商和智商普遍较高。研究人员认为,孩子在轻松、愉悦的环境中学习、生活,能使知识面拓宽,从而促进脑细胞的发育,并且有利于锻炼自己的交际能力。

家庭就是一个组织,每个成员都是构成这个组织的个体。如果每个人都带一些快乐回家,家里自然就充满笑声。相反,如果每个人都携烦恼回家,那家庭中肯定会乌云密布,雷电交加。所以,作为父母,我们应该为孩子营造一种快乐的家庭氛围,这是最基本的责任。

性别教育,让男孩远离"娘娘腔"

我们都知道,男孩和女孩的行为、性格存在很大的差异,就连玩耍的方式也不同——男孩喜欢汽车、手枪,喜欢冲锋陷阵、攻城掠寨;女孩则钟情洋娃娃、小餐具,喜欢玩过家家。很多父母认为,孩子的性别行为特征是天生的,不用父母教,男孩长大后自然就会有一种男子汉气概。

真的是这样吗?我们周围许许多多的事实都否定了这些父母的这一看法。

新学期刚刚开学,某学校转来了一位"特殊"的男孩。说他"特殊",是因为他的行为和个性特像女生,而且这已经是他第三次转学了。

这个小男孩叫鑫鑫。鑫鑫刚刚出生时,他的父母就梦想着要个女孩,于是他们便把鑫鑫当成女孩来养,给他梳小辫,让他穿小花裙……就这样,在不知不觉中,鑫鑫养成了一些女孩子的习性,如说话细声细气、走路扭屁股等。

然而,当鑫鑫上学后,一些意想不到的事情发生了:小学的时候,班上的同学常常嘲笑他,叫他"娘娘腔",他坚决不愿去学校,结果转了两次学;上初中后,同学们给他取了一个绰号——"宝哥哥",不但男生不喜欢他,连班上的女生也不喜欢他。鑫鑫受不了这种环境,又不去上学,于是不得不进行第三次转学。

鑫鑫处于如此尴尬的境地,我们可以毫不客气地说,这完全是由他父母错误的性别教育导致的。虽然在妈妈受孕之日起,"Y"染色体已经决定了男孩的性别,虽然体内过多的睾丸素使男孩有着不同于女孩的行为特征,而父母后天对孩子的性别教育,却决定了这个小男孩长大之后是"娘娘腔",还是性格刚毅的男子汉。

也许孩子还小的父母意识不到，错误的性别教育对男孩来讲，简直就是噩梦。在这种性别教育中长大的男孩，会对自己产生错误的性别定位，这种定位不仅会使男孩变成"娘娘腔"，而且即便是男孩成人结婚后，他也会因为这种错误的性别定位而缺少能力、责任感、使命感等男人应该具备的品质。一位婚姻学专家曾说过："在离婚的家庭中，妻子认为丈夫缺少责任感以及男子汉气概的占 40% 以上。"由此可见，错误的性别教育对一个男人的伤害将会有多大。

生活中，也许父母对孩子错误的性别教育并不普遍，但有一种情况往往会为家有儿子的父母所忽视——家教的"性别缺失"。这也就是说，在家庭中，整天围着男孩转的都是一些女性，如妈妈、女保姆、奶奶、姥姥等，这同样也是男孩产生性别错位的一个主要原因。

目前的许多家庭，在教育孩子上还停留在"母系氏族"阶段，孩子的教育多是母亲一统天下，而父亲顶多扮演一个笨手笨脚、可有可无的角色。而父亲长期不在家，对孩子的身心健康和智力发育都会产生相当大的影响。据研究，一天与父亲接触至少两个小时的男孩，和一星期与父亲接触不到 6 小时的男孩相比，前者不仅更聪明，而且人际关系处理得更融洽。

◎ 给父母的建议

男孩虽然长得比女孩高大，但不正确的性别教育会让他们变成"弱势群体"，变成任人"宰割"的"娘娘腔"，因此父母一定要对孩子的性别教育给予足够重视。

方法一：对男孩的性别教育越早越好

现在，越来越多的父母关心和重视青春期孩子的性教育，但是，他们往往会忽视对小孩子的性别教育。专家指出："性别教育是对孩子进行性教育的基础，是孩子对自身了解的启蒙，也是孩子形成健康人格的基础。所以，父母从孩子小时候就开始对其进行科学的性别教育是非常必要的。"

男孩的性别角色意识从 3 岁后就开始建立了，而真正形成性别角色意识是在青春期之后。至于 6~12 岁的小学阶段，男孩的注意力转移到学习社会知识和兴趣的培养上，这个阶段则属于他们性别意识的潜伏期。

所以,在男孩3~6岁时对其进行性别教育,有利于他们形成健康的人格,为他们进入青春期后正确处理两性关系打下牢固的人格基础。

方法二:爸爸要给男孩作出"性别"榜样

父爱是高山,母爱如大海。母亲用自己的爱让孩子明白,什么是宽阔的胸怀;父亲用自己的行动告诉孩子,什么是真正的男子汉。因此,对于男孩的教育来说,只有父母配合,各自发挥自己的优势,做到阴阳互补、阴阳平衡,才能防止男孩出现阴盛阳衰的现象。

具体来说,男婴由父亲带着嬉戏,如鼓励其走以至跑、教其滚翻、玩攀登架等,对其动作发展大有益处。另外,父亲一般对外界事物有较大的兴趣,动手能力较强,这对激发男孩探索周围世界的兴趣起着不可缺少的作用。

据有关机构调查表明,如果有一个好的父亲,男孩在数学和阅读理解方面的能力就会比较高,在人际关系上会有安全感,自尊心也比较强。因此,父亲必须"亲临"教育第一线,为你的男子汉作出"性别"榜样,这将有利于培养男孩的人格魅力和自主能力,使你的小男子汉更好地适应现实世界和未来社会。

方法三:聪明妈妈的"打造小男子汉方案"

7岁的磊磊出门从来不用妈妈费心,磊磊的妈妈从来不会像别的妈妈一样冲着顽皮的孩子大喊:"慢点,看车!"有时,反倒是小磊磊像小大人一样拉着妈妈的手说:"妈妈,我领着你。"生怕妈妈迷路和发生危险的样子。每次妈妈带磊磊去逛超市时,磊磊都会为妈妈拿购物篮,出来时还会帮妈妈拎东西。

看着磊磊小小年纪就这样"绅士",邻居们都问磊磊妈妈:"你是怎样教育孩子的呢?"每当这时,磊磊妈妈就会很自豪地说:"我有一套'打造小男子汉方案'。其实,最重要的一条就是:你要学会在小男子汉面前'示弱'。比如,每次出门的时候,我会告诉磊磊'妈妈不认识回来的路,你回来时要给妈妈带路呀';去购物时,我就会对他说'妈妈力气很小,拿不动了',他就会主动过来帮忙……时间长了,这些男子汉的行为就成了他的习惯。"

男孩往往是"吃软不吃硬",你对他施加武力,也许他会害怕,但他从心底并不会服你;但如果你向他"示弱",他便会真心实意地听你的

话。聪明的磊磊妈妈正是抓住了男孩的这一心理，从而把儿子打造成了很有"男人味"的"小绅士"。

另外，父母应该明白这一点：男孩一般对暗示没有反应。一位妈妈说："男孩子都属于油瓶倒了都不去扶的类型，因此，你不要指望，你吩咐他去阳台转两圈，他就会把晾干的衣服拿进屋里。"所以，如果你想把儿子培养成男子汉，你最好告诉他应该具体做什么。当然，针对不同年龄阶段的男孩，父母的方法也不尽相同。

豪豪的妈妈每天下班回到家后，都累得直想往床上躺，可她的宝贝儿子还一直"纠缠"着要和妈妈做游戏。这时，豪豪妈妈便给儿子讲道理，但看着儿子迷惑的大眼睛，妈妈忽然意识到，在四五岁这个阶段，让儿子明白父母的辛苦是不太现实的。于是，她改变了策略，当儿子再"纠缠"她时，她会轻轻对儿子说："妈妈累了，能把你的肩膀借给妈妈靠一靠吗？"

豪豪并不知所以然，但他觉得很有意思，就把头歪到一边，小小的肩膀向妈妈凑过来，还认真地说："妈妈，是不是靠在我的肩膀上就不累了？"

妈妈趁热打铁说"是啊！你是男子汉，长大了要保护妈妈和爸爸呀。"豪豪咧开嘴巴笑了。

从此以后，豪豪动不动就要充当妈妈的"保护神"，神气着呢！

男孩子都有保护别人的欲望，尤其是保护女人，如妈妈、奶奶等。所以，妈妈一定要抓住儿子的这一心理，并恰当地运用自己的女性角色，给儿子机会，让他做你的"保护神"。

男孩喜欢"朋友式"的父母

孩子不仅需要年龄相同的朋友,也需要能够提供他正面影响的朋友,帮助他迈向成熟。

照理说,父母应该是孩子最亲密的大朋友,但现实生活中的事实却恰恰相反,很多家庭的亲子关系都亮起了红灯,孩子们,尤其有点淘气的男孩经常挂在嘴边上的一句话就是:父母是最不了解他的人。

小翔的家长最近很担心。

因为原来那个胖乎乎喜欢撒娇的儿子不见了,现在的小翔变得不爱吭声,父母问一句答一句。吃饭时,一说到敏感话题,他饭也不吃就回房间。看着那扇关上的门,小翔妈妈心急如焚:"难道这就是代沟?应该说,我们是很负责的家长,不管工作多忙,都会抽出时间和孩子聊天,看他不高兴也会去安慰他。"

可小翔不以为然:"他们那是强制和我说话!我说踢球的事,谁的歌好听,哪个影星酷,什么游戏好玩,可他们只是敷衍地点点头,要不就岔开话题,要不就批评我。他们觉得心平气和地坐在一起,就是平等沟通。其实不是,我喜欢能够真正与我平等相处、跟我做好朋友的父母。"

儿子与父母各有各的理由,那亲子关系之间的问题到底出在哪里呢?

教育家们曾在一所小学里作了一次调查,在这次调查中,有八成以上参与调查的父母对自己的教子情况充满了信心:比较了解儿子的个性,儿子有不高兴的事会告诉自己,知道儿子的好朋友是谁,知道儿子爱看的书籍是什么……但是教育家们则表示,很大一部分父母自认为放下了家长的"架子",与孩子之间的关系融洽,而实际上他们却没得到孩子充分的信任。

一个三年级的小男孩说出了孩子们的心声：

爸爸妈妈是时常与我沟通，但他们的沟通内容仅限于"好好学习""考个好大学"之类的话题，他们与我沟通的目的性也太强了。还有，我不喜欢爸妈妈总是拿我与别的孩子作比较，什么某某同事的孩子考上清华、北大，谁谁又特别听话懂事……一听到这样的话题我就烦。

上小学的男孩子基本上已经懂事了，如果父母与孩子谈话时，常常带有很强的功利性、总拿孩子与别的孩子作比较等等，这样不仅对提高孩子的学习成绩毫无益处，还会严重打击孩子的自尊心。

父母要想与孩子交朋友，首先必须要了解孩子，了解孩子心里在想什么。但是，孩子的心理虽然不是深不可测，但很多父母常常也是琢磨不透。父母如何才能准确地了解孩子的心理呢？一位男孩的爸爸跟我们分享了他的经验：

在我们家，有一个"亲情宝盒"，俗称"意见箱"。与孩子之间出现沟通障碍时，我们都是靠它来解决问题的。

有一次，孩子突然不开心了，我很纳闷，问他也不说，就写了个纸条丢进"亲情宝盒"里："爸爸怎么惹你不高兴了，能跟爸爸说吗？"

一会儿，儿子也丢纸条进去了："你叫我写字，说这个没写好，那个也没写好，还说我笨。"

有时，就算是最好的心理学家也不一定能猜出孩子在想什么，这时候父母如果自以为是，很可能让亲子关系亮起红灯。就算父母开口问孩子，他也不一定愿意说出来。这时，"亲情宝盒"便成了父母与孩子之间的沟通桥梁。当然，当儿子慢慢长大后，父母还可以用与孩子交换看日记的形式来解决，把自己不明白的事情写在日记里，同时也要求孩子用日记来回答。这样，双方的心理、想法都白纸黑字地呈现在日记上，那父母与儿子之间有效地沟通，进而成为好朋友，也就是自然而然的事情了。

◎ 给父母的建议

方法一：哪壶先开提哪壶

专家指出："如果孩子不愿意把自己的欢乐和痛苦告诉父母，不愿意与父母坦诚相见，那么谈论任何教育总归都是可笑的。"

其实,父母要想走进孩子的心里,和孩子交朋友,并不是一件很难的事情。两代人沟通的艺术,在于父母既要"童心未泯",又会"老谋深算"。做不到"童心未泯",孩子对父母敬而远之,没有共同语言;而只有"童心未泯",没有"老谋深算",则无法引导孩子。

有些父母和孩子沟通常常失败的原因,就是"恨铁不成钢""哪壶不开提哪壶"。其实父母与孩子交朋友的艺术就在于"哪壶先开提哪壶"。

有个平时动作总是慢腾腾的男孩对妈妈说:"妈妈,今天体育课上我跑了第一名!"

妈妈有点纳闷,但还是说:"小冠军,快把比赛的实况给妈妈描述一下吧!"

原来上体育课的时候,全班同学分成四组比赛,这个孩子在小组跑了最后一名。然后每组最后一名同学再比赛一次,这个孩子就是这次"安慰赛"的冠军。

妈妈听了孩子的话,并没有异样的表现,而是很自然地对孩子说:"小冠军,为了庆祝你夺冠,妈妈今天给你做好吃的。"

孩子明明是小组比赛的最后一名,只是可怜的败将中的冠军,还值得高兴吗?但是,这位妈妈很聪明,她看重的是孩子的自尊,因此只提"开了的那壶水"。试问:哪个孩子不愿意和这样的妈妈交朋友呢?

方法二:与儿子像朋友一般握手

握手表示一种友好,这是握手礼仪传达出来的最首要情感。当两个陌生人相见时,握握手,两人就认识了,距离就拉近了。

当父母像朋友一栏与孩子握手时,孩子就会感受到父母对自己的友好和尊重,他就更容易打开自己的心扉,愿意与父母分享自己的想法。

爸爸因为工作需要要给同事发一封电子邮件,因为不太懂,便向上五年级的儿子请教:"儿子,爸爸想拜你为师,你能教我发电子邮件吗?"

"当然可以了,爸爸,你看,把这个打开……"儿子认真地给爸爸讲起课来。

当爸爸的邮件发送成功之后,他真诚地伸出手说:"以后电脑方面的事情我还要多向你请教,来,握个手吧!"儿子虽然有点不好意思,但他仍然很认真地与爸爸握了握手。

许多父母不习惯直接对孩子说："来，孩子，我们做个朋友吧！"而通过握手，父母想与孩子做朋友的意思就很真诚地表达出来了。这时，孩子也很容易从心理上认可家长，从而愿意与父母成为好朋友。因此，想了解孩子心理、成为孩子好朋友的父母，不妨试着与孩子握手。

方法三：掌握好与淘气儿子做朋友的尺度

很多家长会说："真的把孩子当做成人、朋友一般来交流，家长会没有威信，孩子以后也会不怕你。"家长的这种担心是有一定道理的，所以，每一位父母都要把握好与淘气儿子做朋友的尺度。以下几点建议可供家有淘气儿子的父母借鉴。

1.和孩子定好"家规"。如，无论在何种情况下，儿子都应遵循尊老爱幼、遇事讲理、办事公道等原则。

2.随时把握孩子言行的尺度。孩子毕竟是孩子，很多时候他会想：爸妈和我是朋友了，这件事情就自己做主了，他们肯定不会计较的。这时，父母需要做的是：用一个眼神、脸部的细微表情或轻微的举手投足暗示你淘气的儿子，这种做法我肯定不赞成。

3.孩子犯了严重的错误时，他会很侥幸地想象：爸妈和我是朋友了，肯定会原谅我的，我跟他们做点"工作"、撒一下娇，肯定会"一带而过"的。此时家长切记把好此刻的"尺度关"，该严肃指出的错误要毫不留情地说清楚理由，一定让孩子被罚得心服口服。这样，父母既与孩子做了好朋友，又不会失去父母的权威。

4个小技巧，增进与男孩之间的感情

常听一些年长的人说，生儿子最亏了，这些没良心的东西往往会"娶了媳妇忘了娘"。虽说男孩不善于用语言表达自己的感情，但也不至于长大之后就感情全失，从此便忘记生他、养他的双亲。

然而，仔细观察周围的人群，我们会发现，很多男孩子长大之后，确实与父母之间的感情会疏远很多。

一对年事已高的夫妇说起自己的独生儿子，就满腹伤心："我们不求儿子特意来看望我们一次，我们只是希望节假日他能回家看看。但现在，我们能够接到他的一个电话就已经算是奢望了！"

每个人听到这些伤心的诉说，肯定已经在心里暗骂这样的男孩或者是男人没有良心。但是，我们先控制住自己的情绪，平息一下愤怒的心，仔细思考一下这样的问题：是不是所有的男人都会感情冷漠，"娶了媳妇忘了娘"？这些男人在小的时候与父母的感情如何呢？在这些男人小的时候，父母是否曾想过要采取措施，来进一步增进与孩子之间的感情呢？

不要小看这些问题，这是男人感情冷漠的根本原因和关键所在。我们都知道，并不是所有的男人都感情冷漠，而那些"娶了媳妇忘了娘"，甚至还没娶媳妇就把父母忘了的男人，往往在小时候就与父母关系不好。他们的父母不但没有想过要增进与孩子之间的感情，而且有时孩子表现出对他们的爱，他们往往也会不屑一顾。

母亲节这一天，老师给孩子们留了一个作业：回家给妈妈一个吻，或说声"妈妈，您辛苦了"，或者给妈妈倒杯水……来表达对妈妈的爱。

不善言辞的小男孩华华选择了倒杯水给妈妈喝。放学回到家后，他早早地把饮水机打开，水开后接了满满一杯水。他生怕妈妈回来

自己听不到，便坐在客厅里一直等妈妈。

妈妈终于回来了，华华赶紧跑过去把水端给妈妈："妈妈，你喝口水吧！"但是，妈妈好像并没有在意孩子的这一动作，表情很平静地对儿子说："放那吧，妈妈不渴，快去写作业吧。"说完便开始忙自己的家务。

我们可以猜想到，小男孩华华肯定是特别沮丧地回到了自己的房间。孩子本来是怀着极其兴奋而又期盼的心情给妈妈递上这杯水，也许这个场景在孩子的大脑中已经重演了很多次，他期望对妈妈的这种爱能得到妈妈的认同和称赞，他期望妈妈在接过水的那一刻拥抱他一下，或者说一句"孩子，你长大了"，哪怕只是一个赞许的眼神都会让他感到满足。然而，妈妈却对这杯水、对孩子的这一动作无动于衷。那么，华华以后还会轻易表达自己对父母的爱吗？

其实，在小学阶段，每逢母亲节、父亲节等特殊节日，老师们都会留一些给妈妈倒杯水、给爸爸捶捶背这样的特殊作业。

据小学的老师介绍，有华华这样遭遇的孩子并不在少数。而且，有些孩子甚至更"惨"，爸爸妈妈在发现孩子的特殊表现之后，先是愣了半天，而后又"了然于胸"地对孩子说："说吧，今天在学校又闯什么祸了？"或者是："说吧，又想让我给你买什么东西？"

男孩子的冷漠就是这样造成的。本来他们就不善于表达自己的感情，在某个特殊的日子里，在老师的鼓励下，他们好不容易把自己的情感大门打开。而父母的无动于衷，甚至是讽刺、猜疑，却让男孩的情感大门迅速地关上，而且很有可能是长久地封闭。

◎ 给父母的建议

当你的儿子向你表达他的"爱"时，请不要忽略，更不要嘲笑、打击他，否则只能让他变得更加冷漠。

父母与男孩之间的感情是在生活的小事中一点点加深的，只要父母用心去引导、去培养，男孩会比女孩更"贴心"。

方法一：常与你的男孩沟通

心理学家说，沟通是了解孩子心理的最有效方式，有效的沟通更是父母增进与孩子之间感情的最好方式。然而，提到与孩子沟通，尤其是与男孩子沟通，很多父母都会皱起眉头说："沟通看起来容易，但大

人们整天忙工作,孩子整天忙学习,哪有时间沟通呀？再说了,大人和小孩沟通什么呀,有时连话题也找不到！"

的确,"时间"和"话题"是父母与孩子之间沟通的最大障碍,但不可否认的是,确实有很多父母与儿子沟通得很好。

一位7岁男孩的爸爸说:

"虽然我工作很忙,但我每周至少安排出一段时间来与孩子'约会'。与儿子'约会'时,我也会回到与儿子同样大的年龄,与他一起玩、一起疯……每次'约会'之后,我都觉得与儿子之间的感情加深了一步。"

一位10岁小男孩的妈妈也透露了她与儿子之间沟通的秘诀:

"孩子追星,我'追'孩子。我知道孩子喜欢周杰伦,有时间我就会与孩子探讨:'周董最近又出什么新歌了,听说又拍新电影了？'每次与孩子的沟通都很愉快。孩子也经常对我说:'妈妈,你是一个时尚的妈妈。'因此,孩子的心里话都愿意讲给我听。"

与你的儿子愉快地沟通并不是很难的一件事情,"没有时间""没有话题"……只是父母为自己的懒惰和不用心所找的借口。因此,想与儿子感情更深一步的父母,请与孩子尽情沟通吧！

方法二:给你的男孩一些惊喜

孩子小的时候,男孩与女孩是一样的,他们喜欢被人惦记,喜欢别人送他们礼物,更喜欢收到意想不到的惊喜。

一位妈妈在她的日记里记录了这样一件事情:

圣诞节那天早上,我给刚上一年级的儿子讲了圣诞老人的故事,并很认真地告诉他:"只要在学校认真学习,每个孩子都会得到圣诞老人的礼物,而且是他最想得到的礼物。"

听完这些,儿子若有所思地问我:"从今天开始到以后,我都认真学习,可以得到礼物吗？"

"当然可以了,不过要说到做到才行呀。"然后我又神秘地问他:"你最想得到什么礼物呀？"

"'奥特曼'的书。"儿子在我耳边小声地说。

于是中午我悄悄地买了儿子最喜欢的那套《奥特曼》藏在他的被子下面。

晚饭儿子吃得出奇的快，吃完饭我又故意带他去楼下的小公园里散步。等我们上楼后，儿子迫不及待地在他的小房间里转了一圈，然后很失望地对我说："妈妈，刚才我们出去了，圣诞爷爷进不来，所以没有给我送礼物。"

我赶紧安慰他说："圣诞爷爷会飞的，你再找找看。还可能他会等你睡着了再来呢？"

儿子还是有点失望地说："那我就睡吧。"他脱掉外衣，爬到床上。他掀开被子时，突然发出狂喜的哈哈大笑，掀开一点，一本，再掀开一点，又是一本，一共6本。

儿子长这么大，我从未看过他这样哈哈地傻笑过，这笑里有意外的惊喜，但更多的是被圣诞老人承认、喜欢、惦记的幸福。

妈妈小小的创意，就会给孩子带来巨大的快乐，这同样是父母与孩子之间感情升温的一种方式——给孩子惊喜。随着年龄的增长，这个傻傻的小男孩一定会明白，世上根本没有什么圣诞老人，更不会给小朋友送礼物，但那时他一定会更加深刻地体会到妈妈对他的那份爱。

方法三：陪儿子渡过难关

遇到困难时，男孩与女孩的表现是大不相同的。在困难面前，大多数的女孩子都会哭泣着投入父母的怀抱，等待父母为她们解决问题；而男孩子则更多地会思考如何去战胜困难。虽然男孩和女孩的思维方式不同，但有一点是相同的：孩子遇到困难时，往往是他们最难过的时刻。

因此，当男孩真正遇到"难关"时，父母的陪伴和鼓励就会成为他唯一的精神动力。

一个屡屡受挫的小男孩说："当全世界都放弃了我，连我自己都要放弃自己的时候，父母还一直陪在我身边鼓励我，那一刻我就有一个想法：为了我的父母，我也决不放弃自己。"

在孩子最需要的时候，让父母的爱默默地陪在他身边，既能让孩子重获斗志，又是增进孩子与父母之间感情的好方法。

方法四：与儿子共同挑战一件很难做到的事

一位小有成就的企业家在提起他最难忘的一件事时说："和父亲一块游泳的那件事，令我终身难忘。"这时，他总会跟人讲起他小时候的这段往事：

我们家旁边不远处有一个池塘,我很小的时候就跟父亲学游泳。6岁那年,有一天父亲拿了个游泳圈,对我说:"来,我们横渡这条池塘。我也没有游过这么远,我们父子俩来个比赛,怎么样?"说实话,当时我很害怕,但一想到能与父亲一起挑战,我就莫名地兴奋,于是我很爽快地答应了。

但是,当我们游到大约池塘中间的位置时,我便感觉浑身乏力,身子直往下沉,我看得出,父亲的动作也不像刚才那样轻松了。我们父子对望了一眼,父亲用尽量放松的语气对我说:"加油!"我也点了点头回应父亲。我知道,我们都没有退路了,于是我埋头向前游几下,抬头吸一口气,再向前游。最后我把吃奶的力气都使出来了,终于,在我和父亲的相互鼓励中,我们都游到了彼岸。

爬上岸后,我和父亲击了一下掌庆祝成功,然后就都瘫软在了池塘边的草地上……从那一天起,我再也没反抗过父亲。

挑战对于男孩来讲本来就是一件乐事,父母与男孩一块儿挑战一件很难做到的事情,不论结果如何,在挑战的过程中,亲子之间的互动、相互的鼓励,都会给男孩留下不可磨灭的印象。

对于上面提到的这位企业家来说,也许难忘的并不是游泳这件事,而是他与父亲一块躺在池塘边草地上的那种感觉。那时,他与父亲之间的关系就不仅仅是父子,还是朋友……从而,父子之间便有了尊重、体谅、信任,以及更多更多……

第 三 章

男孩一生,最需要的 8 个引导

引语
YIN YU

父母最大的教育责任，就是引导——

引导你的男孩变得坚强勇敢，引导你的男孩做决定，引导你的男孩去创造，引导你的男孩快乐成长……

要知道，任何一个男孩，在未经过正确引导的情况下，都不会如你所愿地健康成长！

告诉你的男子汉，"你来决定这件事"

前面我们已经多次提到过，男孩往往表现得很不听话、很叛逆，尤其是青春期的男孩，家长让他向东走，他却偏偏向西走。

但是，如果家长告诉他，"你来决定这件事"，男孩听到这样的话往往会很感动。自己作决定，这是最让男孩引以为傲的事情。更重要的是，男孩认为，父母让他自己决定一些事情，是父母对他能力的认可，是父母对他莫大的信任，因此，没有男孩愿意辜负这种信任。于是，这种信任便转化成了男孩努力做好这些事情的巨大动力。

然而，令人遗憾的是，很多中国的父母很难真正做到这一点，他们几乎从不对孩子说"你来决定这样事"，尤其是对那些他们认为很难管教的男孩。因为在家长的观念里，"孩子还太小，没有决定事情的能力""让孩子决定自己的事情，他很可能会变坏"……于是，很多中国的父母包办了孩子的一切，从吃、穿、住、行到考什么大学、学什么专业……

其实，家长因为"孩子小""孩子会变坏"……而剥夺孩子决定自己事情的权利，这种做法纯粹是家长在杞人忧天。儿童心理学家表示，如果能够从父母身上得到充分的支持和爱，男孩会比女孩更早地走向独立。

事实也正如此，生活中，我们经常会看到这样的现象：当面对困难的时候，6个月大的男婴已经开始试图通过自己的探索尝试解决问题，女婴却通常借助哭泣等手段。当然，这些不同只是性别上的差异，并没有优劣之分。男性更喜欢实践，喜欢尝试与竞争，他们喜欢在这些过程中获得思维与创造的乐趣。

当家长告诉孩子"你来决定这件事"的时候，这种乐趣就开始了。

小勇和爸爸一块在公园玩，忽然，他很想爬上旁边的那棵苹果树，于是他向爸爸请示。爸爸看了看那棵树，对儿子说："去吧！"说完继续

低头看自己的报纸。等儿子朝那棵树走去时,爸爸开始用心地观察着儿子的一举一动。

只见小勇在树下仔细地看了一会儿,便有点笨拙地慢慢向上爬,好不容易爬上树的主干,他却用脚去踩一条很细的枝干。眼看那条枝干就要被踩断,爸爸的心快要提到嗓子眼了,刚想跑过去接住将要从树上摔下来的儿子,没想到,这"小家伙"却忽然对那条细枝干失去了兴趣,继续向主干上爬……

小勇玩累了,兴高采烈地跑到爸爸身边。这时,爸爸收好报纸,一本正经地问儿子:"儿子,你在爬树之前,在树下看了半天,是不是在看树上有没有苹果呀?"

"不是,爸爸,我在考察'地形',看看这棵树从哪个角度最容易爬上去。"小勇很认真地说。

"你刚才是不是差点把那条小细枝干踩断,从树上掉下来呀?"爸爸用开玩笑的口气说。

"哎呀,爸爸,我只是想试试那条枝干结不结实,我才不会真去踩它呢。"小勇有点自豪地说。

"你小子很聪明呀,知道故弄玄虚了!"爸爸高兴地摸着小勇的头说。

小勇虽然并不知道故弄玄虚是什么意思,但从爸爸的表情中他读出了很大的肯定。

任何一个男孩都是很聪明的,虽然他们有一种没有任何理由就会去冒险的特性,但他们在冒险之前还是会对事情作一定的分析。看,小勇爬树的例子不就是一个很好的证明吗?

小勇在爬树的过程中,不仅学会了观察,还获得了很多其他方面的知识,可能有关力学、生物学,等等。而家长的态度则关系到男孩能否顺利获得这些知识,如果因为担心而加以阻拦,那么这个男孩就丧失了这次机会。反之,如果男孩真的会掉下来,那又有什么关系呢?这是男孩自己的选择,他也将知道下次如何才能避免掉下来。

◎ 给父母的建议

家长朋友,想让你的男子汉独立,就请放开你的手吧!找一些事情让孩子自己作决定,试过几次你便会发现,"你来决定这件事"具有神

奇的力量,你的男孩收获的将不仅仅是自由。

方法一:不要阻止男孩想尝试的那颗心

小杨杨告诉爸爸,他要一个人到外面去。爸爸没有阻止他,让他自己走出了家门。但爸爸还是担心儿子,于是他放缓脚步,尾随儿子出门。

杨杨爸爸发现,儿子并没有自己想象的那么莽撞,他已经能够在确认安全之后穿越马路。从此以后,杨杨爸爸便开始了"独自旅行"教育,在儿子一年级的时候,就告诉他"有想去的地方都可以去,只是问路时,找穿警服的人最安全",还鼓励儿子"回来时,要走与去时不同的路"。

经过这些教育,杨杨小学四年级时就能自己买车票,订饭店,独自一人出去旅行了。

每个男孩都有很强的好奇心,对他认为很新鲜的事物都跃跃欲试。然而,家长都是怎样对待孩子的这种好奇心的呢?每种不同的态度所产生的结果又是怎样的呢?

很多家长都抱怨自己的孩子:"我家的孩子这么大了,还不会做饭,我要是不在家,他只能饿着。"而另一些家长却骄傲地说:"我们家孩子很懂事,他什么都会做,就算我出差半年,他也会把自己照顾得很好。"

这时,不用深入解释,想必家长朋友也应该明白了。前一种父母往往是对孩子"最不放心"的父母,他们的事事包办让孩子养成了依赖性强、独立性差的坏习惯;而后一种父母往往给予孩子充分的信任和自主权,他们让孩子自己去体验尝试的喜悦,并坚信孩子能做到。因为他们知道,小男子汉最容易被这些话打动:

"你来决定这件事。"

"如果你认为是对的就去做。"

"这件事取决于你自己。"

"这是你的选择。"

……

方法二:倾听小男子汉的心声——"请帮助我,让我自己做。"

一个小男孩起床后,开始叠自己的被子,但动作很慢,家长看到了,便抢过来帮他叠。从此,男孩就把叠被子看做一件很难的事情。

一个小男孩刚开始学说话,但学得很慢,这时,妈妈在一旁便急不可待地代言。从此,这个小男孩就对学说话产生了畏惧心理。

男孩也有一定的弱点，他们的发育要比女孩缓慢，学会爬行、站立和走路一般都要比女孩晚。男孩的细微动作协调能力差，因此他们需要有耐心才能把被子叠好；男孩子的语言能力相对女孩要差一些，学说话得慢慢来。但是，不了解这些的父母往往会把事情搞得很糟，就如我们上面所列举的事例一样。

家长需要知道：由于小男子汉存在一定的弱点，再加上他们生理的各项功能尚未健全，心智也没有成熟，所以他们需要家长的帮助，但这种帮助仅仅是帮助而已，并不是一切代办。伟大的儿童行为学专家蒙台梭利所说的"Help me to do by myself"，表明了孩子的心声，意即"请帮助我，让我自己做"。是的，父母的帮助能使孩子少走很多弯路，而孩子自身的实践才是他成长的根本。

方法三：鼓励你的小男子汉去探索

对于男孩来讲，他们的小脑袋里充满了奇奇怪怪的东西，他们经常会表现出一些很奇怪的行为：

把皮球当做"保龄球"来打；

把玩具汽车拆开再装上；

把跳绳绑在双杠上当"秋千"；

……

面对男孩这些奇怪的行为，父母不应该制止，而应该去鼓励。因为好奇可激发探索的兴趣，而探索是创造发明的开端，尤其对于男孩来说。他们更富有个性，喜欢张扬与众不同的做事方法，而这种与众不同就是创造。所以，不要说你的男孩行为怪、不听话，要知道，那才是一种真正的智慧！

保护好奇心，让男孩从
"破坏大王"变成"发明天才"

大多数的小男孩都有很拿手的"破坏行为"，比如，拆东西、"修理"东西、让家里的电器过早地"更新换代"……我们把它看做男孩探索心理的表现，把它看做男孩创造的源泉。

的确，与女孩相比，男孩的探索热情要旺盛很多，但只有探索热情是不够的，很多男孩的父母都在反映这样一个问题：男孩的热情往往只有几分钟的热度。也许他前一刻钟还热衷于对小风扇的研究，但是下一刻钟他又对恐龙十分着迷……这样的几分钟热度是否会注定他一事无成呢？

儿童心理学家表示，做父母的没有必要担心儿子的热情是否有多长久。小男孩的注意力很容易就会转移，他们的目光往往会停留在他们更感兴趣的事物上。这时，父母首先应该做的是，接受孩子的兴趣转移；其次是，一旦他对什么着了迷，父母不要责备他调皮、不务正业，而要没有任何理由地去支持他、鼓励他。

当然，不是每个小男孩都有调皮、捣乱、爱破坏的天性，而父母对待他们的态度，却决定他们是对任何事情都充满好奇，还是对一切都不感兴趣。

小家豪是个活泼、机灵的小男孩，对他的好动倾向，爸爸妈妈从来都是这样大声吼他："你给我安静会儿！"

因为多次的"破坏行为"，小家豪的小屁股没少领教爸爸妈妈的巴掌。

对于小家豪一会儿想研究手枪一会儿又去看小金鱼的表现，爸爸

妈妈总是这样教育他:"你有点长性好不好?"

在爸爸妈妈的教育下,小家豪终于变得听话、懂事,再也不搞破坏了。只是,他好像对任何事情都不感兴趣了。

其实,许多男孩的创造天赋往往就是在家长这样的管教中丧失的。小男孩天性好动、创造欲望强烈,但他们往往很在乎别人对自己的评价,尤其是父母对他们的评价。当他们的"创作"遭到父母的反感或批评时,在大多数情况下他们会放弃。而父母的这一做法往往也造就了男孩容易放弃的个性。

现在,家教方面有一种方法受到广泛关注和好评——延迟评价。即在孩子做完一件事情或说出一种想法之后,父母不要急于对孩子进行评价,作出结论,而是让孩子处于一种自然发展的状态。例如,父母在日常生活中,多对孩子说"有没有更好的方法呢""有没有更好的想法呢",往往会比一味地表扬更能激发孩子的创造力。

◎ 给父母的建议

每个男孩都具有超强的创造力,尤其在儿童时期。他们好奇心强,没有过多的思想束缚,敢想,敢做;对周围新鲜的事物表现出浓厚的兴趣,爱提问,喜追究;"打破沙锅问到底""探究性地拆东西""自言自语做游戏"……这些听似好笑、看似顽皮的言行举止,恰恰就是男孩创造火花的闪现。

所以,做父母的应注意发现孩子的创造力萌芽,保护他最原始的创造意识和创新精神,使他的创造性得以持续和发展。

方法一:发现、珍惜孩子的好奇心

好奇心是萌发创造性的起点和火花,对事物好奇,才会产生思考和探索。

某幼儿园里曾有这么一个孩子,上课时,他总是做自己的事情,思想一点也不集中;小朋友做游戏时,他却独自一个人坐在角落里玩积木。父母为他的"笨"感到焦虑,带班的老师却不相信他笨。经过一段时间的观察,带班老师发现这孩子并不是低能儿,而是有他自己的特殊兴趣和不同一般的好奇心。

比如孩子关心的是到底是水泥地滑还是打蜡地板滑,是水泥地的

摩擦力大还是地板的摩擦力大。这位老师发现了孩子的不同后,有意识地对他进行诱导性的启蒙教育。后来这孩子逐渐改变了不合群的个性,智力也得到了很好的发展。

好奇心受到肯定和鼓励,孩子便会继续探索、思考和学习;好奇心受到压抑,孩子则会丧失自信心和探索的兴趣。因此,做父母的要有意识地捕捉男孩创造性表现的瞬间,并及时对他的行为进行鼓励和引导,进而有效开发他的创造潜能。

方法二:给你的男孩提供必要的帮助

一个 5 岁的小男孩对画画很感兴趣,他的父母给他买了很多画笔和画纸,让他自由地画画。

一次,小男孩用了很长的时间画了一个西红柿,高兴地拿着给爸爸看。

爸爸没有说孩子画得像不像,而是先问孩子:"儿子,你画的这是什么呀?"

"爸爸,我最爱吃西红柿了,我画了一个西红柿。"小男孩自豪地说。

可是他画的西红柿是紫颜色,而且是像香蕉一样的长条形。于是爸爸对小男孩说:"嗯,画得很不错。不过呢,你画的和真实的西红柿有一点点的不一样。来,儿子,我们看看真实的西红柿长得什么样,然后再来画一个好吗?"

"好的,爸爸,我们一块儿画。"

这位爸爸做到了不随便否定孩子,这对孩子创造性潜能的发挥很有好处。但创造必须建立在现实的基础之上,当你的男孩的做法严重偏离现实时,做家长的就应给他提供必要的帮助。比如,这位爸爸看到儿子画出奇怪的西红柿,他没有打击儿子,而是给他拿来真正的西红柿,让他在正确认识事物的基础上再去创造。这一点对孩子来说很重要。

方法三:为男孩提供能够发挥创造性的环境

孩子往往会在心情愉快时,迸发出创造性。因此给孩子足够的自由活动时间、地点和进行各种活动的材料,是促进孩子创造性的必要条件。

如果条件许可,父母最好在家里给孩子一个能自由游戏、阅读、活动的小天地,并在活动中适当地给孩子以启发。孩子在游戏中的试验、实践、发现问题的过程,正是他学会思考的过程。

父母的肯定,让男孩变成神童

曾看过这样一个故事:

一位心理学专家到一所学校去作调研,校长请他帮忙鉴别学校里智力超常的学生。

"没问题。"专家愉快地答应了。他做了一个简单的测试,就把一群孩子交到办公室,声称他们的智力非同一般。

被点到的孩子眼前一亮,兴奋之情溢于言表,他们回到家高兴地对父母说:"心理学家说我是神童呢!"

孩子的父母也惊喜异常,他们没想到自己的孩子竟然是天才。

在学校里,老师和同学们也对这些孩子刮目相看。于是,这些孩子在家长的呵护、老师的关怀、同学的羡慕下迅速地成长。一年之后,他们果真显示出超人的才华。

这时,专家再次访问学校,校长很敬佩地问:"您怎么会有这么准确的眼光呢?"

"可不要告诉他们,"专家笑了笑,小声对校长说,"我只是随便指指而已,其实他们跟其他孩子并没有什么分别。"

只要教育方法得当,每个孩子都会成为天才。但是,天才到底需要什么样的教育方法呢?专家告诉我们:"肯定的态度"能使孩子尽快成材。

事实也的确如此,尤其是对那些表现欲、成就欲都很强烈的男孩子来讲,足够的肯定能使他们更加自信,从而把自己的潜能最大程度地发挥出来。

然而,现实生活中,家长又是用什么样的方式来教育儿子的呢?

孩子一次成绩没考好,家长就冲孩子大喊大叫:"你真是个笨蛋,竟然才考这么一点分数。"

孩子失败了，家长没有安慰孩子，反而挖苦孩子："看，让你不听我的话，失败了吧？"

……

我们都知道，家长之所以这样说，都是出于好心，或是望子成龙，或是恨铁不成钢……但是，家长的做法的确有些功利了，他们往往忽视了儿子听了这样的话会怎么想，又会怎样做。

其实，任何一个男孩都有很强的表现欲望，他们喜欢争强好胜，喜欢追求卓越，在他们的脑子里时常会蹦出这些思想：

"我一定要把这件事情做好！"

"我会把它做得更加完美！"

"我要成为一个既有能力又优秀的人！"

……

如果一个男孩的头脑中一直充满着这些思想，我们可以肯定地说，这个男孩在今后的人生道路上一定能克服一切困难，并且会更易走向辉煌。但是，太多消极的话语、太多的打击、太多的功利思想，会让他们吃不消，这些沉重的思想包袱往往会压得他们喘不过气来，最终促使他们放弃追求更高成就的欲望……这种教育方式的结果最终会事与愿违。

因此，做父母的应该想想了：你有经常肯定过你的男孩吗？你有意识的或无意识的语言和行为，是不是伤害了你的男孩呢？

◎ 给父母的建议

任何一个人都希望得到别人的肯定，甚至连成人也是如此。面对可爱、努力而又优秀的儿子，我们做父母的为什么还要吝惜那一句肯定的话语、那一个赞赏的眼神呢？

方法一：千万不要否定男孩取得的成绩

一天，森森读完了一本有些艰涩难懂的书，非常高兴，不由得高声唱起歌来。

"森森，你又在嚷什么？"爸爸皱起眉头说，"读完一本书是很平常的事，你用不着那样高兴。"

"可是爸爸，这太令我愉快了，它那么难懂，可我居然把它看完了！"

森森抬起头对爸爸说,他很想得到爸爸的肯定。

"哼,你以为只有你才有这个本事吗?你以为我会表扬你吗?你太骄傲自大了!"爸爸说完这些转身离开了。

从此以后,人们再也看不到森森脸上那种快乐自信的表情了。

消极评价对孩子的伤害就是这么大,它会毁掉孩子的自信、乐观,将懦弱与自卑灌输进孩子幼小而脆弱的心灵。

家长对孩子进行适时的肯定是十分重要的。这种肯定使孩子确认了自己的判断,对自己的能力感到惊喜,他的下一次努力就会更加信心十足。当成就感被一步步提升时,孩子的潜力也会被一点点挖掘出来。

方法二:赞赏你的男孩

美国著名画家韦本文是这样描述他成为画家的原因的:

有一天,母亲留下他及他的妹妹莎莉在家。他发现家里有几瓶颜料,就用来为妹妹画肖像,因而把客厅里弄得又脏又乱。母亲回来后,她没有提到客厅是如何的脏乱,而是很真诚地赞赏说:"哇!这是莎莉啊!你画得真像!"并亲吻他以示奖励。韦本文说:"那天母亲的亲吻就使我成为了画家。"

人性最奥妙的地方之一,就是渴求赞赏。每一个人都会在得到赞赏时,开心乐意地做更多的事情。当别人称赞我们做得好时,我们会想做得更好。对于孩子,尤其是男孩子来说,更是如此。

一个小男孩从来不整理自己的房间,有一天,他心血来潮把自己的房间整理得很干净。他的爸爸到他的房间里看到这一切,惊喜地对他说:"哇!这床一定会使军营里最严格的教官也喜欢。西点军校的教官也要给它颁发合格证书……"

小男孩听了爸爸的话,先是一惊,接着他高兴地对爸爸说:"爸爸,我去帮你取信吧!"把信取过来后,他仍然很兴奋地对爸爸说:"爸爸,我去剪草坪!"要知道,要是在以前,剪草坪这种工作,爸爸给他报酬他都不会去的。剪完草坪后,男孩还保持着刚才的热情,跑到爸爸身边说:"爸爸,我还能帮你做些什么?"……

这位爸爸只是给了他的男孩应得的赞赏,却使这个小男孩犹如活在天堂一般,突然间感到世上所有事物都是那么美好。由此可见,赞赏

的效果有多大。

一项研究结果表明,要有四句积极的话,才能弥补一句消极的话对孩子所造成的影响。因此,赞赏是最省力而又最有效的教育方式。

世上不存在没有优点的孩子,只要家长愿意去寻求,必能在每一个孩子身上发现他们值得赞赏的地方。

方法三:告诉你的男孩——"下次你会做得更好!"

男孩是需要肯定的。当男孩在遭受挫折时,家长肯定的眼神、肯定的话语、肯定的动作,就是他们有效的强心剂。

越越是一名品学兼优的学生,而在一次体育考试中,他却考了最后一名。

越越难过极了,他从来没受到过这样的打击。很长时间过去了,他还没从这次失败中走出来。

"儿子,还在为那件事难过吗?"爸爸问。

"是啊,我跑了最后一名,太丢人了。"

"可是你有没有想过其中的原因?"爸爸说,"你比其他同学年纪小啊,他们的腿都比你长很多。"

爸爸继续说:"我问过你的体育老师,他说你是同龄孩子中跑得最好的,这场比赛对你不公平。等你个子再高一点的时候,你一定跑得比他们快。"

"爸爸相信下次你会做得更好!"爸爸最后补充说。

相信越越爸爸的话会使越越很快从失败中走出来。在大多数情况下,儿童的自信和自卑感往往会受到家长的影响——男孩受到的表扬越多,他们对自己的期望就越高,就会产生很强的自信;相反,受到的表扬越少,男孩随之产生的自我期望和努力就越低,从而越来越不相信自己。

所以,当男孩受到挫折时,家长应该给予积极的回馈,帮助他总结原因,提出改进意见并加以鼓动。要知道,责备和打骂只会加重孩子挫败感的体验,使他越来越自卑。

父母的尊重，让男孩快乐成长

当小男孩慢慢长大后，他们渐渐也会有自己的"秘密"。虽然男孩不会像女孩那样，有自己亲密的"小姐妹"，可以互诉心里话，但男孩也有自己的表达方式，他会把"秘密"写进日记里。也正因如此，男孩们新的烦恼又开始了——

小超走在上学的路上，忽然想起昨天晚上忘记把作业本放进书包里了，于是急忙往家跑。他掏出钥匙打开家门，看到妈妈正从自己房间里走出来，脸上带着不自然的表情。小超走进房间去拿作业本，一推门就愣住了，他看到自己书桌的几个抽屉全部敞开着，自己的日记本、从小收藏的各种玩具手枪、同学们送的生日礼物乱七八糟地堆在桌子上。

小超非常生气地质问妈妈："你为什么翻我的抽屉？"

没想到妈妈却比他还生气："怎么了？我当妈妈的看看儿子的东西还有错吗？"

"可是你应该经过我的允许才能看！"小超也毫不示弱。

"小孩子有什么允许不允许？别忘了我是你妈妈！好了，快去上学吧！"妈妈毫不在乎地对小超说。

后来，小超把书桌上的抽屉都上了锁，就连日记本都换成了带锁的。

生活中，这种家长不尊重孩子隐私的现象并不在少数。在大人看来，这些都是些小事，"连生命都是我给的，何况你抽屉里的东西、你的日记本？"可对孩子来说，大人的这些行为，都是对他们的不信任、不尊重，而且严重伤害了他们的自尊心。

其实，在大多数孩子的"秘密"中，很少有什么不可告人的事情，更多的是孩子的一些思考和一些心里话。

心理学家表示，儿童期的孩子有秘密，说明孩子有着丰富的内心

世界,智商高,主意多。这样的孩子往往是"孩子头",他常常会编造出一些"小秘密",以吸引同龄的伙伴。而少年期的孩子有秘密,则说明他正从幼稚走向成熟,善思考,有独立见解,自尊心也在增强。尤其对于男孩子来说,他们当"头"的欲望、成功的欲望、自尊心等,都要比女孩更强烈一些。所以,父母应该允许他有"秘密",并为他有"秘密"而高兴才对。

然而,令人遗憾的是,父母对男孩隐私的不当处理,酿成了很多大家都不愿看到的悲剧:因为父母偷看他的日记,小男子汉从此对父母不再信任;因为父母拿偷听他打电话不当回事,小男子汉一气之下离家出走;因为父母不尊重他的隐私并误解他,小男子汉便开始怀疑人存在的价值,甚至产生了轻生的念头……

人人都有自己的隐私,孩子也不例外。父母只有尊重孩子,允许孩子有自己的"隐私世界",才能让你的小男子汉快乐成长。

当你用自己的语言和行为去尊重孩子时,孩子也同样会尊重你,从而把你当成他的好朋友,遇到什么事情或者心中有秘密的时候,才有可能主动向你谈起。所以,父母应该知道:你越尊重孩子的隐私,你与孩子的距离也就越近。

孩子的隐私,父母应该尊重。同样,小男子汉的人格、自尊心、求知欲望、探索欲望……父母也应该尊重。家长只有与小男子汉建立一种相互尊重、相互信任的关系,小男子汉身上所包含的巨大能量,才能被最大程度地激发出来,才更有利于你的小男子汉健康、快乐地成长。

◎ 给父母的建议

随着年龄的增长,你的男孩对你不再那样亲近,做父母的不要担心;小男子汉有了"秘密",做父母的也不要着急……用你尊重的态度去赢得孩子的信任吧!只有你尊重孩子,孩子才会更尊重你;也只有你尊重孩子,孩子才能健康、快乐地成长。

方法一:尊重小男子汉的自尊心

中国有句俗话,叫"出门教子",意思是说,在外面、当着外人的面教育孩子。这种教育方法科学吗?

很多家长从来不给孩子留面子，常常在大庭广众之下训斥、指责孩子；也有很多家长常常当着别人的面，唠叨孩子曾经做过的错事，使孩子感到难堪。

其实，这种教育方式存在严重的错误。孩子是有自尊心的，尤其是男孩的自尊心普遍更为强烈一些，如果家长常在孩子的同伴面前或外人面前数落孩子的不是、责骂惩罚孩子，使孩子在同伴中抬不起头、没有地位，这样不仅达不到教育目的，反而会大大刺伤孩子的自尊心，激起孩子的憎恨、敌对和紧张情绪，促使孩子养成报复、自卑等不健康心理。

那么，如何尊重小男子汉的自尊心呢？

心理学家告诉我们，除了不要当众教训孩子之外，家长还要时刻都记得：小男子汉脆弱的自尊心需要你时刻保护。

一个不足 10 岁的小男孩放学后独自到一片树林里玩耍。天黑了，这个孩子还没有走出树林，他怕遭到野兽袭击，就爬到一棵大树上躲了起来。父亲见孩子很晚还没回家，就沿孩子放学回家的路去寻找。在一片树林里，借着天空那微弱的星光，父亲隐约看见儿子正躲在一棵大树的树杈上。父亲没有马上喊儿子下来，而是假装没有看见，吹着口哨在离儿子藏身的大树不远处溜达。儿子听到父亲的口哨声好像遇到了救星，马上从大树上溜下来，吃惊地问："爸爸，你怎么知道我在这片树林里呢？"

"我是独自散步，没想正碰上你在树上玩耍呢。走，我们一起回家吧！"父亲若无其事地说。

我们不得不佩服这位父亲。孩子放学后因为贪玩而忘了回家，父亲本应该责备他，而这位父亲不但没有这样做，反而凭借自己的智慧巧妙地掩盖了孩子的恐惧心理，维护了孩子的自尊。

人们常说，树怕伤根，人怕伤心。自尊心、自信心是小男子汉成长的精神支柱，是孩子向上的基石，也是他们发展的内在动力。如果家长经常有意或者无意伤害孩子的自尊心、自信心，那么孩子的心灵就会受到打击和摧残，就会失去向善发展的动力和精神支柱。因此，不管什么情况下伤害或者诋毁孩子的自尊心、自信心，都是违背教育规律的愚蠢行为。

方法二:尊重小男子汉的独立人格

孩子年龄再小,也有自己独立的人格。很多教育专家也认为,尊重孩子是教育孩子的前提,没有尊重,就谈不上教育。而事实也正是如此,孩子尤其是男孩子往往不喜欢那些动辄便打骂他的父母,而喜欢那些尊重他的人格但又不失权威的父母。

一个男孩要参加同学的生日 Party,他的家长考虑了一会儿对他说:"你知道家里的作息时间是晚上 10 时熄灯,你如果 10 时前能回家,是可以去的。"

这类父母是最明智的,因为他们知道,孩子作为一个独立的个人,他有权利决定去参加同学的生日 Party。但从孩子的安全因素等方面考虑,家长的这种回答又不会使孩子超出纪律约束的范围。

方法三:给小男子汉一片自由发展的天空

好动、贪玩、好奇等是男孩子的天性,然而有些家长认为,孩子的主要任务就是学习,其他一切与学习无关的事物,尤其是玩,都是"旁门左道"。

然而,一直这样疯狂地让孩子学习,孩子的学习成绩就能好吗?

一个刚刚上小学的男孩子说:"爸爸、妈妈一天到晚就是让我学习、学习! 现在,一听到'学习'两个字,我就会头痛。"

事实也证明,家长一刻不停地让孩子学习,只会使孩子的抵触情绪超过对学习的兴趣,从而使孩子厌学。

一位优秀的留美博士回忆他的成长历程时说,是母亲的恰当教育才使他取得了今天的成绩,因为她的母亲从他小时候就对他说:"你是一个有能力的孩子,上学以后,拿出 70% 的精力认真学习,学出样来;拿出 30% 的精力好好玩儿,玩出水平来,你就是一个好学生。"

长期被绳子束缚着的鸟儿永远也飞不高,尊重孩子,就要给他一片自由发展的空间。因此,家长不要总是把孩子拴起来学习,解开绳索,孩子才能既快乐地学习,又快乐地成长。

方法四:尊重孩子但不迁就孩子

一个小男孩,在商店里注视了一辆带铁轨的玩具小火车很久后,告诉他的爸爸他很喜欢这辆火车,爸爸对他说:"这火车太贵了,爸爸

没那么多钱买，我们到别处去看看好吗？"孩子想了想说："那好吧，不过我不想去看别的车了。爸爸，等你有了钱再帮我买，好不好？"说着跟爸爸走开了。

周围人都对这个懂事的小孩赞不绝口，有人问他的爸爸："你是如何让孩子这么懂事的呢？"

这位爸爸的回答很简单："从孩子出生的那一天起，我们之间就相互尊重，孩子对的，我尊重他的意见；孩子错了，我决不会迁就他，会找理由说服他，要求他也尊重我，这是习惯。"

多好的习惯！这习惯使孩子从小就学会了讲道理。反过来，如果不尊重孩子，不管孩子提的要求合不合理，都一味地肯定或一味地否定，那么，孩子长大后不是变得蛮横无理，就是变得畏首畏尾、胆小如鼠。所以说，父母只有真正做到尊重孩子，但又不受迁就孩子，才能使孩子健康地成长。

父母的用心，让男孩远离"捣蛋机器"

男孩是精力充沛的，荷尔蒙带给他们巨大的攻击性、冒险欲和破坏力，他们简直就是一台停不下来的小"捣蛋机器"——释放精力是他们生活的方式，他们会从中感受到成长和满足。

但是，如果男孩不能找到一个有创意的、合理的方式来获得成就感和满足感，他的冲动就会以破坏性的方式表现出来；并且，如果男孩的这种欲望受到压抑，他就会变得抑郁，自我贬低，并伴随一种痛苦的无助感。

这些也正是家长们所担心的。那么，父母采用什么样的教育手段，才能让这些男孩子远离"捣蛋机器"，而且健康、快乐地成长呢？父母又应如何对待这些调皮的小男孩给你出的"难题"呢？

浩浩的爸爸可谓事业成功，家里的经济条件相当不错，但就是儿子浩浩让他不省心。浩浩上一年级才几个月，爸爸便被老师"请"去学校好几回，不是因为浩浩在座位上坐不住，就是因为他不专心学习、打架、打扰旁边的同学……

浩浩爸爸非常无奈，决定找老师好好谈一下，并请教一些教育孩子的经验。在谈话中，老师问他："为了教育好孩子，你翻看过有关教育方面的书吗？"浩浩爸很茫然。

老师又问："你觉得教育孩子比开车子容易吗？"

浩浩爸爸无语。

是啊，世界上任何职业都要培训学习，只有父母这个职业没有这些程序，只要一个成人生育了小孩，就成为了天经地义的父母，就理所当然地行使着教育的职能。

但是，家长要知道，如果我们不学习教育孩子这门学问，我们在行

使教育职能的过程中,就有可能无意识地犯下一些教育的错误,而这对孩子而言无疑是一种终身的伤害。

例如,面对男孩这个"捣蛋机器",家长一味地压制,他们马上就对我们还以颜色——要么故意与我们作对,叛逆成性;要么变得抑郁,毫无自信。而家长们如果一味地纵容这些小"捣蛋机器"的捣乱行为,他们就会更加令人担心——到处都飞扬跋扈,变成纯粹的"小霸王"。

父母对孩子的爱,需要在不断的学习中去完善。这也就是说,父母只有了解了科学的教育方法,才能给孩子更为科学的爱。

当然,每个孩子都是独一无二的,做家长的仅仅是学习,生搬硬套那些理论和教育方法,是万万不可的。父母要根据自己孩子的特点,并借鉴科学的教育理论,在教子经验不断丰富的基础上,慢慢摸索出一套对自己的孩子行之有效的方法。

◎ 给父母的建议

掌握一定教育理论的父母一定知道,虽然你的小男孩像个"捣蛋机器",但他一定也有着十分可爱的一面——他渴望自己成为男子汉,他会保护弱小,他还会争着帮你做一些力所能及的家务……

因此,只要家长做到因势利导,引导你的男孩向更好的方面发展,"捣蛋机器"必然不会乱生是非。

方法一:用美德占据小男子汉的心灵

教育专家指出,要想让孩子纯洁的心灵远离邪恶,唯一的方法就是用美德去占据它。面对精力旺盛的小男孩,聪明的家长与其试图帮助男孩寻找恰当的释放渠道,不如为孩子建立一个牢固的道德防线。而这道防线就是美德!

一对年轻夫妇因为儿子的降临而惊喜,但他们又有点担心,如何才能把这个停不下来的"小捣蛋机器"教育好呢?后来,爸爸在一本杂志上读到了一个故事,他们的教育思路从此明确。这个故事的题目是"最后一课"。

一位哲学家带着他的弟子来到郊外的一片旷野里,准备给弟子们上最后一课。哲学家问弟子:"如何除去周围长满的杂草?"

弟子们陷入沉思,他们给出了各种答案,有的说用铲子铲草,有的

说用火烧,有的建议在草上撒上石灰,还有的说要斩草除根,只要把根挖出来就行了。哲学家听完后,站起身说:"课就上到这里。你们回去后,用各自的方法除去一片杂草、一年后,再来这里相聚吧。"

一年后,弟子们都来了,他们惊讶地看着眼前的一幕:原来的旷野已不再是杂草丛生,而是变成了一片长满谷子的庄稼地。弟子们终于明白了哲学家的"最后一课":要想除掉旷野里的杂草,方法只有一种,那就是在上面种庄稼。

虽然在很多情况下,小男孩还没有成熟的判断力,他会为了一个皮球跟小伙伴打架;他会因为好玩而说脏话;他会因为老师批评他而与老师对着干……但当那些更为可贵的品质占据他的大脑时,他会自动安静下来,他会变得懂事很多,有时他的改变甚至会令家长们刮目相看。

方法二:化"捣乱"为"爱心"

5岁的小男孩卓卓从小就很调皮,妈妈有时真拿他没办法。有一天,妈妈给他买了七色彩笔,他十分喜欢,并把它们装在自己的包包里随身携带。妈妈带他到社区的小花园里玩,他竟要用彩笔在花园的小椅子、小桌子上乱画,妈妈告诉他这是不道德的行为,他就是不听。随后,妈妈转换了一种方法,她这样对调皮的儿子说:"儿子,你在这些椅子上乱画,别的小朋友坐了,是不是会把衣服弄脏了?"

卓卓点了点头。

"小朋友的衣服脏了,他会怎么样呀?"

"他会不高兴,还会被妈妈骂。"卓卓认真地说。

"你希望这样吗?"

卓卓摇摇头。

"那为了别的小朋友不被妈妈骂,咱们把画笔收起来好不好?"

"好吧。"没想到卓卓爽快地答应了。

男孩子就是这样的,你给他讲道德、规则,他可能听不太懂,也可能听不进去,但如果你告诉他,他的行为会对别人造成伤害,如果他停止这一动作,就是帮助别人,就是见义勇为的行为,他就会欣然接受。

大多数男孩子都有满腔热血,他希望自己能为别人做些什么,以此来满足自己的表现欲望。所以,当你的男孩再调皮时,你不妨把他的

"调皮"化为"爱心",让他自动放弃调皮行为。当爱心充满孩子的心灵时,他往往会用做好事来消耗自己的过剩精力,从而使调皮行为大大减少。

方法三:让男孩的耐心指数不断上升

当你的男孩有足够的耐心时,他的捣乱行为绝对会大大减少。

那么,怎样培养孩子耐心的习惯呢?

安吉娜·米德尔顿在《美国家庭的卡尔·威特教育》一书中介绍了"3分钟耐性训练法",这种方法被证明是训练孩子耐性的好方法。

皮奈特是一个缺乏耐性的男孩子,他只爱看电视和玩游戏,对书本不感兴趣。

一天,父亲拿着个沙漏,告诉他说,这是古时候的钟表,里面的沙子全部漏下去时,整好是3分钟。皮奈特想玩玩这个沙漏,这时父亲说,以沙漏为计时器,你和爸爸一起看故事书,每次以3分钟为限。皮奈特很高兴地答应了。

第一次,皮奈特果然静静地坐下来听爸爸讲故事。但事实上他根本没有留意书,而是一直看着那个沙漏,3分钟一到便跑去玩了。皮奈特的父亲没有气馁,他决定多试几次。

这样数次之后,皮奈特的视线渐渐由沙漏转移到故事书上了。虽说约定3分钟,但3分钟过后,因为故事情节吸引人,皮奈特听得特别入神。因此他要求延长时间,但父亲坚持"3分钟约定",不肯继续讲下去。皮奈特为了早点知道故事情节,就自己主动阅读了。

3分钟的时间,正好适合孩子注意力的特点;3分钟后立即打住,这样不仅使孩子觉得父亲守信,还利用了孩子的好奇心,引发了他主动学习的兴趣。

在这里,皮奈特的父亲用了一种循序渐进的训练方法,对孩子进行了潜移默化的教育。这实际上是通过孩子感兴趣的东西,使孩子的注意力在一定时间内专注于某一对象,久而久之,孩子形成了习惯,也就提高了耐性。

引导男孩必做的 7 件事

探索、破坏是小男孩的天性,他们喜欢自己制造玩具,喜欢破坏爸爸名贵的手表,喜欢去做很冒险、很刺激的事情……作为家长,当你发现儿子的这些破坏性极强、危险系数极高的行为时,你将用什么态度对待他呢?

看过我们前面对男孩特点的分析之后,聪明的你肯定会说:在保证他安全的前提下,支持他、鼓励他大胆地去做。但更为明智的家长会说:我会时不时地给他创造机会,让他去体验,去破坏,去探索……

作为男孩的父母,你的确应该如此。作为男孩,童年的众多体验,不仅可以丰富他们的知识,锻炼他们的品质,更会让他们体会什么叫真正的"男子汉"。

◎ 给父母的建议

下面提到的每一种方法,其实都是父母应当积极鼓励男孩去尝试、去体验的一些事情。

方法一:爬树

冒险是小男孩最乐意去做的事情。每天都生活在高楼林立的城市里的男孩,很少会去爬树,有些甚至不敢、不会爬树。所以,作为小男孩的家长,你不妨找个周末,带你的男孩到郊区或者农村爬一次树。当男孩面对他将征服的对象——大树时,你会发现,孩子身上所有男孩子的本能都被激活了——灵活、冒险、好动……也许,他的胳膊会被小树枝划破,但爬树给他带来的乐趣会远远超过这个痛苦的小记忆。

一位学者曾说过:"人在汲取智慧时,不应仅从书本中获得,更应当从天地之间,从橡树和榉树中获得。"所以,做家长的可以在孩子

爬树的过程中、在孩子与大自然接触的过程中,教会他更多的知识和道理。

方法二:换灯泡

一次,小其家的灯泡突然灭了,爸爸刚想去换,但转念一想:应该让7岁的儿子尝试一下了。于是,爸爸搬来梯子,拉下电闸,举着蜡烛,开始指导小其怎么卸下灯罩,怎么拧下灯泡,怎么把新的灯泡装上去。

开始,小其有点紧张,但爸爸告诉他,只要记得把电源切断,绝对不会有危险。于是,换灯泡的工作按部就班地完成。在灯泡亮的那一刻,小其高兴得欢呼起来。

即使换灯泡这个小小的成功,也会让一个小男孩有很大的成就感。也正是通过这一次次的成功,小男孩才很快成长为了成熟的男人。

但是,家长在让孩子体验这些事情的同时,一定要特别注意安全。搬梯子、拉电闸这些关键步骤最好也让孩子自己去体验,这更会让喜欢冒险的小男子汉有安全意识。

另外,通过换灯泡这件事,家长还可以让孩子懂得,每个成员都要为家庭贡献出自己的力量,这样家庭才能正常运转,以此来增强孩子的责任感。

方法三:做木匠活

小男子汉锐锐听到"松木家具""原木家具"这样的名词后,便有了很多问题:"爸爸,柜子真是松树做的?""要用多大的树呢?""家具又是怎样做成的呢?"……

于是,爸爸带他参观了郊区的某家具厂。在这里,锐锐基本明白了木头是怎么做成家具的。

从家具厂回来后,锐锐想要开自己的"家具厂",于是,爸爸便给他找了几块小碎木头,又给他买了小钢锉和乳胶,锐锐的"小家具厂"就真的开张了。最后,在爸爸的耐心教导和锐锐的认真学习下,锐锐终于做好了一张小小的床。

男孩子往往对一切都很好奇,一切事情他们都想去尝试。所以,如果家长给孩子更多了解的机会,男孩子的梦想就会有很多。

另外,让男孩子自己动手去实现他的小梦想,不仅可以刺激和促

进大脑的发展,提高孩子的成就感,还会变成一笔巨大的财富,成为孩子一生的美好回忆。

方法四:在大雨里行走

遇到刮风、下雨,父母一般都不会让孩子出去,但这样往往会使孩子缺少对自然的敬畏感。

一个有过在暴雨里行走经历的男孩说:"虽然拿了雨伞,但根本不管用,雨水把我全浇透了。但就是从那一刻起,我体会到了大自然的巨大威力。"

对大自然有敬畏感的孩子,做事之前,往往会考虑很周密,往往会更注重安全。所以,家长不妨放手让你的男孩多与大自然进行亲密接触。当然在此之前,家长一定要提醒孩子注意安全和预防感冒。

方法五:施舍行为

一次,5岁的男孩峰峰与妈妈外出时,遇到一个妇女领着一个很瘦小的男孩在乞讨。身边的很多人都说这些乞丐是假的,但峰峰妈妈觉得,现在是培养孩子爱心的好时刻,那些假乞丐之类的事情,可以等他长大一些再跟他解释。于是妈妈对峰峰说:"那个哥哥很可怜,你把这钱给他买饼干好不好?"峰峰拿着钱,很认真地对那个妇女说:"请给哥哥买饼干吧。"

在孩子很小的时候,做父母的就应该让他了解,在这个世界上,还有很多孩子很穷、很饿、上不起学,这样孩子才会珍惜自己所处的环境,并为此而感到自豪。

另外,父母在培养小男孩爱心的时候,可以逐渐地给他提供更多的思考机会,比如贫穷、富裕与世界公平性之间的关系,钱多、钱少与人的品行、人格之间的关系……这样可以让你的小男子汉更早地建立正确的价值观。

方法六:独自在别人家过夜

小兴的妈妈一次带小兴去一位外国朋友家玩,小兴与朋友家的小男孩玩得很好。最后,朋友的孩子提出让小兴在他们家单独住一晚,小兴妈妈想了想便同意了。

通过单独相处,小兴观察到了很多事。回到家后,他告诉妈妈,朋

友家早上不喝粥,而是喝牛奶或果汁,吃的鸡蛋是半生的,朋友的儿子喜欢抱着手枪睡觉……

在别人家单独过夜的体验,会锻炼小男子汉的胆量,同时,还会让他明白,每个家庭都有不同的习惯。

当孩子在自己的生活周围观察到别样的、合理的、与自己不同的生活方式后,就会变得十分宽容。他会慢慢懂得,自己熟悉的并不是唯一标准,世界上有各种不同的生活方式可供选择。

方法七:和父亲独处一天

一个小男孩很兴奋地讲述了他与爸爸独处的经历:

那天早上,我洗漱完,便专心致志地看爸爸刮胡子。由胡子问题,我与爸爸展开了一场很精彩的辩论赛——男人一定要长胡子吗?女人为什么不长胡子?

吃饭时,爸爸没有像妈妈那样唠叨个没完,感觉很爽。

在公园玩的时候,爸爸没有像妈妈那样寸步不离,我感觉很自由。我摔倒了,但爸爸好像没看见,我自己爬起来接着玩去了。

……

父亲对孩子的教育更具革新精神,他们一般不会宠着孩子,而是会大胆鼓励孩子完成冒险性的任务,让孩子在恶劣环境中磨炼意志,培养孩子更多的勇气和应变能力。

不自私——让霸道的男孩学会为他人着想

男孩子是狭隘还是宽容,是只为自己着想,还是为别人着想……与父母从小的教育有很大关系。

两个小男孩正在打架,其中一个小男孩的妈妈正好在这经过。于是,这个小男孩哭着对妈妈说:"妈妈,他打我,我打不过他,你帮我打他。"

这位妈妈把自己的儿子拉到一边,轻轻地对他说:"宝贝,这样做是不对的。别人打了你,妈妈很心疼,你也很疼,对吗?"

"嗯,很疼!"儿子一边哭,一边委屈地说。

"那如果妈妈去打那个孩子,他的妈妈是不是也会心疼,那个小孩的身体也会痛的,对吗?"

"嗯!"这个小男孩已经停止了哭泣。

"这就对了, 发生在你自己身上的痛苦的事情对于别人来说也是一种痛苦。所以,孩子,再做事情的时候,换个角度去想一下别人的感受,好吗?"

男孩似懂非懂地点点头。

这位妈妈很伟大,她知道怎样去爱自己的孩子,她更知道孩子需要什么样的教育方式。

几岁到十几岁的男孩子,自我意识正在形成,他们性格的萌芽也在不断成长之中。这个时期,正是塑造他们性格与人品的关键时期。所以,家长应切记"播种什么,就收获什么"的道理。

◎ 给父母的建议

生活中,我们经常会听到一些父母说这样的话:"当我自己真正做了父亲(母亲)之后,我才深深体会到做父母的辛苦。"事实正是如此,

只有你的男孩真正学会换位思考,他才能真正体会到你的艰辛、你的用心良苦;也只有他真正学会站在别人的角度考虑问题,他才能真正体会到与人相处的奥妙……

方法一:让男孩学会体谅别人的感受

一位聪明的妈妈这样介绍自己让儿子学会体谅别人的经验:

如果儿子在学校抢了别的同学的文具、漫画书等,我会找个机会重演当时的情景,但是是由他来充当那个被抢的同学,让他亲自体会那个同学的感受。

只有让这些攻击性、竞争性强的男孩子亲自体会被欺负的感觉,他才会体谅别人,从而约束自己的行为。

这位妈妈在平时是这样引导孩子的:

儿子又在向我抱怨:"我们班的小强可烦人了,上课总爱做小动作,影响我听老师讲课。"

"我的同桌也不好,他写字总是碰我的胳膊。"

……

听着儿子的诸多抱怨,我决定让儿子学会体谅别人的感受。于是,我在一张白纸上画了一个黑点,问儿子:"这是什么?"

"一个黑点呀!"儿子回答。

我故作惊讶地说:"只有一个黑点吗?这明明是一张白纸,你为什么只看到一个黑点呢?"

儿子有点吃惊地张着大嘴,看着那张白纸。

我接着对他说:"每个人都有缺点,不管他是大人还是小孩,也不管他是老师还是学生。如果我们只盯着别人的缺点看,那么他的那么多的优点我们都会忽视,你觉得这样公平吗?"

儿子不好意思地低下了头。

确实,有时我们的男孩只会盯着别人的缺点看,如父母不满足他的某些要求、老师责备了他两句、同学有一些小毛病……如果允许我们的男孩这样继续下去,他就会变得偏激、狭隘,不会体谅别人的感受。

方法二:让男孩真正站在对方的角度看问题

很多孩子在处理问题和与人交往时,总是立足于自我的立场,考虑更多的往往是自己的利益和需要,却很少关心他人的需要。也就是说,他们往往高举别人不理解自己的口号,却从没想过要去理解别人。

调皮的小男孩在学校又和同学打架了,回家后,他还对爸爸说:"一定是小涛偷了我的那个很好元的转笔刀,所以我才打他。"

为了教育这个好斗的小男孩,爸爸拿出了一块手表,手表正面朝向儿子,背面朝向自己,他问儿子:"你说这块手表的背面是什么?"

儿子想了半天说:"我不知道。"

爸爸故意批评了儿子几句。

儿子有点生气了,他反驳爸爸:"我怎么会知道这块表的背面是什么呀?我又不是站在你的位置上,当然看不到表的背面了。"

爸爸笑了笑说:"你又不是小涛,你怎么知道是他偷了你的转笔刀呀?"

儿子的脸一下红了,低下头不再说话了。

"你也有被人误解、被人欺负的时候,你当时是不是很难过呢?"

小男孩点了点头。

"那你知道明天该怎么做了吗?"

"向小涛道歉,跟他合好。"

……

家长们也可活学活用,利用这个故事引导自己的孩子转变看问题的角度。人际关系中,只有让孩子真正站在别人的角度看问题,他才能真正体会到别人的感受,真正地学会体谅他人。

爱运动——让懒惰的男孩动起来

小男孩好动,喜欢上蹿下跳,但如果家长想让他真正地去锻炼身体,他往往会找出很多理由拒绝:"我肚子痛。""我还要写作业呢。""我还有更重要的事情要去做。"……虽然小男孩体内有过盛的睾丸素,但是任何一个小男孩都很懒,除非他喜欢、他感兴趣,否则他宁可躺在床上睡觉、坐在电脑前打游戏,也不会到户外去锻炼身体。

刚刚放了暑假,小学三年级的小男孩磊磊终于可以随心所欲地玩了,于是他找小伙伴们疯玩了几天。但是,很快他就感觉到了没意思,再加上天气太热,在接下来的日子里,他几乎每天都在空调屋里度过。

他每天不是看电视,就是上网打游戏,因此他常常感觉很累,不想吃东西,而且他的眼睛好像开始看不清楚远处的东西了。更让他感到伤心的是,一个暑假过去了,班里的男孩子都长高了,好像只有他的个头在原地踏步。

男孩子往往都特别期待假期,因为假期他们可以好好地玩上一回。但当假期真正来临时,男孩子们往往会不知道怎么玩或玩什么,所以假期的大部分时间都是在家里度过。因为没有学习压力,又没有体育课,小男孩不是因为缺乏锻炼而变成了"小胖墩",就是因为忽视正常的生活起居,生物钟紊乱,而引起食欲减退、营养不均衡、精神不振等现象;或者因迷恋电视、电脑、电子游戏,使视力大为下降。

◎ 给父母的建议

假期本来是孩子调整身心、养精蓄锐的时期,而假期结束后,大多数孩子却以病态的身体出现在校园里,这也正是很多家长担心和焦虑的事情。那么,如何才能让这些有点懒的小男孩过一个健康而又有意

义的假期呢?

其实,在不影响孩子学习的基础上,父母不妨和你的男孩一起制订一份合适的假期锻炼计划,让你的男孩真正地参与到运动中来,鼓励和监督他锻炼身体。这样不仅能使你的男孩身强力壮,而且可以锻炼他的意志和自控能力。

暑假里的一天傍晚,男孩冬冬和爸爸一块儿去小区旁边的广场上散步。广场上,很多和冬冬年龄相仿的孩子穿着溜冰鞋在自由滑行。他们的技术之高、花样之多,引来了围观者一阵阵的欢呼和掌声。

看着冬冬看得入迷的样子,爸爸想趁机锻炼一下他的身体和意志,便让他也加入了这个溜冰培训班。一开始,冬冬满怀信心地去学,但当他发现自己穿上溜冰鞋根本都无法站立时,有点泄气了。此时爸爸鼓励儿子说:"困难并没有你想象的那么可怕,别人能做到的事情,你照样也能做到。"在摔倒了很多次后,冬冬终于迈出了成功的第一步,他能穿着溜冰鞋自由运动了。最后,冬冬终于也能变着花样自己滑行了。

这次学习,对于男孩冬冬而言,他自己能够体会到的收获也一定不少:首先,这个假期,他会觉得过得很充实;其次,他认识了一群新朋友;第三,因为有了一种特殊的本领,他可能会成为同学中的"偶像";最后,从此他有了业余爱好。

所以,对于孩子来说,运动的好处多多。但是,面对那些真不想"动"的男孩,家长真的要费点心思了。

其实,这也没有什么难的,小男孩一般都认"死理",他喜欢的事情,不用父母催促,自己就会做得特别好;而他不喜欢的事情,即使在父母拳头的权威下,他也会怀着应付的心态去做。所以,父母不妨选择他喜欢的运动项目,或者想办法吊起他的"胃口",引导他去锻炼身体。

自从家里买了电脑之后,小剑所有的健身计划都被打乱了,晨练放弃了,游泳班主动"弃权"了,甚至连晚饭后的散步也取消了。看着儿子的不务正业,妈妈气得想把电脑送人,但一个偶然的机会,让妈妈改变了主意。

一次,妈妈与小剑出去,看见大街上有街舞表演,儿子就迈不动脚步了。于是,妈妈去超市里买了一张跳舞毯,回来之后,小剑就迫不及

待地跳起来,并且放出豪言:"一个月之后,我敢与大街上的那些专业人士比试。"他还主动和爸爸妈妈签下了军令状——每天跳舞半小时!这下,小剑的父母再也不用担心儿子的运动量不够了。

面对"懒儿子",做父母的往往还有很多"妙招"可用,如利用儿子强烈的竞争心理,与儿子比赛跑步;利用儿子喜欢"玩"的心理,将运动以游戏的方式进行;利用孩子的好奇心,带儿子去旅行……

其实,世界上没有懒惰的男孩,只有不会引导男孩的父母。只要父母积极地开动脑筋,用心地去思考,即使有点懒的男孩,也会心甘情愿地参加运动。

第四章

自古纨绔少伟男，男孩就该"穷"着养

引语
YIN YU

男孩应该如何养？

是大富大贵、要什么给什么地养？

还是让他去经历挫折，"贫穷"着养？

相信明智的父母都会选择后者——男孩就应该"穷"着养！

这里的"穷养"，并不是单纯地让男孩过穷日子，也并不是要对他进行严厉的管教和惩罚，而是要他去经历挫折，并引导他自己去战胜挫折，从而赋予他适应未来社会的各种能力。

穷养,男孩才不会走弯路

我们常会听人说:"男人有钱就容易变坏。"当然,这是一个不能被男性广泛认同的观点,但生活的无数事实向我们证明:太多的钱对男人来讲并不一定是好事。

在教育男孩子方面,这个结论同样适用。男孩子有很强烈的占有欲望,他们喜欢新式玩具手枪,喜欢大大小小的奥特曼模型,喜欢去游戏厅打游戏,喜欢上网……再加上他们天生体内睾丸素过多,自制力又差,如果父母再给他们太多的钱,他们肯定动不动就跑去儿童玩具专柜、游戏厅、网吧等地进行"消费"。

在古代社会,男人往往被寄予太多的期望,他们要"修身、养家、治国、平天下"。在现代社会,不管男女有没有真正的平等,对于新一代的独生子女来说,男孩子仍然面临很大的压力,社会竞争的激烈,对他们品德、能力都有更高的要求。因此,父母一定要重视孩子整体素质的培养,才能使他人生的道路不至于走弯。

那么,有什么养育男孩子的好方法吗?

在这里,我们要给父母朋友提出这样一种观念:男孩子要"穷"着养。

没有太多的零花钱,男孩子就不会养成花钱大手大脚的坏习惯;没有太多的零花钱,男孩子接触污浊思想的机会便会少很多,如黄色网站、暴力游戏、赌博、毒品……零花钱适量,男孩子还有可能学会节俭,学会控制自己的欲望,学会有计划地花钱……

◎ 给父母的建议

男孩子"穷"着养,这里面的"穷"字,包含的并不仅仅是金钱的意

义。"穷"能锻炼男孩子更多优秀的品质,如坚韧、刚强、乐观、积极思考……而"故意让孩子去吃苦"就是"穷"着养育男孩的一个很重要的方式。

纵观古今中外那些成功人士,他们大多都具备能吃苦的品质。任何人都一样,只有经历过艰辛和苦难,才能品尝到成功的果实。因此,父母应有意识地让你的小男子汉从小经历一点磨难、吃点苦头,这对他的成长将大有裨益。

在这一点上,我们要借鉴国外一些父母的做法。

在美国,父母从孩子幼年起,就注重培养其认知劳动的价值。美国南部一些州立中学,为培养学生社会生存的能力,特别规定:学生必须不带分文,独立谋生一周才能毕业。美国中学生的口号是:"要花钱,自己挣!"不管家里多么富有,孩子一般 10 岁以后就得给家里做家务,如剪草坪、送报等。当然,父母也要相应付给自家的孩子"劳务报酬",体现按劳取酬。

在德国,父母从不包办代替孩子的事情。法律规定,孩子到 14 岁就要在家里承担一些义务,比如要替全家人擦皮鞋、洗衣服等。这样做,不仅是为了培养孩子的劳动能力,也有利于培养孩子的社会责任感。

日本的父母教育孩子有句名言:"除了阳光和空气是大自然的赐予,其他一切都要通过劳动获得。"孩子很小的时候,父母就给他们灌输一种思想:"不给别人添麻烦。"全家人外出旅行,不论多么小的孩子都要无一例外地背上一个小背包。别人问为什么,父母说:"他们自己的东西,应该自己来背。"

对于中国的这些独生小男孩来说,现在父母的过分宠爱,只会使他们将来无力承担他们应该承担的那些责任,这对于他们以及任劳任怨的父母来说,都不是一件好事情。

所以,中国的父母们,尤其是"爱心"泛滥的妈妈,请把你的男孩从"蜜罐"里拉出来吧!让孩子体验生活中的各种辛苦、学会自力更生,反而更能培养出令你骄傲的男子汉!

穷养,不是单纯地让男孩过苦日子

男孩为什么要穷着养？

因为作为男性,男孩生来注定就要承担更多的责任:他要承担起养家的重任,他要成就一番事业,他要推动社会进步。而只有"穷"着养,男孩才能具备更多优秀的品质和出众的能力,才更有资本承担起这些重任。

然而,提到"穷养",很多家长的头脑中立刻会呈现出这样的画面:让男孩吃窝头,吃糠咽菜,过一过红军长征两万五的苦日子。其实,父母的这种想法是片面的。真正的"穷养"并不是指一定要让男孩经历常人所不能承受的苦日子,而是更多着眼于他们品质和能力的培养。"穷养"的目的是什么？ 就是为了从小赋予男孩坚强勇敢、独立自主、有责任感、能吃苦耐劳等品质。

父母只有真正了解了"穷养"的内涵,才能培养出拥有这些美好品质的男子汉。

◎ 给父母的建议

天下所有的父母都深爱着自己的儿子。但在教育这个问题上,父母的爱是有"大爱"与"小爱"之分的。那种一味满足儿子物质要求的做法,只能算做"小爱";而不断赋予儿子吃苦耐劳、坚强勇敢、敢做敢当等美好品质的做法,才可以称做"大爱"。

如何给予儿子"大爱"？ 父母可以借鉴以下几种做法:

方法一:别给男孩太多的零花钱

一位教育学家曾严肃地说过这样一句 "玩笑话":"如果男孩兜里有大量的钱财,那么除了盲目享受、不思进取、盲目攀比、好逸恶劳的

坏品质之外,他还有可能会买回一架囚车和一座牢房。"

虽然看似是句玩笑话,但它所表述的意思是值得父母朋友们深思的。从男孩成长的角度来讲,父母给他太多的零花钱并不是爱,在很多时候,则可能是一种害。

小磊的爸爸是个经济学家,他们家的条件非常宽裕,但爸爸从不多给小磊一分钱的零花钱。

小磊每周的零花钱都是固定的,例如,2元的早晨费(以防来不及在家吃早餐时用),买文具的费用2元,交通费1元(这也是备不时之需)。别的孩子的零花钱中还包括买零食以及给同学买礼物的费用,小磊的零花钱中却没有这项。有时嘴馋了或者是需要给同学买礼物,小磊只得有计划地花那些零花钱。例如:他每天都早早地起床,在家里吃早餐,那2元的早餐费就可以节省下来了;文具省着用,爱惜着用,买文具的2元钱也能省下来……

就这样,小学毕业后,小磊不仅攒下了一小笔零花钱,还养成了很多好习惯,如按时起床、爱惜文具、节省物品等。

看,给男孩零花钱也是讲究技巧的,并不是越多越好,而是要有具体的数字,而且该怎么用得有明确的指向。就像上述案例中的爸爸,不给儿子买零食或给同学买礼物的钱,而是鼓励儿子从别的费用中省,这常常能促使男孩自觉不自觉地学会节俭。

方法二:让男孩体验一些挫折

挫折教育是"穷养"的一个重要方面,也就是说,父母要有意识地让男孩经历一些挫折,他才能变成意志坚定、遇到困难不退缩、凭自己的力量战胜困难的男子汉。

对此,也许父母朋友会很为难:"现在的生活不愁吃不愁穿,哪有机会让孩子去经历挫折呀?"

其实,所谓挫折教育,并不是让男孩去对付那些惊天动地的大困难,只要家长不"越权",生活中有很多对男孩进行挫折教育的好时机。

一位爸爸这样分享经验:

与很多家长相比,我们夫妻俩似乎有些"无情":儿子在学习中遇到了难题,我们从来都不热情地帮忙,有时儿子向我们请教,我们也总是以"不会"为借口让他再想一想;有时儿子与同伴之间发生了一些小

误会，我们从不帮忙解决，而是让他自己去与同伴沟通；有时儿子被老师误解，我们从不替他"打抱不平"，而是让他用实际行动改写在老师心目中的印象……也正是因为我们的"无情"，儿子的抗挫折能力以及自己处理问题的能力，要比同龄人强得多。

是的，在生活中父母不大包大揽，让男孩经历那些应该经历的挫折，然后再鼓励他去克服并战胜它们，这样他才会越挫越勇。

方法三：从小就向男孩灌输独立的思想

我国古代就有"穷人的孩子早当家"的说法。是的，穷人的孩子能够更早地体谅父母的辛苦，更早地为家庭着想，更早地承担起家庭的重任。也就是说，较之富裕家庭的孩子，他们能够更早独立。

现在贫穷的家庭越来越少了，男孩也很少有机会过穷人的日子，正因如此，在男孩很小的时候，父母必须有意识地向他灌输独立的思想。一个处处依赖父母的男孩，很有可能连最基本的处世能力都不具备，将来也绝对没有能力接受社会上的种种挑战。所以，父母从男孩小时候开始就向他灌输独立的思想，并教导他独立承担力所能及的事，才能让男孩长大后有出息。

穷养，再富不能"富"男孩

中国的父母是天底下最爱孩子的父母，但在很多时候，我们又常常是最口是心非的父母。我们口口声声说男孩要穷着养，但与此同时，在不经意间，我们又常常让儿子扮演着"富翁"的角色：

儿子要高档玩具，条件好的父母二话不说就给买，条件差一点的省吃俭用也要满足儿子的愿望；

儿子要名牌衣服，买，一定要买，别的孩子都有，不能委屈自己的孩子；

儿子考出了好成绩，父母一高兴，奖励儿子一个"小金库"；

……

毋庸置疑，在男孩变坏的成长过程中，父母几乎起着推波助澜的作用。

是的，当物质生活太过宽裕，男孩想要什么就能得到什么，他们很容易就会沉迷于物质享受之中，进而养成爱慕虚荣、与同学攀比、随意浪费以及坐享其成的坏毛病。随着年龄的增长，他们的欲望会不断膨胀，当欲望逐渐超过父母所能满足的局限时，他们不但会埋怨父母无能，甚至还会通过犯罪的道路来满足自己日益膨胀的欲望。

一位常年研究儿童犯罪心理学的专家这样讲述：

我调查过很多未成年人犯罪案例，在与那些走上弯路的孩子接触时，我发现他们大多属于富家子弟，家长不但会满足他们的一切物质要求，还会给他们大把大把的零花钱。有了钱，他们便常常出入一些未成年人不宜的场所，例如，网吧、游戏厅、KTV、酒吧等。这些场所常常是社会上不良人员的聚集地，正是因为受到了这些社会不良人士的误导，他们才走入了人生的弯路。

作为男孩的父母,我们静下心来想一想:到底是什么让那些未成年人走入了人生的"弯路"?不就是过多的金钱吗?

所以,即使生活再富裕,也不能富裕了男孩。拒绝物质享受是穷养的基础。

◎ 给父母的建议

一位家长在反思自己对儿子的教育时痛心疾首地说:"现在的孩子好吃懒做,花钱如流水,没有责任感,注重物质享受,不思学习之事……这都是太多的金钱惹的祸。'

可见,要想做到真正的"穷"养,除了不能无限制地满足男孩的要求之外,父母还不能给他太多的零花钱。

方法一:富裕的家庭更要让男孩吃些苦

香港特别行政区第一任首席行政长官董建华是世界船王董浩云的儿子,按常理来说,董建华应该从小就过着富贵奢华的生活,然而事实并非如此。

董建华在读书的时候, 每天都是乘公交车往返于校园和住所之间。毕业以后,大家都认为董浩云一定会送儿子到国外去深造,或是安排他在家族企业中执掌大权。但出乎所有人意料的是,董浩云竟然安排儿子进入了美国通用汽车公司当了一名普通职员。他对董建华说:"小华,我知道你是一个有理想的人,但是我担心你的刻苦精神不够。你必须自己主动去找苦吃,磨炼自己的意志,接受生活对你的种种挑战,并战胜它们,这样你才能无愧自己的人生。"

董建华听从了父亲的话,在美国勤勤恳恳地干了 4 年。在这段时间里,他不仅学到了先进的管理经验,还学会了为人处事之道,更培养了吃苦耐劳的精神。这些都为他今后的成功打下了坚实的基础。

董浩云是一位伟大的父亲。虽然拥有庞大的家庭企业,但他懂得让儿子去吃苦,不得不说,这位父亲真正掌握了穷养之道。也正因如此,他的儿子董建华才取得了令人瞩目的伟大成就。

我国有句古语,叫做"艰难困苦,玉汝于成"。意思是说,要想成大气,必须经过艰难困苦的磨炼。因此,越是富裕的家庭,父母越得让儿

子到"穷"与"苦"中去锤炼,这样他才能成大器。

方法二:拒绝做男孩的"靠山"

有一个男青年,20多岁,从学校毕业后便一直待在家里,整天无所事事。别人劝他找份工作,他却露出鄙夷的神情说:"找工作?那是穷人做的事情。等我爸死了,他的家产都是我的,我每天吃香的,喝辣的,花一辈子都不一定能花得完。"

父母朋友们,听完这个真实的故事,你有什么感受?

一定是既伤心、愤怒,又无可奈何。一个男孩整天无所事事,只是盼着父亲早些死去,他好继承遗产,甚至连人格也发生了扭曲。对于他的父母来说,培养出如此不思上进的儿子,这也许是他们人生中最大的失败。

所以,即使你取得了很大的成就,即使你已经积累下一大笔财富,也不要让你的儿子把你当成"靠山"。有了"靠山",你的男孩不但会不思进取,甚至还会胡作非为,进而走入人生的弯路。

同时,请常常向你的男孩灌输这些思想:

"我的财富是我辛苦打拼的结果,与你没有关系。"

"要想生活富足,你必须自己去打拼。"

"18岁之后,我不会再为你支付任何费用。"

穷养，不等于打骂和惩罚

正如"有一千个读者就有一千个哈姆雷特"一样，父母们对"穷养"内涵的理解也是多种多样的。有的父母认为，穷养就是不给男孩丰富的物质享受，让他多吃些苦。还有的父母认为，穷养就是舍得"出手"，男孩犯了错误就要舍得惩罚，这样才不会让男孩因娇惯而变得柔柔弱弱。

父母们的这些观点科学吗？

让我们来看看一位爸爸的教育结果：

才才是个 6 岁的小男孩，正处在调皮捣蛋的年龄。有一次，由于调皮，才才把爸爸最爱的那个花瓶打碎了。爸爸知道后，拉过才才便在他的屁股上使劲打了好几下。才才"哇哇"地哭起来，妈妈听到了，赶紧来制止丈夫，才才的爸爸却冲她大喊道："你懂什么，儿子得穷着养，不给他点颜色看看，他就会不停地给你闯祸！"

在爸爸的这种教育方式下，才才是要比同龄的男孩听话一些，而他的动手能力、探索能力以及想象力却比同伴们差很多。

毋庸置疑，上述这位爸爸的教育方式是不科学的。在男孩小的时候，调皮和犯错误是必然的，家长绝不能因为男孩犯了错误就对他非打即骂。不管男孩犯了什么错误，家长对他大打出手，从某种意义上来说，这就是一种体罚，这不但不利于男孩的健康成长，还会使亲子之间的关系恶化。

其实，穷养并不是让男孩受皮肉之苦，而是通过恰当的方式让他去经历挫折，鼓励他去战胜挫折，从而使他具备吃苦耐劳、坚强勇敢、意志坚定、敢想敢做等品质。

因此，穷养与非打即骂式的教育是不沾边的。从孩子健康成长的角度来讲，所有的家长都应该摒弃那种非打即骂式的教育方式。

◎ 给父母的建议

因为不了解穷养的真正内涵，很多父母常常会走入教育的误区。为了避免这种情况的产生，男孩的父母还要特别注意以下两点：

方法一：让男孩吃苦也要以科学为前提

提到穷养，很多男孩的父母常常这样说：

"今年暑假，我帮儿子在暑假特别夏令营报了名，让他去吃点苦是好事！"

"真想把儿子一个人扔到深山老林里，让他过过苦日子！"

"一放假，我就把家里大批的难事推给儿子，让他多吃些苦没害处！"

父母们对穷养的认识科学吗？

是的，男孩的成长是要经历一些挫折，吃一些苦，但这些并不是最终目的。穷养男孩的最终目的是让男孩在与挫折"较量"时，能够正确看待挫折，并勇于与挫折斗争，更重要的是，还要增强他的挫后恢复能力以及再次向挫折挑战的信心。

教育专家也表示，单纯让男孩去吃苦对他的教育意义并不大。教育是一件严肃的大事，穷养更要讲究科学。因此，让男孩吃苦既要适量，又要以科学为前提。

方法二：穷养也要尊重男孩

8 岁的小伟是个聪明的男孩，他不算调皮，成绩也不错。妈妈觉得他的成长太顺利了，便总想给他制造一些"麻烦"，以此来提高他的抗挫折能力。

有一天，妈妈让小伟背古诗。背过一首，妈妈什么都不说。只要小伟一背错，或是背得磕磕巴巴的，妈妈就会嘲笑他："你的记忆力真差！""真没见过像你这么笨的孩子！""你笨得快要追上猪八戒了！"

刚开始，小伟认为妈妈是在跟自己开玩笑，便没在意。但妈妈说得次数多了，小伟便真的认为自己记忆力不好，觉得自己笨，还常常以此为理由而拒绝学习呢！

不得不说，上述的这位妈妈是弄巧成拙了。本来是想给儿子一些"磨难"，没想到那些"磨难"不但没有促使儿子成长，反而伤害了儿子的自尊心，成了儿子成长道路上的绊脚石。

由此我们可以得出，穷养男孩，让他吃苦也好，让他经历挫折也罢，父母都要注意这样一个前提：一定要尊重他，不要伤害他的自尊心。

尊重是教育的前提，只有尊重男孩，穷养才会更有意义。

穷养，不妨让你的男孩"贫穷"一回

对于男孩子来说，天性使然的易激动、易情绪化，粗线条的思维方式、做事方式，是他们鲜明的个性特征。也正因为如此，男孩一旦养成了花钱随意的习惯，就会对"贫穷"和"富有"毫无概念，认为父母为自己花钱是应该的。

在我们的身边经常会出现这样的事情：

有的男孩因为父母不能满足他的一个小小要求，就对父母怀恨在心，觉得父母不爱他，于是对父母进行百般刁难和报复，甚至动不动就"以死相逼"；

有的父母含辛茹苦、节衣缩食，为的是供自己的"心肝宝贝"就读名校，将来能考上重点学府，谁知那孩子却整日泡在网吧里，对学习根本心不在焉，对父母的教诲也充耳不闻……

很多父母都认为"儿子需要的，我一定满足"，是对儿子的一种爱。可这种太过富足的爱，究竟会给儿子的一生带来怎样的影响呢？

无数的事实证明，如果我们给予孩子太多太好的物质生活和享受，他们就会永不休止地光顾着索取，而忘却了奉献和创造；如果我们时刻为他们遮风挡雨，他们就会变成养在笼子里的"金丝鸟"，永远地丧失展翅高飞的能力……

◎ 给父母的建议

有句老话说得好："穷人的孩子早当家。"为什么"贫穷"会让孩子"早当家"呢？原来在这句通俗的话语中包含着一个很深的教子哲理：

只有"贫穷"，孩子才能感受到"苦"和"累"的滋味，于是发愤图强，努力想办法摆脱困境；只有"贫穷"，孩子才能在磨难的生活中得到锻

炼,从而成为具有不屈不挠精神的社会栋梁。所以,父母不妨试试以下的教育方法,让你的儿子"贫穷"一回。

方法一:故意"贫穷"

某年轻夫妇收入丰厚,生活自然过得富裕安逸,他们穿的是名牌衣服,用的是高档电器。但自从他们的儿子出生以后,夫妇俩就故意装扮成穷苦人家。

在家庭生活中,他们注意克勤克俭,衣服不再追求名牌、时尚,吃的不再刻意要山珍海味。他们还时不时在孩子面前说"爸爸妈妈工作很辛苦",让幼小的孩子知道父母挣钱不容易,家里的经济并不富裕。

在夫妇俩"贫穷教育法"的培养下,他们的儿子自小就学会了勤俭和节约,从不乱花零用钱。平日,家里没用的纸箱皮,他会一个一个地存起来,积累够一定数量时,就拿去卖给那些收纸箱皮的人。看到"小鬼当家"的一副认真样,夫妇俩心里乐滋滋的,对儿子的行为赞赏不已。

这对夫妇别出心裁的教育方法,我们做家长的是不是也可以触类旁通,借鉴一下呢?

俗话说得好:"由俭入奢易,又奢入俭难。"当孩子习惯了花钱如流水、伸手钱便来的生活,面对父母的拒绝或家境的变故,他又怎么会理解和接受呢? 而如果孩子从小就养成了节俭的意识,长大成人的他也必然会对财富加倍珍惜,并感恩父母为自己所创造的一切。

方法二:接触"贫穷"

父母都有这样的体会:对于年纪大一点的孩子,如果我们老是在他面前念叨自己以前生活如何贫苦、如何艰难打拼等等"老掉牙"的事情,不但不能起到教育作用,孩子反而会嗤之以鼻,甚至反驳道:"都什么年代了,难道你们想社会大倒退,让我们回到你们那个穿破衣、啃红薯的年代? "

对于涉世未深的孩子,我们不如来点"新鲜"的教育方法,让他亲眼目睹社会中下层人们的穷苦生活情景。比如收集一些报刊、电视、网络等媒体上有关边远山区人们生活工作的图片、报道和录像给孩子观看,以此触动他的心灵;或带他到下岗工人的家里、陪他去孤儿院看看那些孤独无助的孩子,使他领悟到自己的幸福所在……

一个刚 12 岁的男孩,平日花钱如流水,小小年纪就好吃懒做,贪图安逸,还总是逃学。父亲为此忧心如焚,于是安排儿子到一个朋友的工厂里去作调查,让他观察民工的日常工作。在工厂里,男孩第一次体味到了生活的艰辛,也知道了自己生活的优越,明白了父亲的良苦用心……

子女只有懂得贫富的明显差别,才会调整好心态,在对比中学会知足,在对比中学会珍惜,从而自觉反省自己平日的奢侈行为。

方法三:体验贫穷

男孩子是固执的,他们对事物的看法往往一旦定型就很难改变。因此,如果我们不让其身临其境,不来点"苦肉计",他们就很难真正感受到"贫穷"的味道。

一位母亲的方法很有独到之处:

放暑假时,妈妈把 10 岁的儿子明明带到了乡下的大伯家里,让儿子寄居在农村,和农家孩子一起放牛,耕种,吃着油花并不多的饭菜。

从来没有干过什么活儿的明明自然是十分不习惯,才待了两三天时间,就嚷着要回城里。大伯也不忍心看着白净柔嫩的侄儿受苦,于是劝"狠心"的妈妈来把儿子接回家。可是孩子的妈妈丝毫没有因为电话里儿子的诉苦和哭声而动摇,还语重心长地教导了儿子一番。儿子明白了妈妈的初衷,于是安心地住了下来。

两个月的假期生活,明明渐渐爱上了憨直可爱的农家孩子,喜欢上了淳朴宁静的农村生活,而且增长了不少农家知识,学会了很多农活。回到城里后,甚至连他那晒得黑黑的皮肤,也成为了城里小朋友们羡慕的对象。

英国的一位文学家曾经说过这样一句话:"平静的海洋炼不出精悍的水手,安逸的环境造不出时代的伟人。"父母朋友,如果你想让儿子早日成材,那就狠心地让你的孩子"贫穷"一回吧!

穷养，让男孩跌倒了自己爬起来

人生，有成功的高潮，也有失败的低谷，正如一位哲人所说："人生没有永远的赢，也没有永远的输，而人的抗压能力，往往是在失败中锻造出来的。"

对于一个成年人来说，经历的挫折越多，他往往越坚强，越有韧性；对于那些不谙世事的孩子来说，父母越早对他进行挫折教育，他的心智也会越早成熟起来。

剑桥男孩夏杨的母亲杨文在她的《和儿子一块成长》一书中这样写道：

夏杨小时候，有一次朋友之间家庭聚会，我无意听到夏杨在对一个跌倒了的小朋友说："摔倒了，要自己爬起来，是你自己不小心嘛！对不对？"

如此小的男孩，竟以"小大人"的口气开导他摔倒的同伴，我们可以明显地看出，这个小男孩的心智要比同龄人成熟很多。那他的父母是如何对他进行教育的呢？

杨文在她的书中这样写道：

夏杨小时候摔倒了，只要我们确定他是安全的，一般我和他爸爸都会冷处理，告诉他："是你自己不小心，下次要注意了。"能自己站起来，就不去扶他。后来，在路上他自己摔倒了，我们就在旁边看着，他自己站起来之后也不哭，显示自己很勇敢。

夏杨父母的教子态度是明智和负责任的。每个人的路都需要自己来走，任何一个父亲或母亲都不可能陪伴孩子一生。因此，让孩子尽早学会面对挫折，才是父母最明智的教育方式。

然而，在现实生活中，很多父母往往没有意识到这一点。可以这样毫不夸张地说：在孩子成长的道路上，他们亲手给孩子挖了一口口"温

柔的陷阱"：

男孩摔倒了，父母马上把孩子扶起来，并且很细心地安慰"小心肝"："宝贝，摔疼了吗？都怪地，让宝宝摔倒了，妈妈打它！"

虽然男孩已经有好几款"超人变形金刚"，但是这个不懂事的小男孩，看到超市更加高级的变形金刚还是想要，还表现出"不给买就不走"的架势，这时，父母无奈，只好满足儿子的要求。

……

"过分溺爱""无条件地服从""向孩子的要挟屈服"……这些都是父母无意间给孩子挖的"温柔的陷阱"。父母的错误引导，往往会使孩子走进成长道路上的误区：

孩子摔倒了，父母马上去扶，孩子便会产生一种理所当然的想法，反正摔倒了有爸爸妈妈呢，于是他们往往会不计后果地去走路；

无条件地服从孩子的所有要求，孩子从小便体会不到什么叫"挫败"，当真正遇到挫折时，便会感受到甚于常人的痛苦；

孩子一"要挟"，父母便"屈服"，这往往给了孩子这样一种暗示：只要使用"手段"，任何目的都是可以达到的。

任何一个人都有沮丧、失落的时刻，你的宝贝儿子也不例外。他的考试可能会失利，他的要求可能会得不到满足，他的努力可能得不到回报，他的真情可能会被无情伤害……这些时刻，无论父母多么爱孩子，都不可能代替他去经历失败的痛苦。

在这个充满竞争的时代，几乎每个人都在学习"赢"的学问，做父母的从小灌输给孩子的教育，也是如何获得成功的技巧和决心。但是，没有任何人一生都不会经历挫败。因此，只有在男孩小的时候，做父母的就对他进行"挫折教育"，告诉他"跌倒了，自己勇敢地爬起来"，孩子才能以勇敢、坚强的态度去面对挫折，并以积极、乐观的想法去战胜困难。

◎ 给父母的建议

挫折让孩子更快成长。亲爱的父母，请放开你的手，让孩子去经历他们应该经历的一切！

方法一：父母要树立挫折教育意识

许多父母都认为，幼小的孩子心理承受能力差，挫折会让孩子感到痛苦和紧张，不应该让孩子遭受太多的挫折。而事实证明，这种观念是极其错误的。

研究证明：一个人受点挫折，尤其是成长早期受一些挫折，很有好处。

孩子从小就知道什么叫"失败"，长大之后便能正确地看待失败；

孩子从小就在困难中摸爬滚打，长大之后，才不会惧怕困难；

孩子从小便与挫折"较量"，不管结果如何，这种"较量"会让孩子的思维更活跃、应变更灵活、行动更敏捷……

因此，家长应该正确看待挫折教育的价值，把它看成是磨炼意志、提高适应力的好方法。

当然，如果父母一味地把挫折教育看成是吃苦教育，也是片面的。

事实上，挫折教育的目的是让孩子在体验中学会面对挫折并战胜挫折，培养孩子的一种耐挫折能力。它不仅包括吃苦教育、生存教育、社会教育、心理教育，也包括独立、勇气、意志及心理承受力等方面的培养。

方法二：让你的小男子汉感受并读懂"挫折"

在独生子女时代，每个孩子都强调"我"，不管什么东西，只要是自己想要的就大声要求，而有的父母也不管要求合理与否，就予以满足。

父母的这一做法是十分不科学的。这个世界不是为某一个人而创设的，总有让人顺心和不顺心的时候，所以平时父母要"狠心"一点，适当的时候藏起一半的爱。孩子不顺心的时候要顺其自然，不要替孩子遮挡一切风雨，让孩子受不得半点委屈。只有让他在遇到的委屈中，体验挫折的滋味，他的抗挫折能力才会慢慢增强。

一位父亲对儿子的教育投资可谓是倾其所有，什么益智玩具、各种类型的图书，只要孩子要求，他都会毫不吝啬地拿出自己的钱包。但是，有一次他故意让儿子失望了。

6岁的儿子跟爸爸一块去购物。在玩具柜台儿子选中了一款机器人，然后站在收款台前笑眯眯地看着爸爸，等着爸爸给他付款，因为以前爸爸总会很高兴地夸他，同意他的选择。但这一次，爸爸故意告诉他

没有带够钱,并以他已经有一款相似的玩具为理由拒绝了儿子的要求。儿子很失望。

回到家后,妈妈问起儿子不高兴的原因时,爸爸很严肃地说:"我们必须让孩子知道,人生不是所有的愿望都会得到满足的。"

是的,人生不尽如人意十之八九,没有淋过雨的孩子,怎么经受得住人生的狂涛巨浪?这位爸爸的做法可谓用心良苦,相信这个孩子童年时代对"挫折"的感受和领悟,必定成为他健康成长的"防弹衣"。

另外,父母有意对孩子进行挫折教育,还可以把自己在事业和家庭生活中遇到的挫折和不如意告诉孩子,让孩子对挫折有一个全面的认识,为孩子正确对待各种挫折和不如意树立榜样。在这种情况下,父母对生活的热爱、执著、不怕困难的态度和坚强的意志,是孩子面对挫折时最强有力的精神支柱。

方法三:鼓励逆境中的男孩

在逆境中,很多男孩子都容易产生消极反应,他们往往会垂头丧气,甚至采取退避的方式回应逆境。这是做父母的最不愿意看到的现象,因此在这时,父母最需要做的就是:用你的鼓励,让男孩走出逆境。

例如,当孩子登山怕高、怕摔跤时,就应该鼓励孩子说:"别怕,你行的!摔一跤算什么?""你真勇敢!"当孩子一次次战胜困难时,他便会增添勇气,激起战胜困难的愿望,害怕的心理就会消失,自信心就会增强,这时孩子会认为自己行,自己可以克服困难,抗挫折能力也就逐渐培养起来了。

美国的儿童心理学家丕教给父母们一个叫做"3C"的办法,来帮助孩子们渡过困境。这个"3C"是指 Control(调整),Challenge(挑战)和Commitment(承诺)。

"调整"指的是一种心理上、情绪上的调整,是为了帮助孩子认识到"困难并不等于绝境"。例如:

男孩在数学比赛中失败了,做父母的可以这样"调整"孩子的心态:"我知道考得不好你心里很难受,但你的其他课程考得非常不错呀。"

"挑战"指的是给孩子一种心理挑战,让他学会在不高兴的事情中看到快乐的一面。例如:

父母可以继续这样安慰伤心的男孩："一次考不好,心里确实不好受,但妈妈(爸爸)知道你是一个上进的人,不管在什么考试中,你都会试图考得更好,妈妈(爸爸)相信你在下次的数学考试中一定能取得好成绩。"

"承诺"指的是用承诺的方式帮助孩子看到生活更为广大的目的和意义。例如:

同样这个事例,父母可以这样说:"你觉得考得不好让妈妈(爸爸)很失望,但其实,妈妈(爸爸)一直是以你为荣的。不管你考得怎样,只要你认真去考了,妈妈(爸爸)都为你感到骄傲。"

通过调整、挑战和承诺,男孩的心理肯定会来个180度大转弯:由失落、伤心变为激动、充满动力。事实上,父母鼓励孩子克服困难和挫折的关键,就是对孩子的努力行为作出正确的评价,让孩子能够正确评价自己的行为和结果之间的关系。

方法四:面对男孩的失败,父母可以"袖手旁观"

一位男孩的父亲是一名优秀教师,谈起对待孩子的失败,他说:"我的儿子也有成绩不好的时候,很多时候我会鼓励他,但是更多的时候,我会'袖手旁观'。因为只有让他经受点挫折,只有他自己独立从失败中走出来,他才会真正具备克服困难所应具备的韧性和耐力。"

而事实也正是如此:

这个小男孩在一次竞选中落选了,他觉得很没面子。因为是同事,他的爸爸和他的老师们很熟悉。按常理爸爸可以试着去跟老师说说,给孩子补个什么职务,照顾照顾他的"面子"。但这位父亲没有这样做,他对儿子说:"想做班干部,只有通过自己的努力去赢得同学们的认可。"

这个小男孩在这次挫折教育中受益匪浅,在日记中这样写道:"这次竞选失败让我看到了自己的缺点,以后我一定会努力做到更好。这次失败让我懂得了很多……"

对于孩子来讲,没有永远的失败,偶尔的失败也不是一件坏事,只有在失败后再站起来的人才是真正的强者。因此,父母要想真正地帮孩子,在他失败后,不妨多"袖手旁观"几次,让你的小男子汉经受抗挫折能力的锻炼,使他积累一些在输了以后学会赢的经验。

穷养,赋予男孩更多适应社会的能力

现代的很多大学生甘愿待在家里做"啃老族",原因常常有这样两个方面:一是因为找工作困难;二是因为他们适应不了社会,不得不依赖父母。

他们不适应社会的行为常常有以下几种表现:

不知道该如何与陌生人打交道;

面对社会上的很多事情,他们既不懂规则,也不知道该怎么办;

面对笔试、面试等激烈的竞争,他们不知道该如何应对;

……

◎ 给父母的建议

其实,要想让男孩具备这些能力,有一个非常好的方法,那就是鼓励男孩从小就参加社会实践。早些参加社会实践,孩子才能越早接触社会中形形色色的人,才能越早了解社会中各种各样的行业,才能了解爸妈的不易,才更懂得努力学习并提升能力。

方法一:鼓励男孩去"做生意"

一位家长这样分享教子经验:

每到周末,别的家长要么送孩子去补课,要么带孩子去游玩,但我总是找机会让儿子去"挣钱"。例如,情人节那天,我带儿子来到大街上,发现好多人在卖玫瑰花,我对儿子说:"在今天这个特殊的日子里,他们卖玫瑰花肯定能挣不少钱,儿子,你要不要也体验一下挣钱的乐趣?"

听到这样的诱惑,当时正在上三年级的儿子迫不及待地答应了。我帮儿子买了 10 支玫瑰花,儿子抱着玫瑰花,热情地向大街上的情侣出售。然而,做生意绝不像他想象的那样简单:大街上的情侣很多,他

第四章 自古纨绔少伟男,男孩就该『穷』着养

们要么嫌玫瑰花不实用,要么嫌玫瑰花开得不够好,总之,肯痛痛快快地掏腰包的人少之又少。

天很快就黑了,儿子手中还有5支玫瑰花没有卖出去,为了能够快点收工,他不得不赔钱大甩卖。最后,玫瑰花虽然都出手了,但仔细一算,他挣的钱却非常有限,只挣了2元,这离他预想挣10元钱的目标差远了。

但不可否认,儿子收获的无形资产是非常丰富的。通过这次卖花,他总结出了这样几点经验:第一,做生意不像我想象的那样简单;第二,如果当时我能再大方一点,不害羞,也许最后5支花也能以高价卖出……

在一些家长看来:情人节天气很冷,让一个小孩子在外面卖花,难道家长真的在乎多攒几元钱或十几元钱吗?但这位父亲讲出了他这样教育儿子的真正目的。他说他从没在乎过那十几元钱,但儿子在乎。对于一个三年级的小男孩来说,如果能够凭借自己的本事挣得十几元钱,那是多么有成就感的事情呀。当然,即使他的儿子没有挣到钱,甚至是赔钱,这对于他来说也将是一种非常宝贵的实践经历,因为通过这样的实践,他自己会思考,会总结,将来真正做生意时,他还可以借鉴这次的经验。

对于这个男孩来说,这次卖花的经历就是一次宝贵的经验,这就是一次难得的成长。这种成长在学校里是学不到的,只能在伟大的社会实践中获得。

方法二:引导男孩利用寒暑假打工或参加社会实践

一位在国外居住过很多年的家长这样分享经验:

在国外读书的时候,每当做假期日程安排时,我都会去孤儿院或敬老院做义工,当时的想法很简单,就是为了丰富自己的课余生活。但实践的次数多了,我发现我的收获也在与日俱增:我的朋友越来越多,我的语言表达能力越来越强,帮助别人之后我的内心很快乐……

现在,我把当时的那种做法传达给了儿子,每次寒暑假来临之前,我都会鼓励他主动联系居委会,看他们是否能提供一些参加社会实践的机会。有一年暑假,正好赶上人口普查,儿子与居委会的叔叔阿姨们一起入户登记、作调查,看着他穿着肥肥大大的工作服做记录的样子,真是大人味十足。

在寒暑假,孩子可以自由支配的时间很多,全部用来学习肯定是不现实的。父母引导孩子参加社会实践,孩子在实践过程中既可以增长社会经验,又可以放松大脑,还可以有更多的收获,如:交到很多朋友、满足自己被他人认同的心理……

当然,父母还可以引导男孩参加一些公益性的社会实践,如在居委会义务帮忙、去幼儿园照顾小朋友等,也可以引导他找一些有偿性的社会实践活动,比如,在小餐馆里帮忙洗盘子、到熟人开的商店里帮忙等……这些都能极大地提升他适应社会的能力。

方法三:鼓励男孩与不同行业的人接触

为什么要鼓励男孩与不同行业的人接触呢?主要目的是让他学会与不同类型的人相处。

人们常说孩子上学后就进入了半个社会,但仔细想想,每天孩子能接触到的人无非就是这样几种类型:老师、同学、邻居,顶多再有几个卖东西的小贩或售货员。他们所接触到的社会是非常狭小的。但如果父母有意引导男孩与不同行业的人接触,那他所接触到的社会面就会大大拓展。

更重要的是,在与不同类型的人接触的过程中,男孩还会总结出类似的经验:遇到蛮横无理的人,我一般会躲着走,实在躲不过,我也不会太在意他们的蛮横态度,但决不会因此就向他们妥协;遇到和气善良的人,我会有意与他深入接触;遇到刻薄的人,我不会与他斤斤计较,而是把他们的刻薄看做是激励我进步的动力……

所以,引导男孩通过社会实践了解社会上的人、社会上的事,他的能力以及成长经验都会大大提高。

穷养,让男孩用劳动去改变和创造生活

穷养,还有一个非常重要的内涵,那就是让男孩意识到劳动的重要意义:所有的财富都是通过劳动获得的。劳动是改变和创造生活的重要手段。

对于年龄较小的男孩来说,劳动主要体现在做家务方面。然而,一提到做家务,很多男孩都撇着嘴说:

"我才不做家务呢,只有女人才做家务的。"

"我懒得动,不想做家务!"

"做家务太累了,我不想做!"

"房间整理后还会再次变乱,做家务简直是多此一举!"

……

正是因为男孩对劳动有着这样那样的偏见,所以父母们常常用这句话来形容他们:"家里的油瓶倒了都不会扶"。其实,不爱劳动的男孩不仅仅懒,他们还不关心父母,动手能力极差,更重要的是,他们总是期望不劳而获。

一位母亲就曾这样痛斥自己的儿子:

儿子小的时候从没有替我们做过家务,这些我暂且不提。现在他长大了,按说应该出去找份工作养活自己了吧,他却丝毫没有找工作的欲望。不仅如此,他天天找我要钱去买彩票,如果我稍微表现出一些不满,他就冲我大喊大叫:"你不要断了我的财路!如果我中了特等奖,我一辈子的吃喝就不用愁了!"

唉,这孩子真的是异想天开,天上怎么会无缘无故掉馅饼呢!

父母朋友想想看:一个不爱劳动的男孩,他会有出众的动手能力吗?一个动手能力极差的男孩,他在单位会得到领导和同事的好评吗?

一个天天期望天上掉馅饼的男孩，他能养活自己吗？

所以，为了避免男孩将来会白日做梦，为了避免男孩成为顽固的"啃老族"，为了让男孩拥有出众的动手能力，父母必须要向他灌输劳动的重要性，并引导他爱上劳动。

◎ 给父母的建议

男孩任何一种观念的具备，任何一种能力的养成，都是父母有意识灌输和培养的。所以，只要父母巧妙引导，懒男孩也能爱上劳动。

方法一：向男孩"求助"，让他爱上做家务

一位妈妈非常懂得向儿子"求助"。做饭时，她常常这样对儿子说："大救星，快来帮帮妈妈吧，妈妈既要做菜又要做汤，实在是忙不过来了。快帮我把这些菜择了吧！"每当这时，男孩都会乐滋滋地帮妈妈的忙。当然，在择菜的过程中，妈妈会给予儿子一定的指导："把那些枯黄的叶子揪掉，把菜茎上的泥巴扔掉……"

有时，看儿子做家务的积极性不高时，她就这样对儿子说："来，能干的小帮手，让我们来比赛吧，看谁擦桌子擦得最干净。"就这样，男孩做家务的热情很快就被调动起来了。

教育男孩是门技巧活儿，就像用电器之前一定要读说明书一样，只有了解了男孩的特征，父母的教育才能起到最大的作用。大多数男孩都好强，他们常常是吃软不吃硬的，父母适时地向他们"求救"，既是对他们能力的认可，又是在向他们"服软"，在这种情况下，男孩是最易与家长合作的。所以，要男孩做家务，家长一定要注意自己的语气，是"求助"，而不是吩咐。

方法二：封个"官儿"，鼓励男孩动手

男孩们还有一个特点，那就是权利欲望很强。父母也可以根据男孩的这个特点来调动他动手的积极性。

有一个小男孩，他在家里担负着多重"重任"，例如：上幼儿园时，他是家里的"小小垃圾运送员"；接着，他又光荣地承担了"玩具清理员"的职务。上学之后，他的官职也在一点点"提升"，先是家里的"卫生检查员"，接着又担任了"卫生部部长"……听说有段时间他还担任了家里的"行动部部长"，主要负责超市购物及与邻居打交道。身负重任，

他当然得起带头作用：房间乱了，他第一个动手打扫；家里的零食要吃完了，他第一个张罗着去采购……渐渐地，这个男孩不但在生活中的很多方面不再依赖父母，而且动手能力要比同龄人强得多。

男孩既要穷着养，又要鼓励着养。让男孩爱上劳动，最好的方法就是鼓励他动手。他有强烈的权利欲望，那我们就给他权利，让他当"官儿"。让他动手做家务、让他动手参与家里的事情，这实际上就是对他的一种鼓励。

当然，在当"官"儿的过程中，如果男孩做得不够好，父母也要一如继往地给他鼓励，例如，称赞他做得好的地方，引导他向生活中那些负责的"官儿"学习……男孩的动手能力越来越强，渐渐地就会爱上做家务。

方法三：让男孩体验劳动的成就感

培养男孩的动手能力，父母千万别忽略了引导他体验动手的成就感。例如，父母可以这样去做：

当男孩自己把床单铺好之后，你可以这样对他说："床单铺得真整齐，躺在干净、整齐的床单上休息，你肯定会感觉特别舒服。"

当男孩帮助楼下的老奶奶把菜拎到楼上去，你可以这样对他说："你的行动让整幢楼的人都对你刮目相看，刚才王叔叔还称赞你懂得尊老爱幼呢！"

……

任何一个孩子的成长都不可能一帆风顺，当男孩表现得依赖性强、动手能力差时，父母也不用着急，你只需予以鼓励，比如告诉他："大家都喜欢你自己做事时的样子！""前天你自己把书包收拾好了，你越来越像个大孩子了。"任何一个男孩都有强烈的表现欲，当他从父母那里得到更多的肯定，做事的积极性必然会日益高涨。

第五章

商教育,让男孩成为 20 年后的有钱人

引语
YIN YU

男孩的零花钱越多越好吗?

如何才能让男孩更有投资头脑?

在不同的年龄阶段,男孩应该接受怎样的理财教育?

……

无数事实证明,那些自小就接受理财教育的男孩,将更早实现他们的人生梦想,将更快实现他们做"顶天立地男子汉"的梦想!

理财教育，要从小开始

在我们的耳边，不时响起这样的声音：

"孩子这么小，开展理财教育也未免太早了。"

"孩子这么早接触钱，会不会变得势力、庸俗呢？"

"孩子有了钱，一定会乱花的。"

……

父母的担心是必要的，但如果因此就放弃对孩子进行正确的理财教育，则是大错特错。随着年龄的增长，孩子不可避免地要与金钱打交道，特别是进入社会以后，理财能力如何，更将直接决定着他的一生是富裕还是贫穷。

特别是男孩，当他成长为一个需要承担更多责任和义务的男子汉时，社会考验他的，将不仅限于智商、情商，还有更为重要的财商！

西方国家一般都十分重视对孩子进行理财能力的培养。

美国著名的亿万富翁洛克菲勒就深得其中要义。他在孩子7岁以后，每人每周发给3角钱的津贴，同时发给他们一个小记账本，要求他们记载每一分钱的用途和花钱的时间，周末还要孩子们交上自己的账本，以审查其开支的合理性。洛克菲勒在谈到让孩子记账时曾说："要让他们懂得金钱的价值，不要乱花乱用，把钱花在益处。"

这些令孩子受益一生的"理财教育"恰恰是我们现在的中国家庭教育所忽略的内容，也是我们的小男子汉最缺乏的一种素质。

据儿童行为学家研究表明，孩子各种能力的培养，都有一个关键期。比如：2~4岁是训练孩子语言能力的关键期；4~6岁是培养儿童数理能力的关键期；而对于稍具难度的理财能力而言，培养的关键期则为5~14岁。

随着社会的发展，很多国家对于下一代的理财能力的培养，早已逐渐提前。例如法国，早在儿童 3~4 岁阶段，家长们便开展家庭理财课程，教育基本的货币观念。约摸 10 岁左右，法国家长就开始为小孩设立独立的银行账户，积极培养孩子的理财观。美国也是如此，对于儿童理财教育的要求，是 3 岁能辨认硬币和纸币，6 岁具有"自己的钱"的意识，13 岁开始打工赚钱，学习如何运用基金与股票等投资工具理财。

但是，5~14 岁的中国的孩子在干什么？不是在伸手找家长要钱去买零食，就是要家长帮他去买会打子弹的小手枪。据调查显示，中国孩子在四五岁时就能做到美国孩子 11 岁的事——发现广告中的事实，并准确无误地告诉家长"去买"；而美国孩子在十二三岁学会的东西——熟悉银行的业务以及金融投资等技能，中国孩子要到 20 岁左右才开始去学习。由此不难看出，我们的孩子在理财这方面的起点就已经落后了。

所以，作为新时代的父母，在家庭教育的总则中我们必须加入这样一条：为成长中的男孩不断加重财商砝码！

◎ 给父母的建议

和很多能力的培养一样，理财教育也是一个循序渐进的过程。父母对男孩子的理财教育，应遵循其智力发展规律，按照其年龄阶段的不同，采取不同的教育方法。实践表明，教孩子理财可分为三个阶段：

方法一：学前期（5 岁之前）——培养男孩对金钱的正确意识

5 岁之前的孩子，大多无法理解抽象概念，他们只对具体的东西感兴趣。因此，此阶段父母只需对孩子传授一些简单的金钱知识。

例如，应该告诉孩子：

◇ 钱币和钱币之间也是有区别的，有的钱币会更值钱一些。

◇ 金钱可以用来换取他们想要的一些东西，但不是全部。

◇ 电视上的玩具买回家后并不会像电视上那样漂亮，而且也并非那样好玩。

◇ 将钱币定期放在储蓄罐里，积攒一定数量后，就可以实现一定的心愿。

◇ 并不是你想要的每一样东西都能得到,即使这个东西近在咫尺。

孩子不良消费习惯的养成,往往在 5 岁前就初露端倪了。因此,在这个年龄阶段,学会拒绝孩子的非合理需要,就是每位父母必须要做到的。

如果因为面对孩子的一时哭闹,就心生不忍,进而满足孩子的各种需求,那么无疑这种妥协将一而再再而三地出现,孩子也会渐渐养成欲望无度的恶习。从表面上来看,父母的这种满足是一种爱的表现,可从长远来看,这对孩子的一生却是一种害!

此外,在对孩子进行理财教育时,你还必须得考虑到他的年龄。可能你费尽了口舌,而孩子仍坚持想要那个东西,这没有什么奇怪的,重要的是,要让孩子习惯听到你说"不",并解释为什么。

方法二:童年(6~11 岁)——让孩子学会理智消费,并接触银行

孩子进入童年期后,随着主动性的加强,处理有关钱的问题的能力也会有所提高。因此,加强孩子的理智消费观念,尤为重要。

例如,在此年龄阶段,家长应教育孩子:

◇ 每周或每月可以有固定的零花钱,但不可要求预支。

◇ 用自己的钱买电影票、零食或游戏卡片。

◇ 学会挑选一些物美价廉的商品。

◇ 存在银行的钱,银行不会总为你留着,而会将它放贷出去,或进行投资。

◇ 如果想要有额外的消费,必须向父母说明是"需要"还是"想要",并讲出合理的理由。

让孩子接触银行的最好方法就是,当父母到银行办理开户,或是到银行存钱时,把孩子带在身边。这样,孩子就会慢慢学会开户、存款以及提款的流程,并且对储蓄以及利率等知识形成更深刻的认识。

此外,在孩子提出非合理需求时,父母还应帮助孩子区分"想要"和"需要"之间的差别。"想要"大多是一种无理的需求,没有正当理由,得到的快乐是短暂的;而"需要"则是确实对学习或生活有所帮助。当"讲出正当理由"形成了一种固有的消费规则,孩子就会知道,并不是自己的任何需求都应该满足,并渐渐控制自己盲目购买的欲望。

方法三：青少年期(12~18 岁)——计划消费的同时还要懂得一些赚钱的学问

男孩子进入中学阶段后,独立意识、思维能力都有所增强,在早期理财教育的基础上,父母还应教育孩子:

◇ 你即使减少衣着方面的开支,也能穿出自己的风格。

◇ 请留心家庭的财务开支,包括你上大学的费用。

◇ 你可以不准备账本,但你必须对金钱有所计划,做到收支平衡。

◇ 将平时打工挣的钱省下一半来,充抵学业开销及今后上大学的费用。

◇ 多观察生活,只要付出劳动,开动脑筋,你也可以像父母一样赚得金钱。

在教育孩子理智消费、计划消费的时候,除了教孩子一些辨别货物品质的知识外,还应使用一些促进孩子计划用钱的技巧。例如,针对某件物品,可以给孩子规定一个适当的购买价位,并告诉孩子:如果买到物美价廉的物品,多余的差价就是你的。如此,孩子就会积极地进行比较消费,进而养成良好的消费习惯。

其次,父母还应积极为这个年龄阶段的孩子,创造自己赚钱的机会。

一个孩子在一位长辈朋友的帮助下,联系到一个卖鱿鱼干的生意,上家发出的价格是每公斤 6 元,下家接货的价格是 7 元。因此,孩子打了几个电话就赚到了 1000 元。除了用自己所赚的钱买了一辆自行车外,在父母的启发下,他还给那位长辈买了一条香烟。

这种理财方式,可谓一箭双雕,既让孩子在赚钱的过程中了解了人情世故,又让孩子体验了一把做生意的乐趣。虽然这只是一件小事,在孩子心目中却会产生这样一种理财意识:任何一种货品都存在差价,有差价就有钱可赚,自己赚钱并不难。

理财教育,重在抓生活细节

不管你的儿子正在牙牙学语,还是已在幼儿园开始认字,还是已满12岁正步入中学……如果你在此时,没有对他进行正确的理财教育,搞不好将来某天你就会大吃一惊——

这个臭小子刚刚十几岁,就居然对你辛苦赚钱买回的私家车嗤之以鼻:"不好看!太老土了!"

几年之后他离家开始念大学,没几个月就把你信用卡里的钱刷个精光,并堂而皇之地告诉你:"最近交了个女朋友,开销比较大。"

大学毕业的时候,你满以为孩子已经具备了自立生活的能力,这个臭小子却要搬回父母的家来住。他甚至大言不惭地对你说:"既然能享用父母家冰箱里的免费食品,二吗我还要过那种自己到市场去采购的辛苦生活呢?"

也许每个父母都会抱有侥幸心理,心想:我的儿子将来不会如此吧?

可这毕竟是一种侥幸心理。如果现在你给予儿子的太多,帮他做得太多,这种过多的溺爱,又怎会不把儿子培养成一个毫无金钱概念、花钱大手大脚并且无独立生存能力的人呢?

孩子生活在这样一个富裕的时代,是他们的幸福,但同时这也意味着父母要承担着更多的教育责任,而这也正是很多父母最容易忽视的一个问题。

◎ 给父母的建议

有句话说得好:"细节决定成败。"理财教育也是如此。父母只要抓住生活的每一个细节,对孩子进行正确的引导,相信每一个男孩子在未来的日子里,都不会令您失望。

方法一：教孩子作好选择

作选择是生活的一部分，即便是身为成人的父母，每天也必须要作出很多不得不作的取舍选择。因此，在孩子还小的时候，父母就应在生活中教会孩子这样一个道理：人生不可能同时拥有一切。

孩子小的时候，父母可以先给出两个选择，比如问孩子："想要穿蓝外套还是黑外套？""想吃肯德基还是中国餐？"随着年龄的增长，父母还应扩大选择的数量，引导孩子能够独立面对三四个选择，或者五六个选择。

除了给予孩子足够的选择外，父母还必须教孩子理解一个关键的道理：人生中的正确选择不止一个，总可能有比现在更好的选择；但一旦在多个选择中作出了一个决定，他就必须遵守和坚持。

因此，如果你的儿子选择了要巧克力味的糖果，后来后悔了，希望你给他买牛奶味的糖果，这个时候，你千万不要心软而纵容他，又给他买牛奶味的糖果。

方法二：帮助孩子学会等待

心理学家研究表明，通过等待而得到的东西，比只靠不断要求而得来的，感觉更好。因此在生活中，让孩子学会等待，是理财教育的重要细节之一。

一位聪明的母亲，就是这样做的：

儿子小军一年前就提出了自己的要求：想买一台笔记本电脑。但一台笔记本电脑太昂贵了，于是妈妈就给儿子提供了这样一个方案：每周多给儿子100元钱作为准备买笔记本电脑的"专项补贴"让他存起来，儿子再通过累积生日、节日等得到的钱，以及做额外家务赚来的钱，来实现自己买一台笔记本电脑的愿望。

结果一年以后，儿子终于达到了目标，欣喜异常！

让我们的孩子通过耐心的等待和自己的努力，而买到想要的东西，他才会真正珍视。同时，在这个过程中，他也能够学会要细致打理自己辛苦赚来的"财产"。让孩子学会等待，可谓是教育孩子学会理财一箭双雕的好办法！

方法三：让孩子学会用自己的钱去实现愿望

仅仅依靠"拒绝"等方法来管理和培养孩子是困难的，尤其对于那

些心太软或不拘小节的父母而言更是如此。比如全家外出刚吃完饭，你的孩子又提出想去买玩具或糖果，这时，如果你只是简单地拒绝孩子，就会引得他今后不断地抱怨你。

这种情况下最好的应对办法，就是让孩子用他自己的零用钱积蓄去实现自己的愿望。例如如果孩子已经有了他自己的零用钱积蓄，你就可以这样对他说："我已为你买了一张 DVD，现在你却还想要另一张，我不会为此埋单，但你可以自己掏钱去买。"

另外关于孩子的零用钱，你还得遵守以下两条原则：

首先，你要清楚零用钱是孩子自己的。即便孩子想用零用钱买你认为是商店里最丑的一件衬衫，你也不能反对。

其次，别把给孩子的固定零用钱与他该做的一些劳动绑在一起。

一位母亲，有一个 8 岁的儿子。在儿子的学前阶段，她就把给儿子的零用钱与他是否自己穿衣、整理玩具等联系起来，然后儿子大一些的时候又与让他收拾自己的房间等联系起来。以前这种教育好像一直都管用，但近来这位母亲开始烦恼了——儿子渐渐养成了做什么都向父母要钱的习惯，哪怕是洗了一件自己的衣服、整理了自己的书桌。

如果把零用钱的发放与孩子本应做的一些事情绑在一起，你的孩子就会觉得自己任何的一点付出都应有所回报。这样，你就会陷入两难境况，最后不得不采用"强权手法"或"诉诸武力"，而你的孩子此后则会一直抱怨你不守信用。

细节38

让男孩知道，钱是怎么来的

男孩子最初遇到的金钱问题，体现为购买东西的欲望。从刚刚会走开始，他就会要这要那——吃的、玩的，等等。这个时候他还不知道金钱到底是什么，他认为金钱就好像是从父母口袋里冒出来的，可以用它换来很多好东西。

因此，父母对男孩进行的第一项金钱教育，就应当是告诉他，钱是怎么来的。

如果此时，父母对孩子不进行必要的金钱教育，只是一味地满足孩子的要求。长此以往，在孩子眼中，父母就会成为无限提款机，他们甚至会对父母说："没钱，就去银行取啊！"在他们看来，只要自己需要，父母就会像变戏法一样拿出钱来……这类孩子长大后，不仅会缺少赚取金钱的能力，更会严重缺乏感恩的心态，一味地向父母索取，而不知回报。

每个孩子都是天性善良的，在没有受到教育和影响的时候，孩子的大脑就像一张白纸，必须加以正确引导。而引导的重要方法之一，就是带领你的男孩一同去"消费"！

小明要上幼儿园了，爸爸妈妈为了培养孩子的理财意识，决定带他一道去交学费。在交学费的路上，小明像很多小朋友一样，歪着脑袋问父母："为什么要把这么多钱交给幼儿园呢？"

爸爸妈妈于是顺着问题，给他讲上学要交的这些钱主要是用于支付幼儿园教师的工资，用于买玩具、学习用品，用于买饮料、水果，还用于给小朋友修建玩耍的场所。同时，爸爸妈妈又给他讲，这些钱是他们工作得来的，跟幼儿园的教师一样，他们只有通过工作才能获取金钱。

虽然只是交学费路上的简单对话，却让幼小的孩子明白了这样两

个重要的问题：一是，为什么交钱才能上幼儿园；二是，让孩子意识到，钱是一种货物之间等价交换的中介，是需要付出劳动才能得到的东西，并不是凭空就有的。

◎ 给父母的建议

男孩子的特性之一，就是自控力不强。于是，很多男孩子在无形中就养成了花钱随便和爱跟别人攀比的不良习惯。

一位父亲就曾沉痛地反思道：

一次，家里发生了意外事件，财产几乎损失精光。就在我和孩子的妈妈一筹莫展的时候，儿子却对我说："爸，明天是我们班长的生日，他和我特好，给我 300 块钱，我请他到卡拉 OK 包厢过生日。"

儿子的话，使我惊愕。区区小孩，竟然要拿钱给同学包包厢过生日？儿子的消费观念，令我担忧。我说："儿子，咱家最近出了意外，你是知道的，爸爸哪有钱给你请同学过生日？再说，同学过生日，你干吗非要请他到那种场所消费？"儿子不以为然："我知道你最近没钱，可 300 块总拿得出吧？再说，请班长过生日，我是想让别的同学看看，我们哥儿们多酷多帅。"

听着儿子理直气壮的回答，我只有哀叹不已！

面对家庭困境，儿子不仅不闻不问，而且还理直气壮地跟父亲要钱去消费。想必故事中的父亲当时一定悔恨不已，后悔自己之前的无度给予，后悔自己之前没有及时对孩子进行适当的理财教育。

生活中，像故事中的孩子一样，不理解父母的苦衷、贪图虚荣、讲究排场的孩子并不在少数。究其原因我们会发现，孩子之所以会形成这种不良的消费习惯，其根源就在于，孩子并不知道金钱来之不易的道理。

因为不知道金钱的获取是需要付出辛劳的，所以孩子学会了不珍惜；因为不清楚父母为这个家庭承担着多大压力，所以孩子学会了不理解；因为不了解生活残酷与现实的一面，所以孩子感觉不到自己的生活多么幸福……

所以，身为父母，就应运用自己的智慧，帮助孩子正确认识金钱，珍惜并尊重大人为此付出的劳动，进而养成从小节约的好习惯。

方法一：带孩子到自己工作的地方看看

父母每天都会对自己的孩子说："儿子，爸爸（妈妈）上班去了。"每到月末，父母也都会拿回为数不少的工资。孩子尚且稚嫩的思维，还不能明白"工资"究竟是一个什么样的概念。他们对工资最直接的感受只能是，爸爸妈妈用工资为自己购买了自己喜欢的东西，满足了自己的需要，所以工资是个好东西。于是，大多数孩子都会将目光聚焦在金钱之上，而忽略了父母在工作中的辛劳付出。

所以，不管孩子的年龄有多大，父母最应做的一项理财教育就是——带儿子到自己工作的地方去看看。

对此，一位爸爸是这样做的：

一天，儿子对我说："我们同学都骑××牌电动车，不到 2000 块，爸，你也给我买一辆吧，要不我那老土的自行车太没面子了。"听完儿子的话，我惊诧无语，怎么在儿子的口中，钱就像大风刮来的似的呢！妻子每月工资只有 800 元，劳动强度特别大，我决定带儿子到妻子打工的工厂，让儿子感受一下妈妈挣钱的辛苦。

到了工厂，我问："妈妈工作苦不苦？"儿子没说话，只是点点头，看得出他有所感受。我又问儿子："你妈一天挣 20 几块钱，你却一张口就要一辆上千元的豪华电动车，妈妈要干多少天这样劳累的活，才够买你要的那辆电动车？"儿子虽然不说话，但眼里满含泪水。

只有真切地感受到父母的工作是多么辛苦，孩子才会明白金钱的来之不易，才会明确地知道金钱是从何而来的。正如某位哲人所说的："要让你的孩子知道，你付出了代价，才拥有了现在的生活。"

值得特别提醒的是，即便是一些金钱无忧的家长，也应当在生活中施行这一教育方法。要知道，即使你可以让孩子永远远离缺少金钱的烦恼，但再多的金钱都不能给予孩子一颗感恩的心！

孩子看到你的付出是汗水，是辛劳，而非单纯的金钱，才会更加地敬你，爱你！

方法二：让不谙世事的男孩体味到你的辛苦

当你拖着疲惫的身体回家时，你顽皮的孩子很可能会缠着你陪他玩。此时，你会怎样回答他？

"妈妈(爸爸)很累,自己玩去。"

"妈妈(爸爸)很累,因为妈妈(爸爸)想在六一儿童节,为你实现一个心愿。所以,妈妈(爸爸)要辛苦地工作赚钱。你能给妈妈(爸爸)捶捶背吗?"

很显然,前一种回答实在很糟糕,因为你忽略了孩子的心情,他多么想念一天没见面的妈妈(爸爸),多么想在你的身边撒撒娇啊,但是你打碎了孩子的梦想。

后一种回答则一举两得,你不仅告诉了孩子,你为什么这么辛苦、为什么不能陪他玩,而且告诉了孩子,妈妈(爸爸)赚钱很辛苦,让孩子体会到你的辛苦,为你捶捶背,揉揉腰。这样,既告诉了孩子挣钱不易,要体会大人的艰辛,而且拉近了孩子和你之间的感情。

方法三:让男孩知道金钱来之不易

儿子看到别的小朋友有钢琴,他也想要,于是整天缠着妈妈说这件事。聪明的母亲没有立刻满足他,她不想让儿子成为呼风得风、要雨得雨的"小皇帝"。她在确认了儿子对学习钢琴的确有兴趣后,认真地告诉儿子:"钢琴很贵,要用掉好多好多的钱,妈妈要辛苦工作一段时间,把钱攒够后才能给你买,你得等一等。"

一年的时间过去了,儿子一直记着妈妈的话,当他再次向妈妈提到这件事时,母亲故意面露难色,十分抱歉地对他说:"对不起,钢琴实在是太贵了,妈妈今年没有攒够钱,你能不能再等一等呢?"儿子虽然有点儿失望,但还是答应了妈妈的请求。

到了向儿子履行诺言的时候了,妈妈拿出 3 万元钱,故意到银行将它们换成每张 10 元面额的,然后将一大堆钱带回家摆在儿子面前,告诉他要花这么多钱才能买到一架钢琴。孩子看到面前的这么多钱,惊讶得张大了嘴。

就这样,儿子通过妈妈的苦心,理解了一架钢琴的价值,他不仅很自觉地爱护这架钢琴,并非常认真地学习钢琴,因为这是妈妈辛苦工作很长时间,用"很多很多"的钱买来的。

这位母亲是聪明的。对于孩子来说,买一件东西究竟需要多少钱,他是没有概念的。但当一大堆具体的钱放在他的眼前,他就会突然醒悟,原来要购买的这个东西如此珍贵。这样一来,孩子不仅学会了珍惜,更学会了尊重他人的劳动成果。

告诉男孩,"要花钱,自己挣"

曾连续两年排名"财富500强"首位的沃尔顿家族,是世界上最富有的家族之一。可谁能想到,身为这样一个公司的董事长山姆·沃尔顿,竟会叫自己的孩子从小时起就开始为自己挣零花钱。

在孩子们很小时,老沃尔顿的4个孩子就都开始给父亲"打工",干一些力所能及的活儿。他们在商店里擦地板,帮忙修补仓库的顶棚,晚上帮助装卸简单的货物。父亲按照他们的劳动量,根据一般的工人标准付给他们"工资"。

人们常说:对富孩子的教育,要比对穷孩子的教育难得多,因为这些孩子从小生长在黄金窝里,他们并不理解金钱来之不易……今天,我们的孩子大多衣食无忧,作为父母,我们更应从小对孩子进行正确的理财教育。而"要花钱,自己挣"正是身为父母的我们,要教给孩子的第一个"理财之道"。

◎ 给父母的建议

美国孩子经常从父母那里听到的口号是:"要花钱,自己挣!"许多儿童通过修剪草皮或照看小孩等工作挣钱,不仅有了劳动的体验,而且对金钱的价值也理解得更深了一些。

中国并不缺口号,"自力更生""奋发图强"的意义绝不逊色于美国的"要花钱,自己挣"。但是,中国的父母们所缺乏的,往往是实施这些口号的勇气。

方法一:帮孩子发现挣钱的机会

生活中并不缺少让孩子自己赚取零用钱的机会,孩子们也并不缺少勇气和力气,他们只需要来自父母的一点点正确"引导"。

一个日本的小男孩家境很好,可是父母给他的零用钱很少,因为

父母总是告诉他,赚钱要靠自己付出劳动,因为他现在什么都不能干,所以零花钱自然就少。有一天,妈妈对他说:"儿子,你不是想有更多的零用钱吗?你可以试试这个办法。"

"什么办法?"小男孩急切地问。

"我们这里的垃圾箱里有很多的饮料瓶,你可以捡来卖啊。"

从此以后,小男孩就利用空闲的时间去捡饮料瓶,有时还到邻居家上门收购。靠着卖饮料瓶,小男孩已经挣到了一笔小钱。

读了这个故事,很多父母可能会想,家里并不缺少这点钱,我才不会让孩子干这么没面子的工作。持有此类想法的父母需要反省了,难道教育一个孩子从小热爱劳动,懂得用自己的付出去换取收获,是一件不光彩的事情吗?

在此,父母应该知道,人为地扼杀孩子赚钱的想法,无异于在孩子的一生中播下了"无能"的种子。

方法二:引导小男子汉树立"要花钱,自己挣"的思想意识

一位爸爸在他的教子日记里介绍了这样一种教育孩子自己赚钱的好方法:

儿子自从上幼儿园大班就每天向我要钱:"我想要5角钱去买棒棒糖。""我想买水彩笔,给我两元钱。"……有一天我不耐烦了,一本正经地对他说:"想要钱,自己挣。"

"可是,我不会呀。"这小家伙还很委屈。

"你可以帮父母做一些力所能及的活呀,比如倒垃圾、扫地、擦桌子,这些都可以挣到钱。"

"这样也可以呀?太好了。"儿子对这种新鲜的协议很感兴趣。

可是,有一天,儿子又对我说:"爸爸,我干了半天,累得腰酸背痛才得到两元钱,怎么样才能少出力多挣钱呢?"

我想了想,告诉他:"你可以用脑力赚钱,只要你给家里提一个好的建议并被采用,就给你体力劳动3倍的工资。"

结果儿子的建议非常的多,并且他确实提出了许多好建议。现在儿子上三年级了,在零用钱方面,我们一直对他采取按劳取酬的政策。现在这小家伙不仅爱劳动,还变得很爱动脑筋,"鬼点子"一直向外冒。

"要花钱,自己挣",做父母的有必要对你的小男子汉从小就灌输这种思想。这样不仅能够很快地促使他经济独立,还会使他的心理更

早地成熟起来。

在这个过程中,父母还应注意这样一点:切不可将家庭中的任何活动都与金钱挂钩,要掌握好一个度,以防孩子过于功利,甚至造成亲情淡薄。

方法三:鼓励你的小男子汉进行初步营销

6岁的小男孩乐乐的床头贴着两张自制的广告纸,上面写着:专业按摩公司,24小时营业。下面还有详细的价格表,什么捏肩每次多少钱,捶背多少钱,还有敲背、砍背等等,据说是手法不同,价格也不尽相同。最后还来个"大礼包":如果办理会员卡,将享受绝对优惠的会员价格。

广告做好之后,他极力向爸爸推销。开始说一卡10元,可按摩5次,爸爸不理他。过一会儿降到一卡10次,极尽游说,爸爸还是没有就范。又过了一会儿,乐乐一狠心,扬言一卡10元,全年不限次数。爸爸欣然掏钱,没忘了让儿子在卡上注明:全年不限次数。

乐乐兴奋地收起他的"营业额",卖力地给爸爸服务了一次,然后大概就把这事抛到脑后了。这天,爸爸又要求捶背。乐乐耍赖,对爸爸说:"你的卡早到期了,现在停止服务。"

爸爸拿出会员卡来证明不限次数,乐乐躺倒在沙发里闭上眼睛做无限痛苦状继续耍赖:"今天休息。"

"你承诺24小时营业的。"

"今天装修整顿,不行吗?"

"不讲信用公司会倒闭的。"乐乐无奈地爬起来,然后得意地笑了:"还是我赚了。我要是不卖卡,你让我捶背我不也得捶吗?"

读完这个小事例,我们很容易会喜欢上这个可爱、机灵的小男孩,但更为吸引我们的一点是,年龄如此小的小男孩,却懂如此多的商业知识:商业广告、营销手段、商业信誉……难道这个小男孩是天生的商业奇才吗?答案是否定的。原因只有一点:这个小男孩的爸爸也是自己做生意的,因此经常有意识、无意识地跟儿子聊起这些内容。听得多了,这个聪明的小男孩自然就变成了小小"商务通"。

孩子越早掌握一种本领,他成功的几率往往会越大。在商务飞速发展的今天,父母用一定的经济知识充实孩子的头脑是完全有必要的。所以,家长不妨鼓励你的孩子做点小生意:卖自己的劳动,卖自己的点子,或者把自己小时候的玩具、小人书卖给更需要的小朋友……

花钱糊里糊涂→为男孩订立"零花钱规则"

男孩往往是糊涂的,你问他口袋里有多少钱,他们会用一脸迷茫告诉你:"不知道。"男孩又是花钱如流水的,看到钟情的奥特曼模型,遇到最喜欢的某款玩具手枪,他们往往不在乎这些物品的价格,摸摸自己的零花钱就走向收款台……

于是,很多家长开始抱怨男孩花钱大手大脚,抱怨男孩是"败家子"……但是,这些男孩子的家长没有想到,男孩子的这种"败家"倾向往往是由家长造成的。

看到这里,家有男孩的家长可能会反驳了:"怎么又赖我?"男孩子的家长,请先别着急,请你仔细地想一想:你给你糊涂的小男孩上过"理财课"吗?你帮他制订过"零用钱计划"吗?

在给孩子"零用钱"这方面,家长常常有这样的顾虑:"让孩子接触太多钱,怕他长大后变成'小财迷';不给孩子钱,又怕孩子长大后不会花钱,到时候被人骗。"其实,家长的这种顾虑是完全没有必要的。在孩子小的时候,家长便给孩子开设科学、合理的"理财课",你会惊奇地发现,男孩也有细心的一面,糊涂的小男孩也可以成为小"理财专家"。

旺旺小的时候妈妈就有意识地培养他的理财观念,每个月定期给他一定的零花钱,让他试着学习理自己的"财"。

一天晚上,旺旺放学回来对妈妈说:"妈妈,我们学校小卖部的铅笔太贵了,你下班回来路过文具批发市场时,给我买两支回来吧。到时候我给你钱,这样我就能省两毛钱了。"

妈妈高兴地说:"好儿子,妈妈给你带。你真棒,都学会省钱了。"

下个月妈妈给旺旺零花钱时,旺旺少要了几元钱,并对妈妈说:"妈妈,我的本子要用完了,你再去给我多批几本吧,这样又能省不少钱。"

看,听了这个小理财高手头头是道的分析,你也心服口服了吧!

小理财高手是从小培养出来的,如果你不培养孩子的理财观念,随着年龄的增长,他们就会形成自己的理财观念:"我家里有的是钱,因此,我从不考虑我喜欢的东西的价格。""钱花完了可以向别人借。""钱就是用来花的,存钱没有用。"……

《富爸爸,穷爸爸》作者罗伯特·清崎曾表述过这样一个令家长担心的观点:"如果你不教孩子金钱的知识,将会有其他人取代你。如果让银行、债主、警方,甚至骗子来进行这项教育,这恐怕不会是项愉快的经验。"因此,家长不要把给孩子零用钱当成例行公事,教导孩子如何管理手上的金钱,并赋予他理财的责任才是重点。

◎ 给父母的建议

理财教育是家教的有机组成部分,是与伴随孩子健康成长的方方面面问题息息相关的。而让你有点糊涂的小男孩学会管理自己的零花钱,是培养孩子理财能力的第一步。

如果你的孩子对金钱没有正确的认识,不管是花钱大手大脚的"阔公子",还是惜钱如命的"吝啬鬼",在正确的"零花钱规则"的引导下,每个男孩都会成为小小理财高手。

方法一:与你的小男子汉签订零花钱合同

让孩子学会正确、科学地理财,家长首先要树立这样一种观念:并不是给孩子的零花钱越多,就是越疼爱孩子。父母一定要控制你花钱如流水的小男孩的零用钱。这时,你不妨用"零花钱合同"来对付他的"盲目消费"。

如对于已经上小学的孩子,妈妈可以在合同中规定,每周只给孩子 10 元钱零用钱,每周一早晨发放,并且规定不论遇到什么情况,都要严格按照合同约定的内容发放零用钱。

当然,为了培养孩子的理财能力,零用钱发放的单位时间可以慢慢地延长,如孩子已经能够掌握了以"周"为单位时间的理财之后,妈

妈可以把发放零用钱的单位时间拉长为"月"。

如,一位妈妈是这样做的:

小毅已经 12 岁了,妈妈给他多少钱他花多少,花完了便伸手向妈妈要,为了改掉他这个坏毛病,妈妈跟他签订了零花钱合同。

小毅的零花钱合同

为了让小毅养成良好的花钱习惯,妈妈与小毅通过协议,共同决定签订此合同,具体内容如下:

1.妈妈每个月的第一天给小毅 100 元零花钱,由小毅自行支配,提前花光不能够再向父母索要。

2.小毅零花钱包括平时买零食的费用、买文具的费用,如需买课外读物,妈妈和小毅各付一半。

就这样按着合同严格执行两个月之后,妈妈发现,儿子花钱有计划多了,并且很少见他再买那些没用的东西。

虽然这个零花钱合同仅仅是一张只在家长与孩子之间生效的合同,但往往就是这一张没有法律效力的纸才会让你的男孩明白:钱,省着才够花。

方法二:教男孩有计划地花钱

现在男孩子大多有这样的毛病:父母给多少就花多少,花完了就跟父母要,花钱没有节制。

男孩子往往都是这样的,强烈的好奇心和占有欲,促使他们见到新鲜东西都想买下来。这时,孩子的这种欲望是无意识的,但父母如果不注意引导而一味迎合就会纵容、滋长孩子的一些不良习惯。因此,父母要教会孩子有计划地去花钱。

虎子的妈妈在带虎子去吃麦当劳之前,她会告诉儿子,你今天只能吃一个汉堡、喝一杯饮料,这时,虎子就会撅起小嘴。看到儿子这个样子,妈妈就说:"好,虎子不想去,那我们不去了。"说着放下包,脱下大衣,这时小虎子只好求妈妈:"好妈妈,我答应你,我就吃一个汉堡,喝一杯饮料。"

教会孩子有计划地花钱,就要适时地控制孩子的欲望,如若不然,孩子的欲望是永远不能够满足的。

方法三：参照洛克菲勒二世给儿子拟订的"零用钱"计划

洛克菲勒二世(石油大王约翰·D·洛克菲勒的儿子)46 岁时,曾在信里为他 14 岁的儿子列出了如下"财政"要求:

爸爸和约翰的备忘录——零用钱处理细则

1.从 5 月 1 日起约翰的零用钱起始标准每周 1 美元 50 美分。

2.每周末核对账目,如果当周约翰的财政记录让父亲满意,下周的零用钱上浮 10 美分(最高零用钱金额可等于但不超过每周 2 美元)。

3.每周末核对账目,如果当周约翰的财政记录不合规定或无法让父亲满意,下周的零用钱下调 10 美分。

4.在任何一周,如果没有可记录的收入或支出,下周的零用钱保持本周水平。

5.每周末核对账目,如果当周约翰的财政记录符合规定,但书写或计算不能令爸爸满意,下周的零用钱保持本周水平。

6.爸爸是零用钱水准调节的唯一评判人。

7.双方同意至少 20%的零用钱将用于公益事业。

8.双方同意至少 20%的零用钱将用于储蓄。

9.双方同意每项支出都必须清楚、确切地被记录。

10.双方同意在未经爸爸、妈妈或斯格尔思小姐(家庭教师)的同意下,约翰不可以购买商品,并向爸爸、妈妈要钱。

11. 双方同意如果约翰需要购买零用钱使用范围以外的商品时,约翰必须征得爸爸、妈妈或斯格尔思小姐的同意。后者将给予约翰足够的资金。找回的零钱和标明商品价格、找零的收据必须在商品购买的当天晚上交给资金的给予方。

12.双方同意约翰不向任何家庭教师、爸爸的助手或他人要求垫付资金(车费除外)。

13.对于约翰存进银行账户的零用钱,其超过 20%的部分(见细则第 8 款),爸爸将向约翰的账户补加同等数量的存款。

14.以上零用钱公约细则将长期有效,直到签字双方同时决定修改其内容。

正如洛克菲勒二世所期待的那样,他的儿子约翰长大之后继承了父亲的遗志,成为了洛克菲勒基金委员会的主席。

花钱大手大脚→教你的男孩正确消费

对金钱没有概念、身上有钱就想花、看上的东西就想要、买了不久又后悔，这是很多男孩甚至成年人都存在的不良消费倾向。

究竟该如何冷却男孩们这"想要就买"的消费欲望，让他们正确看待花花绿绿的世界，合理消费呢？

其实，引导你的小男子汉进行正确消费并不难。

一位法国的母亲带着6岁的儿子到超市买东西。当孩子看中一样东西的时候，母亲并没有直接拒绝孩子，而是亲切地对儿子说："来，让我们看看这个东西的价钱是多少，哦，1法郎，你觉得是不是太贵了？如果我们买旁边的那一个，省下一半钱可以买5包你爱吃的薯片，你看要哪一个呢？"

儿子想了想，选择要后一个。

选购结束的时候，母亲又拿出了一些钱给儿子，对他说："小男子汉，帮妈妈结账好不好？"

在购物的过程中，母亲既给了儿子充分的选择权利，又控制了孩子的非理性消费。这样，在尊重孩子意愿的前提下，不仅教孩子学会了比较后再购买的理财道理，更在结账的过程中锻炼了孩子对金钱的认知能力。

除此之外，在引导孩子正确消费方面，还有这样三点需要父母注意的总原则：

1.不可以大量减少甚至停止儿子的零花钱，或用粗暴责骂的方式来控制他的消费欲望。因为突然间收入的减少会使得男孩对物质的欲望更加强烈，转而力图通过其他途径来取得零花钱，进而满足自己的购物需求。

2.父母不应用金钱来衡量一切,平时老用钱来和儿子谈条件。金钱至上的观念会让孩子缺乏责任感和同情心,形成狭隘、自私的个性。

3.不提倡为住校的男孩办理各种各样的银行信用卡。让孩子过早成为"有卡族",会养成孩子随随便便就刷卡的坏习惯,增加很多不必要的消费。

◎ 给父母的建议

因为家庭环境的不同、个性特征的不同,男孩们在消费的过程中出现的问题也各不相同。

方法一:教"花钱无度"的男孩作预算

小涛是个学习成绩优秀的孩子,由于家庭条件不错,所以父母对孩子的零花钱管理得非常宽松,这让他从小养成了花钱无度的习惯。每次上街,只要是喜欢的东西小涛就往家里搬,一个月要问父母要好几次零花钱。但究竟花了多少钱,它们都用在了什么地方,小涛自己也说不清楚。

"花钱无度"的孩子对金钱没有具体的概念,手里有钱就花掉,花完就伸手向家长要,全然不知道所买的东西究竟实用与否,也说不出来钱究竟用到了什么地方。把金钱置换成自己喜欢的玩具和物品,对这类孩子来说只是一种神奇的体验。

针对儿子的花钱无度,父母可采取"定期定量发工资"的策略,并且申明平时不再随要随给。父母还可帮儿子建立小账本,以确定零花钱用在了什么地方,大人定期作"财务审核",让孩子管理自己的零花钱。

此外,当孩子提出无理购物要求时,父母还可以用缓兵之计,不即时答应,但也不完全否定,利用这段时间的冷却,随时向孩子灌输"可买可不买的东西不要买"的购物原则,让孩子学会暂时放弃。

方法二:让"冲动购物"型男孩更理性

冲动购物型孩子看见自己想要的东西就立即会作出购买决定,而过后不久又会觉得自己并不是十分喜欢或发现不值,感觉自己吃了亏,并后悔自己的冲动。很多孩子甚至还会因此而情绪沮丧,对自己产生怀疑和自责。

一位妈妈曾这样描述了儿子的一次冲动购物经历：

由于脸上冒出了几颗惹眼的"青春痘"，儿子便天天嚷着要去痘，要求我给他买一支去痘产品。任我担心孩子会过敏，而且长几颗痘痘本来就是正常的，哪用得着那样价格不菲的化妆品，所以拒绝了他的要求。没想到那小子居然用自己一个月的零花钱把它买了回来，但用了一段时间不见效果又大呼上当。

男孩的个性特征之一就是易冲动，因此冲动购物也是他们常犯的一个消费错误。值得提醒的是，当孩子购物后悔时，父母一定要及时安慰孩子，不让孩子因此而产生不自信和自责的情绪。

针对孩子容易冲动购物的问题，父母最好的方法就是教会孩子"货比三家"的消费道理。

一位爸爸带着儿子逛了3家商店，目的是买一辆物美价廉的自行车，最后爸爸把省下来的20元钱买了一副孩子向往已久的乒乓球拍。

这位爸爸的聪明之处在于，他用行为给孩子作了很好的示范，使孩子了解了什么是价格差、什么是理智消费。这样，孩子在自己支配钱的时候，不但会精打细算，还会有很强的计划性。

方法三：对"无限索取型"的孩子说"不"

某男孩聪明活泼，但唯一令人感到头疼的就是，他一出门就要买这买那。有时父母觉得外面的零食不卫生不给他买，他的小脸马上就会"晴转阴，阴转雨"。

"无限索取型"男孩大多受到亲人的宠爱，大人经常给他带一些小礼物回家，让他习惯了父母给自己买礼物。所以这类男孩一出门就会向父母索要东西，包括玩具、食品等等，受到拒绝则难以接受，大哭大闹。

这时，如果父母为了平息孩子的哭闹而满足了孩子的欲望，这对孩子学习自我节制是相当不利的。在坚持立场的同时，父母可以告诉孩子："你'需要'的东西，我们一定为你准备；你'想要'的东西，可以告诉我们，我们会斟酌情况，决定要不要买给你；但如果你用哭闹或发脾气的方式来争取，我们一定不会给你买。"

此外，在应对孩子"无限索取"的同时，父母还要保持统一战线。

储蓄——教男孩学会理财的第一步

在当代社会里,教给你的男孩一定的理财方法是每位父母义不容辞的责任,所以父母不应仅仅满足于孩子对钱的了解认识,还要在实践生活中培养、训练男孩的理财能力。

而培养理财能力的重要方法之一,就是教你的小男子汉养成储蓄的好习惯,并教给他一些投资的技巧。

一位上小学四年级的小男孩,在家长的帮助下,把自己的积蓄分成两部分。因此,他在银行有了两个属于自己的账户:其中一个定期账户是用于存放不常用的钱,这样利息高;另一个是活期账户,用于存放日常的零用钱。

后来,在爸爸的指导下,他开始用积蓄的一部分定期购买债券。

······

在未来的社会,男孩是否能够掌握一些理财投资的方法,对其成长和成功尤为重要。因为,只有学会了储蓄,他才能养成节省"自己的钱"的习惯;只有学会了投资,他才能在竞争日益激烈的社会中,率先学得生存和发展的本领······

◎ 给父母的建议

理财专家建议,在孩子小的时候,父母就应有意识地培养孩子的理财能力,指导孩子熟悉掌握基本的金融知识与工具,从短期效果看是养成孩子不乱花钱的习惯,从长远来看,将有利于孩子及早具备独立的生活能力,使其在高度发达、快速发展的时代中,具有可靠的立身之本。

方法一:从小培养小男子汉的储蓄意识

孩子的储蓄意识,是应当从小培养的,例如——

有的小孩喜欢吃冰淇淋,比如买一杯要花 6 元钱,父母就应告诉他:"你想吃可以,但是今天只能给你 3 元,等到明天再给你 3 元,你才能买来吃。"这就是孩子储蓄观念的萌发。

在一些节日,父母或亲戚朋友常会给小孩一些零花钱,或者让孩子得到一些劳动报酬。这时,父母就应帮孩子在银行开一个存款账户,让他把所有得来的钱都存入这个户头,每隔一段时间就和孩子坐下来算,这个户头得了多少利息,并教孩子一些利息的计算方法。

男孩到了六七岁时,父母就应灌输他懂得为短期目标存钱的思想。比如,孩子要买一件自己喜欢的、并不太贵的玩具时,父母就可以利用这个机会教孩子存钱。父母可以为孩子订一个明确的计划:每天应该存多少钱,存多少天就能买到自己想要的东西。这样,孩子就会有目的地把父母给的零花钱积攒起来。孩子用"自己攒的钱"得到这个玩具,会比轻而易举地从父母处得来更加珍惜,还可以懂得积少成多的道理。

需要提醒的是,这种年龄段的孩子存钱的耐心至多只能有 3 个星期,不会更长,时间太长会使孩子感到灰心,失去存钱的兴趣。大约到了 9 岁,孩子才能懂得为远一些的目标而存钱的道理。

方法二:以孩子的名义开设银行账户

美国著名的教育专家戈弗雷在谈到储蓄原则时指出:

孩子可以把自己的零花钱放在 3 个罐子里:第一个罐子里的钱用于日常开销,购买在超级市场和商店里看到的"必需品";第二个罐子里的钱用于短期储蓄,为购买较贵重物品积攒资金;第三个罐子里的钱则长期存在银行里。

为了鼓励存钱,父母可以陪孩子一起去银行存钱,并以孩子的名义开一个户头。孩子在铅印的存单或存折上见到自己的名字时,会感到自己长大了,变得重要了。

银行的另一个好处是,它能使孩子充分理解钱并不是随便就可以从银行里领出来的,而是必须先挣来把它存到银行里去,然后才能取出来,而且会得到多出原来存入的钱的利息。

方法三:教给孩子一些让钱升值的投资方法

当储蓄积累到一定的金额,适时地教给男孩一些投资的方法,是

十分必要的。男孩的探索欲望是很强的，当知道用适当的方法可以使金钱变得更多时，他就会对此项理财活动充满兴趣，并为此而变得积极努力起来。

在国外，很多家长都会让自己的儿子早早地接触股票、基金、债券、拍卖等理财知识。

儿子要求在他 10 岁生日时得到一台割草机作为生日礼物，母亲明智地给他买了一台。到那年夏末，男孩已靠替人割草赚了 400 美元。这时，父亲建议他用这些钱作点投资，于是喜欢运动的男孩决定购买耐克公司的股票。此后，男孩对股市产生了兴趣，开始阅读报纸的财经版内容。

一天，父亲一本正经地告诉儿子："皮卡丘(动画片的主角)卡片现在卖得可火了，这个消息千真万确。"儿子立刻脱口而出："爸爸，那把我积攒的那些皮卡丘卡片都卖了吧。"此后的几个月里，父亲帮助儿子在网站上拍卖了这些卡片，一路竞价到很高才脱手，给儿子上了一堂最好的经济课。

看了以上两个故事，您有何感想呢？

千万不要认为你的儿子还小，给他讲解关于投资的知识他也不明白。你只要巧妙地将投资的意识融会在生活中、融会在游戏中，孩子自然会对此产生浓厚的兴趣。当你的小男子汉在投资的过程中获得了一定的收益，就没有什么能阻挡他对金融知识的热爱和钻研了！

告诉男孩,"压岁钱要花得有意义"

压岁钱应该怎么花?

恐怕所有男孩听到这个问题,都会肯定地答道:"家长送的压岁钱,应该自己花!"

那么,他们的压岁钱究竟是怎样花的呢?

刚刚拿到压岁钱,刚上小学四年级的强强就约了几位同学在一家肯德基集合,然后自豪地说:"这餐我请客!"说着强强从口袋中拿出 3 个红包,各自抽出一张崭新的百元大钞,交给收银员,换来大堆美味食物。

吃饱以后,他们又开始逛街。在某名牌商店,强强为自己买了身上千块的衣服。

晚上很晚,强强才心满意足地回到了家。爸爸屈指一算,强强这天竟然花费 2000 多元,差不多等于自己整个月的工资了。

不知道你的儿子,是否会像强强一样,收到压岁钱就胡乱消费?假若答案是肯定的,你又如何处理呢?

也许很多家长会认为,压岁钱也就一年一次,所以就算孩子胡乱花光,也没什么大不了的;只要孩子开心,这点压岁钱就随他们去花吧;也许有的家长会异常愤怒,并强行没收孩子所有的压岁钱,从此不让他与金钱打交道。

但其实,这两种做法都是不对的——过度的消费行为,会令孩子养成好逸恶劳、胡乱消费的习惯;而没有足够的消费行为,则不能让孩子更好地了解金钱的运作。

◎ 给父母的建议

有过处理压岁钱经历的父母,大都有着这样的深刻感受:

如果父母把压岁钱一律没收，本身就有着强烈叛逆个性的男孩就很容易产生反感情绪，对父母不满；而如果父母把压岁钱完全交由孩子管理，不闻不问，善于粗线条思维的男孩则会认为钱来得容易，就大手大脚地去消费，买高档玩具、玩电子游戏、偷偷去网吧……

那么，面对管也不是、不管也不行的情形，父母应该怎样引导孩子把压岁钱用在有意义的地方呢？

方法一：借机发展孩子的社会性交往

孩子收到压岁钱时，父母应尽量让孩子明白，大人不是无缘无故给他钱，而是对他成长怀着希望，用压岁钱对他健康快乐、长高长大表示祝福的心意，所以接到压岁红包，一定要谢谢亲戚朋友，一定要对亲戚朋友有所回馈。

比如，父母可以鼓励孩子用压岁钱给自己的爷爷、奶奶等长辈购买生日礼物或节日礼物等。

方法二：建议孩子将压岁钱用做"教育基金"

每年孩子的学费，都是一笔不小的开支。因此，父母可以鼓励孩子把压岁钱储蓄起来，或是为新学期作准备，或是为自己日后上大学作教育储备。

小学二年级的小刚收到压岁钱后，爸爸提出建议，父子俩投入相同数量的钱，成立一个"上学基金"，以后上学的学杂费、书本费一律从这里开支。想到爸爸也会往自己的"上学基金"中存入相等的钱，小刚高兴地同意了爸爸的提议。

这种成立"教育基金"的方法既可以减轻父母的经济负担，也能培养孩子的自立精神和家庭责任感。

方法三：引导孩子投资理财

其实压岁钱的作用，除可给孩子购买一些喜欢的东西外，有一个更重要的功能，就是作为理财训练的工具。关于投资理财的一些知识，我们在前面已经详细介绍过，这里就不作过多介绍了。

除了以上三项外，父母还可以引导孩子用压岁钱做一些有意义的事，比如，为自己购买一些学习资料、向灾区献爱心、进行短期的旅行等等。

第六章

能力培养，男孩最应具备的
成功能力、做事能力

引语
YIN YU

如何让你的男孩更出色？

如何让你的男孩更优秀？

答案很简单——

只有学会思考，男孩才会成长为一个理智的人；

只有学会倾听，男孩才会成长为一个被大家青睐和尊重的人；

只有具有正确选择的能力，男孩才会少走人生的弯路；

只有具有"领头羊"意识，男孩才会成为一个领导者而非追随者。

男孩只有具备了这些优秀品质，将来才会成长为一个顶天立地、成就斐然的男子汉！

思考——男孩与众不同的成功法宝

人们常说男孩比女孩聪明，其实除了特殊情况，男孩刚刚出生时，智商与女孩基本不会有太大区别。所不同的是，男孩的思维方式与女孩不同，他们更具思考能力。男孩更擅长逻辑思维，他们往往会通过分析、判断、推理去思考问题，因此，他们看问题往往比女孩更深入。

一位行为学专家说："思考能够拯救一个人的命运。"事实正是如此，有思考力的人才会有创造力，才会掌握自己的命运。

大多数小男孩的思维方式、思考能力，在他们很小的时候就表现出了优势。

有一个淘气的小男孩，他的父亲为了让他保持安静，就想出了一个办法。

父亲把他叫过来，拿出 100 元钱，对他说：

"只要你能猜中我心里在想什么，我就把这 100 元给你。"

"真的吗，爸爸？"小男孩高兴地问。

"当然是真的，只要你能猜中。"父亲得意地说。

父亲心想：这下孩子可以安静一段时间了。果然，接下来的时间，小男孩安静地想着这个问题。

第三天，小男孩认真地对父亲说：

"爸爸，我猜到你心里在想什么了！"

父亲有点惊讶地问："我在想什么呀？"

男孩说："你不想把这 100 元钱给我。"

他的推理是正确的，父亲只好把 100 元给了男孩。

多聪明的小男孩呀，他正是用了分析、判断、推理的思维方式赢得爸爸的 100 元钱。

有一句话是这样讲的："教育就是教人去思维。"其实,我们教育孩子的目的有两个:一是掌握知识,二是发展思维技能。大多数父母往往只注意前者而忽略了后者,因此出现了许多学习成绩较好但思维能力较差的"高分低能"的孩子。

可见,培养孩子广阔、灵活、敏捷的思维能力,对开拓孩子的智慧极为重要。

◎ 给父母的建议

方法一:引导男孩去独立思考

独立思考是认识问题、解决问题的主要手段。

许多孩子在遇到疑难问题时,总希望父母给他答案。如果父母对孩子有问必答,虽然解决了孩子当时的问题,但从长远来说,孩子会养成依赖父母的习惯,遇到问题时不会独立思考,不会自己去寻找答案,这对发展孩子的思维能力是没有好处的。

一个小学五年级的小男孩很喜欢自己解答比较难的数学题。一天晚上,老师留的数学作业中有一道有一定难度的数学题。他思考了半个小时,仍然没有把这道题解出来。

快到睡觉的时间了,大他两岁的哥哥走过来问他:"做什么呢?"

"应用题。这道题有一定难度,不过很有意思。"男孩回答说。

"我来给你算。"哥哥拿过男孩的作业看了两眼。

"不用了,我自己想一想吧!"男孩不信自己解不出这道题。

半个小时又过去了,哥哥生气地说:"我不管你了,我睡了,答案就在这里。"哥哥把写好的答案放了男孩的旁边。

男孩头也没回,继续思考着。很长时间又过去了,男孩为了防止自己困,用冷水洗了把脸后仍然坐在书桌前思考他的应用题。终于,那道应用题的难关被攻破了,男孩怀着快乐的心情进入了梦乡。

故事中的小男孩完全不用费那么大的力气便可以得到答案,但他没有那样做。所以,最终他不仅学会了独立思考,更体会到了难题被解开的乐趣。

所以,作为父母,要鼓励孩子独立思考,启发孩子去想、去分析、去运用自己学过的知识和经验,并通过翻查参考资料等方法自己去寻找

答案。这样,孩子的思维能力就会得到提高。

方法二:鼓励男孩发表自己的意见

有些男孩在发表自己的意见时,常常会受到别人的影响——他们容易受父母和老师的暗示而改变主意,或者动摇于各种见解之间,或者盲目附和随大流,这种没有主见的做法往往会影响孩子思维独立性的发展。

那做父母的应如何矫正孩子的这种坏习惯呢?

首先,父母要给孩子创造一个民主、和谐的家庭氛围。在这样的氛围中,孩子才会无所顾虑,畅所欲言。其次,父母要鼓励和引导孩子发表自己的意见。

一个男孩对画画很感兴趣,于是他的爸爸经常带他去看画展,并鼓励他积极思考、发表自己对作品的看法。一次爸爸带男孩去参观一个个人画展。但事先,爸爸并没有告诉男孩这是一个个人画展。爸爸领孩子转了一圈后,故意问他:"你觉得哪些画风格比较好?"

"我觉得这好像是一个人画的,画得都很好。"男孩有点疑惑地说。

"是吗?你觉得好在哪里呢?没关系,你尽管说。"爸爸仍不忘鼓励儿子。

男孩说:"布局好,气魄大,大胆,用笔也好。"

爸爸满意地笑了。

一般情况下,孩子对那些不是很有把握的答案,往往不敢说出口。这个男孩却大胆地说出了自己的见解,这与爸爸平时就鼓励孩子积极思考、大胆表述是分不开的。

因此,父母要鼓励孩子敢于发表自己的看法,在孩子发表自己的意见时,哪怕是错误的,父母也应让他说完,然后再给予恰当的指导。对于孩子的正确意见,父母应该肯定、表扬,让孩子增强发表意见的信心。

方法三:培养男孩的判断、推理能力

判断、推理能力是思考能力中比较重要的方面,它需要对事物的概念等有深刻的理解才能进行。因此,父母平常就要给孩子解释一些概念性的事物。

有一则笑话是这样的:

爸爸问儿子:"儿子,你长大了想当什么呀?"儿子神气地回答:"我

要当兵！"爸爸问："为什么要当兵？当兵会被敌人打死的呀！"儿子一听，就说："那我就当敌人！"

这个孩子就是由于搞不清楚"敌人"这一概念，作出了错误的推理、判断，所以闹出了笑话。

要培养孩子的推理能力，父母在日常生活中可以让孩子多做一些有意思的推理题目。比如，父母告诉孩子，妈妈的年龄比我大，姥姥的年龄比妈妈大，让孩子自己得出结论：姥姥的年龄比我大。又如，父母告诉孩子，"我"有一副太阳眼镜，妈妈有一副太阳眼镜，爸爸有一副太阳眼镜，我家只有爸爸、妈妈和"我"，让孩子自己得出结论：我们家每人都有一副太阳眼镜。

方法四：多与男孩玩一些思维游戏

思维游戏能训练孩子的逻辑思维能力。男孩往往很乐于玩这种游戏，而且有时他们的接受能力和反应速度往往让父母都吃惊。

爸爸给儿子出了一道思维题目："鱼缸里有 5 条鱼，死了 1 条，还剩几条鱼？"

儿子马上回答："4 条。"

"错，答案是 5 条。"爸爸给了儿子一个很快的反馈。

儿子迷茫地看着爸爸，爸爸拍拍儿子的小脑袋说："我没有说把那死了的鱼捞出鱼缸，所以鱼缸里还有 5 条鱼。"

儿子不服气，但他的小眼睛在转呀转，忽然他高兴了，对爸爸说："爸爸，我也给你出道题吧？"

"好呀！"爸爸很爽快地接受挑战。

"树上有 10 只鸟，被猎人打死一只，树上还剩几只鸟？"

"0 只，因为鸟都被枪声吓跑了。"爸爸显然对自己的答案充满信心。

没想到儿子听了爸爸的答案坏坏地边笑边说："爸爸，我可没说被打死的那只鸟有没有从树上倒下来呀。所以恭喜你，你答错了，答案是树上还剩 1 只鸟。"

天性好强的男孩是不会轻易服输的，所以父母可以针对孩子的这一特点，多与他们玩一些这种思维游戏。不用太长时间，这些聪明男孩的逻辑推理能力就会超过你。

领导力——小男子汉成长为
"领头羊"的制胜之道

在前面我们已经提到过,男孩都有很强的竞争心理,每接触一个新的集体,他们最想知道的是——"谁是头?"然后他们会暗暗地努力,暗暗地与这个"头儿"较量,并期待自己能够取代或超越他。

正如大家所知道的,男孩体为过盛的睾丸素,使竞争、好斗、抢着去做"头儿"成了他们的天性。然而,现实生活中,一些男孩的表现却与我们所说的这些男孩大大不同,他们看起来似乎对当"头儿"并没有什么欲望,他们甚至还心甘情愿做一个永远走在别人后面的小"跟屁虫"。

辰辰长得壮壮实实,人也聪明,唯独惯于做集体中的小尾巴。比如儿童节,老师要求布置教室,小朋友们忙着贴壁画、挂花帘,辰辰却无所事事,还"振振有词"地说:"老师没安排我";手工课上,老师让小朋友随意剪纸,有的孩子三两下就剪出一个恐龙来,辰辰却只会模仿别人。老师也曾担忧地说:"辰辰不积极参与活动、不自信、不敢探索,这些行为说明他性格中缺少"领头羊"的意识。

在竞争如此激烈的现代社会,把孩子培养成"领头羊"是每一位家长的梦想。很多男孩的父母也都有这样一种观念:男孩都有很强烈的当"官"欲望,所以不用过分地云教他们,他们自然会争着去做"官"。然而,面对这些习惯被人带领的小"跟屁虫",父母开始迷惑了:"难道我的男孩真是扶不起来的'阿斗'吗?"

这些家长的观念是有失偏颇的。虽然大多数的男孩有着很强烈的竞争意识,也有很强烈的当"头儿"的欲望,但领袖并非是天生的,而是后天造就的,这主要取决于父母怎样去引导。

在生活中,常常就是因为父母有意识或无意识的一些语言和行

为，让这些体内睾丸素旺盛的男孩，失去了当"头儿"的欲望。

一天，小武看了西班牙斗牛表演，当众宣布："我长大了要做个斗牛士。"妈妈不屑一顾："不能选择危险职业。"小武任何不切实际的想法，都被妈妈打入冷宫。时间一长，他开始变得毫无主见，行为懒散而被动了。

领导者的共同特质，就是能自主地勾画出一幅蓝图，并激励大家和他共同去完成。这个蓝图的前身，就是孩子的梦想。所以，当孩子说出自己的梦想时，父母不要因为它不切实际，就"一棒打死"。如果妈妈听了小武的梦想之后，这样引导他："一个出色的斗牛士应该勇敢、坚强，为了实现你的梦想，你一定要越来越勇敢、坚强呀！"也许随着年龄的增长，小武会慢慢把成为斗牛士的梦想忘掉，但是，他永远也忘不掉妈妈的话——"要实现梦想，一定要变得勇敢、坚强。"当他为了梦想真的变得勇敢和坚强时，这个小男子汉会离"领头羊"的位置越来越近。

另外，父母永远不要关闭孩子探索的"大门"。我们大家都知道，每个领导者身上都应具备很强的探索力，而对于有"破坏大王"之称的男孩，儿童时期往往是他的一生中探索力最强的阶段。

雨停后，小男孩在院子的小水洼里测试他自制的"小轮船"，忽然他跑去对妈妈说："妈妈您瞧，我的小轮船在大海里航行了！"妈妈看到他满身的泥浆，责备他说："一张破纸浮在小水洼里，就叫轮船在大海里航行呀？看你的衣服又弄脏了，快把它脱下来，我给你洗了！"

衣服上的泥浆可以洗掉，但孩子印象中的被打击的痕迹会持续很久，从此以后，孩子也许再也不会研究他的"轮船"，更不会想象他驾驶着轮船在大海上航行。也就是在此时，孩子的探索能力在一点点消失，孩子离"领头羊"越来越远……

◎ 给父母的建议

孩子在课余活动中所表现出的领导才能，比智力或学业成绩更能准确地预测他们未来的成就。因此，父母在不破坏孩子想象力和探索力的前提下，还要有意识地引导他慢慢向"领头羊"靠近。

方法一：给男孩一个积极的肯定

"领头羊"一般都具有强烈的自信心，即便知道自己有一定的失

误，他也坚信自己是赢家。因此，父母要有意识地通过肯定来激发你的男孩的自信心。

一次，小林与小朋友踢球输了，原以为爸爸会嘲笑他："唉，你太笨了。"没想到，爸爸边替他擦汗边夸奖他："你带球过人的技术真棒，奔跑很积极，如果再加强射门练习，会踢得更好。"

过后，爸爸真的专门请老师帮小林进行有针对性的射门训练。现在，小林不仅是足球队前锋，还是小区里的"孩子王"，一呼百应。

父母真诚的肯定和鼓励，是小男子汉成为"领头羊"的力量源泉。因此，在孩子的人生旅途上，他每走一步，父母都要给予积极的肯定和鼓励。

比如，小男子汉某次成绩没有考好，做父母的不要只是批评孩子，而是应恰当地鼓励孩子："这次考的成绩虽然不好，但是语文考得很棒。以后多在数学上下工夫，我相信你下次一定能前进两名。"也许，正是由于你的鼓励，孩子下次考试时便真的会前进好几名。长期如此，这些小男子汉会因为每次一点点的进步，越来越有自信和成就感，从而充满力量义无返顾地往前进。

方法二：引导"未来的领导者"积极地思考

"推理、思考与判断"是领导能力的重要体现。那些从小就会认真思考问题，并巧妙地解决困难的孩子，往往更容易成为领导者。要想让你的小男子汉成为未来的领导者，父母就要引导孩子去思考问题、解决问题。

一个4岁的男孩，想迈上滑梯的第一个台阶。可他腿很短，爬不上去。妈妈对他说："想想呀，找个小助手，是不是可以上去呢？"小男孩认真思索了一会儿，把小推车推到了台阶旁，他先爬到车子里，再爬上滑梯台阶。

孩子的思考能力、动手解决问题的能力，往往就是在这些小事中一点点培养起来的。因此，当你的男孩遇到问题或困难时，父母应该考虑的并不是如何帮他解决问题，而是"我的孩子思考了吗""他有解决这个问题的能力吗"。父母的思维改变之后，孩子的思考能力和动手能力自然会大大提高。

方法三：鼓励你的小男子汉尽情表现自己

领导者最应具备的基本能力之一，就是敢于表现自己、善于表现自己。而男孩大多都有很强烈的表现欲望，这时，父母可以帮你的男孩发挥"爱表现"的特长，用他努力的表现去争取领导者的位置。

一位妈妈这样介绍她的教子心得：

儿子班上刚上任的班主任正在班里选班长，在班里当"官"一直是儿子的梦想，于是我就鼓励她："老师提问题的时候，你积极思考，主动举手回答，老师就会对你产生好感，对你的中选很有帮助。"

没过几天，儿子兴奋地告诉我，老师选他当班长了。原来，儿子正是用自己的积极主动，为自己争取到了班长的位置。

儿子不仅上课积极回答问题，他还找到老师，对班级的建设提出了很多合理化建议，比如图书角的建设、自习课如何有效地保持纪律，等等。

当上了班长，对儿子是一个极大的激励。从此他的积极一发不可收拾，每天带领同学背诵课文、搞文艺活动，参加各种比赛、演讲，事事处处都走到了同学的前面，结果在学期末被评为了"市三好学生"。

看，机遇总是垂青那些有准备的孩子。当然也可以这样说：因为这个男孩有一位会引导的妈妈，所以他很轻易地实现了他的当"官"梦。

所以，当你的小男子汉很想在班级中担任某个职位时，父母不妨鼓励他多表现自己，如：鼓励他在班上多发言、积极回答老师的问题；鼓励他主动与同学打招呼，树立在同学中的威信等。当你的男孩敢于表现自己、善于表现自己时，不论在班级还是在社会，他都具备了"领头羊"所应具备的基本素质。

交往能力——男孩成功的必备能力

父母常常在脑中勾画自己的男孩长大后成功的形象：职场上应对自如的管理人士、商场上妙口生芝的谈判高手、叱咤风云的企业家、深得人心的政治家……不可否认，这一切的成功都需要这个男人有很强的与人交往能力。

然而，现实生活中，很多小男孩的表现却让人担心：以自我为中心、攻击性强、不合群、女性化倾向严重……因此，他们常常有不愿见陌生人、不敢与陌生人说话、无法与别人相处等表现。这样的孩子如何与那些成功形象挂上钩呢？

卡耐基曾说过，一个成功者，专业知识所起的作用是 15%，而交际能力却占 85%。这也就是说，人际关系的和谐，交往本领的高强，是社会判断成功者的重要标准。

交往能力强，对孩子来说有百利而无一害。善于与他人交往的孩子在学校，不仅能够从容地与同龄人交往，而且能够从容地与老师等成人交往。而孩子是否善于同别人打交道，在人群中人缘如何，对他以后的学习和人生的发展有很大的影响。因此，父母要从小重视培养孩子与人交往的能力。

其实，任何一个男孩都希望能够有几个思想上、学习上或者生活中志同道合的朋友，能够从朋友那里获得认可、鼓励、信任和支持。然而父母的一些教育却让他们的交往意识在一点点地减弱。如父母常常这样告诉爱交朋友的男孩：

"不要和学习不好的同学一夬儿玩呀！"

"不要和女同学来往过于密切呀！"

"不要和那些坏孩子走得太近呀！"

……

父母的这些教育或者让男孩不知道何去何从，或者让他封闭自己、不爱与人交往，或者让他变得人缘不好……

正处在学习知识、了解社会、探索人生时期的男孩，与同龄伙伴交往并建立友谊是正常的心理需要。这时，在不偏离正常人生轨道的前提下，父母不要给他太多的限制。这些限制会使男孩过早地世俗、功利；或者引起他的不满，激发他的叛逆心理，进而影响他的交往能力，甚至会使他形成孤僻、抑郁、偏执等心理障碍。

◎ 给父母的建议

成就孩子一生的能力、习惯，基本上都是在孩子小时候培养起来的，男孩的交往能力更是如此。小时候知道主动与别人打招呼的男孩，长大后往往懂得如何与陌生人成为朋友；小时候懂得与人交往技巧的男孩，长大后往往能吸引更多的朋友；小时候人缘好的男孩，长大后往往会有很多生活、事业上的好帮手……

那么，父母应该如何培养小男孩的交往能力呢？

方法一：教你的男孩学会"推销"自己

成功地"推销"自己是成功与他人交往的前提，所以父母要有教孩子"推销"自我的意识。

耿舟是个快乐的小男孩，他走到哪里都会认识很多好朋友。这不，今天，幼儿园新来了一个小朋友，自由活动时，耿舟便拿着自己的《恐龙》图书来到这个小朋友的身边，用愉悦的表情对这个小朋友说："我叫耿舟，我讲故事讲得可好了，我来给你讲'恐龙故事'吧。"不一会儿，耿舟便与这个新来的小朋友成了好朋友。

其实，每一位父母都应该让孩子有"推销"自我的意识。要知道，敢于推销自我的孩子一定认识到了自己的优点、别人的需要，这样的孩子是自信的、阳光的。

很多事实都证明，不管是大人还是孩子，每个人都没有办法让自己不喜欢那些自信、阳光的人。所以，父母让孩子学会推销自己，便等

于赋予了孩子自信、乐观、阳光的性格，这样的孩子走到哪里都会有人乐意与他交朋友。

方法二：教你的男孩说"让我们做朋友吧"

如果你的男孩学会了说"让我们做朋友吧"，他往往就已经掌握了人际交往的主动权。其实，让孩子学会说"让我们做朋友吧"，往往是一种姿态，一种他乐于交朋友、以交友为乐的姿态。而这种姿态往往有很多的表达方式。

7岁的小男孩听说姨妈全家刚刚从内蒙古大草原旅游回来，在去姨妈家做客时，他与姨妈全家人都聊得不亦乐乎。他问姨妈："内蒙古的烤羊腿好吃吗？它们是怎样做出来的呢？"他让小表哥给他讲内蒙古的月夜、大草原上的骏马。他缠着姨夫给他讲蒙古包、内蒙古的天气。结果全家人都因为这个小家伙而尽情地分享着愉快。

请别人分享他们感兴趣的内容，是一种与他人交朋友、表现友好的一种方式，也是与人更好相处的一个技巧。因此，父母可以教你爱交朋友的男孩掌握这一技巧。比如，父母可以告诉你的男孩，想得到更多人的好感，与他们谈话时，就要少说自己、多问问对方的情况，找一些对方感兴趣又有很多话要说的话题来谈，请对方分享一下他的兴趣、他最难忘的经历、他最大的成功等。

方法三：让男孩多参加集体活动

父母应教育男孩多参加集体活动，让自己融入到集体生活中，加强与同学的交往，增加同学对自己的好感和信任。

在集体活动中，父母应教育孩子多干事情、少指挥人。如果一个人自己不做事，却喜欢指挥别人，那么别人就会对他产生反感，乃至讨厌与他交往。因此，父母应教育孩子在集体活动中尊重别人，当别人遇到困难时，主动予以帮助，这样才能赢得更多的朋友；如果有的同学对自己态度冷淡，也不必介意，应该坚持在班里服务于大家，久而久之，同学就会对自己热情起来。

父母还应鼓励孩子参加各种体育活动。体育是一种人与人正面接触和竞争的群体活动，总是要有两个以上的人参与才有意义。更重要的是，体育活动不但需要智慧和力量，也需要胆量。这胆量，正是人

际交往中所必需的一种要素。孩子一旦爱上体育，就会主动寻找对手，这种寻找，就是交际；而合适的对手，往往也就是具有深厚友谊的伙伴。

方法四：鼓励男孩带同学回家

父母要鼓励孩子带同学回家，并且帮助孩子热心地招待他的同学和朋友，提高孩子在同学和朋友中的形象。父母的热心会让孩子的同学和朋友增加对孩子的好感，从而愿意与孩子保持良好的朋友关系。父母也可以邀请邻家孩子来家玩，让自己的孩子在与他人的交往中增加信心，学习人际交往的方法。

某市一小学搞了一个有趣的活动叫"一日营"，就是让七八个孩子到其中一个孩子家里去生活一天。

这个活动非常受欢迎，不仅孩子们非常喜欢，家长们也非常乐意。

孩子们对去别人家住感到非常兴奋，感觉什么都是新鲜的。他们会跟其他孩子一起学习、娱乐、买菜、做饭，在这个过程当中，与人交往的能力也得到了锻炼。

值得注意的是，父母不要规定孩子交什么类型的朋友，应允许孩子结交一些年龄不同、性格不同或者特长不同的朋友。例如，孩子结交了在写作、绘画或者音乐上有特长的朋友后，就等于找到了一位好老师，孩子在这方面的才能也会得到相应的提高。

让孩子独自到同学或邻居家去串门，也是一个锻炼孩子交际能力的不错机会。串门做客，牵涉到寒暄、问候、交谈和有关礼物等问题。孩子一个人去就成了主角，与对方的一切接触都得由自己来应酬，这无疑把孩子推到了前线，促使其考虑如何交际。家里来了客人，有时不妨让孩子出面接待，特别是当客人或朋友与孩子年龄相仿时，家长千万不要包办代替。

倾听——为男孩打开成功大门的钥匙

许多家有男孩的父母都很苦恼：儿子的听力好像不是很好，他总是听不见、听不到爸妈对他讲话。男孩的听力真的这样差吗？

其实，与听话的女孩相比，男孩的"听力"确实差了点儿。但是，他们的"听不到"是有原因的。

首先，当男孩很专注地做一件事时，如当他在看他最喜欢的动画片时，他的注意力、兴奋点以及全部精力几乎都放在这个动画片上，他会忽视外界的一切声音，甚至是父母正在和他讲话。

其次，当男孩接到父母的命令时，他会有一个思考的过程，如：妈妈对他说："请把那个小板凳帮我拿过来好吗？"他会思考：是现在帮妈妈拿过去，还是一会儿再帮妈妈拿呢？"而在他思考的过程中，他的身体不会有什么反应，这时妈妈就会误认为男孩没听到她的讲话。

另外，我们知道，男孩是有反叛心理的，而且他是很喜欢向父母，尤其是妈妈"挑衅"的，所以当父母讲的话他不爱听，父母吩咐他做的事情他不乐意去做时，他就会装作没有听到。

看起来，让这些"听力"不好的男孩静下心来倾听他人讲话似乎很难！

但在人际交往中，作为尊重他人的一种表现，善于倾听在人际交往中的作用是非常重要的。

心理学研究表明，越是善于倾听他人意见的人，与他人关系就越融洽。因为倾听本身就是褒奖对方谈话的一种方式，你能耐心倾听对方的谈话，等于告诉对方"你是一个值得我倾听你讲话的人"。

小男孩畅畅是个人人都喜爱的"小大人"，尤其在听别人（无论是大人还是小孩）讲话时，他从不抢话、插嘴，还会不时地用点头对对方

所讲的话表示认可;有时,对方说着说着停顿了,他会问"然后呢",来引导对方继续讲下去。

事实上,在谈话中,任何人都不可能总是处于说的位置上。要使交谈的双方双向交流畅通无阻,就必须善于倾听他人的谈话。善于倾听他人说话的人,懂得"三人行,必有我师"的道理,不仅能够及时地把握对方的信息,弥补自己的不足,不断完善自己,而且能够让对方产生被尊重的感觉,加深彼此的感情,有利于人际交往。

可见,倾听他人的心声是孩子必须具备的美德。孩子要与人融洽相处、流畅地交流,必须要先学会倾听。

好的习惯几乎都是从小培养的,因此在孩子小时候,父母就应该有意识地培养他善于倾听的好习惯。

◎ 给父母的建议

在现实生活中,我们往往会发现许多男孩非常善于表达自己,却不会倾听他人,无法在交往中体现出真诚,甚至不愿意倾听他人的建议和忠告。作为父母,我们如何让"听力"不好的男孩,养成善于倾听他人的好习惯呢?

方法一:父母要给男孩作出善于倾听的榜样

如果父母对孩子所说的话以冷漠的态度对待,那么,孩子也会对父母所讲的话不当一回事。但是,如果当孩子讲话时,父母能够放下报纸,看着孩子的眼睛,表现出很大的热情和良好的倾听姿态,那么,孩子往往也会成为一个很好的倾听者。

孩子不认真倾听他人说话是不尊重他人的表现,同样,父母不认真倾听孩子的心声也是不尊重孩子的表现。心理学家提示父母说,父母给孩子作出倾听的榜样,认真倾听孩子的心声,这不仅是了解孩子心灵的有效途径,也是培养孩子倾听他人的重要方法。

因此,不论孩子提出的问题是大还是小,父母都要尽可能找时间去倾听,而不要让孩子等你有了时间再说。立即倾听孩子说话,有助于赢得孩子的信任,更有助于培养孩子与人交往、倾听他人的好习惯。

方法二:父母要调整说话的方式

对于容易叛逆的男孩来说,父母高高在上的家长姿态、命令的说

话方式,往往会使他对父母的话充耳不闻。如果父母能够调整自己的心态,把自己置于孩子的朋友这和角色,与孩子平等地交流、平等地对话,孩子反而能够倾听父母的每一句话。例如——

不要说:"每天都要我来叫你起床,你到底起不起床?"而要说:"一个人应该对自己的行为负责,起不起床是自己的事,不应该让别人来叫。"

不要说:"我说的话你怎么不认真听呀?这孩子老是心不在焉。"而要说:"妈妈有件重要的事情要跟你说,你要认真听,我讲完后还得让你帮我办个事。"

不要说:"我刚说完你就忘记了,是不是不想听呀?"而要说:"今天是不是精神不太好,要不要我再重复一遍,你再认真地听一下?"

……

父母调整了与孩子交流的心态,调整了说话的方式,孩子就有可能认真倾听父母说话。当倾听成为一种习惯,孩子自然而然便会认真倾听他人说话。

方法三:表扬男孩认真倾听的那一瞬间

许多孩子在倾听他人讲话时往往心不在焉,或左顾右盼,或摆弄东西,或不时走动,或突然插嘴打断别人的讲话,这些都是不尊重别人的表现,并且会影响到孩子与说话者之间的关系。

遇到这种情况,父母首先要让孩子知道,他的这种做法是不正确的;其次,父母要采取措施引导孩子学会用心倾听。

一个不会倾听他人讲话的小男孩,在他聪明妈妈的引导下,很轻松地改掉了这个坏习惯:

这天家里来了客人,客人问男孩话,男孩总是不能认真地倾听,一会儿看电视,一会儿摆弄他的变形金刚,一会儿又和小狗玩起来;爸爸妈妈在与客人聊天时,他还会时不时地插嘴……

客人走后,妈妈把小男孩叫到身边,小男孩满以为妈妈又会像以前一样教训他一通。让他没想到的是,妈妈不但没有教训他,反而夸他:"儿子,刚才那位阿姨走的时候夸你了,说你今天有段时间很认真地听她讲话,她让我转告你,谢谢你能认真地听她讲话!"

小男孩被妈妈说得不好意思了,不过他心里还是很高兴。

接下来的日子,妈妈一直在夸他:

"儿子,你听得最认真,这可是尊重别人的表现呀!"

"儿子,你把他的优点学来了,说明你很会听啊!"

"这么一点小小的区别都被你找出来了,你的听力可真了不起!"

"儿子,你听出了他的不足,可真帮了他的大忙!"

......

就这样,这个小男孩真的变得特别会倾听他人了。

再调皮的小男孩也有老实的时候,再不懂得倾听的小男孩也有用心倾听的那一瞬间。做父母的要善于发现孩子用心倾听的那一瞬间,并及时对他进行表扬。这样,得到表扬的小男孩在下次就会做得更好,久而久之,善于倾听便成了男孩身上的优点。

方法四:教男孩一些倾听他人的礼仪

男孩不能认真地倾听他人讲话,往往与他不懂得如何去听有一定的关系。这时,父母有意识地教他一些倾听的礼仪,对他养成倾听的好习惯有很大的帮助。

1.倾听时,要面带微笑,不要显示出不耐烦的样子;要让对方感到轻松自如,而不是拘束。

2.倾听时不要挑对方的毛病,不要当场提出自己的批判性意见,更不要与对方争论,尽量避免使用否定式回答或评论式的回答,如"不可能""我不同意""我可不这样想""我认为不该这样",等等。应该站在对方的立场去倾听,努力理解对方说的每一句话,并可以对他人的话进行重复。

3.交谈过程中要少讲多听,不随意打断他人的讲话。

4.倾听的过程当中要运用眼神、表情等非有声语言传播手段来表示自己在认真倾听。尽可能以柔和的目光注视着对方,并通过点头、微笑等方式及时对对方的谈话作出回应;也可以不时地用"是的""明白了""继续说吧""对"等语言来表示自己在认真倾听。

5.如果对对方的谈话不感兴趣,可以委婉地转换话题,比如"我想我们是不是可以谈一下关于......的问题",等等。

相处能力——男孩成为人气王的法宝

提到与他人相处的能力,男孩好像大不如女孩。

女孩心细又嘴甜,因此她们深得父母、老师和小伙伴们的厚爱,而大大咧咧又不善表达自己情感的男孩就没有这么幸运了,在与人交往方面,他们往往处于被动状态;

女孩温柔,说话细声细气,所以她们很容易便会找到知心的小伙伴,而攻击性很强的男孩则不同,也许新交的朋友话不投机便大打出手……

然而在现在的社会,是否具有与人和谐相处的能力,对孩子的一生有着重大的影响。在家,孩子要和家里的每一位成员相处;在学校,他要和老师、同学相处;将来参加工作后,他要和上司、同事相处……而这些关系的好坏将决定着孩子的心情、精神状态以及做一切事情的积极性。进一步来说,这将决定他的人缘、人际关系,进而决定他的发展、前途,甚至是命运。

而对于调皮的男孩来说,问题似乎更加严重。如果男孩自私,爱发脾气,攻击性又强,周围的同学都对他有反感,无论老师把他的座位调到哪里,他都会被周围人排斥。在心灵单纯的同学中间都如此,这样的孩子将来又如何在社会上立足呢?

当然,与人相处的能力与孩子的性格有关,但这并不是说性格内向的孩子就无法与人更好地相处。其实,孩子与他人相处的能力是可以培养出来的,交往也是有很多技巧可言的。

◎ 给父母的建议

小男孩粗心,做事大大咧咧,有时说话、做事伤害到他人,他自己

还不知道怎么回事,这时父母就应该让他学着去体谅他人、尊重他人、与他人分享并学会感恩他人。

方法一:教你的男孩体谅他人

不管男孩还是女孩,一个能体谅他人的孩子一定会赢得父母、老师以及同龄小伙伴们的喜爱。

为了让儿子能体谅他人、体谅父母,一位妈妈是这样做的:

小海涛全家去旅游了一天,晚上回来,全家人都很累,但小海涛还缠着妈妈讲故事。累得只想睡觉的妈妈对他说:"好宝贝,你已经认识好多字了,今天你自己看好不好?"

小海涛一听就不高兴了,说:"妈妈,我好累呀,看不动书了。"

妈妈想了想说:"儿子,妈妈知道你累了,可是妈妈也很累了,也读不动书了,妈妈没有办法给你讲故事。"

小海涛看着疲惫的妈妈,想了想说:"对呀,妈妈也累了,也读不动书了。那好吧,妈妈你休息吧!"

看着懂事的儿子,妈妈高兴地笑着说:"不过,你要听故事,妈妈还是给你讲吧。我虽然累了,但教育孩子是父母的责任。"

听了妈妈的话,小海涛十分感激地对妈妈说:"那就讲一个故事吧,因为妈妈也要早点休息。"

遇到这种情况,很多父母都会尽量满足孩子的一切要求,因此即使他们很累也会在孩子面前强装精神抖擞的样子。

要想让孩子学会体谅他人,父母就要把孩子当做家庭中独立的一员。每个家庭成员都要对家庭负责,都要为家庭作出贡献,孩子也不例外。父母要放手让孩子做一些他能做的事情,如让孩子做一些力所能及的家务等。孩子如果从小无法体验劳动的辛苦,也就更无法体谅父母的辛劳。长期下去,他会认为父母的操劳是应该的,他坐享其成也是天经地义的,在这种家庭环境中长大的孩子只会考虑到自己而不会体谅他人。

方法二:教你的男孩尊重他人

尊重他人并不仅仅指有礼貌,它是孩子与人相处的最基本原则,是他得以在社会上立足的根基之一。

但现在有很多男孩经常会有一些不尊重他人的行为,例如,喜欢叫别人外号、见到残疾人会上前围观、见到别人陷入困境会加以嘲笑、

看到别人倒霉会幸灾乐祸……

其实男孩这样做,有时是因为想看热闹、好奇,有时是想开个玩笑,有时则只是盲目地跟着别的孩子做。他们并没有理解这样做是不尊重别人,没有意识到他们这样做会伤害别人的心灵。

当出现这种情况时,父母先要平静地问问孩子为什么要这样做,然后要有针对性地指出孩子这样做的坏处。父母要让孩子设身处地体会到不受别人尊重时的感觉,要让孩子知道,有教养的孩子应该同情别人、帮助别人、尊重别人。

方法三:教你的男孩与他人分享

攻击性、占有欲都很强的小男孩常常会抢小伙伴的玩具、好吃的东西,而自己的好东西他们却往往不愿意与他人分享。这时,父母的正确引导就会让这些有点自私和霸道的小男孩很乐意与他人分享,并能从中体会到与人分享的乐趣。

一位爸爸是这样教育他的儿子的:

一天,这位爸爸带着男孩去公园玩,他们来到公园休息的地方,爸爸拿出从家里带来的饼干给男孩吃。这时候,爸爸注意到旁边有一个小女孩正用渴望的眼神看着儿子手中的饼干,这个小女孩的父母可能暂时离开了。这时,爸爸对男孩说:"儿子,给这个小妹妹吃一些饼干好吗?"

"不,这是我的!"男孩显然不乐意。

爸爸耐心地对男孩说:"儿子,要是爸爸妈妈有事不在你身边,而这位小妹妹在吃好吃的,你想不想吃呢?"

"想吃。"男孩毫不犹豫地回答。

"这就对了,现在你拿一些饼干给这个小妹妹吃,等下次爸爸妈妈不在你身边的时候,这个小妹妹也会把好吃的东西给你吃的。"

男孩看了看爸爸,又看了看小女孩,终于给了小女孩一些饼干。

在男孩很小的时候,父母就要让孩子学着与别人分享东西。孩子渐渐长大后,在餐桌上,父母可让他学着给长辈夹菜;鼓励孩子给爸爸妈妈拿东西;教孩子给客人让座;让孩子做些力所能及的事……在这种教育中长大的男孩,肯定会体贴他人,同情并帮助他人,用一颗宽容和谦让的心对待他人……这样的孩子长大后必定会成为人际交往中的高手。

方法四：教你的男孩感恩他人

男孩想吃苹果了，因为正值苹果很贵的季节，爸爸只给他买了一个。回到家后，男孩迫不及待地拿出苹果来吃，这时爸爸对他说："儿子，分爸爸一半。"

男孩赶紧把苹果搂在怀里。

爸爸给他讲道理："爸爸也想吃苹果了，何况苹果是爸爸花钱买的，你为什么不给爸爸吃一点呢？"

男孩看着苹果还是不同意。

爸爸有点生气了，说："如果你不给我分一半，你也别想吃。"

最后，男孩只得把苹果分给了爸爸一半。

事后，妈妈对爸爸说："你平常不吃苹果的，今天怎么想起来和儿子抢苹果吃呀？"

这位爸爸一本正经地说："我本就不爱吃苹果，我这样做只是想让儿子从小就会感谢他人、回报他人。"

一个不懂得感恩的孩子，把别人对他的好都当做理所应当，这样的孩子在交际场上是无法获得好人缘的。

父母给予了孩子生命，为他提供了受教育的条件，养育他长大成人……父母是孩子最应该感激的人。但如果孩子小的时候父母不给他灌输这种思想，他往往就不会感恩父母。因此，父母在向孩子无私奉献自己爱的同时，也要让孩子学会感恩。

只有学会感恩，孩子的人缘才会越来越好，他的人生之路才会越走越宽。

合作能力——男孩在未来社会取得成功的必备素质

在讲究"双赢"的现代社会,合作精神显得尤为重要。一位心理学家曾说过:"一个缺乏合作精神和合作能力的人,其职业生涯、人际关系以及爱情婚姻方面都会出现严重问题甚至遭到失败。"

我们都知道这样一个道理:你有一个苹果,我有一个苹果,彼此交换,每个人只有一个苹果;你有一种思想,我有一种思想,彼此交换,每个人就有了两种思想。由此可见,合作的力量是巨大的,它是取得成功的必备素质。

因此,每个想取得成功的人,都应该具备合作精神。尤其是那些背负更多责任、想闯出属于自己的一片天地的男人,则更应具备这种素质。

但现在的独生子女与同伴接触与合作的机会很少,因此他们变得自私、缺乏爱心……根本没有与他人合作的意识。这些霸道的小男孩常常会说:

"这些玩具都是我的,你们都不许动,不许玩!"

"我们班的小朋友都不好,我才不和他们玩呢!"

"不用与他人合作,凭我自己的力量,我就能完成这个任务!"

任性、自私、自大……成了这些不懂合作的小男孩的代名词。但是,在飞速发展的现代社会,个人的力量是很渺小的。我们可以试想一下:这样的孩子长大后如何取得成功?

很多父母都认为,男孩子长大后性格自然会变好,自然懂得与他人合作,但父母们却忽视了这样一个问题:孩子好的性格是需要从小培养的。即使男孩长大后,在经历多次碰壁之后懂得了与他人合作的重要性,但那时他是否有能力与他人合作呢?

◎ 给父母的建议

如何让小男子汉——未来的成功者学会与他人合作呢?父母在教育他的时候可借鉴以下几点建议。

方法一:让男孩懂得与他人合作的重要性

小男孩枫枫很聪明,学习成绩也很好,因此每当老师让同学们一起完成一项任务时,枫枫都表现出不屑的表情。

老师把枫枫的这种表现反映给了枫枫的爸爸,爸爸为了让他明白与他人的合作的重要性,特意与他做了一个有趣的游戏。

爸爸让枫枫说出每个手指的优点和优势,这对思维和表达能力都很强的枫枫来说简直是小菜一碟。他迫不及待地说道:"大拇指可以用来赞扬别人,食指可以用来指示事物,小指可以用来勾东西……"当他把每根手指的优点与优势都说完时,爸爸拿出了一个装满玻璃球的玻璃杯,笑眯眯地对他说:"儿子,用你认为最有本事的那个手指把玻璃球从杯子里取出来! 记住,只能用一根手指。"

枫枫觉得这个游戏很有意思,他选择了用途最多的食指。但是,无论他怎么努力,都没有办法用一根指头把玻璃球从杯子里取出来。最后,他只能用无奈的眼神看着爸爸。

这时, 爸爸对他说:"你可以邀请另外一根手指与原来那根手指合作,一起来取玻璃球。"这下,枫枫很轻松地把所有的玻璃球都取了出来。

看着枫枫高兴的样子,爸爸意味深长地对他说:"现在,你应该明白了吧。一个人无论有多大的才能,总有无法独立完成的事情,与他人的合作是多么的重要。"

想到自己以前的种种想法和做法,枫枫不好意思地低下了头。

日常生活中,的确有很多事情必须要两个或两个以上的人合作才能完成,只凭一个人的力量是无法做到的。父母可以利用这种机会,让你的小男子汉体验一下个人无法完成的挫折感,从而让他懂得与人合作的重要性。

比如,家里的大床需要挪位置,父母可以让男孩一个人先来试试。他肯定是搬不动的,这时,父母就可以适时对孩子讲解与人合作的重要性,然后与之一起搬动大床。在这种情况下,聪明的小男孩很快便会体验到与人合作的重要性。

方法二:让男孩在家庭中学会与他人合作

孩子参加的第一个团体活动往往是家庭活动。尽管家庭与孩子的同伴团体不一样,却是孩子接触时间最长的团体。因此,培养孩子的合作精神自然而然地要从家庭开始。

在家庭中培养孩子的合作精神,最有效的一种方法就是在家庭生活中让所有的人都清楚自己的职责,然后合作做事。

周末,父母要带威尔逊和埃迪兄弟俩去州里的国家公园爬山然后野餐。临行的前一天,一家四口人商量了该如何进行准备:妈妈负责去超市买食品,爸爸准备烤肉的炉子,9岁的威尔逊负责所有餐具,11岁的埃迪负责准备调料。

爸爸提醒他们是否列出一个单子,一则防止遗漏,再则若家里不够的物品,可及时去买。威尔逊很快就列出了单子,请爸爸过目,随后便开始准备;而埃迪却跑到外面找邻居的孩子玩。

爸爸不大相信埃迪会准备齐全,想自己来做,但转念一想,应当给儿子一个锻炼的机会,哪怕是教训。埃迪很开心地玩到很晚才回来,到厨房里忙了一会儿,搞出来一袋子瓶瓶罐罐,便上楼回房去睡了。

第二天一早出发,一家人高高兴兴上路了。野炊开始了,大家问:"埃迪,烤肉汁在哪里?"埃迪伸手到袋子里去找,却怎么也找不到。

埃迪最终也没有找到烤肉汁,不觉惭愧地低下了头。

这样的经验教训对小男孩来说是最深刻的。埃迪知道由于自己的疏忽,不但影响了自己,也影响了别人,使这次的活动大为逊色。也许他的爸爸并没有说一句责怪他的话,但整个形势本身对他的教育已比任何话语更有效。

因此,在日常生活中,父母不妨也给你的男孩分派一些工作来做,给他一些角色来当,让孩子体验一次由于他的认真或疏忽给大家带来愉快或麻烦的不同结果。这样,你的小男子汉就会更深刻地体会到什么叫做责任,与他人合作有多重要。从而,与人合作的意识便会在他的头脑中占据很重要的位置。

细节50

自控力——能管住自己的男孩才有好未来

　　我们会发现，身边那些自控能力强的人往往都取得了很大的成绩，而那些自控能力差的人往往会在自责和抱怨中度过一生。

　　小男孩的自控力的确很差：

　　他们经受不住玩具的诱惑；

　　他们的注意力很容易被窗外飞过的小鸟分散；

　　他们很容易迷恋上刺激的网络游戏；

　　他们做事虎头蛇尾，不能始终如一；

　　……

　　值得庆幸的是，自控能力并非生来就有，它是在后天的环境中，随着认知的发展和教育的影响而不断形成和发展起来的。

　　那么，做父母的应该如何帮助自控能力差的男孩呢？

　　首先，父母一定要知道，男孩自控能力差往往有两种情况：

　　一是任性而行，不努力控制自己的行为。对于这种类型的孩子，你要让它懂得自控的重要性。另外，父母还要帮助他建立"可""否"的观念，让他明确什么是可以做的、什么是不可以做的，事先在脑海中形成一个判断是非好坏的标准。按照这个标准，孩子才能认识到自己的行为是否正确，才能学会控制自我。

　　二是虽然主观上想控制自己的行为，甚至下过多次决心，但在行动上仍不能控制自己的行为。如他明明知道容易冲动、骂人等是不好的行为，但是每当有这种冲动时，他还是控制不住自己做出了蠢事。

　　针对这种类型的孩子，一位爸爸找到了好办法：

　　一天，爸爸把经常发脾气的小男孩叫到一面墙壁前，对他说："孩子，爸爸知道你脾气不太好，这也不是你希望的。但是，骂人、打架、脾气不好却会影响到别人。这样吧，从今天开始，你感到自己要发火的时

候,就在这面墙壁上贴个图标。"然后,爸爸给了小男孩一叠图标。

一周后,墙壁上果然贴上了许多图标。又一天晚上,父亲指着墙壁对男孩说:"孩子,你看到自己的坏脾气了吗?"男孩不好意思地低下了头。父亲说:"从现在开始,如果你一天不发脾气,你就从墙壁上撕下一个图标。"

第一天,男孩坚持不住还是发了火。第二天,男孩发的火小了一点。第三天,男孩竟然没发火。这周内,男孩居然有三天没发火。一个月后,墙壁上的图标都被撕掉了。

晚上,父亲又把孩子叫到了墙壁前,对男孩说:"孩子,现在你已经学会了控制自己的脾气,这非常好。你看看,以前你发脾气的图标虽然被你撕下了,但图标的痕迹还在。这说明你每次发完脾气之后,不管是给他人还是给自己都将带来不可磨灭的伤害。"

男孩又一次惭愧地低下了头。从此以后,他很少再发脾气了。

对于善良的孩子来说,当他很难控制自己的情绪时,父母找一件事情来吸引他的注意力,他那种难以控制的情绪就会减轻很多;当他认识到自己的行为对自己、对别人造成的危害时,他就会有意识地慢慢控制自己的情绪。

◎ 给父母的建议

当然,让孩子学会控制自己并不是让孩子去压抑自己——当孩子受了委屈,伤心地痛哭时,父母应该鼓励他哭。因为合理的情绪宣泄更能促进他自控力的提高。此外,以下几种方法也非常有效,父母不妨尝试。

方法一:父母要给男孩作出自控的好榜样

心理学家在一所幼儿园做了这样一个试验:

把幼儿园的孩子分为两组,给一组孩子看有关"自控力"的录像,例如,等妈妈来了再吃饼干、公共场所不乱跑、参观画展时不乱摸等,而另一组孩子则不看,然后考察这两组孩子的自控能力。结果是这样的:看过录像的孩子比没看录像的孩子自控力要强很多。

由此心理学家得出结论:孩子学会自控需要榜样。

在日常生活中,如果妈妈一直在跟朋友打牌,孩子就会一直坐在电视机旁一边看电视,一边写作业;周末父母不起床,孩子就会趁机上网打游戏;父母忙起来忘记收拾房间,孩子书桌上的课本、文具也会越堆越乱……所以,冲动、情绪不稳定的、行动缺少自制的父母,必须先

增强自己的自控力,才能帮助孩子建立自控力。

方法二:与你的男孩订立规则

小男孩自控力特别差,做事总是丢三落四,学习用品乱扔乱放,看电视没完没了,做作业马马虎虎,因此弄得学习和生活都一团糟。

暑假里,为了改正小男孩这些坏毛病,让他拥有一定的自制力,爸爸先找机会与儿子聊天。他这样对儿子说:"生活中的一些小事,如做事拖拖拉拉等看似是很不起眼的小毛病,但会造成很严重的后果。"

男孩知道爸爸说的是他,于是对爸爸说:"我也想改正缺点,可就是控制不住自己。"

爸爸说:"那就让规则来帮助你吧!"

说着,在与儿子商讨的前提下,他给儿子订立了暑假规则:每天只吃一支雪糕;每天只能看半小时的动画片;做完一门功课,收拾好课本再做另一门功课;晚上 9 点 30 分上床,背两个单词后熄灯;每天打篮球 1 小时,自己洗运动服。

如果你的男孩也有自控能力差的毛病,父母不妨也给他订立几条规则。但在订立规则时,父母应注意,规则不在多,贵在坚持和切实执行!

方法三:严格按规则办事

男孩威威和妈妈一起去姑姑家做客。吃饭时,威威由于顽皮把汤弄洒了一些,马上表现得很紧张。姑姑马上安慰他:"没有关系,洒了一点点汤,姑姑擦一擦就好了。来,尝尝姑姑特意给你做的小点心。"

令姑姑很奇怪的是,威威看着小点心不吃,而是一会儿看看妈妈,一会儿又看看小点心。

原来,在威威与妈妈订立的规则中,有这样一条规定:乱洒、乱扔东西是浪费粮食的表现,任何一次浪费粮食,都要罚他吃馒头和咸菜。

看着小男孩的可怜状,姑姑帮威威向妈妈求情:"孩子又不是故意的,你就让他吃点吧?"

威威妈妈坚决地说:"不可以,如果一次破例,所有的规则对孩子来说就都是空话。"

想让孩子养成某种习惯或改正他的某种坏习惯,如果父母不狠下心来坚持原则,孩子的那些习惯只能在原地踏步。因此,为了让孩子养成更加良好的习惯,为了让孩子更健康地成长,为了让孩子拥有一个更加美好的未来,做父母的真的要有坚持原则的"狠劲儿"。

自省力——加快男孩成功脚步的助推器

很多成功人士在介绍自己的成功经验时，都会提到自我反省能力。一个人之所以能够不断地进步，正在于他能够不断地自我反省，找到自己的缺点或者做得不好的地方，然后不断改正，从而取得一个又一个的成功。

小男孩的自我反省能力似乎不是很强。有时，他意识不到自己的错误。有时他做错事，家长问到头上："是不是你干的？"他会摇着头告诉家长："不是，不是，坚决不是。"

当然，这与男孩的天性有关，小男孩接受事实往往比小女孩要晚。比如，一个小男孩与一个小女孩同时犯了同样的错误。在父母的引导下，小女孩会很快承认自己的错误，并为自己的行为而道歉。而小男孩则不同，他们接受这个事实需要一定的时间，只有完全接受做错事这个事实后，他们才会主动承认错误。

作为父母，我们常常对勇敢、坚强的男孩子说："失败了，没有关系，关键是看你对待失败的态度。"事实上，每个人，尤其是这些正处于性格形成期的孩子，在面对失败时都要持有自我反省、自我修正的态度，并以不懈的追求去实现自己美好的愿望。

一个善于自我反省的人，往往能够发现自己的优点和缺点，并能够扬长避短，发挥自己的最大潜能；而一个不善于自我反省的人，则会一次又一次地犯同一些错误，不能很好地发挥自己的能力。

帅帅和勋勋两个小男孩是从小一块儿长大的小伙伴。三年级时，他们被分到了同一个班级，两个好强的小男孩都想当"官"，老师却给了他们俩每人一个"闲差"——帅帅是班上的体育委员，勋勋做了班上的劳动委员。

面对这份"闲差",勋勋什么也没说,他每天在认认真真地做好自己本职工作的同时,还喜欢帮助别的同学,如:帮同学修理桌椅板凳;值日的同学忘记擦黑板了,他主动去把黑板擦干净……因此,他深得老师和同学们的好评,不久后就被民主选举为班长。而帅帅则不同,他先是抱怨体育委员很累,后来连自己的本职工作都懒得去做了,结果可想而知,帅帅最终被贬为"平民"。

现在的男孩子,对待生活和学习,持帅帅这样态度的人很多,总是抱怨自己学习不好,抱怨老师偏心,抱怨命运对他不公……而自己却很少进行反思:我有什么缺点? 我是不是有什么做得不好的地方?

其实,每个人都有缺点,每个人都会做一些平凡的事情,每个人都会犯错误,每个人都会不如意……但是,这时候,如果只抱怨他人或环境,他就不可能认真去做这件事,也就不可能取得成功。如果一个人不断反省自己,寻找更好的方法去弥补自己的缺点和失误,成功就一定会来到。

渴望成功的男孩子,更需要这种自我反省并不断完善自己的能力。

◎ **给父母的建议**

事实证明,自我反省能力能够促使孩子更快地成长。他们通过反省及时修正错误,不断地调整自己的心态和做事方法,所以孩子掌握了自我反省的能力,就等于掌握了自我完善和健康成长的秘方。

方法一:让男孩正确面对批评

每一个孩子都喜欢受到表扬,而不喜欢受到批评。但是,让孩子学会坦然接受批评,这对于他的成长大有益处。有心理学家指出,只会接受表扬的孩子,长大之后心理很容易出现问题,他们甚至连接受批评的心理承受能力都没有。因此,从小让孩子学会用正确的心态面对批评,将有利于塑造他完整的人格。

那么,当孩子做错事时,父母如何批评才能让他更容易接受呢?

首先,父母批评孩子时,千万不能损伤孩子的自尊心。做了错事时,孩子往往会处于悔恨之中,不知所措,此时父母批评孩子,应先对孩子做得好的方面给予肯定,然后再指出做得不对的地方,要让孩子知道父母不是光把目光盯在他的错处。

此外，批评孩子错处时，父母应只谈眼前的错事，不翻旧账。以前的事已经批评过了就应该"结案"了，不能老是记着孩子以前不好的地方，让孩子觉得在父母面前永远无法翻身。

其次，父母要允许孩子作出解释。如果批评不符合事实，也应允许孩子作出自己的解释。如果你强硬地要求孩子改正错误，孩子从心理不服，就会虚假地答应你，但心里感到受了很大的委屈，这对他接受你的批评没有任何益处。

另外，父母在批评孩子时，应尽可能多地增加与孩子的身体接触，这样更容易让他接受。如父母在批评孩子时可以搂着他的肩膀说话，或拉着他的手讲道理给他听，这样就能达到恩威并用的效果。

方法二：让男孩自己承担做错事的后果

许多男孩做错事后，父母喜欢为其承担后果，如：孩子迟到了，妈妈向老师道歉："不好意思，我起晚了。"这不仅会让男孩失去责任心，更会使他不会反省自己的错误，从而一而再，再而三地犯相同的错误。因此，明智的父母从不替孩子承担后果，而是让他自己来承担。

一个有点懒的小男孩，周末为了多睡一会儿，就把他的小闹钟拨慢了一个小时，因此他美美地多睡了一个小时。过后，他却忘了把它调回正常状态。

周一，快到上课的时间了，妈妈发现儿子还在睡觉，再看看他的小闹钟，马上明白了是怎么回事。但是，她没有叫醒儿子。这个小男孩像平常一样背着小书包来到学校时，发现同学们已经上完一节课了。结果可想而知，他被老师狠狠地批评了一通。

回到家后，心情沮丧的小男孩开始埋怨妈妈没有叫他起床，这位聪明的妈妈对儿子说："儿子，每天睡觉前你为什么不把闹钟调好？你总习惯别人提醒你做你自己的事，但别人是不可能一辈子提醒你的。你要学会自己提醒自己，做错事后反省自己的错误！"

从此以后，这个孩子很少犯同样的错误。

孩子总是习惯别人提醒他做这做那，但事实正如那位妈妈所说：没有人一辈子提醒他。因此，只有让孩子养成不断提醒自己、不断反醒自己的好习惯，他才能更好地成长。

第六章 能力培养，男孩最应具备的成功能力、做事能力

方法三：引导男孩总结失败的教训

男孩做事情往往比较冲动，他想做一件事情的时候根本就不考虑后果，因此事情往往会以失败而告终。这时候，父母就要教孩子总结失败的教训。其实，总结失败的教训就是对自我行为的一种反省。

一次，爸爸带男孩去商店。男孩看到了一把非常漂亮的手枪，还有五颜六色的子弹，他非常喜欢，就吵着要爸爸买下来。爸爸看了看那把手枪，对儿子说："这把玩具手枪华而不实，不好玩，而且很容易摔坏，我们再看看别的好不好？"

男孩不听，执意要买。爸爸想了想，对他说："我可以答应给你买，但你要承诺，买了这把手枪之后两个月之内不买别的玩具，否则我就不给你买。"

男孩看着那支漂亮的手枪，高兴地答应了。而买了之后，孩子却发现，这支手枪并没有他想象的那样好玩，子弹一会儿就没了，而且没有力度。并且一次不小心，他把这支手枪摔到了地上，从此它再也不能发射子弹了。看着别的小朋友都玩着他们结实而耐用的玩具，男孩一点都不高兴。

聪明的父亲看出了小男孩的想法，对他说："孩子，别为已经做错了的选择而后悔。现在，你需要做的是吸取这次失败的教训，学会自我反省，下次你知道怎样去做就可以了。"

男孩听了爸爸的话，把小手枪挂到了自己房间的墙上，他要让它时刻提醒自己，不要任性、不要贪图虚荣。

当男孩因为自己的失误、错误而陷入痛苦与自责之中时，父母就不应再盲目地批评他了。孩子痛苦、自责，说明他已经意识到了自己的错误，这时，父母就应该正确地开导他，告诉他，痛苦与自责并没有用，最有利的解决问题的办法是从失败和错误中吸取教训，反省自我，并保证下一次不再犯同样的错误。

做事有计划——让男孩轻松告别"一团糟"

我们都知道,男孩的生活、学习常常会出现"一团糟"现象:

也许大清早刚一起床,他们就会对着你的房间大喊:"我的袜子呢? 妈妈,快帮我找找,马上要迟到了。"

也许还不到月底,他就会低着头走到你面前,不好意思地对你说:"爸,我的零花钱又花完了,你再'资助'一点呗!"

也许为了应付明天的考试,他会忙到凌晨两点多。

……

这些情况往往会令做父母的很头痛。其实,解决这些问题很简单,最好的办法就是让孩子学会做事有计划,即对自己要做的事情有具体的时间规定,有准备,有措施,有安排,有步骤。

事实上,做事有计划对于一个人来说,不仅是一种做事的习惯,更重要的是反映了他的做事态度,是能否取得成就的重要因素。

亮亮因为学习成绩不好,常常被同学们看不起,又因为亮亮很调皮,老师也不喜欢他。每天在学校里上课,他都有度日如年的感觉,为了减轻自己的痛苦,他想到了辍学。当他把这种想法告诉妈妈时,妈妈帮他分析了当前的形势,帮他作了学习计划,并对他说:"妈妈不要求你一开始就能拿第一名,按照学习计划做,每次进步一点点就可以。"

在妈妈和学习计划的引领下,亮亮渐渐喜欢上了学习……

由亮亮的例子我们可以看出,对于孩子来说,做事有计划是非常重要的。在走向成功的道路上,做事没有条理、没有计划的孩子将会比其他人走得更辛苦。

◎ 给父母的建议

做事有计划不仅是一种好的习惯,更是一个人性格的一部分。对于男孩来说,做事情缺乏条理、没有计划是他们在儿童时期的一种自然反应,但如果此时父母不注意引导,他们往往会形成不良的性格,从而给一生带来麻烦。

方法一:培养男孩的时间观念

没有时间观念的孩子做起事来总会拖拖拉拉,做做停停,根本不会有什么计划性可言。因此,父母要想孩子做事有计划,首先需要培养孩子的时间观念。

男孩伟龙的时间观念很差,每天晚上很晚才会写完作业。但是,作业写完后他还要翻一翻他的漫画书,摆弄一下他的汽车模型,妈妈不发脾气他从不肯上床睡觉。有一天,妈妈生气没有管他,他竟然玩到了12点多。结果,由于睡眠不足,第二天小伟龙上课打瞌睡被老师发现,挨了批评。

回到家后,小伟龙哭着向妈妈讲述了自己的委屈。妈妈趁机对他进行教育,告诉他要有时间观念,并为他制订了严格的作息时间表。从此以后,小伟龙按照作息表安排生活,时间观念强多了。

在日常生活中,父母要有意识地培养孩子的时间观念,要让他明白什么时间应该做什么事、什么时间不应该做什么事情,让他养成作息规律的好习惯,养成按时吃饭的好习惯……这些都是做事有计划的前提。

方法二:对你的男孩强调,做事之前必须作计划

做事按计划行事,再马虎、粗心的男孩也很少会出错。其实,做事之前作计划并不是一种可有可无的工序,从某种程度上说,它是锻炼男孩做事严谨的一种最有效的方式。

悠洋在上幼儿园的时候,做事总是毛毛草草、丢三落四的。后来,悠洋爸爸在报刊上看到一则德国爸爸培养孩子的故事,很受启发。

故事是这样的:

一个德国孩子对他的爸爸说:"爸爸,我周末想去游乐场。"他的爸爸没有直接说行或不行,而是问孩子:"你计划好了吗?你想跟谁一起去?去什么地方?怎么去?"孩子说:"我还没有计划好。"爸爸就说:"没

想好的事就不要说,如果你要去,就要计划好。"

悠洋爸爸从此开始注重培养悠洋做事的计划性。如当他告诉悠洋提前把周末要做的事情作一个计划时,悠洋会在他的小本子上记下,"周六:给花浇水、给外婆打电话、练习写字……"。就这样一直到现在,悠洋系统地做事之前都会作出详细的计划。

对待马虎、粗心、爱忘事的男孩,最好的办法就是在做事之前让他作计划。也许他会提出反对意见:"我一定不会忘记任何东西。"此时,父母一定要坚持自己的意见。但如果这小家伙就是与你对抗,做父母的不妨让他吃点苦头,即便知道他已经忘带什么东西了,也不提醒他。当体验到自己行为的后果时,他也就体会到了作计划的重要性。

方法三:监督男孩严格按计划办事

虽然男孩制订了学习计划和零用钱计划,但自控力很差的他还会作业写到一半就跑去看动画片,或一冲动就花光所有的零花钱。这时,做父母的一定要坚持原则,严格按规定行事,孩子作业做不完就不能允许他睡觉,零用钱花完了就不能再给。如若不然,孩子很可能养成一种不好的习惯,缺乏执行计划的行动力。除此之外,父母还要对孩子执行计划的情况进行严格的监督。

男孩子峰在妈妈的帮助下作了写作业的计划:每天 19:00~19:40 做语文作业,并预习明天的功课;20:00~20:40 做英语作业,并预习明天的功课;21:00~21:40 做数学作业,并预习明天的功课。但是,子峰最烦做英语题了,每天都会拖到很晚。

有一天,他实在不想做英语作业了,便对妈妈说:"妈妈,我好困呀,想睡觉。"妈妈问:"英语作业做完了吗?"子峰不正面回答妈妈的问题:"妈妈,我肚子疼。"妈妈说:"家里有药,我去给你拿。"说着便起身去拿药,子峰一看不能蒙混过关,只得塌下心来做作业。

男孩常常会对事情抱有幻想:万一妈妈可怜我,不让我做作业了呢?万一爸爸善心大发,提前支付我零花钱呢?万一……其实,在小男孩的头脑中有很多"万一",父母一定要把小男孩的这些幻想彻底打消,否则,在计划、规定的执行过程中,小男孩就总有数不清的理由和借口与你讲条件,与你讨论。

自我管理能力
——管好自己是管好世界的基础

　　自我管理能力在管理界非常受重视,一位管理学博士说:"除非你能管理'自我',否则你不能管理任何人或任何东西。"对于孩子来说,自我管理是其他一切能力的基础,如果孩子连自己也"管"不好,其他如帮助他人的能力、领导他人的能力、与他人合作的能力……将无从谈起。

　　然而,现在的男孩往往不太懂得管理自己。如果妈妈不在家,他宁可饿着,也不会自己做东西吃;如果父母不催促,他就不知道去做作业;如果父母不叫他起床,他上学就会迟到……

　　因此,有专家认为,孩子的问题不是智力问题而是管理的问题!

　　父母包办一切会让孩子变得无能,在本书的前几个章节我们已经多次提到过,在此我们就不再多讲了。孩子如果从小养成了自己的事情自己做、自己的东西自己管、自己的生活自己安排等自我管理习惯,那就等于增强了行动的独立性、目的性和计划性,这对于孩子今后生活的幸福和成功无疑是有巨大帮助的。

　　不管是男孩还是女孩,他们总有一天会走出父母的怀抱。父母可以试想一下:如果你的孩子走到哪里都不会上当受骗,都能很好地照顾自己,又能不断地提升自己,你是不是会很放心?要知道,一个拥有自我管理能力的孩子就能做到如此优秀。

　　另外,当孩子拥有了自我管理能力,父母不仅不用再担心他的学习和生活,他的前途往往也不用父母再操心。因为具备自我管理能力的孩子,已经很出色地迈出了成功的第一步,而接下来的道路也会因为他所具备的这种能力而越走越顺。

◎ 给父母的建议

随着孩子自我意识的增强,孩子越来越倾向于要求独立、要求自我管理。但对于那些容易叛逆的孩子来说,尤其是男孩子,自我管理能力的培养应从小开始。因为一旦孩子对自我管理的理解产生偏差,自我管理便成了他按自己的想法去玩耍、去闯祸的理由。

那么,做父母的到底应该怎样培养男孩的自我管理能力呢?

方法一:让男孩学会管理自己的生活

在很多父母的观念里,男孩不会照顾自己是天经地义的,因为总有一个女人会照顾他——小的时候有母亲,成家之后有妻子。但是,这些父母却忽略了这样一个问题:孩子连自己的生活都管不好,又如何管好自己的学习和工作呢?所以,想让自己的小男子汉尽快健康成长的父母,首先应该放开手让孩子学会自己照顾自己的生活。

例如,在日常生活中,父母可以让孩子自己把玩完的玩具放进柜里,作业做完后自己收拾书包等。久而久之,孩子就会学会约束、控制自己,形成良好的自我管理习惯。

另外,父母还可以借鉴一下国外父母的做法。比如:

韩国人比较喜欢周末全家出游。不管孩子多大,哪怕只有两三岁,父母都会带上他。而且,父母会让孩子自己走,自己去照顾自己。有时,小孩子爬累了、走不动了,父母也很少抱起他,而只是在一边等他休息一会儿再接着走。因为这些父母认为,从小就锻炼孩子的生活自理能力,孩子才会学会自我管理。

方法二:教你的小男子汉学会保护自己

随着男孩年龄的增长,他的安全意识会有所增强,但他面临的诱惑也会随之增加。一些网站、报纸、杂志、电影、录像、图书等都含有不健康的内容,如垃圾广告、黄色信息等都会腐蚀孩子的心灵。这时,父母就要经常跟他讨论什么内容是健康的、什么内容是有毒害作用的,以提高孩子的鉴别能力,让孩子自觉抵制不健康的东西。

社会上有一些不法分子专门骗孩子的钱,诱惑孩子走歪门邪道,甚至拐卖孩子。比如,有的骗子诱惑孩子赌博;有的用讲故事的方法散布封建迷信或淫乱思想;有的向孩子兜售摇头丸、迷幻药等毒品;有的

在孩子单独行动时,以认识孩子父母或亲友、带孩子出去玩儿等为由拐骗孩子……

对此,父母要给孩子分析这些社会现象,告诉孩子这些坏人、骗子的真实面目;教育孩子在遇到这类事时,一定动脑子想一想,决不能跟陌生人到任何地方去;如果是认识的人也表示要回家告诉爸爸妈妈,如果有人强制干什么就大声呼救;回家以后要跟家长说清楚,还要跟老师汇报。

对于生活中可能会遇到的水灾、火灾、地震、触电、溺水、车祸、迷路、遇上坏人等突发事件,父母更要让孩子知道火警电话"119"、盗警电话"110"、急救电话"120",等等,最重要的是记住父母的手机号码。

方法三:教孩子学会管理自己的学习

除了生活,孩子面临的最大问题就是学习。然而,男孩子不像女孩子那样讲究,通常情况下,他的书包乱得像"纸篓",书本等学习用品让他用一会儿就会变得破破烂烂,因此,很多父母只好每天帮他整理书包,把书本等包上厚厚的封皮……

事实上,孩子形成这种毛病的主要原因就是父母包办一切,未能培养起孩子自我管理的能力。所以,在上学前的这段时间里,父母就要让孩子自己整理图书、玩具,收拾书包和生活用品,以培养孩子自我管理的能力。

还要注意的一个问题是,当学习与其他方面产生矛盾时,孩子也应学会一些正确处理的方法。比如,一个爱好课外阅读的小男孩,在做作业与看书方面往往会产生矛盾。父母这时就要引导孩子把重点放在做作业上,在作业完成的基础上,才可以看一些课外阅读。再比如,如果孩子是一名学生干部,当他的学习和工作发生冲突时,他如何来协调这两方面的矛盾呢?在这个时候,父母就应该引导孩子找到一个既不耽误学习又能当好学生干部的平衡点,这也是自我管理的一个重要方面。

选择力——好男孩会选择,懂放弃

男人的一生要面临很多选择——

小时候,他会面对一大堆玩具思考:我是该玩奥特曼模型,还是玩那个多功能的小汽车?

男孩上小学了,一天他把教室里的花盆打碎了,他又面临一个新的问题:是向老师主动承认错误,还是装作根本不知道这件事?

男孩大学毕业了,在人生的岔路口他又迷茫了:是继续深造,还是找工作?

到了成家的年龄,男孩又要面临选择:是选择漂亮时尚的女孩,还是温柔贤惠的女孩做新娘呢?

······

其实,人生就是由一个又一个的选择组成的:是选择跌倒了再爬起来,还是别人来扶;是选择面对打翻的牛奶哭泣,还是吸取教训,保证下次不再打翻牛奶······往往就是这样一个个的选择,决定了人一生的命运。有位哲学家说过这样一句话:"每个人手中都握着失败的种子,也握着迈向成功的潜能。他有权选择成功,也有权选择平庸,没有任何人或任何事能强迫他,就看他如何去选择。"

每位男孩的父母都希望自己的小男子汉能有一个成功的人生,当然,那些渴望成功的小男子汉更是希望如此。但是,这些小男子汉具备选择的能力吗?也就是说,小男子汉作出的选择,能更快地促使他成功吗?

现实中的很多事例表明,这些小男孩的表现并不令人满意。

穿什么衣服,家长决定;

玩什么玩具,家长决定;

······

当被问到在学习和生活中遇到难题，一时解决不了该怎么办时，10个男孩中有9个会这样回答：有困难当然是找父母解决。

◎ 给父母的建议

很多父母都有这样一种想法：男孩长大懂事后，自会有选择的能力。

有这种想法的父母可以这样想一想：当你的男孩对你信赖成性时，他是否还愿意自己去选择，或者说他是否还有能力自己去选择呢？所以，孩子的自主选择能力需要从小开始培养。

方法一：从小给你的男孩灌输"我能行"的思想

父母应该在男孩小时候，就给他灌输这种思想："你是男子汉，你能行！""我相信你能做好！""你要自己作出选择。"……当男孩接受这种思想时，他就会认为，所有的一切，如早晨起床、吃饭、上学、回家、做功课，当然包括选择，都是自己的事情，我必须自己把它们做好。

这时，即使他在选择时遭遇困难，他也会这样想：我是男子汉，我有能力，所以我要自己选择。

对于男孩来说，他们更希望父母能够信赖他们，能够让他们自主地选择。所以，父母经常给他灌输"我能行"的思想，无疑是鼓励他去尝试，鼓励他自己去选择。

方法二：告诉他每条路的尽头是什么，让他自己去选择

孩子是独立的个体，他们有自己的观念和判断。也许他们生活经验还不足，可能会出现错误的判断，但这种错误是可以理解，也是必要的，他们需要从中吸取教训。

那么，做父母的该做些什么呢？其实，父母该做的就是，告诉他每条路的尽头是什么，要走哪条路，让他自己去选择。

男孩盯着商场里的汽车模型就是不肯向前走，妈妈看着他一会儿摸摸口袋，一会儿又摸摸玩具，一副很难作出决定的样子，便对他说："如果你很喜欢这个小汽车，你可以买，反正你这个月的零花钱已经在你的口袋里了。只是，这个月你要过得辛苦一点了，不但不能吃零食，笔、本等文具也都要省着用。"

男孩仔细想了想，拉着妈妈的手说："妈妈，我们回家吧！"

后来妈妈问男孩："你为什么选择放弃那个小汽车呢？"

男孩不好意思地对妈妈说:"我的作业本快用完了。如果这个月的零花钱再买小汽车,我就没有作业本用了。"

看,在这个男孩作出选择的过程中,妈妈并没有干涉他,所有的决定都是他自己作出的。但是,在这个过程中,妈妈帮他分析了两种选择的两种不同结果,在长远打算的前提下,这个小男孩很快作出了选择。

孩子在作某些决定时,父母要把他看成一个独立的个体,要把他看成大人,不但要帮他分析每种选择的结果,还要真正地让他为这种结果负责。上面事例中的那个小男孩不仅学会了自己作选择,相信他在使用文具时,一定也会有节省意识。

方法三:为你的小男子汉提供及时的帮助

让小男子汉自己去选择并不是鼓励他盲目地做事情,而是让孩子在掌握了事情的发展趋势的情况下再去做事情。因此,在孩子进行重大决定时,父母可以帮助孩子收集资料,了解和熟悉各选项,这有助于孩子进行科学的选择。

如果孩子平时自主性很差,父母也可以和他一起分析资料,找出各选项的利弊。如果孩子平时就很有主见,父母则可以让他自主完成选择。当然,不同年龄阶段的孩子具有不同的自主能力,父母把关的尺度也应该不一样。

另外,父母还要创造机会,尽可能地让男孩的能力得到更多的锻炼。

一个刚刚上一年级的小男孩看到妈妈洗碗很好玩,便对妈妈说:"妈妈,让我来帮你洗碗吧。"

妈妈想了想,对儿子说:"你真是个乖孩子,这么小就知道帮妈妈做家务了。可是水龙头太高,你够不到,该怎么办呢?"说完,妈妈的眼睛一直瞅着一个小板凳。

这时,小男孩高兴地对妈妈说:"妈妈,这有个小板凳,我站在小板凳上就可以够到水龙头了。"说完,便登上小板凳,学着妈妈的样子开始洗碗了。

有时,小男孩的某些选择由于条件限制也许不能够实现,做父母的要创造条件支持他的想法和选择,这样男孩自主选择的积极性会更高。

细节55

眼界——男孩应当具备的国际化视野

当今的时代,不少年轻父母都十分重视从小培养孩子的"世界化"眼光。于是,在我们的生活中,常常充斥着这样的育子心声:

"孩子两三岁的时候,我就让他开始学习英语了。这未来社会,英语不好的话连工作都找不到。"

"我的孩子长大了,一定送他出国留学。出去长长见识,回来以后就是不一样。"

……

随着国际交往的日趋密切,越来越多的爸爸妈妈清醒地认识到,在新世纪背景下成长的孩子将面临越来越激烈的国际竞争,而要想让他立于不败之地,必须对异国文化和历史有全面、深入、准确的了解。

与父母们的深谋远虑不谋而合,很多教育专家也指出:"下一代只有学会理解不同政治制度、文化背景和宗教信仰的民族,才能与他们和平共处,从而拥有更大的生存空间。"

所谓的高瞻远瞩,就是说我们要立足现在的生活,对未来社会的发展、未来的世界,有着更深远的认识,并积极作好适应的准备。

因此,对于男孩的父母来说,积极培养男孩的"世界化"眼光,就是刻不容缓的一项教育重任。要知道,对于男孩来说,他在未来取得多大的成就,能有多大的作为,将很大程度上取决于他是否具有国际化的视野。

◎ 给父母的建议

除了让孩子学好外语,或者出国留学外,还有没有什么其他更加简单便捷的教育方式,可以让我们的小男子汉从小就成为世界化公

民,具有世界化的眼光呢?

下面,就让我们一起来看看对男孩进行世界化教育的手段。

方法一:在家中挂一幅世界地图

不管你的男孩多大,都请马上在家中挂一幅世界地图吧!这个方法看似简单,却是让孩子随时了解世界各国的最好方法。

明明还不识字时,爸爸就在家中的墙上挂了一幅世界地图。为此,妈妈还曾和爸爸争论过,妈妈说:"把我们生活的这个城市的地图挂上多好,对出行还能有所帮助。"爸爸笑着说:"儿子有了世界的眼光,自然就有了中国的眼光、家乡的眼光。"

后来,每当爸爸带明明吃日本寿司回来,都会引导他在地图上找到日本,有时还会和孩子进行比赛,如果谁先在地图上找到日本,就将赢得一份小奖品;爸爸带明明吃麦当劳快餐时,也会给他讲一些美国的历史故事,以及美国发达的科技和享誉全球的迪士尼乐园等,因此每次明明从麦当劳回到家,要做的第一件事情就是在地图上寻找美国。

除了在家中挂上一幅世界地图外,如果孩子喜欢绘画,父母还可以鼓励孩子画地图。画地图,是让孩子从小心中装着世界的最好方法。当孩子的画笔慢慢伸展,他在画地图的同时,也就熟悉了不同的国家。

方法二:为男孩买个地球仪

相比世界地图而言,地球仪也是个不错的选择。好奇心重、喜欢新鲜事物的男孩一般都会对新买来的地球仪备感喜爱。

买个地球仪的好处就是,只要在电视等媒介上看到某个陌生的国家,爸爸妈妈就可以随时和孩子一起在地球仪上寻找、对照。孩子习惯了这种方式,自然就会形成一种习惯。

方法三:不单纯学外语

为什么很多人学习外语特别困难?这并不是学习一种新的语言很难,而是我们很多人在学习外语时,只注重单词的记忆、发音的方式,却忽略了对这种语言背后的文化的学习。

学习外语自然是熟悉世界的一条途径。但学习外语的时候,却并不意味着只是单纯地让孩子学说外国话。

小伟刚刚 9 岁,就已经熟练地掌握了两门外语——日语和英语。当周围人向小伟妈妈请教经验时,她这样介绍了自己的经验:"其实也

没有什么特别的,只是我在让孩子学习外语的同时,也相应地学习了一些其他的东西。比如:学习日语时,我让小伟学习了一些日本的历史、民俗,并学了日本的一些乐器;学习英语的时候,我常让小伟通过阅读书籍和观看录像,观察美国人和英国人在生活方式上的某些差异。"

任何一门语言,都起源于一种相应的文化。只有让我们的男孩从小去接触不同的文化历史、不同的风俗习惯,他才能更好地把握这个国家的语言,进而具有世界化眼光。

方法四:在孩子的床头摆放世界知识图书

孩子小的时候,父母可引导孩子多读一些不同国家的童话书。随着孩子年龄的增长,父母还应在孩子的床头摆放一些可以更直观了解世界的精美图书,比如《各国国旗》《国家地理》等图文并茂的书籍和刊物。

这样的书籍,不仅内容丰富有趣,而且图文并茂,是引发孩子对世界各地产生强烈向往的最好媒介。

方法五:与孩子一同上网

电脑的普及,让世界各国之间的距离越来越近。因此父母可以定期抽出时间,与孩子一同上网浏览,通过网络了解各国的风土人情,并对世界各地发生的重大事件有所掌握。

如果孩子的外语比较好,父母还可以引导孩子到国外的一些网站上去看看,这对培养孩子多元化的思维十分有好处,并且可以辅助孩子学习外语。

第七章

品质塑造，把男孩培养成堂堂正正的男子汉

引语
YIN YU

责任感,是男孩立足于社会的根本;

孝顺,是男孩必备的美好德行;

勇敢坚强,是男孩成功必不可少的"通行证";

……

缺少任何一种品质,男孩的一生都将有缺憾;养成任何一种品质,都可以精彩男孩的一生!

自信——成就男孩一生的品质

曾在报纸上看到过这样一则故事：

一个男孩因车祸失去了双手，每天早晨，他看到同龄的孩子兴高采烈地从门前经过时，便会很自卑。一次，他问妈妈："妈妈，我没有手，怎么办呀？"妈妈怜爱地抚摸着男孩的头说："孩子，不要紧，只要你坚持锻炼，你的手会再长出来的。"

小男孩真的相信了妈妈的话，并在妈妈的帮助和指导下，开始进行刻苦的锻炼，学着用脚洗脸、吃饭、写字，并争取力所能及的事情都不让妈妈帮忙。但好多年过去了，小男孩的手还没有长出来，于是他又不甘心地问妈妈："妈妈，我的手怎么还没长出来呀？是不是我锻炼得不够刻苦呀？"

这次，妈妈很认真地对他说："傻孩子，现在你看别人用手能做的事情，你还有什么不能做到的呀？"

"没有了，我用脚都能做，有些比小伙伴们做得都要好！"小男孩自豪地说。

"那你说你的手长出来了没有？记着，孩子，你的脚就是你新长出来的手。只要你充满信心，你的这双'手'能帮助你战胜一切困难。"

从此之后，小男孩明白了，是妈妈的"谎言"让他再次拥有了"双手"。

一个没有双手的小男孩，却比健全的孩子都要自信，都要优秀。而他的这种自信都是拜妈妈所赐，是妈妈"美丽的谎言"让他拥有了今天的自信与成绩。

拥有自信的男孩总是以乐观、积极的态度对待生活中的一切；而没有自信的男孩，总是觉得自己不如别人，做什么事情都畏首畏尾，遇到一点困难就会退缩，而且他们很有可能因为强烈的自卑而自暴自

弃、破罐破摔。很多时候，自信恰是小男孩快乐成长、走向成功的必备条件。

然而，现实生活中的很多小男孩可不像故事中的小男孩那样自信。

小男孩贝贝今年读小学三年级了，学习成绩还不错。前两天，学校组织知识竞赛，一个班级选 4 名学生参赛，贝贝被选中了，可是他却说什么也不肯去。老师让贝贝家长回家好好做做贝贝的工作，可贝贝告诉爸爸，他不想参加竞赛是因为怕比赛输了会丢人。

能被选去参加竞赛，说明小男孩已经很优秀了，然而他却如此怕输、如此不自信，这样的孩子即使学习再好，将来也很可能会成绩平平。

生活中像贝贝这样缺乏自信的小男孩并不在少数。那么，到底是什么原因让这些小男孩如此不自信呢？父母们会不会像失去双手的小男孩的母亲那样，耐心地激发儿子的自信呢？

教育学家给出了这两个问题的答案："中国的家长大都不会去激发孩子的自信，相反，他们的教育方式往往会让孩子自信全失。"

作为父母，你也许要为自己喊冤，但看了下面的分析，你就该为自己的行为反思了。

中国传统文化信奉"不怕人笑话，就怕自己夸"。为了让自己的孩子进步，一些父母天天忙着去割孩子那所谓的翘起的尾巴，一些父母对孩子的缺点说起来是如数家珍，一些父母动辄就在外人面前数落孩子性格中负面的东西，还有一些父母则专门拿自己孩子的缺点与别的孩子的优点作比较，从而使孩子备受打击。

因此，孩子在生活中听到的大多不是"不错""很好""有进步""你能行"，而是"真笨，怎么就不如别人""你怎么把房间搞得这么乱""你就是不爱说话""不要以为这一次考了 100 分，就能次次考 100 分"……

天天生活在这样的环境中，不要说孩子，就是一个成年人恐怕也会被搞得灰溜溜的，不自卑才怪呢！

◎ 给父母的建议

自信是小男子汉成功的第一秘诀。然而，自信心的培养并非易事，它需要一个长期磨炼的过程，而儿童期正是小孩子自信心培养和树立的关键时期。

这个时期男孩的自尊心和自信心很容易受挫，所以做父母的一定要特别注意对男孩自信心的保护和培养。

方法一：鼓励和赞扬你的男孩

当男孩正为做一件没太大把握的事犹豫时，父母不妨由衷地对他说"我相信你能行的"；男孩的每一次成功，哪怕是微不足道，父母也要加以肯定地说一句"你真棒"……及时的鼓励，会使男孩信心倍增。

在肯定男孩的同时，父母还要允许他犯错误。事实上，小孩子犯错误是不可避免的。

收拾房间时，会把房间越收拾越乱；

洗碗时，会把碗打碎；

洗衣服时，衣服没见干净，洗衣粉却用了大半袋……

面对男孩的错误，父母需要做的是赞扬他敢于尝试的勇气，让他从犯错误的痛苦中走出来，而不是老盯着他的过失不放。

当然，父母在鼓励男孩的时候一定要发自内心，千万不要对男孩怀有不认可的态度。有一位家长说："我试着对儿子说鼓励性的话，他却说我在欺骗他，根本不是在鼓励他。"这就是因为这位家长平时经常否定儿子，在鼓励的时候也没有忘记用否定的眼光看他，聪明的小男孩自然能够感觉到家长的不诚心。这样的鼓励其实是无效的。

方法二：帮助自卑的男孩寻找闪光点

男孩在小的时候都会有这样一个毛病，他们习惯把眼光放在别人的优点上，而总盯着自己的缺点不放，因此小男孩很容易产生自卑心理。

帮助自卑的小男孩找回自信，父母就要想办法让他认识到自己的优点和长处，使男孩看到希望、相信自己的能力，激发他的进取精神，保护和巩固他的自信心。

一位家长曾经在日记里写下她引导儿子自信起来的全过程。

儿子的学习成绩很差，我给他请过家教，也请老师对他特殊照顾，但他的成绩一直在班级后十名徘徊。因此，他对自己失去了信心。

一次偶然的机会，我发现，儿子虽然成绩不好，但是心肠很好，很乐于帮助别人。他积极地为班级打扫卫生，为别的同学修理凳子，甚至替受欺负的同学打抱不平。于是我就抓住孩子这个优点，经常夸奖他："儿子，我为你乐于助人的精神感到自豪。"由于我的表扬和鼓励，儿子

在班里表现得更加积极了,后来,竟然被老师和同学们选举为班长。

当了班长的儿子更加自信了,不但认真地完成班长所负责的任务,还想在任何事情上都起带头作用。看着自己一直没有进步的成绩,他痛下决心:一定要赶上去,在学习上也要引领班里的同学。

现在儿子的成绩虽然不是班里最好的,但是与他以前相比,已经有了很大的进步。

父母要用发展的眼光看待男孩,肯定他的点滴进步,以此来改变他自卑的心理。而不是在儿子兴冲冲地说"老师说我进步了"时说"你得意什么,离好孩子的标准还差远了",或当儿子兴冲冲地说"我考了A级"时说"某某考了几个A"等。这样的回答只会打击男孩的自信,让男孩对做好孩子和考A级没了兴趣。父母多说一句"你进步了""希望下次多考几个A",将会对男孩的教育产生很好的积极效果。

方法三:让男孩从成功中获得自信

培养男孩自信心很重要的一个方法,便是让他不断地获得成功的体验,因为过多的失败体验,往往会使男孩对自己的能力产生怀疑。

因此,父母应根据男孩发展的特点和个体差异,提出适合其水平的任务和要求,确立一个适当的目标,使其经过努力就能完成。

涵养——男孩应具备的绅士风度

绅士一词最早出现在英国，它的原意是出身高贵的人。一般来说，男人彬彬有礼往往可以表现文明社会男士的道德风范，也可以看出一个男士的受教育程度。

而从小培养男孩的绅士风度，也正是英国父母教育孩子的重要原则。

一位中国母亲到一位英国的朋友家里做客。朋友带着 5 岁的儿子到车站接她，一见面，男主人就把中国妈妈的双肩背包接了过去，递给了小儿子，说："大卫，做个绅士。"于是，小小胖胖的孩子就一路拖着背包跟在大家后面……中国妈妈很是诧异，而孩子的父母倒是若无其事，在他们看来，他们的独生子懂得给女客人拎包是很正常的，甚至是他们引以为自豪的。

可以看出，这是一个聪明、可爱、懂事、受人欢迎的男孩。这样一个从小就懂得礼仪、尊重，有男子汉风格的孩子，长大后也必然会成为一个真正的绅士，受到周围人的尊重和爱戴。

男孩子的父母要明白：小男孩终会长大成人，当他成长为一个真正的男子汉时，从小培养的这些良好的道德和修养，就会为他的人生铺就一条金光大道。

无数生活事实也证明，那些彬彬有礼、待人谦和、衣冠得体、谈吐高雅、知识渊博、有爱心、尊重女性、举止文明，具有绅士风度的男性，人际关系往往良好，更易受到大家的欢迎和喜爱。与此同时，他们也更易收获成功！

因此，对于男孩父母而言，把你的小男子汉培养成一个小绅士，就是你教养男孩必须要做的一件事。

那么，如何在生活中教你的小男孩具有绅士风度呢？答案很简单——注重生活中的细节教育。

曾看过这样一则教育孩子拥有绅士风度的小故事：

一个小男孩和爸爸妈妈一起回家,走到家门口的时候,爸爸刚刚打开门,孩子就着急地跑了进去。这时,爸爸却一把把他拽了回来说："你是个男子汉,应该有绅士风度,你应该请妈妈先走。""妈妈你请。"孩子低着头对妈妈说道。

有时候,孩子就像是一棵小花苗小树苗一样,他们的成长也同样需要正确的引导和培养。埋藏在生活中不起眼的细节、不经意的小习惯有时就能支配一个孩子的个性发展,影响他的一生。

◎ 给父母的建议

对孩子礼仪产生不良影响的习惯有很多,例如粗暴的性情、轻视他人、非难他人、随意打断他人谈话,等等。对此,父母应从以下几个方面入手,来培养男孩的绅士气质。

方法一：在家中提高使用"敬语"的频率

"请""谢谢""对不起"等最常见的礼貌用语的运用,是男孩成长为绅士最为重要的一点。

一位妈妈曾这样介绍了自己教育孩子懂得礼仪的经验：

当第一次从儿子口中听到"笨蛋"这个词时,我震惊了,并开始对自己的言行举止格外注意。在生活中,我和孩子的爸爸约定都尽可能地用"请""好吗""谢谢""对不起"这样的言语来表达我们的需要或者感受。

没有多久,我就很欣喜地听到儿子这样对我说："妈妈,帮我拿一下玩具好吗？"以前他是这样命令我的："妈妈,你去给我拿那个玩具,快点。"

更令人惊喜的是,当我给儿子洗了手或者给他削了水果的时候,他会说"谢谢妈妈"了。

孩子小的时候,往往分不清什么话当讲、什么话不当讲,他会将最亲近的、接触最频繁的父母作为模仿的对象。所以,在孩子的眼中树立良好的形象、教孩子学会一些最基本的为人礼仪,是为人父母的第一

要求。

只有父母以身作则地作出各种好的示范，孩子才会在无意识中受到父母潜移默化的影响，变得懂礼貌，进而成为一名个性十足的小绅士。

方法二：教男孩察觉他人的需要

察觉他人的需要绝非易事，要花费一定时间才能掌握。因此父母可在日常生活中，经常指导孩子做到如下几项：

帮别人打开门，然后扶着门在一边，请他们先进屋；

从商场购物回来时，帮爸爸和妈妈提东西；

去朋友家中做客时带礼物；

帮助残疾人；

在公共汽车上或者火车上给老爷爷、老奶奶或抱小孩的阿姨让座；

让女士先进屋；

帮助别人搬运重物；

主动同朋友的父母谈话；

在被介绍时，主动同人握手。

方法三：让男孩变得慷慨，学会与人分享

男孩总会对好东西有着强烈的占有欲。如果父母因孩子还小就纵容他的这种坏习惯，那么，男孩长大后，势必会变成一个自私自利、习惯以自我为中心的人。

小刚吃饭的时候，奶奶习惯把他爱吃的菜放在他的面前。久而久之，小刚就自认为那盘菜是为他一个人准备的，竟然把菜拉放到了自己的眼皮底下，并且不让别人动。

对此，妈妈灵机一动，假装对他说："那个菜肯定是很难吃。"小刚急了，把盘子推了出来说："你们尝尝看，很好吃的。"然后看到每个人都吃了后就问："很好吃是不是？"

这时候，妈妈告诉他："好东西要大家一起分享，才能知道好吃不好吃，是不是？一个人高兴好呢还是大家都高兴好呢？"小刚点了点头，接受了妈妈的建议。

让男孩从小就养成和别人分享东西的习惯是十分必要的。吃菜如此，别的方面也如此，比如好玩的玩具也是要一起玩才真的好玩，等等。

细节58

责任感——男子汉就要敢于担当

曾听过这样一个故事：

一个人到纽约访问的时候，在洗手间里，他听到隔壁小间里一直有一种奇特的响动。由于这响动时间过长，也过于奇特，因此引起了他的关注。

在好奇心的驱使下，他通过小门的缝隙向里探望。这一看使他惊叹不已。原来，小间里一个只有七八岁的小男孩正在修理马桶的冲刷设备。一问才知道，是这个小男孩上完厕所以后，因为冲刷设备出了问题，他没有把脏东西冲下去，因此他就一个人蹲在那里，千方百计地想修复它。

在没有父母、老师监督的情况下，一个只有七八岁的小男孩，为了把脏东西冲下去，而主动修理公共卫生间里的马桶。这个小男孩竟有如此强烈的责任感，这足以说明他的父母在这方面对他的教育绝对是成功的。

行为学家认为，责任感是一种很重要的素质，是做一个优秀的人所必需的。对于男人来讲，他们似乎背负着更多的责任：作为一家之主，他们需要养家；作为儿子，他们要照顾父母；作为父亲，他们要教育子女；作为社会的一分子，他们更需要为社会尽一份力……然而，能把每个角色都诠释得特别优秀，与这个男人是否拥有责任感有很大的关系。因此，责任感对于男性来说，就显得尤为重要了。

然而，现实生活中的种种现象却令我们很担心：

一天早上，上小学二年级的小龙对妈妈说："妈妈，今天我们大扫除，我个子高，所以主动申请了扫屋顶的工作。"

母亲一听就急了，有点生气地说："你真傻，扫屋顶尘土飞扬，吸入

肺里对身体不好。再说,扫屋顶要站在桌子或椅子上才能扫,这很危险,你要是摔下来怎么办呀?"

"那怎么办呀?"小龙有点害怕了。

"你到学校后,跟老师说你不舒服,老师就会让别人扫了。"妈妈急忙帮孩子出了一个"好"主意。

每个小男子汉都有很强的表现欲望和成就欲望,他们常常主动帮助别人、把保护弱小看做是自己的义务,并且很乐于为集体贡献自己的力量……不管他们是否有责任意识,这些都是他们有责任心的体现。

但是,往往都是因为父母一些错误的引导,如上述事例中的小龙,在妈妈的"教育"下,以后再遇到这样的情况,他肯定再也不会有"为集体做事光荣"的想法了,甚至老师再指派他去做扫屋顶这样的任务,他也会先考虑自己得失,然后找个理由拒绝这个任务。如此的思想一直继续下去,当他自己的家里有了类似的工作,谁又去做呢?

◎ 给父母的建议

如果你的男孩现在还是以自己为中心, 对生病的你不闻不问、对周围的一切漠不关心,作为父母无须着急。只要我们有培养孩子责任感的意识,并采取恰当的方法,孩子的责任心就会通过生活中的一点一滴慢慢培养起来的。

方法一:给予男孩正确的是非观念

小孩子是没有是非观念的,他只能从父母的眼神和语言中了解到是正确还是错误。因此,父母一定要在孩子还小的时候,就给予他正确的是非观念。

生活中,我们经常会听到父母这样教育自己的孩子:

"学校大扫除的时候别去擦玻璃,很危险的。"

"别跟隔壁的小阳阳一块儿玩了,他父母整天大吃大喝,还赌博,他家的孩子也好不到哪儿去。"

"晚上放学后早点上楼,别总是听楼下的老爷爷们讲故事了,你不嫌他们脏呀!"

如果父母总是这样教育孩子, 那孩子不但不会有正确的是非观念,也很难有责任感。试想:一个在劳动中偷懒的孩子怎么会有集体荣

誉感？一个嫌老人脏的孩子怎么会搀扶老人过马路？

如果父母从孩子小时候起就教育他要有爱心、要体谅别人、要多给无助的人提供帮助，不定哪一天，当你在厨房忙得不可开交时，放学回家的孩子就会从门口探进头来问："妈妈（爸爸），需要我洗菜吗？有垃圾要倒吗？"那时，做父母的心里肯定比吃了蜜还甜。

方法二：告诉男孩"自己的事情自己做"

要培养男孩的责任心，父母就要在孩子的学习、生活中纠正他的不良习惯，让孩子学会自己的事情自己做。

在生活上，父母应该让孩子明白，自己的事情就应该自己去做。如父母鼓励孩子自己收拾玩具、自己收拾书包、自己打扫房间。另外，还可以让孩子做一些力所能及的家务，比如，父母可以规定，周末刷碗的工作由孩子负责，并引导他刷完碗后要把厨房打扫干净，以此来培养孩子的责任感。

在学习上，父母一开始就应该让孩子明白，学习并不是为父母学的，而是孩子自己的事情。因此，在孩子做作业时，父母没有必要一直在孩子旁边陪着，要让孩子学会独立思考问题、独立解决问题。

方法三：让你的男子汉学会"担当"

在字典中，"担当"作为动词出现，意思是"接受并负起责任"。

男孩从小学会担当，长大了自然就会有责任心。因此，父母需要通过一些平凡的小事培养孩子的担当品质，让孩子意识到担当的重要性。

有一次，都都发脾气，把图画书扔在地上。妈妈故意不去捡，也不要别人捡——如果都都当时不肯捡也没关系，就让书放在地上好了。

很快都都就平静下来，把刚才的事忘得一干二净，缠着妈妈讲故事，妈妈说："你不是把书扔了吗？妈妈不能给你讲了。"都都这时才开始着急，赶紧自己把书捡起来。以后的日子，他知道了扔书的结果是听不成故事，还得自己再捡，就不再随便扔了。

只有让孩子懂得自己的行为将会产生什么后果，他才会对自己的行为有所担当。在现实生活中，父母要试着把孩子生活中的每一项责任都放到他自己的身上，让孩子自己承担。比如，当孩子遇到麻烦的时候，你应该说："这是你自己选择的，你想想为什么会这样？"而不要对孩子说："你已经努力了，是爸爸（妈妈）没有帮助你。"虽然只是一句

话,却反映出了观念的不同。如果你无意中帮助孩子推卸了责任,孩子将会认为自己无须承担责任,这对他以后的人生道路是很不利的。

方法四:让孩子意识到自己的责任,并为其负责

小宇不小心把同桌的文具盒弄坏了,虽然同桌一直说没关系,但小宇总觉得心里过意不去,便对妈妈说明了情况。妈妈说:"小宇,你是个好孩子,妈妈鼓励你给同桌买一个新文具盒,妈妈也会帮你。但是,你必须明白,弄坏同学的文具盒是你自己的责任,你也必须为此付出一定的代价。买文具盒的钱妈妈先帮你出,但妈妈每个月会从你的零花钱里扣两元,直到把买文具盒的钱扣完为止,你愿意吗?"小宇点头同意了。

作为父母大都不会缺少买文具盒的钱,但小宇妈妈的做法不但让孩子意识到了自己的错误,并且让孩子通过行动弥补了自己的错误,从而让孩子明白:每个人都是平等的,尽管你很小,也要为自己的行为负责。

方法五:让你的男子汉以自己的责任心为荣

很多父母都抱怨自己的男孩没有责任感,但是,聪明的父母却会想办法让孩子建立责任感。

10岁的小男孩旺旺担任家里的"垃圾清理员"已经5年了。当邻居们都在为这个小男子汉的负责行为而感到惊奇时,旺旺爸爸讲起了旺旺当上家里"垃圾清理员"的经历。

原来,在小旺旺5岁那年,他突然对倒垃圾产生了兴趣,一听到垃圾车的铃声就提着垃圾桶去倒。父母为了支持他参加家务劳动,对他倒垃圾的事予以了表扬,夸他能干,还经常在外人面前称赞他。

这样,旺旺为自己能担任这一工作而感到很自豪,慢慢地也就形成了习惯,把这项劳动看成了自己的责任。

旺旺父母的聪明之处,就在于运用鼓励和赞扬,让他们的小男子汉意识到自己能为家庭出一点力,是很光荣的事情,进而使孩子以自己的责任心为荣。

作为父母,就应向旺旺的父母学习,当你的男孩稍微表现出一点责任意识时,就要给予积极肯定。父母的表扬与肯定会让孩子体验到成功的喜悦,树立自信心,从而增强自豪感和责任感。

细节59

孝顺——男孩必备的美好德行

孝敬父母是中华民族的传统美德,然而,在现实生活中,很多孩子,尤其是男孩的表现却令人担忧。

场景一:

吃饭时,爸爸碗里的饭吃完了,小明离电饭锅的位置较近,妈妈轻声地对小明说:"明明,帮爸爸把饭盛上!"小明一脸的不情愿,手里拿着一块排骨还在慢慢地啃。妈妈催促他:"你这孩子,转一下身就能把饭盛上,你怎么这么懒呀!"小明使劲把排骨扔在桌子上,一边不情愿地盛饭,一边小声地嘟囔:"爸爸又不是没手没脚,他干吗不自己盛呀!"

场景二:

小时候,小涛常常向周围的小朋友们炫耀,奶奶是这个世界上最疼爱他的人,有什么好吃的都给他留着。现在,奶奶年纪大了,行动不太方便,便搬来小涛家住。前两天,小涛对奶奶还非常热情,但新鲜劲儿一过,小涛便烦了,整天皱着眉头对妈妈说:"妈妈,奶奶住在咱家太烦了,电视不能开大声,晚上还不能听音乐,她又不经常洗澡,弄得房间里臭烘烘的,她什么时候搬走呀!"

百善孝为先,孝心是一个孩子在社会上立足的根本。我们可以这样想想看:一位男士在学业上取得了很大成就,事业也进展得比较顺利,却拒绝赡养父母,周围的人会怎样看他?相信大部分人对他的评价都是:没有人性、"白眼狼"……进而没有人愿意跟他交朋友或与他合作。

作为父母,我们谁也不想教育出一个没有孝心、被他人唾弃的儿子。孩子的任何一种品质和能力都需要父母从小培养。虽然现实生活中"娶了媳妇忘了娘"的男士大有人在,但只要我们有意识地培养儿子的孝心,只要方法得当,我们的儿子绝不属于这其中的一员。

当然,在男孩小的时候,也许他不懂得体谅父母,甚至还有嫌弃家里老人的倾向,但只要父母用心引导,每个男孩都会拥有一颗珍贵的孝心。

◎ 给父母的建议

在现在很多家庭中,孩子像主人,父母却像奴隶和保姆,每天都在围着孩子转:伺候孩子的衣食住行,为孩子的学习操心,为孩子将来的前途担忧……在这种家庭氛围中,孩子总是衣来伸手,饭来张口,很少顾及父母的辛苦。如果孩子从小就习惯于此,他们是很难具备孝心的。所以,要男孩学会孝敬父母,父母一定要让男孩体会到自己的不易。

方法一:与你的男孩玩一玩角色互换游戏

自从涵涵上了一年级之后,爸爸妈妈就经常跟他玩一种特殊的游戏:涵涵做家长,爸爸妈妈做孩子。

有一天,"大人"涵涵刚起床,"孩子"妈妈就跑过来跟他撒娇:"我要吃冰淇淋,我现在就想吃冰淇淋。"涵涵一想,大早晨就吃冰淇淋,肯定会拉肚子,于是严肃地跟"孩子"妈妈说:"早晨吃冰淇淋会拉肚子,中午时再吃!"

正在这时,"孩子"爸爸走过来了,对涵涵说:"我要吃面包喝牛奶,现在就要。"刚叠好被子的涵涵只得马不停蹄地去准备早餐。早餐还没吃几口,爸爸妈妈就在客厅里一齐大喊:"我要出去玩,快把我的衣服准备好!"

刚刚做了半天"大人",涵涵就忙晕了头。他情不自禁地感叹:"做父母可真不容易呀!"从这之后,涵涵不但了解了父母的辛苦,也轻易不再像以前那样"为难"父母了。

我们都知道,大多数男孩都是大大咧咧的,在小的时候,他们通常不具备同理心。即,如果父母从不引导,男孩很难体会到父母的辛苦。在这种情况下,他们的孝心和爱心是很难培养起来的。

而案例中两位父母的做法却很科学,在游戏的过程中,让男孩担任"父母"的角色,做那些父母每天都在做的"简单"工作,如,做饭、收拾房间、照顾孩子……在亲身实践父母这些"工作"的过程中,男孩不仅能够真正体会到父母的辛苦,而且会发现,有时自己的行为会给父

母添加很多负担。经常玩这样的"角色互换"游戏，男孩不但会越来越听父母的话，而且渐渐会懂得以一颗真诚的心回报父母。

方法二：给男孩营造重孝道的家庭氛围

在家庭生活中，父母要努力为男孩营造一种充满孝心的成长氛围。例如，盛饭时要先给老人盛，家里有好吃的要先让给老人吃，家里最好的物品要留给老人用……

父母的榜样示范，是男孩学会孝顺的最好教材。因此，不管家庭条件如何，不管家中老人身体健康状况如何，父母一定要尊重、孝顺双方老人，给男孩作出榜样。

方法三：给男孩奉献孝心的机会

现在很多男孩对父母冷漠，不懂得心疼父母，主要原因是什么？并不是他们"冷血"，而是父母根本没有给他们奉献爱心的机会。

家龙是个聪明的小男孩，在幼儿园，老师告诉他，如果把家里最大的水果让给大人吃，他就是个好孩子，还会因此受到大人的表扬。家龙信了，晚上吃完饭，妈妈洗了一盘水果，家龙挑了一个最大的递给爸爸，爸爸却摇着头说："家里你最小，我们都应该让着你，你吃最大的吧！"家龙又把那个水果递给妈妈，妈妈也摇着头说："你吃吧，多吃水果个子才能长高！"

家龙非常不明白：难道是老师骗人？他把最大的水果让给了大人，为什么大人们都不吃呢？

就像能力的成熟需要不断练习一样，男孩的孝心也需要在生活中不断积累。他们需要父母为他们提供奉献爱心的机会。

当男孩把好吃的放到了你的嘴中，请不要轻易推辞，那是儿子的一片孝心；

当男孩想要为你倒一杯水时，请不要担心他会把杯子打碎，否则会吓跑他的孝心；

当男孩主动为你捶背时，请不要急着催促他去写作业，否则会打击男孩关心你的积极性；

……

在这些情况下，请真诚而又热烈地表扬男孩的行为及孝心，这能极大地调动起男孩关心你、孝顺你的积极性。

方法四:通过故事、歌曲向男孩灌输"孝"的含义

年龄较小的男孩也许并不懂得"孝"的真正含义,这时作为父母非常有必要告诉他"孝"的言行有哪些。当然,为了避免说教意味太浓,父母可以通过故事、歌曲的方式向男孩灌输。

钧钧从幼儿园回来,告诉妈妈,今天他学了一首古诗《慈母吟》,并且告诉妈妈,这首诗是诗人写给自己妈妈的。

接着他又给妈妈讲述了这首诗的大概意思。最后,妈妈一本正经地问他:"诗人这样爱他的妈妈,你打算怎样爱妈妈呢?"

钧钧认真地想了一会儿说:"我要向诗人学习,他怎样爱他的妈妈,我就怎样爱你。"

父母千万不要小看那些讲述孝道的文学作品,小男孩们是非常容易从这些文学作品中吸取精神营养的。所以,当男孩在幼儿园阶段时,父母就可以给他讲一些关于孝道的故事,或让他听一些关于孝道的歌曲……不断熏陶,男孩慢慢就会明白"孝"的真正含义。

细节60

诚信——成就男孩一生的"品牌"

在做人都讲究品牌的现代社会，我们不用再去重复诚信的意义，而如何让男孩具有诚信的观念，却是一定要讲的。

任何坏习惯，父母的支持都会助长孩子走上邪路。有人开玩笑地说："假如您想让孩子学习您身上的一条优点，对不起，他可能终其一生都难以学到；但假如您想让孩子学习您身上的一条缺点，恭喜您，您的理想定能百分之二百地实现！"这话虽是玩笑，却告诉了为人父母者这样一个很严肃的事实：父母的思想是孩子潜在的道德支持！

事实上，小男孩虽然好动、调皮、爱闯祸，但是他们并非生来就会撒谎。他们天性纯真、善良，而且不会隐瞒自己的意图和情绪。但是，因受多种因素影响，他们还是学会了撒谎。

小胜的爸爸是一位领导干部。一天，爸爸正入迷地在电视机前看球赛，外面传来门铃声。爸爸让小胜去开门，并教给他说："爸爸不在家。"小胜这样做了，然后迷惘地问爸爸："你明明在家，为什么说不在呢？"爸爸无所谓地笑笑说："你没看到爸爸正看球赛呢吗？我不希望别人打扰我！"一次，两次，后来多次遇到这种情况，小胜便认为爸爸撒谎是一种应付的技巧，其实撒谎也不是什么大错误。于是，他也开始用这种技巧应付爸爸了。

其次，有些孩子一开始是很诚实的孩子，但诚实的后果往往是遭到批评和责打。所以，慢慢地，他们会变得很"聪明"，学会利用撒谎来自卫。

冲冲从妈妈口袋里拿了一元钱去买不干胶贴画。妈妈发现钱少了，就问冲冲，同时还许愿："如果是你拿了，说实话，我就不打你。"冲冲以为坦白就可以不挨打了，于是便承认了。

妈妈得知孩子的偷窃行为,气上心头,完全忘记了许下的诺言,照着冲冲的屁股就是几巴掌。

妈妈食言了,下一次遇到同样的情况,孩子为了不挨打,肯定不会说真话了。所以这时,孩子的谎言和不诚信的行为往往是被父母逼出来的。

◎ 给父母的建议

孩子是否诚信在很大程度上取决于父母的教育。对于孩子经常出现言行不一、不履行诺言的行为,父母应该首先找到孩子这些行为的根源,并且不要把孩子的这种行为看成是道德败坏而打骂孩子。如果父母从小就注意对孩子进行诚信教育,那诚信将成为成就孩子一生的"品牌"。

方法一:给你的小男子汉树立诚信的榜样

曾子是我国著名的思想家。有一次,他的妻子要出门,儿子要跟着一起去。她觉得孩子跟着很不方便,想让孩子留在家里,于是对儿子说:"好儿子,你别哭,你在家里等着,妈妈回来杀猪给你炖肉吃。"儿子听说有肉吃,就答应留在家里。曾子把这一切看在眼里,记在心里。

当曾子的妻子回到家时,看到曾子正在磨刀,就问曾子磨刀做什么。曾子说:"杀猪给儿子炖肉吃。"妻子说:"那只是说说哄孩子高兴的,怎么能当真呢?"

曾子语重心长地对妻子说:"你要知道,孩子是欺骗不得的。如果父母说话不算数,孩子长大后就不会讲信用。"于是,曾子与妻子一起把猪杀了,给儿子做了香喷喷的炖肉。

在日常生活中,我们经常会听到有父母这样警告孩子:"如果你再撒谎,我就用针把你的嘴缝起来。"但有人问这位家长:"如果孩子真的撒谎了,你真会缝上他的嘴吗?"显然,这位家长对孩子说的话本身就是不现实的,用这种方式来教育孩子不诚信的行为是非常不可取的。

要纠正孩子的不守信用行为,父母首先要做到言行一致。孩子的模仿能力很强,很容易受到某种行为的暗示。如果父母言行不一,不履行承诺,孩子就会受到暗示,跟着模仿。例如,父母如果答应了孩子星期天带他到公园去玩,就一定要去。如果临时有事,也要先考虑事情重

不重要,若不重要,就要坚守诺言;如果事情确实比较重要,一定要向孩子说明情况,并争取以后补上去公园的活动。

方法二:你的信任会让小男子汉充满力量

我们经常会看到这样的父母:

他们要求孩子吃完饭在房间里学习半小时,结果却每隔 5 分钟进去看一下孩子是否在偷懒;

他们要求孩子去买件东西,却总担心孩子把多余的钱买零食吃。

男孩一旦得知父母并不信任自己,往往会心生叛逆情绪,进而用撒谎等行为对抗父母。也就是说,一种双向的不尊重、不信任,往往就会滋生出双向的欺骗。

其实,对于特别渴望理解的男孩来说,父母的信任,往往会使他们受宠若惊,并心甘情愿地去做一切正确的事情。

一个小男孩因为偷拿爸爸的钱被爸爸发现而特别沮丧,每天都闷闷不乐,用灰色的情绪来对待周围的一切事情。

但有一次,爸爸却让这个小男孩走出了阴影,且男孩从此将诚信作为了自己做人的最基本原则。

原来,爸爸让他去远在郊区的奶奶家取一笔数目不小的现金,去的时候,爸爸只对儿子说:"路上小心点!"儿子把现金交到他手里时,他数都没数就放到了抽屉里。

儿子被老爸的信任感动得流下了眼泪。事后,他对爸爸说:"在回家的路上,要是有人抢劫我,为了保护这笔钱,我会与坏人进行殊死搏斗的。"

其实,这个小男孩之所以有这种想法,并不仅仅是为了保护这笔钱,更重要的是保护爸爸对他的那份信任、那份真诚。

因此,这个事例也给男孩父母提了个醒:对待你那固执而又容易冲动的男孩,只有信任才能换来诚信。

勇敢坚强——男孩必备的品质

每个男孩都有英雄情结,他们希望自己是一个伟大的英雄,希望自己能像奥特曼那样去保护弱小,为民除害,拯救地球。但是,如果我们问这些小男孩:"英雄应该具备什么品质?"他们也会傻乎乎地告诉你:"与怪兽作斗争……"

是的,在这些小男孩的世界里,奥特曼就是英雄,英雄就应该像奥特曼那样去做些伟大的事情。他们并不了解英雄应该具备哪些品质,这时,父母就要告诉小男子汉——"真正的英雄首先应该勇敢、坚强。"

作为想成为奥特曼的男孩,则更应该勇敢和坚强。然而,很大一部分小男孩的表现却与大家想象的恰恰相反,他们胆小,脆弱,甚至害怕打针——

一位妈妈担忧地说:"我的儿子性格很脆弱,遇到一点困难就想退缩,在学校和同学闹点不愉快或挨了老师批评,第二天就不想上学了;钢琴学了一段时间,什么都没学会就不想再学了;考试没考好,我还没批评他呢,他就会不停地哭鼻子。作为一个男孩子,他长大后可怎么办呢?"

事实上,对于孩子来说,胆怯懦弱是普遍存在的,男孩也不例外。在公众场合讲话时,男孩也会打哆嗦;面对老师严厉的批评,男孩也会害怕;偶然遇到某些奇怪的动物,如蛇、老虎等,男孩也会害怕……父母首先应该走出这样一个误区,不要因为你的孩子是男孩,就剥夺了他胆怯的权利。

人人都有过胆怯,甚至连大人也不例外,但关键是,面对孩子的胆怯和懦弱,做父母的如何去引导。

作为妈妈,在你的男孩面前,你是不是常常表现出惊慌失措的表情,如被突然窜出的老鼠或突发的音响等,吓得失声惊叫、魂不附体?

作为爸爸，你是不是常常吓唬你的男孩，比如"你再爬那么高，掉下来就没命了"？

作为陪伴小男子汉成长的监护人，你是不是在他遇到一点点困难和挫折时，就出手帮他"摆平"？

……

如果你的答案都是肯定的，那么，你不应该怪你的男孩胆小、懦弱，他的这些坏习惯都是由你一手造成的。

几岁的小孩子，他的心灵就如一张白纸，你给他灌输什么，这张白纸上就会呈现出什么样的景象。如果你经常被吓得魂不附体，那孩子就会认为这个世界是恐怖的；如果你经常吓唬他，他就会认为任何事情都像你说的那样可怕；如果你总是把一切困难都为他"摆平"，再遇到类似的问题，思维的惰性会促使他向你求救，或者主动退缩……

做父母的应该牢记，在这些纯洁的"白纸"面前，你必须要谨慎，因为也许就是你的一个表情、一个动作、一句话，便给了他某种不好的暗示，使这个小男子汉的心灵生活在胆怯和懦弱之中。

◎ 给父母的建议

勇敢、坚强是男孩不可或缺的品质，是男孩成长的助力剂。缺乏这种品质，男孩的冒险、敢为、铿锵有力、豁达等品性……都将成为过眼云烟。

因此，明智的父母懂得，只有在孩子小的时候，就让孩子养成勇敢、坚强的个性，孩子在以后的人生道路上才能走得顺顺利利。

方法一：不要把你的小男子汉当成弱者

一天，妈妈带孩子去医院拔牙，孩子有点害怕，妈妈就安慰孩子："别怕，妈妈会守在你的身边。"谁知进了诊疗室，孩子却抓住妈妈的手不肯放，哭哭啼啼的就是不肯跟医生合作。这时，一位老大夫走过来对妈妈说："请你出去，离开你的孩子！"

妈妈忐忑不安地在外面等待着。不一会儿，孩子平静地走了出来。妈妈急切地问："疼吗？你哭了吗？"孩子说："有点儿疼，可我一声也没哭！"

后来，老大夫解答了妈妈的疑问："你守在孩子的身边，孩子感受到依靠，就会撒娇，任性。我让你离开你的孩子，是要促使孩子自已去

直面痛苦和磨难。孩子没有了依靠，自然会丢掉幻想，用自己的意志和毅力去战胜怯懦和疼痛。”

其实，这些小男子汉并不像家长所想象的那样怯懦和脆弱。

所以，希望你的男孩坚强、勇敢，父母首先不能把他当做弱者。在你的孩子遭遇小小的痛苦和磨难时，请离开他，让他直面人生，独立面对困难和痛苦，经受锻炼和考验。只有这样，你的小男子汉才能勇敢、坚强地面对人生中的任何困难。

方法二：让男孩学会自己照顾自己

一位记者曾采访一个叫明明的男孩，问他：“你平常洗袜子吗？”

明明回答：“不洗。”

“那平时都是谁给你洗的？”

“妈妈给我洗。”

“如果妈妈不在家呢？”

“那只有请爸爸来洗了。”

记者接着问道：“如果爸妈都很忙，没有时间给你洗呢？”

“那就放着，等他们有时间再洗。”

“以后你长大了，谁给你洗？”

明明很坦然地回答：“长大了请保姆呀！”

父母的包办只会让孩子更加软弱。试想：一个连生活都需要别人照顾的孩子，何谈行为的勇敢和意志的坚强？所以，让你的男孩尽早学会自己照顾自己，是他变得勇敢和坚强的重要前提。

在日本有句名言：“除了阳光和空气是大自然的赐予，其他一切都要通过劳动来获得。”所以，父母要想让孩子成为强者，不仅要让他学会自己照顾自己，还要故意为这个小男子汉设置一些障碍，让他通过自己的智慧和劳动去解决问题。这样，你的小男子汉才有机会体验真正的勇敢和坚强。

方法三：让你的小男子汉吃点苦

一位家长曾这样介绍让儿子吃苦的心得：

儿子从小在奶奶家长大，奶奶很娇惯他，即使他犯了错误，奶奶也舍不得说他、批评他。因此，现在只要我指出他的错误，还没批评他呢，他就会感觉到委屈，眼泪就流出来了。

一天，吃早饭时，儿子先埋怨我做的粥不好喝，接着又嫌我煎的鸡蛋不咸。面对儿子的挑剔，我没有像往常一样冲他发脾气，而是一本正经地对他说："儿子，从今天开始我教你做饭，咱们家三口人分工做饭。我和你爸爸负责工作日的饭菜，你只负责周末两天，好吗？"

说到做到，周末，我真的开始教儿子做饭。先教儿子点煤气，再教他如何熬粥、如何炒菜，虽然有时儿子有些毛手毛脚，但他还是学得很认真。

在炒菜的时候，一个小油点落在了儿子的手上，我装作没看到，偷偷观察儿子的表情。儿子的眼圈红了，但是看着要炒糊了的菜，他还是继续忙了起来。

饭后，我拿起儿子的手，看着那个小红点问："痛吗？怎么没哭呀？"儿子不好意思地低下头，接着又仔细观察我的手："妈妈，你以后做饭要小心点呀！"

从小没有吃过苦的孩子遇到困难，即使他自己也承认自己是个男子汉，是大孩子了，但他往往很容易被困难打倒，而且一旦失败，他便会感觉自己是世界上最痛苦的人。而吃过苦的孩子则不同，在困难面前，他往往表现得勇敢、坚强，并表示这些困难对他来说根本不算什么，还会继续乐观地向前进。因此，做父母的要有让孩子吃苦的意识，只有能吃苦的孩子，才能拥有勇敢、坚强的性格，才经得起更大的风浪。

坚韧——教你的男孩说"不放弃"

有时,成功与失败往往仅有一步之遥,只要咬紧牙关坚持一下,胜利便会向你招手。但是,许多人正是因为在前面已经累得筋疲力尽,在最后的关头,即使遇到一个微小的困难或障碍都可能因放弃而导致前功尽弃。

而对于那些没有耐性、自制力又不是很强的男孩来说,情况更是如此:遇到困难,开始时他们会信心十足地向前冲,但当困难一个接着一个地来临时,他们很快便会想到退缩。这时,父母要告诉孩子,成功往往来自于"再坚持一下"的努力之中。事实也正是如此,坚持一下,再坚持一下,接下来便是成功了。

◎ 给父母的建议

男孩不够坚韧,责骂或抱怨,都只会让这种糟糕的状况雪上加霜。父母只有静下心来,积极想办法引导,才是最正确的选择。

方法一:在生活中注重训练男孩的意志力

为了让10岁的儿子有足够的耐心、坚强的意志,父亲对其进行了一次残酷的训练:捏冰一刻钟!

这个小男孩在自己的日记中这样写道:

爸爸给我设了一个挑战,如果我能捏冰15分钟,他就给我买一套我最喜欢的漫画书。我一想,不就是捏15分钟的冰吗,很容易的事情,便满口答应了爸爸。

但是,当我真正尝试的时候,我才知道,事情根本没有我想象的那样简单。不过,为了那套最爱的漫画书,我一定要坚持住。

捏住冰块,第一分钟,感觉还可以;第二分钟,就觉得刺骨的疼痛。

到了第三分钟,骨头疼得钻心,像有千万根冰针在上面跳舞似的。到了第四分钟,我感觉骨头都要被冰冻僵、冻裂了,这时我使劲咬住嘴唇,让痛感转移到嘴上去,心里想着:忍住,忍住。第五分钟,我的手变青了,也不那么痛了。到第六分钟,手只有一点儿痛了,而且稍微有点儿麻。第七分钟,手不痛了,只觉得冰冰的,有些麻木。第八分钟,我的手完全麻木了……当爸爸跟我说"十五分了"的时候,我高兴得跳了起来。可我的手,却变成了紫红色,摸什么都觉得很烫。爸爸急忙打开自来水管给我冲手。

我一边冲,一边对爸爸说:"爸爸,你输了,别伤心呀!"爸爸却说:"我一点儿也不伤心,你有这么强的意志力,我只有高兴的份儿。"

……

作为父母,我们都知道,这位父亲的目的就是要训练这个小男孩的忍耐力和意志力。因为他知道,这种训练虽然残酷,但绝对可以让孩子更快地走向成功。

方法二:借助典型案例影响男孩

"坚持,坚持,再坚持",成了很多成功人士的成功理念。因此,在孩子遇到困难时,当孩子想要退缩时,父母可以用下面的故事鼓励你的小男子汉振作起来。

在一次拳击比赛中,一位拳手被对手打得遍体鳞伤,但对手每把他打倒一次,他就会爬起来。就这样打倒了、爬起来十几次,直到这位拳手昏迷,这场比赛才结束。

后来,这位拳手的对手很为他的这种精神感动,便找到他问:"当时你根本没有力气反抗了,为什么还要站起来?"这位拳手说:"其实,在当时的情况下,倒下是一种解脱,或者说是一种诱惑。但是,如果当时倒下了,我以后就再也爬不起来了。于是,我就在心里对自己叫喊:挺住,再坚持一下,再坚持一下! 因为只有我不倒下,才有取胜的可能。"

任何人都不会随随便便成功,父母要让孩子明白一点:不管是谁,想要成功都必须付出努力。而让孩子学会了忍耐和坚持,便等于为他的成功增加了很重的一个砝码。

细节63

乐观——男孩生活中的灿烂阳光

乐观既是一种积极的生活态度,也是一种性格。如果男孩能够一直用乐观积极的心态对待生活,他的未来就会充满灿烂的阳光。

做父母的都希望自己的孩子能够拥有乐观的个性。然而,现实生活中有很多男孩,小小的年龄便习惯了用悲观的眼光看世界。一位从教多年的老师说:"现在的男孩子很容易悲观,一次没考好,就认为以后都不会考好;让他们分析问题,他们总会看到事情不好的一面……"

事实证明,悲观情绪的产生,与男孩从小接触的环境和所受的家庭教育有着直接的关系。

男孩梦晨的父母都是公务员,每天的工作烦琐而忙碌。他们回到家后总是不停地抱怨:"我们办公室的小王太懒了,每天去五六次厕所,每次都是半个小时,总是想方设法偷懒。"

"我们领导也太势利眼了,小董刚给他送了两条烟,他就把他提升了一级。"

"我们单位的小任也是这样的,没事就给领导献殷勤,又是端茶,又是递烟,看到他那个样子就觉得恶心。"

……

在这样的环境中长大,小梦晨从小就学会评论人了:"老师喜欢漂亮的小朋友,不喜欢我。""老师偏心……"

父母的情绪很容易传染给孩子,有时,就是日常生活中一句随意的话都会影响到孩子。如早晨醒来,妈妈看到外面正在下雨,便随口说了一句:"这该死的天气,又下雨了!"就是这一句话,就会让男孩产生消极、悲观的想法:下雨天很让人烦。

但是,面对下雨的天气,如果妈妈说的是:"太好了,下雨了,小草、

小花们又能喝到水了。"这样的表达就会给男孩一个乐观的暗示：下雨对植物很有好处，雨水可以让植物茁壮成长。

男孩的个性以及对待生活的态度，就是这样在父母的影响下一点点地培养起来的。父母用悲观的态度对待生活，那男孩肯定不会看到生活中光明的一面；如果父母总能在困境中看到希望，那再大的困难在乐观的男孩面前也会显得微不足道。

◎ 给父母的建议

乐观是成功的催化剂。乐观的男孩总认为自己是幸运的，即使遭遇挫折，他还是坚信自己有能力改变现状，他会拿出自己最好的状态与挫折作斗争，直到把挫折打败。因此，乐观的性格是男孩应对人生中悲伤、不幸、失败、痛苦等不良事件的有力武器。

方法一：父母要给男孩作出积极、乐观的榜样

父母在教育孩子的过程中，自己首先要做乐观的人。每个人在工作、生活中都会遇到各种困难，而父母如何处理困境则会直接影响男孩的做法。

一位母亲要加班，她对儿子说"烦死了，今天妈妈又要加班去了，不能陪你了。"

另一位母亲却对儿子这样说："孩子，妈妈工作很忙，要去加班了，晚上回来再陪你玩。"

两种答案看似没有什么不同，却会对孩子的情绪和认知造成很大的影响。前一种回答，会让孩子觉得你是不得不去工作的，工作真是令人沮丧的一件事情。而后一种答案，却会让孩子感觉妈妈很能干，从而产生自豪感。

在平时，父母就应该多向孩子灌输一些乐观主义的思想，让他明白，困难是短暂的，人生的道路总体是平坦的。

方法二：让你的男孩永远坐前排

"永远都要坐前排"是一种积极的人生态度，它能激发男孩勇往直前的勇气和争创一流的精神。

一位小男孩的爸爸在男孩小时候就向他灌输"永远都要坐前排"的思想：无论做什么事情都要力争一流，永远走在别人前头，而不能落后于人。父亲从来不允许他说"我不能"或者"太难了"之类的话。用父亲的原话说就是："即使是坐公共汽车,你也要坐在前排。"

在男孩以后的学习、生活或工作中,他总是抱着必胜的信念尽自己最大的努力克服一切困难,做好每一件事情。因此,在大学期间他不但成绩次次名列前茅,而且还开办了一家属于自己的公司。

很多父母可能都会抱怨这位爸爸对年幼的儿子要求太严厉了,但事实证明这位父亲对儿子的教育是正确的。正是因为从小就受到了父亲的这种"残酷"教育,男孩才拥有了积极向上的个性。

在这个世界上,想坐前排的人很多,真正能够坐在前排的却总是少数。许多人之所以不能坐到前排,就是因为他们把坐在前排仅仅当成一种人生理想,而没有采取具体行动。那些最终坐到前排的人,之所以成功,是因为他们不但有理想,更重要的是他们把理想变成了行动。

所以,作为男孩的父母,我们不仅要让男孩有"永远坐在前排"的意识,还要鼓励男孩用积极的行动把这种理想变成现实。

方法三:告诉男孩,不要为掉到地上的冰淇淋哭泣

男孩高兴地拿着一个大蛋卷冰淇淋边走边吃。忽然一不小心,整个冰淇淋掉到了地上,散成一片。

男孩呆在那里不知所措,只是伤心地看着一地的冰淇淋。这时,妈妈走过来对他说:"儿子,既然已经这样了,那就脱下鞋子,妈妈告诉你一件有意思的事情。"

男孩真的把鞋子脱掉了,妈妈高兴地对他说:"快,儿子,用脚踩冰淇淋,看冰淇淋正从你的脚趾缝隙中冒出来呢。"天性爱玩的小男孩高兴地按着妈妈的建议去做了。

看着儿子玩得高兴的样子,妈妈也兴奋地说:"我敢打赌,你的小伙伴们肯定没有尝试过用脚踩冰淇淋!"

如果父母都能够这样教育自己的男孩,那男孩一定都会有一个积极、乐观的性格。任何事情都有两面性,父母多教男孩去发现事情的积极方面,你的男孩必定在任何事情上都能找到乐趣。

当积极、乐观成为男孩性格的一部分时,再大的困难、不幸、失败摆在他面前,他都能勇敢地去面对,兰乐于"享受"其中的滋味。

244

细节64

宽容——让你的小男子汉心胸宽广

　　曾看过这样一个故事：

　　有一对父子坐火车外出旅游，途中有位查票员来检查乘客的车票，父亲因为找不到车票而受到查票员的怒言以对。事后，儿子就问父亲：“为什么刚才你不怒目以对呢？”父亲说：“儿子，倘若这个人能够忍受他自己的脾气一辈子，为何我不能忍受他几分钟呢？”

　　我们不得不佩服这位明智的爸爸，他给儿子作出了宽容的榜样。

　　莎士比亚说：“不要因为你的敌人燃起一把火，你就把自己烧死。”当一个人的感情掌握了理智时，他将成为感情的奴隶；而当他战胜自己的感情时，他才会成为自己命运的主人。

　　在现实生活中，男孩们常常会因为一些小事跟别人发生冲突，如被别人踩了一下脚、在公交车上被别人挤了一下……这时，不懂得宽容的男孩要么是大发脾气，要么出口就是脏话，要么就是以牙还牙……

　　由于男孩好斗心理强，对待问题往往急躁、冲动，不能克制自己，与别人发生冲突是很经常的现象。但是，男孩是否能够体谅别人、是否能为别人着想，则与父母从小对他的教育有很大的关系。

　　现在的男孩很受父母的宠爱，哪怕是仅仅受了一点委屈，他们的父母往往也会心疼得不得了，于是便出现了这样的教育现象：

　　一位家长很生气地质问儿子：“到底谁打你了？”孩子一言不发，只知哭泣。“走，到学校去收拾他！”孩子还是呆立不动。“你怎么像木头一样？他打你，你就不会打他吗？”“是我不小心碰了他……”“碰了他，他就打你，你怎么不还手呀！找他去……”

　　这位家长的教育方式，不仅不能使男孩正确处理与同学之间的关系，还会影响到孩子将来对人际关系的处理，使孩子变得狭隘、小气，

甚至对待家人、朋友也是如此。

其实，与女孩相比，男孩的心胸是宽大的，他们不会在一些小事上过分计较。但父母的这种教育方式却令男孩的心胸一点点变窄，最后只能变得狭隘、斤斤计较、不会体谅他人……

◎ **给父母的建议**

宽容心对孩子来说是非常珍贵的一种情感，它主要表现为对别人过错的原谅。富有宽容心的孩子往往心地善良，性情温和，惹人喜爱；而缺乏宽容心的孩子往往性情怪异，易走极端，不易与人相处。

因此，父母及早教男孩学会宽容，不仅是为了孩子今天能处理好同学关系，更是为孩子将来的发展奠定基础。

方法一：及时纠正男孩"世俗"的观点

我们经常会听到男孩对父母说：

"妈妈，××真笨，他连毽子也踢不好，他怎么这么笨呀！"

"爸爸，××偷拿同学的文具被老师批评了，同学都不愿意理他了。我也不想和他玩了。"

……

说这些话时，男孩还会明显地流露出不满和不屑的神色。这时，父母就应该引起重视了，如果父母也顺着男孩的话说："××就是很笨。""不要和有缺点的孩子一起玩了。"……那么，很容易使男孩对他人产生偏见，进而变得不能容忍别人的缺点，影响孩子与他人相处。

这时，父母要及时纠正孩子"世俗"的观点，告诉你的男孩，人人都有缺点，人人都有可能犯错误，更多的时候，我们要包容别人的缺点，帮助别人改正错误。只有这样，男孩才能拥有一颗宽容、博大的心。

为了让孩子的观念不会变得"世俗"，做父母的最好不要在他面前以自己的眼光议论其他小朋友的缺点，否则容易让孩子对其他小朋友过于挑剔。相反，父母要尽可能表扬其他小朋友的优点，让他明白每个人都是有优点的。

方法二：正确对待男孩与同伴之间的冲突

在漫长的人生道路上，人与人之间的摩擦冲突是不可避免的，冷静处理才是上策。父母在男孩幼年时处理问题的方法，会给男孩留下深刻的印象，对他的一生影响极大。

小龙是家里的独子，全家人都把他当做宝贝似的，爷爷奶奶更是对

他疼爱有加。小龙上幼儿园时，和小朋友一起玩，不小心刮破了脸或是磕破了腿，奶奶便会找老师评理。在爷爷奶奶的庇护下，小龙渐渐变得骄横起来。一次，小龙与同学抢乒乓台，同学找来自己的哥哥打了小龙。

爸爸知道后勃然大怒，狠狠地说："没出息的东西，打不赢还有脸回来哭！下次人家打你，你就还手和他打，不能吃亏。"此后，小龙无心学习，整天带领一帮同学打架斗殴。爸爸这时才感到痛心疾首，却已经管不了孩子了！

孩子变成这样怪谁呢？

责任自然在父母。如果父母在孩子与他人发生冲突时，能够站在一个更客观的角度，告诉孩子要学会包容，并帮助孩子分析他的问题所在，那么想必孩子也不会变得如此斤斤计较、崇尚武力。

方法三：让男孩学会换角度思考问题

不管什么时候，父母都可以教男孩学会从他人的角度来看待问题，让他把自己置于别人的位置，设身处地地站在他人的角度来思考问题。

一位家长在她的教子日记里这样写道：

我给儿子买了一本《世界手枪》杂志。在学校里，儿子把杂志借给了同桌看，同桌一不小心，把杂志撕掉了一小角。

儿子很生气，不但让同桌赔他新的《世界手枪》杂志，还把这件事告诉了班主任老师。结果，儿子的同桌被班主任批评了一顿。

当儿子把这件事告诉我时，我想告诉他要宽容别人，多为别人想想，但我还是决定让他亲身体味一下不被人宽容的滋味。当天晚上，儿子不小心把一碗饭打翻了，我知道教育儿子的时刻来了。于是，我大声对他喊："你怎么搞的？吃饭也不好好吃，浪费粮食，罚你今天晚上不许吃饭了！"

儿子看到我这种态度，伤心地哭了起来："我又不是故意的。"

这时，我用平静的态度对他说："谁都有不小心犯错误的时候，妈妈只是想告诉你，因为不小心犯了错误而不被人原谅是很不舒服的。这正如你不原谅你同桌的不小心，还让老师批评他一样。你说，是吗？"

儿子不好意思地低下了头。

有时，由于年龄还小，孩子根本不会知道自己的不宽容会对别人造成多大的伤害。这时，只有让他亲自感受过，他才会明白宽容的重要性。

是非分明——让你的男孩对诱惑"免疫"

大多数男孩往往都会这样：他们有强烈的竞争心理，不希望自己比别人差；他们有强烈的占有欲和尝试欲，但自制力很差，事后往往对自己的某些行为后悔。于是也就产生了这样一个很严重的问题——男孩往往对诱惑的抵抗力很差。

事实也正如此，面对许许多多的诱惑：功能更多的文具盒、更神气的汽车模型、更刺激的电脑游戏……男孩往往会败下阵来，哭着闹着让父母给他买。

其次，面对诱惑，男孩无力抵抗，除了与自制力差有关之外，男孩的虚荣心强也是很重要的一个原因。

我们常说男人爱"面子"，其实，在男孩时代，爱"面子"的倾向已经明显表露出来：

"我爸比你爸官大。"

"我家比你家有钱。"

"我家房子比你家房子大。"

……

是的，虚荣心强、不愿输给别人的小男孩喜欢攀比。但是，久而久之，这种攀比产生的结果是：他习惯了吹牛、说谎，他习惯了向父母要求一切更高级的东西，他习惯了偷窃……

不仅如此，如果孩子一直虚荣攀比，他会过分地追求物质方面的享受，而轻视劳动、学习、道德，这会严重影响孩子价值观和道德观的形成。一个价值观和道德观不正确的孩子，在任何领域都是无法立足的。所以，做父母的千万不能纵容你的男孩对诱惑毫无免疫力。

◎ 给父母的建议

其实,孩子攀比心理的形成不能全怪孩子,他们毕竟年龄尚小,生活经历不深,不可能建立起评价事物的正确标准。所以,做父母的积极、及时地引导,孩子虚荣、攀比的坏毛病会很容易改掉。如果父母继续为他传输积极、正确的价值观和道德观,男孩就会变得"百毒不侵",从此对诱惑免疫。

方法一:区分"想要"和"需要"

对诱惑的免疫力比较低的男孩常常向父母要这要那。面对孩子的诸多要求,做父母的如何分清哪些是合理要求,哪些是过分要求呢?

10岁的儿子要求爸爸为他买一个臂力器,爸爸问他:"你是'想要',还是'需要'这个臂力器呢?"

"我想要。"

"对不起,你'想要'但不'需要'的物品,我不能满足你。"

听爸爸这样一说,儿子马上改口:"我需要。"

"你为什么需要呢?"

"……"儿子无言以对。

"儿子,如果你说你学习要用一本字典,或者生活中必须要用某一件物品,爸爸会高兴地去给你买。但是,你想要的物品,往往是你的虚荣心在驱使你这样做。爸爸不能助长你的虚荣心,所以不会满足你的这种要求。你能听明白吗?"爸爸一本正经地给儿子讲道理。

儿子虽然很不高兴,但仍然点了点头。

几岁到十几岁的男孩子,往往虚荣心很强。由于好奇和攀比的心理,他常常会向父母要东西。这时,父母一定要分析孩子是"想要"还是"需要",并给他讲明这个道理,才能既不伤害孩子的自尊,又不助长他的虚荣心,同时,还能帮助孩子有效地抵抗诱惑。

方法二:对孩子的过分要求采取冷处理

男孩:"妈妈,你给我买个新书包吧。"

妈妈:"不是刚买了书包吗,怎么又要买?"

男孩:"我的书包不好,现在有一款新书包,能起到保健的功能,我们班有好几个同学有呢。一个书包有多种功能,多好呀,你就给我买一个吧。"

……

面对男孩的唠叨,这位妈妈不予理睬,继续忙自己的家务。看妈妈不为自己的要求所动,这小家伙一会儿就把买新书包的事情忘记了。

面对男孩的过分要求,做父母的千万不可轻易满足他,否则只会助长他的虚荣心,降低孩子对诱惑的抵抗力。

当孩子提出某些要求时,父母可以先了解孩子想购买该物品的动机,如果孩子只是想显示自己或与别的同学攀比,这时,父母可以对孩子的要求采取冷处理。即对他的要求不作任何回答,给他一定的冷静时间, 等他确定这个物品是否真的需要后, 再和他一起讨论是否需要购买。这样,即便父母的观点他不能完全接受,他也不会轻易再向父母提出过分要求。

当然,父母也可借此机会对他进行深入教育,告诉他,其实他花的每一分钱都来之不易。当你的男孩明白了这些时,他对诱惑的抵抗力就会提升一大截。

方法三:给你的小男子汉订一个规矩

对待虚荣心、攀比心极强的男孩,最好的教育方法就是树立权威、订立规则,父母的妙招先行,不给他机会去讲究面子和排场。

小帅升入初中以后,爸爸就给他订立了一个购买规则,其内容如下:

1.每学期开始,可以购买一身新衣服,但是价格不得超过 200 元。

2.每个月购买一次书、本、笔等文具,但课外读物仅限一本,如果多买,钱在每月的零花钱里扣除。

3.如果小帅赢得爸爸设制的"挑战",如学期末学习成绩有进步,可奖励吃一次肯德基。

明白了自己的消费是有限制的之后, 男孩一般就不会对好吃的、好玩的等有太多的欲望。如果父母再适度引导,这些精力充沛的小男孩便会把学习当做努力的目标。

在订立规则的同时, 父母还可以对孩子进行理财方面的教育,让他知道任何东西都来之不易,这样他才能学会节约和珍惜。

方法四:给男孩打一针"诱惑"的"预防针"

男孩经常会问父母这样一个问题:"爸爸(妈妈),你每个月的薪水

是多少呀？"也许他只是随便问问,但是,父母却要警惕孩子因此去与别的孩子进行攀比。那么这时,做父母的应该怎样回答呢?也许很多父母会如实回答,也许有些父母会告诉孩子:"这不关你的事,别问。""问别人的薪水是不礼貌的行为。"但是,最聪明的答案应该是什么呢?让我们来看看这位家长的回答:

"儿子,在回答你这个问题之前,我先告诉你,在这个世界上,有很多人比我们穷,也有很多人比我们更富有。虽然我们家的生活水平比一般的家庭要好一些,但是爸爸妈妈还有你都要继续努力工作,努力学习,那样我们就会迈向更富有的生活。"

这位家长很巧妙地给孩子打了一针"诱惑"的"预防针",这样的回答就让孩子知道了:比我们富有的人很多,只有通过努力学习、努力工作才能追上他们。这样,即使孩子问这个问题的目的是去和别人攀比,但听了家长这样的回答,他也不会再去比了。

另外,这位家长的回答巧妙之处还在于,他告诉孩子,虽然我们的家庭不是非常富有,但比一般的家庭要好,这样会使孩子因生活在这样的家庭里而感到自豪。同时,他让孩子知道了,我们的家庭并不是最富有的家庭,这也增强了孩子的家庭责任感。

创新——男孩标新立异的武器

男孩的头脑里总会冒出很多奇怪的问题，常常把父母弄得无法回答；

男孩喜欢破坏，但他们总会"创造"出新的玩具；

男孩喜欢与老师对着干，他们总是怀疑老师所给的答案是否正确；

……

可以这样说：几乎每个男孩都爱问，喜欢探索、创造……而男孩的这一特性，也正是成功者的必备特质之一——喜欢质疑。

大科学家爱因斯坦在回答他为什么可以如此出色时说："我没有什么特别的才能，不过喜欢寻根刨底地追究问题罢了。"

大文学家巴尔扎克说："打开一切科学的钥匙，都毫无异议的是问号，我们大部分伟大发现应归功于为什么，而生活的智慧大概就在于逢事都问个"为什么"。"

所以，作为父母，请不要嫌你的"小问号"麻烦，也不要因为他拆了你名贵的手表而批评他，更不要因为他质疑老师的权威答案而责备他。要知道，质疑往往是创新思维的源泉。

给父母的建议

能够提出问题，证明你的男孩在思考。所以，父母千万不要认为，孩子提出很难回答的问题是故意刁难自己，也不要出于保护自己的自尊，一口回绝孩子的提问，甚至训斥、恐吓孩子，否则只能让你的孩子迷信权威，不再思考，成为只会沿着别人走过的路行走的跟随者。

方法一：鼓励男孩的奇怪问题

爱提问是男孩子的天性，但由于他们思维的不成熟或者某方面

知识的欠缺,他们提出的问题在成人看来往往很可笑。这时候,父母千万不要嘲笑孩子的幼稚,否则男孩善于质疑的天性就会慢慢消失掉。高尔基曾经说过:"对儿童的问题,如果回答说'等着吧,长大了就会懂',这等于打消了儿童的求知欲。"

一位妈妈是这样对待儿子的奇怪问题的:

妈妈正在做包子,7岁的儿子坐在小凳子上看着。儿子忽然想到了什么,问妈妈:"星星是从哪儿来的?"

妈妈先是一愣,接着回答说:"这个问题很有意思,你想想看呢?"

儿子出神地注视着母亲揉面的动作———母亲揉面,揪面团,擀面饼,包包子……

看了好一阵子,他高兴地对妈妈说:"我知道星星是怎么做出来的了,是用做月亮剩下的东西做的。"

妈妈听了先是愣了一下,然后特别激动地亲了儿子一口:"宝贝,你的想象很奇特也很出色,值得奖励。"

吃过饭,妈妈又给儿子讲起了女娲造人的传说……

父母的鼓励会使孩子提出的问题越来越多。当然,父母还应区别对待孩子的提问,对于孩子能够自己解决的问题,父母最好鼓励孩子自己去解决。这样,不仅解决了孩子的问题,也可防止孩子养成依赖父母的习惯。父母如果也不好回答的,就要引导孩子进一步学习知识,自己去寻求答案。

方法二:父母要善于问孩子问题

生活中充满了问题,父母也会向孩子提出无数的问题。如"1+1=?""你们班里哪个小朋友最听话?""看,这有几个苹果?"……可很多时候,父母只是一味地提着"封闭式"的问题,这样的问题答案几乎只有一个。

而最能激发孩子更多问题的,恰恰是那些让孩子思维发散的问题,是允许孩子自由发挥的问题。

台湾学者陈龙安总结出了发问技术的"十字诀",对父母教育孩子会有很大的启发。这"十字诀"是:假、例、比、替、除、可、想、组、六、类。

"假":就是以"假如……"的方式和孩子玩问答游戏;

"例":即是多举例;

"比":比较东西与东西间的异同;

"替":让孩子多想有什么是可以替代的；

"除":用"除了……还有……"这样的公式启发；

"可":可能会怎么样；

"想":让孩子想象各种情况；

"组":把不同的东西组合在一起会如何；

"六":就是"六何"检讨策略，即为何、何人、何时、何事、何处、如何。举例来说，孩子要去郊游，就可和孩子讨论请谁一起去、何时去、为何要去、到哪里去、带什么去……问题越多元化，孩子所受到的思考刺激越多；

"类":是多和孩子类推各种可能。

作为父母，就要做善于向孩子提问的父母，善于提问题的父母可以给孩子一种示范，即"父母经常会提出一些问题，我也应该多提提问题"。父母还可以与孩子比赛提问，通过竞赛的形式，提高孩子提问的兴趣，进而使他养成善于质疑的习惯。当然，父母在向孩子提出问题时，内容要符合孩子的年龄和知识范围，不能提得过难或过易，不然都会挫伤孩子思考的积极性。

方法三：鼓励你的男孩自己动手去解决问题

一天，家里来了客人，妈妈让小光给客人倒茶。当小光端茶出来的时候，由于碟子太滑，茶碗在上面来回滑动，妈妈一声不响地在碟子上又泼了一点点茶。

这件小事让小光感觉到好奇，等客人走后，小光问妈妈："为什么在光滑的碟子上茶碗很容易滑动，当你洒了点热茶在碟子上后，茶碗又不动了呢？"

妈妈没有直接回答他："你可以多做几次试验，研究一下呀！"

于是，小光真的动手做起试验来，在仔细的观察和认真的思考后，小光终于得出了结论：茶碗和碟子表面总有一些油腻，使它们之间的摩擦减少，所以容易滑动；洒上热茶后，油腻溶解了，摩擦加大，所以不容易滑了。

对于稍大一点的男孩，当他提出问题时，父母先不要急于回答，而要鼓励他自己动手去查资料或做试验去寻找答案，这样更有利于他探索精神的培养。

有理想——让你的小男子汉壮志凌云

男孩子的脑子里总是充满奇奇怪怪的幻想，他们往往心比天高："我要像奥特曼那样去解救地球、去拯救从类。""我要自己研究一艘太空飞船，自己去太空旅行。""我要做一位神奇的爱心大使，让世界充满爱。"……

教育学家表示，现代社会，在年轻的心灵中，在爱做梦的年龄里，孩子们是不乏理想的。尤其是那些好奇心和探索欲更为强烈的男孩子，他们总在憧憬自己美好的未来。

不管物质条件如何，老一辈人一直在对他们的男孩灌输这样的思想：男儿志在四方，男子汉一定要活得惊天动地、轰轰烈烈……因此，一代又一代的男子汉都奔着这些目标去挥洒他们的满腔热血。

◎ 给父母的建议

每个家长都希望自己的儿子拥有远大的理想，将来能有出息。然而，孩子的理想总是和他的生活息息相关：他看到理发店里的叔叔很酷，便梦想着长大后也能像他们那样；他看到火车司机可以开那么长的火车，很羡慕，便梦想着长大后去开火车；他看到电视上的神枪手很厉害、很神奇，便把自己的目标定位在神枪手上……

其实，孩子的理想是随着他们年龄的增长和认知水平的提高而不断改变的。所以父母没有必要对孩子"没出息"的理想而感到紧张。

但孩子毕竟是孩子，在大多数情况下，他们对理想、对人生价值的认识是肤浅的、模糊的。所以，父母对孩子进行正确的引导，是十分必要的。

方法一:要注重周围环境和自身对于男孩理想的影响

男孩是好奇的,但他们又是自控力很差的,所以周围的环境会对男孩树立正确的理想有着很大的影响。如果他生活在是一个平庸、消沉的环境,将很难树立远大的志向。我们都知道孟母三迁的故事:

孟子小的时候非常调皮,孟母为了让他受到好的教育,花了很多的心血。一开始,孟子与母亲住在墓地旁边,孟子就每天和邻居的小孩一起学着大人跪拜、哭嚎的样子,玩起办理丧事的游戏。孟母看到了,皱起眉头:不行,我不能让我的孩子住在这里了!孟母于是就带着孟子搬到市集旁边去住。

到了市集,孟子又和邻居的小孩,学起商人做生意的样子,一会儿鞠躬欢迎客人,一会儿招待客人,一会儿和客人讨价还价,表演得像极了!孟母知道了,又皱皱眉头:这个地方也不适合我的孩子居住!于是,他们又搬家了。

这一次,他们搬到了学校附近,孟子开始变得守秩序、懂礼貌、喜欢读书。这个时候,孟子的妈妈很满意地点着头说:这才是我儿子应该住的地方呀!

当然,我们并不是鼓励父母为了孩子能树立正确的理想而搬家,只是提醒父母,如果孩子正处于一个消沉的、没有目标的环境中,不妨经常带孩子换一个环境,多接触一些有抱负、有目标、积极的人,帮孩子融入到他们中间,从而让孩子也树立远大的抱负。

另外,父母还可以经常给孩子讲讲自己的理想以及实现的情况,在有理想、有目标的父母的带动下,孩子怎么能没有远大的理想呢?

方法二:给男孩一个关于理想的暗示

一位妈妈这样介绍了自己引导孩子树立理想的经过:

儿子很小的时候,我就问他:"你长大了想做什么呀?"

儿子回答说:"要帮妈妈洗衣服。"

"傻孩子,我是问你长大后具体想从事什么工作。"我耐心地给他解释。

"做爸爸!"

我看着儿子哈哈大笑:"嗯,做个像爸爸一样的男子汉也不错。"

后来,儿子上了小学,我再问他长大后要做什么,他却很迷惘,告

诉我说不知道。于是,在平时聊天时,我就试着给他种种暗示:"儿子,你看蓝天多美呀,小鸟在蓝天上飞翔肯定特别幸福。"

儿子看看蓝天,也看看小鸟,突然对我说:"妈妈,我也喜欢蓝天,我也想和小鸟一样在天上飞。"

"傻儿子,并不是只有小鸟才可以在天上飞,飞机也可以呀。"

"是呀,妈妈,我长大后要去开飞机,这样就可以自由自在地在天上飞了。"

儿子的理想就这样诞生了。

现实中,没有理想的孩子不在少数。如果孩子不知道将来要做什么时,父母不妨给孩子一个暗示:"当老师可以整天与一群无忧无虑的孩子在一起。""当医生会被人们尊为'白衣天使'。"……如果孩子对这一方面感兴趣,他自然会把这些定为自己的理想,并为实现理想而努力。

方法三:将男孩庸俗的理想变为伟大的理想

当爸爸问腾腾的理想是什么时,腾腾一本正经地告诉爸爸:"我的理想是做大官。"

"为什么呀?"爸爸问他。

"大官可以管很多人,很威风。"腾腾自豪地回答。

"仅仅是因为威风就想做大官吗?不为人民办事的大官,人民是不会喜欢他的。如果这个大官很坏,人民还会把他赶下台。"爸爸很认真地对腾腾讲。

"那什么样的大官才是人民喜欢的呢?"腾腾争大眼睛急切地等待着爸爸的答案。

"只有那些真心实意为人民服务,为人民办实事的大官,人民才会拥护他。"

"那我就做为人民办实事的大官。"

有时,由于受社会环境等因素影响,孩子会讲出一些你意想不到的理想,如做个很有钱的人、做大官等。这时,父母不要认为孩子的理想太过庸俗,就对其进行批评。其实,经过父母的正确引导,孩子的理想会很快回归到正确的价值轨道上来。

当孩子说出他的理想是做个很有钱的人时,父母也不要认为孩子的理想很现实,便对其大加称赞,这样很容易使孩子进入价值观的误

区,进而影响孩子以后的人生道路。如果父母对孩子稍加引导:"有了钱是为了救助更多的贫困儿童上学是吗?你真有爱心。"这样就会使孩子走出价值观的误区。

另外,父母要特别注重现代媒体(电视、电影、网络等)对孩子理想的误导,一旦发现孩子受到某些歪曲价值观的荼毒时,要及时作出反映,向孩子灌输正确的价值观。

方法四:让小男子汉的理想与现实接轨

有些小男孩的理想属于"空想",光说不练,遇到这种情况,父母不要讽刺他,而要想办法借助外力让他把理想落实下来。比如孩子说想当警察,你就带他去参观一下警官学校,让他自己打听一下做警察需要什么条件,这样他就不好再发空论,只好努力创造条件实现自己的理想了。因为这时他已经明白,如果不干实事,只能离理想越来越远。

有的男孩眼高手低,不但不努力,志向还很远大。这时,父母可以用职业落实的办法来使孩子清醒。

洋洋不认真学习,还扬言长大后要做科学家。爸爸看到这种状况,没有批评他,而是带他来到一个朋友所在的科研单位。在这里,爸爸请真正的科学家向洋洋介绍科学家需要的素质、科学家怎样生活、要想当科学家需要达到什么样的水平,等等。

听了科学家的介绍,洋洋明白了,自己想当科学家,还存在很大的距离。于是他调整对自己的期望值,把目标先定位在每一次的学习成绩上,从此认真学习。因此,每取得一点点进步,他就觉得自己离目标又近了一点。

男孩有壮志凌云的理想是件好事,但当理想与行动存在很大的落差时,父母就要采取行动了。这样,这些小男子汉的"壮志"就不会仅仅表现在嘴上了。

爱心——父母送给男孩最珍贵的礼物

我国民间有一句俗语,叫"养儿子不如养女儿好,女儿是爸妈的'贴心小棉袄'"。的确,生活中,有些男孩好像"冷血动物",他们大大咧咧,常常发现不了父母有什么异常;他们不会像女孩那样关心、体贴父母;甚至很多男孩长大后会"娶了媳妇忘了娘"……

其实,父母怪不得别人,这些往往都是由父母一手造成的。很多教育学家都在呼吁:"家长们,把你们的爱藏起一半来吧,过多的爱只能让这些孩子变成自私鬼、吝啬鬼、冷漠鬼……"

任何一个孩子都不是天生就缺乏爱心的。儿童心理学家研究表明,善良和同情是孩子的天性。婴儿1岁前就对别人的情感有反应,如果旁边有孩子哭,他会随之一起哭;两岁时,孩子看到别人哭,就会拿自己喜欢的东西去安慰,这表明他已能清楚地分辨自己和他人的痛苦,并有了试图减轻别人痛苦的本能,只是不知道该怎样做才好;到了五六岁时,孩子开始进入认知反应阶段,他知道什么时候该去安慰正在哭泣的同伴,什么时候该让他独处。这些都是孩子善良的表现,但如果后天得不到很好的培养,他的爱心就会逐渐消失。

◎ 给父母的建议

有爱心、善良作为一种品质,对一个人的成长发展具有非常积极的影响。因此,父母若想使自己的男孩长大后能成为一个对社会有用、品德高尚的人,必须重视从小培养他善良的品性。

方法一:让你的男孩学会爱你

一个不懂得爱自己父母的孩子,便等于失去了做人最基本的素质。因此,对孩子的爱心培养、善良的个性培养,应从让他学会爱自己

的父母开始。

爸爸周六要带小男孩去爬山，小男孩兴奋极了，一直期盼周末的到来。但是，周六这天早晨，妈妈的胃病犯了，为了让儿子开心快乐地去玩，妈妈故意忍着，不让自己痛苦的表情表现出来。

不过，妈妈的异样状态被爸爸看出来了，他把儿子叫到一边，对他说："儿子，今天我们不能去爬山了，因为妈妈不舒服。"

"怎么可能呢?我看妈妈很健康，她刚才还为我收拾东西呢!"男孩不信。

"你没有发现妈妈的脸色苍白吗?她是为了不让我们担心，才没有在我们面前表现出痛苦。"爸爸耐心地给儿子讲解。

"我不信!我不管，我一定要去，这一天我盼了很久了。"男孩着急地说。

"儿子，我知道你很想去爬山，但妈妈病了，如果我们出去玩，谁来照顾妈妈呢?"爸爸表现出极大的耐心。

男孩还是坚持一定要去。

最后，爸爸坚决地说："我觉得作为一个男子汉，爱他的妈妈比玩更重要。"说完转身离开了。

只有让你的男孩学会爱你、体谅你，他才会用他善良的心去爱别人、体谅别人。所以，在日常生活中，父母在爱自己儿子的同时，还要学会向你的儿子索取爱。这样，他才不会觉得父母对自己的爱是理所应当的，才会把爱父母当做一种自发的行为。

方法二:教男孩爱护动植物

刚上一年级的小男孩东东和小朋友们在院子里踢球，有人起哄说："谁能踢中王爷爷家屋檐下的燕子窝?"正玩得兴高采烈的东东大喊了一声："我!"随后一个飞脚……砰的一声，两只雏燕随着球一起滚落到地上，痛苦地拍动着羽翼未丰的翅膀。这一幕正好被东东的爸爸看到，他把东东叫到一边，严肃地对他说："如果有一天爸爸妈妈找不到你了，我们会怎么样，你又会怎样?"

"爸爸妈妈会很着急，我会很害怕。"东东认真地说。

"那两只燕子的爸爸妈妈找不到孩子会不会很着急?"

"会。"东东低下了头。

爸爸接着对他说:"你看那两只小燕子,那么小就找不到爸爸妈妈了,还被你摔在了地上,它们痛苦吗?"

"嗯,那怎么办呀?"显然,儿子很着急。

"你可以把它们再送回'家'呀!"爸爸建议他。

"可是,我够不到……"儿子看看那高高的燕子窝。

"你可以请我帮忙呀。"

在爸爸的帮助下,东东终于又把小燕子送回了"家"。

在男孩小的时候,父母就要教育他不要攀摘花草、欺负小动物,并且要告诉他动植物也是有生命的,人类要和它们和谐相处。这些都有利于培养男孩善良的个性。

方法三:教你的男孩学会同情别人

缺乏同情心的男孩只关心自己,只顾自己的快乐,而无视别人的痛苦,甚至会把自己的欢乐建立在别人的痛苦之上,这种孩子是很可怕的。因此,父母要在生活中正确引导,从小就注重培养孩子的同情心。

一位妈妈介绍了她的经验:

儿子小的时候我就有意识地培养他的同情心。当看到有比他小的小朋友摔倒时,我就启发他:"你看那个小朋友摔倒了,你摔倒的时候是不是很疼呀?小妹妹一定也很痛,我们快去把她扶起来吧。""看,小妹妹哭得好伤心呀,快拿出你的小手绢帮她擦擦眼泪吧……"就这样,儿子的同情心就在不知不觉中被培养起来了。

由于年龄的因素,也许孩子体会不到别人的痛苦,这时父母巧妙地引导孩子转换看问题的角度,让他想象自己受伤或摔倒时的痛苦,他就会同情别人了。

第八章

习惯培养，关乎男孩一生的成败

引语
YIN YU

男孩懂不懂礼貌、爱不爱劳动、做事讲不讲效率……这些是小事吗?

教育无小事! 更重要的是,这些习惯与男孩未来的成败是联系在一起的。

让我们将目光定格在 20 年后:

一个不懂礼数的男士,是很难在事业上取得成就的;

一个不讲效率的男士,做任何事都将落在他人之后;

一个不爱劳动的男士,很有可能会沦落为"啃老族";

……

习惯决定成败,习惯决定命运。所以,在男孩小的时候,父母就要赋予他这些影响命运的好习惯。

细节69

懂礼貌——让你的男孩告别"坏小子"

与女孩相比,男孩更容易变成不讲礼貌的"坏小子"。

也许作为父母,你会认为:男孩子嘛,不注重这些小细节是很正常的。然而,你却忽视了这样一个问题:一个个小细节都不被重视,你的男孩也许很快就会变得无法无天,而且作为父母也会受到"牵连"。

小男孩季华的成绩很好,邻居们常常夸奖他,季华妈妈觉得脸上很有光,所以,在家里什么事都由着他。即使季华与父母顶嘴,妈妈都舍不得严厉地说他两句。

有时候,小季华乘电梯时横冲直撞,不懂说"对不起""谢谢",不跟人打招呼……妈妈虽觉得孩子没礼貌,却认为这些都是小事,而且觉得男孩子嘛,大大咧咧没太大坏处。

然而,前段时间发生的事,却让小季华的父母备感难堪。父母带小季华参加一个正式晚宴,别人还没入席,小季华却已经一屁股坐到正中位,旁若无人地吃了起来。等到上龙虾这道菜时,因为爱吃,他把整盘都端到自己面前,就像在家里一样。虽然大家都说"没关系,没关系",但季华的父母还是觉察到了别人鄙夷的目光……

现实生活中,像小季华父母这样的家长并不在少数。他们往往认为孩子说脏话、乱翻别人东西等,都是些小事,不必去斤斤计较,只要孩子学习成绩好就行了,因此对孩子的这些不礼貌行为睁一只眼、闭一只眼。殊不知,这种态度只能使孩子的行为越来越恶劣。

孩子并不是天生就不懂礼貌,但是,他们分辨"对"与"错"的能力并不是很强。当孩子与长辈顶嘴、遇人不打招呼、该说"对不起"不说时,父母对这种行为不进行制止,反而仍以微笑的眼光看着孩子,孩子就会以为这样的行为是正确的,不但以后会继续做这些不礼貌的事情,

263

第八章 习惯培养,关乎男孩一生的成败

甚至会以此为荣。

只有养成正确的教子观念,才能培养出有礼貌的小男子汉。对此,父母应该有这样的意识:男孩不礼貌的习惯一旦养成,要想改掉可就不是一件容易的事情了!

◎ 给父母的建议

当男孩出现各种各样不文明、不礼貌的言行时,做父母的千万不可置之不理,当然,也不可由于过分着急就对男孩大打出手。当男孩产生叛逆心理时,这种接物待人不礼貌的坏毛病将更不容易改掉。

做事讲究方法往往会收到事半功倍的效果,教育孩子更是如此。

方法一:针对不礼貌言行,给男孩一个明确的态度

年龄比较小的男孩往往没有很强的是非分辨能力。他们说脏话,表现出不礼貌的行为,有时是因为好奇,有时是因为好玩,有时是为了模仿别人……不管什么情况,父母都要给他一个明确的态度,让他认识到这种行为是错误的。

一次,妈妈不小心把龙龙的玩具弄坏了,龙龙不高兴了,冲着妈妈就说:"妈妈,你没长眼睛呀……"

听着这些不礼貌的脏话从儿子嘴里说出来,妈妈愣了。但她马上又恢复了理智,很生气地对龙龙说:"不许你这样说,不管别人做错了什么,你都不能说脏话。"

龙龙还很有理由地狡辩说:"我们班的好多小朋友都这样说。"

"我们家都是讲礼貌的人,在我们家人人都不允许这样说。"妈妈态度很明确地说。

从此龙龙再也不敢说脏话了。

告诉你的男孩,"我们家里不允许有不文明的言行",就等于给了男孩一个很明确的态度,说脏话、不礼貌的行为都是错误的、不被允许的。即使是走出门,这种明确的态度对他的言行都会有一定的约束作用。

方法二:让孩子做一次懂礼貌的小主人

一位母亲在她的"教子笔记"中介绍了自己的教子心得:

一次,家里来客人,要陪客人聊天时,我就和儿子说:"乖宝贝,你

自己去那边玩吧！"

"嗯。"儿子嘴上答应着，却不肯动。

儿子一会儿开门，一会儿关门，一会儿又缠着我要这要那，或在客人面前做出不礼貌的行为。于是，我装作去换茶，来到厨房，低声细语地把他叫过来，狠狠地教训了他一顿。这样一来，儿子非但没有变老实，反而变本加厉。

儿子屡教不改，这种情况都发生好几次了。这时，我不得不反思：这个小家伙在想些什么呢？

有一次，趁儿子高兴，我小心地问他："你看你现在多乖呀，可是为什么家里来客人时，你就淘气、不听话呢？"

"你光和客人说话，真没意思！老是叫我到那边去，好像我是个讨厌鬼似的。这太没意思了！我也想和客人讲话。"儿子委屈地说。

这时，我才恍然大悟，要是早了解这些，儿子就不用受前几次的皮肉之苦了。于是，后来家里再来客人时，我就会让儿子帮忙招呼客人，比如我会这样对儿子说："儿子，看叔叔来了，先给叔叔拿拖鞋，再给叔叔端茶，好吗？"渐渐地，儿子果然变得很懂礼貌了。

家里来客人时，让男孩帮忙做点力所能及的事情，这样，男孩会因为自己得到"重用"而感到自豪，就会更努力地遵从父母的要求。

另外，父母还应该注意，家里来了孩子陌生的客人时，父母一定要先把男孩给客人作个介绍。当父母把男孩郑重其事地介绍给客人时，男孩会有一种被尊重的感觉，这时他往往会更听话。

方法三：让你的男孩学会互换角色

小孩子是很单纯的，有时他们的不礼貌行为，往往是由于他们没意识到那是一种错误的行为。这时，做父母的就要想办法让你的男孩意识到自己的错误。

一位爸爸是这样教育自己儿子的：

一次家里来了客人，小男孩却一个劲儿地吵闹，也不理会客人。等客人走后，爸爸对儿子说："儿子，咱们俩来做个游戏好不好？"

"好呀，什么游戏？"爱玩的小男孩很高兴。

"我们来做一个做客的游戏，我是主人，你是客人，你来我们家做客，怎么样？"

"好呀,我最喜欢去别人家做客了。"

游戏开始了,"小客人"高高兴兴地来了,然而"主人"却很冷淡,不给"小客人"倒水、拿水果,还对"小客人"不理不睬。这"小客人"马上就不乐意了:"爸爸,你这样对待'客人'是不礼貌的!"

"你也知道这样不礼貌呀,那刚才来的那位叔叔跟你打招呼,你为什么不理不睬呀?"没想到爸爸"将"了他一军。

"因为我是小孩。"男孩有点底气不足了。

"小孩就可以不讲礼貌吗?小孩子也是主人呀,也要热情地招待客人,对不对?"爸爸耐心地给男孩讲道理。

"对不起,爸爸,我知道错了。要不你来当'客人'吧,好不好?"说着这个"小主人"便开始给"客人"倒茶、拿水果。

在教育男孩要懂礼貌的时候,父母不妨采用"角色互换"的方法。让你的男孩感受一下别人对他的不礼貌,他就会明白礼貌的重要性了。

方法四:在家练习,回家表扬

想让男孩给众人留一个好印象,父母在带他外出前,就应对他来一次"培训",这样孩子出现不礼貌行为的几率就会小很多。比如:

今天妈妈要带男孩会见一位朋友,在出发之前,妈妈可以和孩子做一个提前练习。如告诉男孩待会儿会见到什么人,要如何称呼,以及该说什么,让他想象见面时的场景,然后再练习一下。

见了面,妈妈要故意给男孩留出一定的时间,等待他与朋友打招呼,而不是忙着先说话。如果过了将近一分钟,男孩还是没有向朋友打招呼,妈妈应该鼓励孩子把先前练习过的话说出来。如果孩子因害羞而一时怯场,让孩子点点头、笑一下也可以。

回家后,妈妈要极力赞赏孩子今天所做的事,例如:"你今天和叔叔打招呼了,做得很好。"其实男孩很精明,当发现"嘴甜"可让大家都开心,又可得到奖赏时,他会很乐意去做这件事。

热爱劳动——让男孩做个勤奋少年

不管是男孩还是男人,他们好像天生与"懒"有缘。家里的家务他们从来不喜欢管,柴米油盐等这些麻烦的事情他们也从来不愿去操心,甚至连他自己的事情,如换衣服、洗澡等有时都要女人提醒。

其实,男人(包括男孩)的懒往往是女人一手造成的。女人看到地板脏了,常常是一边抱怨男人懒,一边自己把地擦干净——如果一直这样,男人永远都不会变勤快,因为女人根本就没给他变勤快的机会。

同样的道理,对于那些懒惰男孩来说,造成他们懒惰的原因,往往是因为父母(大多数是妈妈)太过勤快。其实,每个男孩都不是天生就有懒惰的坏毛病,往往是父母的某些想法和行为扼杀了他们勤劳的特质。

某天,男孩醒来后,突然心血来潮想要自己穿衣服。这时,妈妈一边把衣服套在他的身上,一边对他说:"好宝贝,我来帮你穿吧,妈妈上班快迟到了。"

有一天,男孩看妈妈扫地很好玩,便对妈妈说:"妈妈,我想帮你扫地。"妈妈不耐烦地说:"去找爸爸玩去吧,妈妈不用你帮忙,你越帮我越忙。"

可想而知,男孩没有变勤快的环境,自然就养成懒惰的坏毛病了。

我们都知道,每个男孩都有很强的好奇心理,他们对待一切新鲜事务都跃跃欲试,例如扫地、洗碗等。当他们有参与劳动或有干新鲜事情的积极性时,父母如果经常对男孩加以制止,男孩想劳动的积极性就会渐渐消失,于是他们便会心安理得地认为,家务就是父母应该做的,父母伺候自己是应该的。

即使随着年龄的增长和受教育程度的提高,他们慢慢明白,父母不让自己做家务是出于对自己的爱,但懒惰的习惯已经养成,并不是一朝一夕就能改掉的问题。

◎ 给父母的建议

勤奋永远是成材的钥匙，男孩具备了勤奋这种可贵的品质，其人生也就成功了一半。所以，家长一定要及时纠正孩子身上懒惰的恶习，培养孩子勤奋、热爱劳动的美德。

方法一：任何时候都不要打击男孩劳动的积极性

从男孩自身的特点来说，由于好动，他们往往很乐意自己动手做点什么。所以，当男孩表现出劳动的主动性时，做父母的切不可泼冷水，而应以极高的热情鼓励孩子："噢，知道帮妈妈干活了，是个大孩子了。""快来看，儿子自己洗的手绢真干净！"

也许，由于男孩刚刚接触家务，手脚还不够灵活，常常会出状况，如桌子越擦越脏、地扫得乱七八糟等等。这时候，父母千万不可对男孩失去耐心和发脾气，否则男孩劳动的积极性很容易被打消。另外，父母还要耐心地教给男孩做事的具体方法和技巧。

祥祥觉得妈妈拖地很好玩，便对妈妈说："妈妈，我来帮你拖吧？"妈妈觉得该让儿子尝试着做些家务了，便笑着对他说："你真是个有爱心的好孩子。来，你拖吧，不过要小心点呀！"

祥祥很高兴地拖起地来，虽然他很用力，但很多地还是没有拖干净。妈妈这时走过来，对他说："妈妈忘记告诉你了，拖布要多用水冲洗一下，然后才能把地拖得更干净。"

祥祥按着妈妈教他的方法，多用水冲洗了几次拖布，果然地板变得特别干净了。这时妈妈仍然不忘鼓励这个像打了胜仗一般的小英雄："我们家祥祥真的长大了，看，地拖得多干净呀！"因为妈妈的鼓励，祥祥经常会帮妈妈拖地。

对于男孩来说，夸奖往往比责骂更有力量。因此，在男孩劳动过程中遇到困难的时候，父母千万不要简单地对孩子说："你自己想办法吧！"或者把孩子搁一边不管他，或者严厉地责怪孩子无能，这样会让孩子感到自己没有本事，从而产生厌倦的情绪。

此外，在男孩取得进步的时候，哪怕这个进步是非常微小的，父母也要鼓励他，让他从劳动中体验到快乐和幸福。

方法二:聪明的家长会"罢工"

当男孩有懒惰倾向时,做父母的一定不要迁就他,一定要想办法让他参加劳动。那么,如果男孩就是不听父母的话,就是坐着不肯动怎么办呢?

上五年级的小男孩彭涛很懒,他不但不会帮妈妈做简单的家务,甚至连他自己的衣服、袜子都要妈妈帮他洗。妈妈对彭涛懒惰的恶习很头痛,思来想去,决定要好好管教孩子了。

一个周五的晚上,彭涛放学回来,妈妈郑重地对他说:"你已经不是小孩子了,有些简单的事情你必须自己尝试着去做。妈妈今天不舒服,晚饭就靠你了。"说完,也不给孩子说话的机会,便回房间休息了。

彭涛这下可不知道怎么办好了,因为从小到现在,他还没有自己做过饭呢。肚子饿得咕咕直叫,他找遍了厨房,连块馒头都没有,更何况妈妈还要吃饭。没有办法,他只得凭着想象,照着妈妈平常做饭的样子,蒸了米饭,做了最简单的炒青菜。

做完饭,他把妈妈叫出来,妈妈看着不是很好看的饭菜,仍然很高兴地夸奖彭涛:"好儿子,你会自己做饭了。妈妈恭喜你,你是大孩子了。"听了妈妈的夸奖,彭涛不好意思地笑了。

实践证明,父母最好每天安排一定量的劳动让孩子做,一般来说,小学生每天 20~40 分钟,中学生每天 30~50 分钟为宜,具体可根据孩子的功课情况来调节。当然,劳动的内容应根据孩子的实际情况决定,从简单到复杂逐渐过渡,切不可刚开始就让孩子去进行难度比较大的劳动,否则只会让孩子更加不爱劳动。

另外,父母还要让男孩懂得,作为家庭的一个成员,他不仅要做到自己的事情自己干,而且应该帮助父母做一些力所能及的事情。父母可以这样对孩子说:"把这个交给你,相信你一定会做得很好的。"

当男孩已经掌握一定的家务技能时,父母可以试着让他做一周的主人,比如由他决定做什么饭菜、负责采购等,同时父母也应接受他的支配。这样,男孩才能真正体会父母平日的辛苦,从而彻底地对懒惰说Bye—bye。

细节71

干净整洁——给男孩一个成功的个人形象

很多小男孩好像天生就不爱干净，他们常常是在妈妈再三要求下，才肯去洗澡；

妈妈刚帮他收拾的房间，不到半天就被他搞得乱糟糟的；

他们常常是打完篮球或踢完足球后，堂而皇之地穿着臭袜子满屋乱窜；

有时，他们甚至懒得去刷牙、洗脸……

个人清洁卫生看起来是一件微不足道的小事，却往往反映出一个人的精神面貌。作为父母，大都会有这样的感受：不管男孩的相貌如何，如果他干净整洁地出现在大家面前，父母会感到很骄傲；但如果男孩拉里邋遢，身上还散发着异味，父母肯定会感觉特别没面子。

当然，父母关心更多的不是"面子"问题，而是男孩的健康问题。每个父母都知道，不讲卫生的孩子更容易生病，肚子疼、长蛀牙、易感冒……

此外，更重要的是，男孩长大后，往往需要拥有一个成功的个人形象。而当男孩习惯于不讲卫生，那么长大后的他，也势必不会有一个好的形象，进而成为一个不受大家喜欢的人。

◎ 给父母的建议

干净整洁的仪表不仅能够体现一个人的精神面貌，还会让人充满自信。因此，父母一定要让男孩明白这样一个道理：不讲卫生、仪表不整洁，是没有出息的表现。

如果男孩还是不为道理所动、不为批评所动、不为惩罚所动，父母就要放弃这些老套的方法，再根据男孩的特点，对症下药了。

方法一：给男孩订立规则

如果你的男孩有不讲卫生的坏毛病，妈妈可以找男孩心情好的一

天,为他订立一个规则,如不洗手就不能吃饭、不刷牙不能吃饭、不洗澡就不能上床睡觉等。

在订立这个规则时,必须要征得男孩本人的同意。当然,在规则执行的前期,男孩肯定会摆出反对意见或进行反抗,父母这时一定要坚定立场,否则这个规则就很容易对这些不听话的小家伙失去作用。

对于男孩自己同意的规则,当他"耍赖"故意进行反抗时,父母该怎么办呢?一位聪明的家长为我们提供了好办法:

因为我们家子鸣也不讲卫生,我就为他制订了规则,但这小家伙总是故意让我为难。

"妈妈,我的手坏了,我不想洗手了。"子鸣又在找理由。

"我们的规则怎么说的来着,不洗手就……子鸣不记得吗?"

"可是我真的不想洗手。"

我和他爸爸都没有理他,我们开始吃饭,小子鸣也凑在餐桌前。但是,我们不给他拿餐具,也不给他盛饭。

小子鸣眼睛里开始有泪水,但是我们不为所动,不看他,继续吃我们的饭。到最后,我们都吃饱了,该收拾桌子了,小子鸣才可怜地对我说:"妈妈,我饿。"

"去洗手吧,洗完手,妈妈就给你把饭菜热好了。"我仍然不忘规则。

结果,那小家伙乖乖地去洗手了。从此,他对我们订立的规则一定会执行到底。

对待这些不听话的小男孩,父母最重要的是坚持原则,当父母把男孩的"耍赖关""发脾气关""哭闹关"都闯过时,这些小家伙无"招"可使时,便会对订立的那些规则予以执行了。

方法二:请一个爱干净的小女孩来帮忙

小男孩很爱"面子",尤其在小伙伴、同学、老师面前不愿丢"面子"。父母要想帮小男孩改掉不爱干净的坏毛病,最好的办法是找个爱干净的小女孩来给他上一堂"课"。

小皓很不爱干净,每天放学回来,脱了鞋也不知道放到阳台上去,结果弄得整个客厅的气味都很难闻。妈妈让他去洗澡,他总是找各种理由推托。气愤的妈妈不知道教育了小皓多少次,但他就是不肯听话。小皓妈妈一转念:孩子不听家长的话,但也许他会很在乎同学对他的

看法。

于是,妈妈便邀请隔壁与小皓同班的静静来家里做客。小皓妈妈请静静去参观小皓的卧室,静静刚走进去,便马上跑出来,并小声对小皓妈妈说:"阿姨,我还是在客厅里吧,小皓房间里太臭了。"

静静刚说完,就发现自己说错了,但又不知道怎么办好,也不敢看小皓,只是低着头。这时,聪明的小皓妈妈说:"没有关系,静静。你的房间里一定很干净,你愿不愿意让小皓去参观一下你的房间,并把你收拾房间的秘诀告诉小皓呀?"

"当然愿意了,小皓,走,去我家玩吧!"说着,她拉起小皓就跑。

小皓从静静家回来后,就像变了一个人一样,不但把自己收拾得很干净,房间也整洁多了。

方法三:借助医生的手和口

在男孩的世界里,每到一个新领域,他最关注的事情就是:谁是"头儿"?在男孩心目中,医生就是卫生领域的"头"。因此,对于男孩的卫生教育,医生的话往往会比父母的话管用千倍、万倍。

小刚不爱讲卫生,拉肚子是常事。一次,小刚拉肚子比较严重,爸爸带他去了医院。奇怪的是,爸爸带他从医生那里回来,竟然发现他饭前主动去洗手了。于是爸爸问他:"儿子,今天怎么不用提醒就去洗手了?"

"医生说了,饭前不洗手就爱拉肚子,我不想拉肚子了,打针好痛呀!"儿子认真地对爸爸说。

坏习惯的改掉不是一朝一夕的事情,因此,对待男孩不讲卫生的坏毛病,做父母的必须要拿出足够的耐心。

做事讲效率——让男孩与时代的步伐合拍

现实生活中,大多数家有男孩的家庭中都会上演这样的情景剧:

早晨一起床,你叫儿子刷牙,他会磨磨蹭蹭地说等会儿;

你叫儿子赶紧吃早饭,他却要先摆弄一会儿玩具;

任凭你那儿叫破嗓子说要迟到了,孩子却依然稳如泰山,根本不当一回事。

许多父母为此伤透了脑筋,但常常束手无策……

在这个凡事都讲究效率的年代,男孩的这种做事效率怎能与时代合拍呢?难道他们是天生的"慢性子"?

其实不然,男孩们这些做事没效率的行为是有一定原因的。

首先,可能是孩子缺乏时间观念。小孩子做事爱磨蹭,通常是因为他们不像成人一样具有时间紧迫感,他们对时间的概念比较模糊,所以并不知道如果他把一件事尽快做完之后会有什么更好的结果,他也不认为自己慢有什么不好。

这些都是由孩子的生理和心理特征决定的。这一特点,在幼儿园或小学初级阶段的男孩身上,体现得特别明显。

其次,男孩的注意力很容易受到周围环境的影响,旁边有什么好玩的事就会让他忘记了初衷。

再次,如果男孩对所做的事情不感兴趣、缺乏自信心,这往往也会影响他们做事的效率。

◎ 给父母的建议

面对男孩磨磨蹭蹭的行为,父母千万不能不闻不问、掉以轻心,但是,也不要表现出急躁情绪,急于求成。保持一种平和的心态,运用正

确的方法引导你的男孩,你便会欣喜地看到:做事有效率的好习惯已经降临到你的男孩身上。

方法一:妙用男孩的竞争心理

现代社会,生活节奏日益加快,小孩子还没有接触社会的经历,他们感受不到紧张气息。但是,总有一天你的小男子汉要长大,一个人做事没有效率就无法在竞争激烈的社会中立足。

男孩本来就有很强的竞争心理,如果父母把他们的竞争心理巧妙地激发出来,往往可以帮孩子快速地提高做事效率。

一位家长曾这样说道:

从儿子上幼儿园起,我就有意识地诱导他的竞争心理,让他经常和小伙伴展开竞赛:比速度、比勇敢、比仔细,等等,让孩子在竞争中逐步认识到自己的能力,养成敏锐捕捉信息并作出反应的思考力和行动力。在家更是如此——

"儿子,看看咱俩谁穿衣服穿得快!"

"儿子,咱们全家来个大比赛,今天谁吃饭吃得最慢谁就洗碗,好不好?"

……

现在,儿子适应了这种学校和家庭的生活节奏,慢慢也就养成了做事讲效率的好习惯。

有时,适当增加些生活的紧张气息,不但能够使男孩养成做事讲效率的好习惯,而且对他日后的成长和独立精神的形成也有着很重要的作用。

方法二:让你的儿子尝到磨蹭的后果

这天早晨,小猛照样是慢吞吞地起床、穿衣服,爸爸没有像往常一样催促他,而是由他不急不忙地整理书包、擦皮鞋,还"忙里偷闲"地看几眼"奥特曼"图书……结果当然是迟到,被老师批评一通。

放学回到家后,小猛很难过。这时,爸爸才告诉他:"平时不迟到是因为有爸爸、妈妈在替你着急,催着你加油。现在,你长大了,要学会做事加快节奏,安排好时间,如果磨蹭习惯不改,不只是挨老师的批评,还会造成更严重的后果。"之后,无论做什么事,爸爸都不会催促小猛了。

果然,在吃了几次苦头之后,小猛的行动快多了。

就像我们前面分析的那样，小孩子做事讲究效率，往往是由于他们不知道"慢"的结果是什么。多让孩子尝几次磨蹭的后果后，他自然而然就会加快自己的速度。

方法三：巧夸妙激

小男孩很注重别人对自己的评价，当然父母的评价也不例外。父母如果掌握了男孩的这一心理，对此便很容易找到好的方法。

晓明做事很爱磨蹭，每天晚上总爱磨蹭到很晚才肯睡觉，这样不但早上起床的时候会很难，还会影响第二天的学习。

晓明妈妈对此很有意见，有时，他磨蹭，妈妈就会批评他一通，打他几下，但都不管用。后来，晓明妈妈改变了策略，他知道孩子爱听好话，便试着"反话正说"："晓明大了1岁，懂事了不少，用不着妈妈提醒，就知道上床睡觉了。"

后来，在其他事情上，晓明妈妈也试着"巧夸妙激"，没想到效果都很好。现在，晓明做事磨磨蹭蹭的现象越来越少了。

"妙激"这一方法对男孩很起作用，如男孩吃饭又在磨蹭，父母就可以这样"激"他："儿子，你肯定比爸爸吃得慢。"男孩是不允许别人说他不如别人的，所以，在父母的巧妙激励下，男孩一定会提高速度。

方法四：让男孩学会合理地安排时间

男孩做事效率不高，往往是由于他们没有时间观念，不会合理安排时间造成的。所以这时，父母就应该有意识地教你的男孩合理地安排时间。

在日常生活中，父母可以教孩子利用统筹方法来安排做事的先后顺序，进而节省时间，提高做事的效率。

但在男孩效率提高的同时，父母也要告诉他，动作快不等于做事马马虎虎、敷衍了事，而是要把事情做得又好，又能节省很多时间。

细节73

做事细心——让男孩与"马大哈"一刀两断

男孩就像一个"马大哈",把课本忘在家里、忘记戴红领巾、忘记带钥匙等对于他们来说已是家常便饭。这不,小男孩诚诚因为粗心又在挨爸爸的训了:

星期天,妈妈去外地出差了,爸爸要带诚诚去游乐场玩。临出门前,爸爸知道儿子粗心,便故意提醒诚诚:"儿子,一定别忘带钥匙,妈妈不在家,钥匙再忘带了,咱爷儿俩可就惨了。"诚诚向爸爸保证:"爸,你放心吧,我一定不会忘。"为了防止自己真的忘了,诚诚还找了根绳子把钥匙挂在了脖子上。

东西都收拾好了,父子俩开始出发了,但到了楼下,爸爸发现天有点阴,便让诚诚去楼上拿把伞。伞拿回来了,爸爸却发现诚诚脖子上的钥匙不见了,便问他:"钥匙呢?"这时,诚诚一拍脑袋,说:"刚才一进门我就把钥匙放到鞋柜上了,出门时忘拿了。"

就一把钥匙,还被男孩锁到了屋里,也难怪爸爸要训斥他。

其实,让父母更为担心的并不是男孩在生活中表现出来的粗心,而是他们在学习中表现出来的粗心。很多男孩的父母常常会说这样的话:

"我家孩子粗心的毛病就是改不了,要不是因为粗心,这次考试就能考 100 分了。"

"我家那孩子不也是吗?要不是因为粗心,这次就能考全班第二名。"

"你说粗心这毛病可怎么改呢?"

粗心成了让男孩父母着急的"老大难"。面对孩子的粗心,有的父母埋怨、批评,甚至责打孩子,但这样的方法有效吗?无数事情证明,效果甚微。

事实上,能够完全做到不粗心的人是不存在的。成人还有丢三落

四的时候,孩子马虎一点,并不值得大惊小怪。面对孩子看错题目、落掉小数点等问题,父母没有必要把问题看得那么严重。

根据研究,男孩粗心,在大多数情况下,只靠"提高觉悟""增强警惕性"往往是解决不了问题的。

如果仔细观察,我们还会发现这样一种奇怪的现象:很少有男孩所有的功课都粗心。他们很可能会把语文中的形近字看错,却能把英文的字母表倒背如流;他们可能会把数学题中的算术题算错,而应用题的解题步骤却解答得特别详细。

观察多了,我们就会发现,每一个男孩都会有自己的"粗心点"。因此,他们要么语文经常出错,要么数学成绩很差,要么英语总是在80分左右徘徊。

其实,人的情绪、兴趣、自制力等都直接影响感知的完整性和准确性。男孩如果对某门功课缺少兴趣,学习情绪不高,就很容易粗心;而有些孩子容易兴奋,不能控制自己的情绪,往往被学习以外的事情吸引,这时候更是粗心"出没"的高发期。所以,父母要根据自己男孩的具体情况,采取恰当的方法改正他粗心的坏毛病。

◎ **给父母的建议**

面对男孩的粗心,父母要拿出更多的耐心和宽容,慢慢想办法,千万不要瞎指挥、乱批评,更不要期望一蹴而就。男孩细心的好习惯是在日常生活中一点一滴养成的。

方法一:帮助男孩找到"粗心点"

在学习方面,每个孩子都有自己的"粗心点"。为了让男孩尽快改掉学习上马虎、粗心的坏毛病,父母最好的办法就是帮他找到"粗心点"。一位家长对此很有经验:

我家儿子数学成绩不好,经过我和孩子的仔细分析,我们得出一致的结论:不是题不会做,而是每次都会把题目看错。由此,我得知,容易看错题目就是儿子的"粗心点"。

于是,我便告诉儿子:"你粗心的原因是每到审题时,你的思维就滑过去了。怎么办呢?以后你每次再做这样的题时,先停一下,闭上眼睛数三个数,然后再睁开眼睛往下写,这样就不容易错了。因为你没让

思维滑过去,而是有意识地给它设了一个障碍。这就像警察叔叔在交通事故多发地段设置提示牌一样。"

儿子用我教他的方法去做,效果真的很明显,每次做作业时,因为粗心出现的错误少多了。

看,面对男孩的粗心,父母与其批评他、给他上"政治课",不如具体地帮助他找到症结所在,采用正确的方法帮助他解决问题。

方法二:围绕细心做文章

遇到男孩粗心的问题,一般的父母要么抱怨,要么批评,但这样做往往效果不是很明显。其实,父母如果转换一下思维,围绕细心做文章也是一个不错的办法。

一位父亲曾多次批评儿子粗心的坏毛病,但是仍不见儿子变得仔细。有一次,他为了让儿子养成细心的习惯,把一张地图撕得很碎,让略懂地理知识的儿子把他拼好。没想到儿子两分钟就把它拼好了,父亲很纳闷地问儿子:"你是怎样做到的?"

"地图的后面是个人头像,我把这个人头像拼好了,地图不就也拼好了?"儿子骄傲地回答。

"能够发现地图后面的人头像,这说明你很细心呀。儿子,爸爸对你有信心,相信你学习中的那些粗心一定会改掉。"父亲故意鼓励儿子。

正如这位父亲所料,在他的不断鼓励下,这个小男孩粗心的毛病一点点改掉了。

作为父母一定要注意,当你的男孩出现粗心的毛病时,千万不要给他贴上负面标签。"你真是屡教不改。""你就是一个'小马虎',我看你这粗心的毛病是真改不了了。"当你说出这样的话时,男孩就会认为自己的缺点真的改不掉了。

人往往是有求证心理的,男孩更是如此。如果父母努力去寻找他的细心点,并不失时机地肯定他、鼓励他,男孩便会感觉自己真的很细心。当细心点越来越多时,细心便成为了他的一种习惯。

活泼——让男孩与孤僻说"Bye-bye"

我们都知道,小男孩是好动的,他们常常会上蹿下跳,好像一刻都不停歇,因此很多教育专家都称男孩为永远都停不下来的"小机器"。

很多时候,我们常常会用"活泼好动"来形容这些男孩。但是,很多"好动"的男孩长大之后并不活泼,而且有很大一部分男孩根本就是很不活泼。在日常生活中,他们甚至常常不合群。

龙飞就是一个不合群的小男孩。在学校里,凡是有集体游戏、集体活动,他宁可在旁边看着大家玩也不参加;班级中轮到值日,他总是借故请假,对集体的工作不热心;在学校的各类评比检查中班级获得了荣誉,同学们兴奋不已,他却显得很冷漠;同学之间相处时,小龙飞也总是一个人独来独往,和同学难得讲上一句话。

其实,小龙飞的这种处事态度是他性格孤僻的一种表现。这种性格的形成除了与遗传有一定的关系之外,很大程度上与后天的成长环境和教育方法有关。

男孩和小伙伴因为了一点小事发生了争斗,结果男孩被推倒在地,哇哇大哭起来。男孩的妈妈见了非常生气,把男孩拉回家,从此限制其与同伴来往。

其实,小孩子们在一起玩耍,发生冲突是很正常的现象,孩子吃点小亏也是在所难免的事情。如果父母因为怕男孩"吃亏""受气",而限制他与同伴交往,就会使他变得不合群,缺乏人际交往能力,进而慢慢形成内向、懦弱、孤僻的性格。

有时,父母对男孩的过度保护也是促使他性格孤僻的原因。如果父母对男孩的学习、生活过度参与和保护,只会使他对父母过于依恋——父母在身边就没事,一旦离开其视野范围,男孩就会表现出不

同程度的痛苦,不能独立处事,甚至排斥与其他人接触。

由此可见,父母对男孩的"过度"疼爱只会让他出现交往心理缺陷。并且随着年龄的增长,这种症状愈发明显,他也会因此而变成一个性格孤僻的人。

另外,有时父母无意识的一个习惯就会对男孩的性格造成影响。

小胜的父母都是医生,平日里都很爱干净。因此,小胜很小的时候,他们就教导孩子"不要去草地里去玩""不要玩沙子""不要玩水";小胜上小学了,他们就教育孩子"不要和那些脏孩子出去'野'""不要带你的那些同学来家里玩,这些孩子都不懂事,会把家里搞得乱七八糟的"……因此,现在小胜变得特别孤独,还特别不喜欢与别人接触。

孩子在很小的时候,尤其是好动的男孩,有很强的人际交往需求。当他们慢慢地长大,直到上幼儿园、上小学,男孩的这种需求会越来越强烈。在这种情况下,如果男孩的交往需求受到压抑,他们不仅会因此而感到孤独,而且有可能形成怨恨、苦恼、焦虑等消极的情绪,这对男孩的性格发展和身心健康都是不利的。因此,做父母的一定要把握好男孩的心理,给他足够的机会让他融入属于同龄人的世界。

◎ 给父母的建议

小孩子们喜欢凑在一起玩、喜欢交朋友,这看起来似乎是自然而然的事情。但研究表明,不管孩子的性格活泼还是沉闷,他们往往是在成人的引导下,才渐渐学会了正确地与小伙伴相处的,那些性格孤僻的孩子更是如此。因此,作为孩子最亲近、最信任的人,在引导孩子正确交际方面,父母的责任重大。

方法一:多给男孩提供与人接触的机会

针对男孩性格孤僻的问题,父母要尽可能地创造条件让他与同伴多交往。比如,父母可利用节假日多带男孩到公共场合玩或常带男孩走亲戚、访朋友;也可以请男孩的小伙伴到家中来和男孩一起玩。在这些活动中,有意识地增加男孩与人交谈的机会,让他感受到与人交往的快乐。

一位妈妈曾这样写道:

儿子东东的性格有点孤僻,不喜欢与同学们玩,而且从来不会主

动与别人交朋友。为了让孩子能够变得活泼一点,我经常邀请别的小朋友或他们的父母来我家做客。

在我想改变儿子性格的那段时间,每到周末,不是有客人来家里,就是我带儿子去别人家做客,我总是想尽办法让儿子多与别人接触。渐渐地,儿子接触的人多了,锻炼的机会多了,他也就开始变得爱说话、爱参加集体活动了。

另外,父母还可以让男孩做一些与外界接触的事情,如:让其去买东西,到邻居家借东西、送东西等;男孩过生日时,还可以让他请一些同学到家里来为他庆祝生日,等等。

方法二:引导你的男孩多说话

餐桌上是父母同孩子交流的好地方,父母可以讲些随意的话题,引导男孩多说话,如"这个周末我们去哪玩?"如果男孩没有提议,你可以提出建议。不过,最好还是让他说出自己的意愿,不要把他放在旁观者或附和者的位置上。

另外,睡前也是父母与孩子沟通的好机会。每天入睡前,父母可以和男孩共同读一则故事,然后和他比赛看谁能把故事内容复述得最好,好的可得到奖励。同时,父母还可以问男孩一些问题:"今天学校里有什么新鲜事吗?""今天在学校里高兴吗?"孩子慢慢地讲述,也就在不知不觉中培养了语言表达能力。

方法三:教男孩不要害羞

严肃的家长常常使害羞的孩子更加胆怯,并且会出现说话结巴的现象。这时,家长如果强行纠正,孩子的结巴会愈演愈烈。事实证明,任何威胁行为,如责骂、讽刺、挖苦或唠叨不仅不会对孩子有丝毫帮助,而且会使他更加退缩,使他从害羞转入严重的心理障碍。

怎样才能让男孩克服害羞心理呢?

一位家长教育他的儿子不要害羞时说:"有当众发言的机会一定要把握住。如果你害羞,就把台下所有的人都看做是你的玩具模型,面对着你的玩具模型说话,你还害羞吗?"

事实证明,第一次当众讲话时,男孩会害羞和胆怯,但锻炼的机会多了,男孩往往会忘掉害羞。当男孩不再害羞时,他往往会主动与别人接触。

谦虚——让男孩主动把翘起的"尾巴"放下

男孩的好胜心很强，又爱表现自己，因此取得成绩时，他们很容易产生骄傲的心理。

在现代社会，骄傲自大几乎成为了很多男孩的典型特征。有些男孩因为一次考了好成绩，便不再去认真学习；有些男孩因为在班里担任了干部便目中无人，甚至看不起自己的父母；有些男孩因为自己有一点特长，便有了"炫耀"的资本，不但不继续发展自己的特长，还梦想着有一天能成为众人瞩目的焦点。

魏魏是个很有才华的男孩，刚上小学四年级便能写出一篇篇出色的文章。因此，魏魏从小就立志要当作家，并发誓要当著名作家。但是，魏魏若能为此努力学习，脚踏实地读书，认真地写作，有这样的雄心壮志也没有什么不好。可是他并没有这样做，而是成天想入非非，自以为是。

在这种情绪的引导下，魏魏开始讨厌学习。他认为书上的知识都是成年人、老年人写的，他要突破这些人，创造出自己的作品。而且，魏魏越来越看不上老师，他说："老师都是些庸人，在课堂上只会照本宣科，一万句话里找不到一句精彩的格言和奇特的妙语。"

就这样，魏魏的成绩一路下滑。

"谦虚使人进步，骄傲使人落后"。骄傲自大是一种不良的心理状态，如果父母对它不拿出足够的重视，它便会将你的男孩一点点拉向失败的深渊。

骄傲自大的男孩常常在自己的周围树起一道无形的"城墙"，形成与外界的隔膜，这使他们的心胸变得很狭窄。

骄傲自大的男孩虽然能取得一定的成绩，但往往没有远大的理想和志向，只满足于眼前的成绩。并且，他们看不到别人的成绩，只会"坐

井观天"。

骄傲自大的男孩很难和别人友好相处,因为他们不能做到平等对待,总是以高人一等的态度对待别人或指挥别人。

骄傲自大的男孩情绪也十分不稳定,当人们不去理睬他们时,他们就会感到沮丧;当他们遭到失败和挫折时,他们又会从骄傲走向悲观、自卑,甚至会否定自己的一切,觉得自己什么都不如别人。

因此,当你的男孩产生骄傲自满的情绪时,做父母的应该给予其积极的引导,使其心理健康发展。

◎ 给父母的建议

当男孩露出骄傲的"苗头"时,父母一定要引起注意,要想尽办法让男孩认识到骄傲的害处,培养他谦虚的美德。

方法一:给男孩做出谦虚的榜样

有些父母由于自身条件比较优越,总是表现出一副洋洋得意、目中无人的神态,经常会流露出对他人的不屑。如有些父母经常会在男孩面前议论同事的缺点、朋友不如自己等。男孩听到这些话,也会仿效父母,只看到自己的长处,而嘲笑别人的短处。

榜样的力量是无穷的。父母是孩子的第一任教师,是孩子效仿的最直接榜样。因此,父母要想让自己的男孩成为谦虚的人,就要首先给他作出好的表率。

方法二:正确地表扬你的男孩

在现实生活中,男孩往往由于学习成绩较好或者某方面有特长而经常受到父母和老师的表扬。殊不知,太多的表扬常常会误导男孩,使他们不能正确认识自己,从而滋长骄傲情绪。他们会因此夸大自己的优点,看不到自己身上的问题,而把别人看得一无是处;他们听不进别人的善意批评,总是处于盲目的优越感之中,就会逐渐放松对自己的要求,表现也就不再那么优秀了。因此,父母在表扬男孩的时候也要掌握一定的"火候"。

一位爸爸深深懂得过度的表扬容易让儿子骄傲自满,于是他不仅自己不过多地表扬儿子,同时还不让别人过度表扬他。

一天,这位爸爸的一位做老师的朋友来他们家做客。因为这位老

师是教数学的,而恰好这个小男孩又擅长做数学题,于是,吃过饭后两人便讨论起数学题来。在探讨过程中,这位老师被男孩的反应速度之快、解题方法之巧妙而折服,因此便大大夸奖了男孩一番。

爸爸找个机会让男孩出去了一下,然后一本正经对朋友说:"在与孩子聊天时,请不要过多夸奖他。"

"为什么呢?"朋友很不解。

"因为太多的夸奖会让这个小男孩的'尾巴'翘起来。"这位爸爸说。

"原来是这样!我真佩服你的教育方法。这样的教育,不管你的儿子有多大的学问也不会骄傲。"朋友真诚地说。

表扬孩子确实是一门学问。不合时宜的表扬只会让孩子产生骄傲的情绪,而恰当的表扬则会令其既对自己充满信心,又踏踏实实地继续去努力。所以,父母一定要特别注意表扬男孩的时机和"火候"。

方法三:帮男孩正确认识自己

男孩产生骄傲心理往往源于自己的某方面的特长和优势,父母应该先帮男孩分析这种骄傲的基础:是学习成绩比较好,有某方面的艺术潜质,还是有运动天赋,等等。然后父母还应让男孩认识到,他身上的这种优势只不过限定在一个很小的范围内,放在一个更大范围就会失去这种优势;正确的态度应该是积极进取,而不是骄傲懈怠。

当男孩取得了一定的成绩,父母要告诉他:"这确实是你自己努力的结果,但是不要忘记,这也包含着父母的培养、老师的教诲和同学的帮助。"

另外,有些男孩常会把自己那点小得意看做是自信的表现。这时,父母就要帮他分清楚自信和骄傲的区别了。自信是一种积极的人生态度,它能使人乐观上进;而骄傲是对自己的不全面认识,是盲目乐观,常会让人不思进取。因此,父母要大力培养男孩的自信心,却不能让他滋长骄傲自满的情绪。

专注——让没有耐心的男孩"坐住"

曾有儿童教育专家认为,孩子只有先形成一种专心的习惯,才有可能在日后对自己的事业全身心投入,不会被其他事情干扰。而这个道理对于那些耐心差、永远也坐不住的男孩来说,似乎更加适用。

然而,现实中这些调皮的小男孩们的表现却很是让人失望。很多家有男孩的父母都遇到过这样一个问题:自己家孩子很聪明,但就是做起事来没有耐心——

刚开始玩积木没几分钟,又去玩电子游戏;

画画才学两天,就扔下画笔闹着要学钢琴;

钢琴买了,老师也请了,他却说弹吉他的哥哥很酷,想学吉他;

……

看着孩子这样整天漫不经心,做事有头无尾,三天打渔、两天晒网的样子,每个做家长的都会很发愁:如果孩子一直这个样子,将来只能一事无成。

其实,坐不住是男孩子的天性,男孩的注意力太容易分散了。他们可能会因为窗外的一只小鸟而跑出去玩,忘记自己正在画画;他们可能会因为要应付体育考试而使学习成绩一落千丈……

要改变男孩的这些坏毛病,父母也不要只看问题的表面,还要了解孩子本身所固有的某些特性。

儿童心理学家研究表明,人们集中注意力、抑制冲动的能力跟大脑前额叶的发育有关,而大脑要到20多岁才会完全发育成熟。这也就是说,几岁到十几岁孩子的大脑还处在发育阶段,注意力集中时间自然比较短。如果小学阶段的孩子读书、写作业二三十分钟就起来动一动、做点别的事情,尤其对那些好动的男孩来说,是很正常的现象。但是,如果

父母期待男孩可以像大人一样,一两个小时都在专心致志地做作业,他们会感觉父母强人所难,并且会以更多的小动作表达自己的不满情绪。

所以,对待停不下来的男孩,父母千万不能采用强制措施,那样只能让你的男孩或与你对抗,或"消极怠工",或搞更大的破坏。

◎ 给父母的建议

父母想让活泼、好动的男孩马上停下来进入状态,并且按部就班地去学习、做事,是极不现实的一件事情。做父母的要拿出点耐心来,才能让你的小男子汉学会专注。

方法一:要求男孩在规定的时间内完成作业

一般来说,老师要求孩子在一定时间内完成的作业,只要孩子集中精力,他就可以在规定的时间内完成。因此,父母不妨用"作业"来培养孩子的专注精神,如父母做孩子的"家庭老师",为孩子完成作业规定一个时间。

研究表明,不同年龄段孩子的注意力稳定时间是不一样的:5~10岁的孩子能集中注意力达 20 分钟,10~12 岁的孩子能集中 25 分钟,12 岁以上的孩子可以集中半小时以上。硬是让一个 10 岁的孩子坐在那里 60 分钟去专注地完成作业,几乎是不可能的。因此,父母要根据男孩的年龄特点,要求他在相应的时间内集中注意力,力争保质保量地完成作业。

如果男孩的作业量超过了他注意力稳定的时间,父母就应该帮他把作业分割开,让孩子一部分一部分地来完成。这样不仅有利于集中孩子的注意力,而且能够使孩子的学习有张有弛,提高学习效率。

研究还表明,学习的头几分钟,一般效率较低,随后上升,15 分钟后达到顶点。根据这一规律,父母可建议孩子先做一些较为容易的作业,在注意力最集中的时间做较复杂的作业。

另外,父母要对孩子完成作业的情况不定期地进行检查,这样也有助于孩子集中精力去完成作业。

方法二:要求你的男孩每次只做好一件事情

孩子往往有很多作业要做,如果孩子做着语文作业还想着那道解不开的数学题、画着画还想着他的手工小制作……那么,孩子不但什么事情也做不好,而且还会养成三心二意的坏毛病。

孩子学习、做事情最大的"敌人"就是注意力涣散。因此,父母要告诉孩子,不管面临多么多的任务,要想做得最好,最聪明的做法就是:每次只想、只做一件事情。在日常的学习、生活中,为了让孩子养成专注的好习惯,家长可以故意给你的男孩很多任务,让他去完成,然后在他做得一塌糊涂的情况下,再告诉他,每次专注做好一件事情才是捷径。这样,孩子就能深刻体会到专注的重要性了。

方法三:不要剥夺男孩玩的时间

小笙刚上小学一年级,爸爸对他的管教却很严。由于一年级的功课较少,而且很简单,所以小笙的作业总是做得很快,也不怎么出错。

可是,爸爸并不这么想。每当小笙做完作业要出去玩的时候,总被爸爸一把抓住:"又要去玩了!作业做完了没有?"爸爸严厉的训斥让小笙很生气,他大声地叫道:"当然做完了,不信你看!"小笙把自己的作业本递给了爸爸,但是爸爸并不看,他拿起作业本对小笙说:"这么多题目你一下就做完了?肯定会有许多错误,你好好检查一遍,半小时后再给我检查!"

于是,小笙每天玩的时间就这样被剥夺了。

爱玩是男孩的天性,当天性没有得到满足时,他们是不可能专注地做其他事情的。因此父母不能剥夺男孩子玩的时间,否则小男孩慢慢就会有意拖延时间,明明半小时能够完成的功课,非要花上一个半小时甚至两个小时。这对孩子的学习以及习惯的培养都是很不利的。

事实上,小笙爸爸可能是误解了专注的含义,专注是指在一定时间内高度集中注意力,而不是必须长时间地集中注意力。

细节77

有想法——让你的男孩不人云亦云

在中国古代，男人是社会和家庭的主宰者，所以几乎每个男人都有自己的思想，而那些没有自己想法的男人，不是在浑浑噩噩中终其一生，就是被人讥讽为"没有用的人"。

在现代社会，虽然社会各界都在强调男女平等，但事实往往是这样的：男人要是没有自己的想法，他的整个家庭都会变得毫无生机。所以，不管是学校、家庭，还是用人单位、社会，都更加喜欢和重视有主见的男孩子。

然而，现在很大一部分小男孩的表现却令父母很着急：

亮亮8岁了，无论在学校还是邻里间，大家都夸他是个乖巧、听话的好孩子。但是，作为一个小男子汉，亮亮太没自己的主意了。在家里，大人让他做什么，他就做什么，让他怎么做，他就怎么做，甚至连玩什么玩具都要让爸爸妈妈来决定；和小朋友一起玩时，亮亮也顺从别人的领导，很少有自己的想法。

按常理说，几岁至十几岁的男孩子，正好处于调皮、捣乱、鬼点子向外冒的年纪，而亮亮却乖巧得像个小姑娘，这怎能不让他的父母着急？其实，他的父母着急的还不只是这些，这孩子如此不爱思考问题，即使他的父母愿意照顾他一生，他能一生都依靠父母吗？这孩子如此没主见，他以后将如何生活，如何在社会上立足呢？

很多专家、学者都在研究这个问题：是谁偷走了孩子的主心骨？又是什么原因让孩子变得如此不爱思考，如此没有主见呢？

我们又要把矛头指向这些辛辛苦苦、任劳任怨却并不懂教育技巧的父母了。

晚上，妈妈把整理好的衣服放在孩子床头，并对孩子说："儿子，明

天要穿的衣服放在你床头了。"

孩子外出刚回来,妈妈便对孩子说:"儿子,以后别总是和那些调皮的孩子一块儿玩。星期天和楼上约那个王磊一块儿玩吧,人家学习好,多向人家学习学习。我都帮你约好了,让他星期六来咱家玩。"

……

相信中国的父母对上面的情境大都不会陌生,父母对孩子的宠爱,让本来很活跃的小男孩变成了真正、纯粹的"大懒虫",不但行为上懒散,甚至连脑子也能不转则不转。试想:连脑子都懒得动的孩子,怎么会变得有主见呢?

另外,很多父母出于对孩子的"爱",既希望自己的孩子做得最好,又不放心孩子的能力,于是干脆以自己的选择来为孩子代劳。孩子没有自主决定的权利,久而久之,在孩子的观念中就会认为自己的选择总没有别人的好,凡事都由父母决定好了,也就不爱思考,没有主见了。

◎ 给父母的建议

让小男子汉有自己的想法并不是让他不听劝告、一意孤行,而是希望他在面临选择时,保持清醒的头脑,不人云亦云,有自己的思考和判断。这样,可以有效避免或减少他成长过程中那些不必要的损失或失败。

方法一:给小男子汉做主的机会

一位妈妈这样介绍了她培养儿子主见的方法:

为了让儿子对事情有自己的见解,我为他提供了许多实习的机会。比如去买玩具,我会有意识地告诉他:"儿子,你今天可以买两件玩具,价钱在 30 元之内。"然后,我就看他一会儿拿起一辆小汽车,一会儿又拿起一个变形金刚,倒来换去拿不定主意,便过来问我:"妈妈,你说哪一个玩具更好一点呢?"

这时,我不会告诉他答案,而是这样对他说:"自己的事情自己决定,自己喜欢哪一种就要哪一种。"

就这样从买东西开始,儿子渐渐有了自己的主意。每当我们母子俩的眼光出现差异时,他都会对我说:"妈妈,我认为我选的这个比较

要想培养你的小男子汉有主见的个性,父母就应该给孩子提供更多自己做主的机会。比如:

1.让他自己决定吃什么。

在不影响孩子饮食均衡的情况下,父母可以让孩子自己选择吃什么。例如饭后吃水果时,父母不必强迫孩子今天吃苹果,明天吃香蕉,而应该让孩子自己挑选。

2.让他自己决定穿什么。

父母在带孩子外出玩耍时,在保证安全的前提下,可以让孩子自己决定穿什么衣服,切忌随自己喜好而不顾孩子的感受。

3.让他自己决定玩什么。

不少孩子在玩游戏时,并不想让成人教给他们游戏规则,更愿意自己决定游戏的方式,并体验其中的乐趣。父母可让孩子自己选择玩具和玩的方法,这样做可以极大满足孩子的自主意识,帮助他成为一个有主见的人。

方法二:让你的小男子汉去参与

孩子做事缺乏主见,没有自己的想法,通常与父母疏于和孩子的沟通,做事武断,不注意尊重他们的要求有关。

因此,父母应该给孩子充分表达自己愿望的机会,给孩子独立思考的机会。

军军家的房子装修时,军军爸爸把儿子当成了小大人,经常与他商量:

"你喜欢自己房间的墙壁涂什么样的颜色呢?"

"你喜欢把书架摆放到哪里呢?"

"你认为什么款式的家具好呢?"

有时,军军自己也拿不定主意,爸爸就会鼓励儿子发表意见:

"小男子汉,如果是你,你该怎样做?"

"我想听听儿子的意见。"

通过装修房子,军军感到父母对他特别重视,因此他备受鼓舞,在任何场合都爱表现自己了。现在,他不仅当了班级干部,而且做什么事都"振振有词",喜欢主动承担家里家外的一些事情。

方法三：教会你的小男子汉说"不"

一位妈妈曾写下了下面一段话：

我的儿子遇事有主见，这使得他常常成为一群孩子的中心人物。但当初并不是这样。那时，他什么都不用管，就连玩游戏也是我帮他选。

儿子上学后，我告诉他，他已经是大孩子了，什么事都要自己有主意，比如玩游戏、吃水果，以及平时穿衣服，父母只是协助他。同时我还告诉他，如果他对什么事情感到不满意，就要及时说出来，如"我吃饱了，不想吃了""我不喜欢吃苹果，我喜欢吃橙子""我愿意玩捉人游戏，不喜欢拍皮球""妈妈，别来干扰我"，等等。当然，他说得不对，我也会耐心地给他指出来，告诉他怎样才是正确的。

一个不懂得拒绝别人的孩子，在别人眼里永远只能是唯唯诺诺、没有想法的。所以在日常生活中，父母要鼓励孩子说出自己的想法，敢于对别人不合理的要求说"不"。

第九章

教子有方,让男孩的学习能力更上一层楼

引语

YIN YU

很多男孩是不爱学习的，他们讨厌记日记、写作文；他们厌烦记英语单词、学英语语法；他们常常会因想着玩而应付老师留的作业……

然而，儿童教育学家表示，在男孩身上潜藏着巨大的学习潜能。

只要他们愿意，他们就可以成为一个数学天才；

只要他们静下心来去学、去读，他们就可以成为小小文学家，成为博览群书的"小博士"；

只要他们像对待"玩"那样对待学习，一切"不可能"都会转变为"一定能"；

……

但是，如何才能让男孩"肯"学习、"乐意"学习呢？本章将为父母破译让男孩爱上学习的密码。

培养学习积极性——引导男孩把学习当成乐趣

提到乐趣,男孩们往往能说出一"箩筐":汽车模型、玩具手枪、奥特曼动画片、足球、篮球……但如果有谁把学习与乐趣挂上钩,男孩们肯定会用愤怒的眼光看着他。

对于大多数男孩来讲,学习是件苦差事。小男孩们常常这样表达他们对学习的反感态度:"我宁愿去干力气活,也不愿呆坐在这里一动不动地学习。"其实,我们不能完全怪男孩不爱学习,有时,学习所需要的状态的确有悖于男孩的某些天性。

学习需要长时间久坐,而男孩却天性好动;学习需要注意力十分集中,而男孩却是注意力最容易分散的动物;学习需要耐性,而男孩却恰恰最容易失去耐心;学习是一件很烦琐的工作,而男孩却天生怕麻烦……

那么,是不是男孩的这些天性,就注定他们学习不好呢?

答案当然是否定的。虽然男孩有这些学习的弱项,但他们也有学习的强项:大多数男孩的逻辑性思维都要比女孩强,所以数学、生物、物理、化学等理科学科,对于他们来说往往是小菜一碟;男孩喜好竞争,而恰当的竞争心理会使男孩的学习成绩快速进步;男孩天性喜欢探索,而探索恰恰是最科学的学习态度……

所以,聪明的父母会提前预防男孩的学习弱项,恰当地引导男孩的学习强项,把学习也变成男孩乐趣的一种。

◎ 给父母的建议

那些与学习为"仇"的男孩,成绩往往很差;而那些与学习"交朋友"、把学习当做乐趣的孩子,则会很轻易地考出好成绩。所以,父母一

定让男孩爱上学习,他才会学习好。

方法一:父母要作出爱学习的榜样

如何激发男孩的学习兴趣?这要求做父母的首先要言传身教。父母的学习兴趣对孩子有着潜移默化的影响,那些书香门第、音乐世家等就很好地证明了这一点。

所谓"言传",就是尽可能早地让孩子了解学习的好处。一位全国"三好学生"的妈妈这样介绍了自己的教子经验:

儿子刚刚懂事时,我就经常向他灌输这样的思想:

"世界上谁的力量最大?有智慧的人,有智慧的人是无法战胜的。那智慧从哪里来呢?是从学习中得到的。"

"将来我们都会变老,无论长得美的丑的,老了大家都差不多,不同的是什么呢?用一生积累财富的人,也就是一生都在学习的人,即使老了,也是美的。"

"你看电视上你最崇拜的主持人××,就是因为学习成绩好,并不断地学习,才被电视台选上当主持人的。"

就这样,儿子一上小学就对学习特感兴趣,每天放学后,从不用我们提醒,就主动把作业做完再去做别的事情。

俗话说"身教重于言传",如果男孩都不曾见过父母学习的身影,父母再让他学习时,他就会很有理由地说:"你都不学习,凭什么让我学习呀?"如果父母是个酷爱学习的人,男孩经常看到父母在伏案苦读,那他自然会主动向父母学习,以父母为榜样。

方法二:帮男孩采用最科学的学习方法

既然知道男孩坐不住、注意力容易分散,父母不妨避开这个区域,采用最科学的方法教男孩学习。

显显小的时候,爸爸经常会给他看一些图片以增加他的知识面。一次,爸爸教小显显认识昆虫……看了一会儿后,爸爸把话题一转,说:"我们去公园捉刚刚看到的这些昆虫吧!"

爸爸的建议立刻得到了小显显的赞同,于是父子俩高高兴兴地去了公园。虽然捉昆虫很辛苦,但经过两个人的共同努力,还真捉到了一个小显显刚刚在图片上看到的"七星虫"。

那一天,小显显不仅学到了很多知识,还收获了动手实践的乐趣。

方法三：将游戏导入学习

任何男孩都会对游戏充满兴趣，因为他们觉得游戏好玩。同样的道理，如果学习变成"好玩"的事情，他们也会像热衷于打游戏那样，每天主动拿出固定的时间来学习。

一位上小学三年级的小男孩特别不喜欢学习，然而，在他聪明妈妈的引导下，他成了班上的"突飞猛进者"。让我们一起来听听这位妈妈的原话：

我家孩子的语文成绩很差，但他就是不爱学语文。对此，我哄过他，骂过他，还打过他，可他就是不爱学。有一天，我看报纸时，指着一处错误说："这么简单的问题都会犯错误。"

儿子立刻跑过来，很感兴趣地问道："妈妈，哪呢？我看看。"

这时，我意识到，让孩子主动学习的机会到了，于是我告诉他："这篇报道里有两处错误，相信凭我聪明儿子的水平一定能找出来。"

就这样，儿子读完了那篇文章，并指出了一处错误。

后来，我就经常拿着给儿子买的课外读物对他说："儿子，你读读这本书，看看它的水平怎么样，有错别字吗？"诸如此类的事情，渐渐成为了我和孩子间经常做的一种游戏。每当此时，儿子都会很乐意地去读书。

由于孩子的阅读量增加了，语文成绩自然也就提高了。不仅如此，由于孩子学习的兴趣被调动起来了，该学习的时候他从来不用我们再催促了。

让男孩爱上学习并不是很困难的事情，关键要看父母怎样去引导。爱玩是每个男孩的天性，父母可以巧妙地利用这一点，将游戏导入学习，去激发他学习的兴趣。

方法四：帮孩子找到读书的黄金时间

在一天当中，任何一个人都有自己状态最佳、精力最好的那段时间，对于孩子来说更是如此。在孩子状态最好的那段时间让他学习，不仅能提高孩子的学习效率，还会让他爱上学习。因此这段时间往往是孩子学习的黄金时间。

那么，如何寻找男孩学习的黄金时间呢？父母可以让男孩把每天做每件事开始和结束的时间都记下来，一周后，再和他一起研究这份纪录表，每天效率最高的那段时间便是他学习的黄金时间。

细节79

不陪读——让你的小男子汉学会独立学习

　　不管是在生活还是学习方面,男孩的依赖性往往都没有女孩那么强。但是,如果父母在无意识下,让你的男孩养成了依赖的坏毛病,这对他的成长将是十分不利的。

　　现在的父母对孩子的教育都很重视,他们希望孩子做得最好,但往往又不相信孩子的能力。于是,辅导孩子做作业、为孩子检查作业便成了父母们必做的"功课"。

　　对于孩子的作业,父母往往比老师要求还高,不允许孩子出错,因此在辅导孩子做完作业后,父母还会全方位地检查一遍;从语文到数学,甚至父母不太擅长的英语都在检查之列。哪怕是一个小错误,或是某个字写得不端正,他们都会即刻要求孩子重写。

　　父母的这种做法往往会得到男孩的认可,因为有爸妈在,他们不用费多大力气,每次的作业都会很轻易地得"优"。但是,这样做最终会给这些男孩带来什么呢?

　　一个作业次次都得"优"的小男孩,在一次考试中,竟然考了个不及格,看着满是红叉的试卷,老师找男孩来谈话。

　　在老师的引导下,小男孩自己说出了心里话:"每天晚上做作业时我都想快些做完,因为只有做完了作业才可以上网。"

　　"那你不怕作业出错吗?"老师问。

　　"不怕,因为妈妈每天都要检查我的作业,有一点点小错误,妈妈都会发现。"男孩自豪地说。

　　"那你要是遇到很难做的题怎么办?"

　　"我想都不用想,告诉妈妈我不会做,妈妈就给我讲。"

　　"妈妈给你讲了,你以后遇到类似的题目会做吗?"

"我当时很明白，但是再遇到类似的题目，在妈妈的提醒下我会做，要是没人告诉我用哪种方法，我就不会做了。这次考试就是这样，看着这些题目都很熟悉，就是想不起用什么方法。"

……

每一位家长都是从"为孩子好"的角度出发，而最终的结果却如此让他们失望。其实，父母应该多去了解男孩的心理。这些爱玩的男孩，总想快点把作业做完，以便去玩，于是很多坏毛病便从他们的作业中体现出来，如，粗心马虎、不认真思考问题、考虑问题不全面……这时，父母要让男孩自己去承担自己行为所造成的后果。如孩子因为作业质量做得不好而受到老师的批评，他肯定会意识到自己的错误，进而努力去改正自己的坏毛病。

但是，如果父母把孩子的错误都指出来，有时孩子懒得去思考，有时他们甚至不知道自己的错误在哪里，更不用说去改正坏毛病了。而事实也证明，父母越是细心地为孩子检查作业，他以后的作业错误就会越多。这是因为父母的这些做法滋长了男孩的依赖心理，他们有了"靠山"，自然就不把作业放在眼里了，从而便会用无所谓的态度对待作业。

父母陪男孩做作业，为他检查作业，除了让他产生很强的依赖心理之外，还能使男孩的思考能力下降。遇到比较难做的题目，他们心里会想，反正爸爸妈妈会做，所以往往不用心思考，或者根本不去思考。这样，即使家长再把做题方法给他讲一遍，正如上面事例中的那个小男孩所说，他当时明白了，但当他自己做题或考试时，还是不会做。

◎ 给父母的建议

父母辛辛苦苦地陪孩子做作业、给他检查作业、为他讲解作业，没想到却带来如此多的弊端。那么，父母应该怎样做，对这些男孩才是最有利的呢？

最好的办法就是：让孩子学会独自学习。

一个男孩已经上五年级了，学习成绩一直很优秀，以下是男孩父亲的原话：

从孩子上学开始，我就告诉儿子：做作业要认真、不懂要赶紧问。

但我从没干涉过儿子的学习过程。有时候看到儿子因为作业做得不好，挨老师的批评，回家后心情很低落，我也很心疼。但我只是鼓励他改正错误，而不是去给他检查作业。

另外，我还鼓励儿子独立思考问题，并鼓励他通过自己动手查资料或做实验来解决问题。一次我问儿子："一杯满满的水，放进别的东西后水会溢出来，可为什么把一条小金鱼放进去，水却不会溢出来呢？"

儿子感觉很奇怪，他问我："是不是金鱼的鳞有吸水的功能呀？或者水进入了金鱼肚子里一部分，所以就不会向外溢了？"

我没有回答儿子，而是告诉他："你自己试一试就知道了。"

没想到儿子把一只小金鱼放到装满水的杯子里，水却溢出来了，他高兴地对我说："爸爸，你错了，金鱼放进去，杯子里的水也会溢出来的。"

现在，儿子的独立思考能力和动手能力都特别强，这才是我想要培养的男子汉。

与上面给孩子检查作业的家长相比，这位家长的做法似乎有点"冷酷"，而这个小男孩却比上面的那些小男孩要幸运很多，因为家长的这种教育，不仅使他的学习成绩优秀，而且独立思考能力和动手能力都很出色。用他自己的话说就是："因为拥有这些能力，再难的问题，在我面前都是小菜一碟。"

作为父母，是希望自己的男孩依赖自己，还是希望自己的男孩也像上面提到的小男孩那样有能力、优秀、自信呢？相信你一定会选择后者。其实，要想让你的男孩变成这样并不很难，只需你松开手，让他自己去做，去经历，去解决，去成长。

独立，是促使孩子更快成长的良好习惯。不论是在生活领域，还是在学习领域，都应如此。

在教育孩子方面，太过包办的结果只能让孩子能力尽失。所以，作为父母，请放开你的手吧，抱在怀里的孩子永远长不大，雏鹰只有经过严酷的训练才会搏击长空。

积极暗示——诱发男孩的学习信心

有这样一则故事：

在一群嬉戏的小孩中，一个女巫握着一个小孩子的手说："你将成为世人注目的名人。"几十年后，女巫的话真的应验了，那个小孩就是后来的居里夫人。

女巫的预言真的有那么神奇吗？坚信无神论的我们当然不会相信这些。只是，我们相信，听了女巫的话，那个小孩从此有了成为"名人"的信念。

由此可见，心理暗示对人的影响会有多大。对于心理尚不成熟的男孩来说，暗示的作用更是不可想象。在学习这条漫长的道路上，因为种种原因，男孩本身常常会产生很多学习方面的困扰，往往会出现不想学或不愿学的现象。这时，他们需要父母积极的暗示，如"我们家儿子可以学好""儿子，你绝对没问题"等，这些积极的暗示能使男孩从不想学、不愿学的情绪中走出来，对自己充满信心，从而拿出自己的最大努力来学习。

然而，现实生活中很多男孩父母的一些有意识、无意识的做法，都通过暗示把男孩引入了一个个误区之中。如很多父母在听到别人赞美自己的孩子时，都会这样回答：

"哪里呀，我家孩子不行。"

"唉，这孩子太调皮了。"

"我家孩子的功课不是很好。"

但是，当父母这样说时，孩子们会怎样想呢？

一个小男孩的成绩一直不上也不下，家长整天督促他学习，但成绩还是在原地徘徊。为了能使孩子的成绩提升上去，家长便向孩子的

老师求教。

后来老师便找这位同学谈话,令老师吃惊的是,这名同学张口闭口都是"反正我记忆力不好,怎么学都不行了"。当老师把这种情况反馈给孩子的家长时,家长才明白这是怎么一回事。原来,孩子的母亲经常在别人面前自谦说孩子的记忆力不好。

"这孩子的记忆力不好",虽然这只是母亲对别人谦虚时说的话,但孩子听到耳朵里,却认为那是母亲对自己的真正评价。于是,孩子不知不觉在这种暗示的影响下,记忆力真的变差了。所以,即使你的男孩真有一些缺点,做父母的也不要动不动就拿他的缺点说事,否则会给孩子消极的暗示,让孩子在自觉不自觉中把自己的缺点放大。

◎ 给父母的建议

对于男孩来说,父母积极的暗示可以把他平淡的生活照亮,可以让他看到未来的希望,可以把他生命和智慧的火把点燃……

方法一:从男孩的优点入手

二年级的小男孩弛弛学习很差,到现在都不会拼拼音,老师认为这孩子的学习再也赶不上来了,几乎都要放弃他了。但弛弛的爸爸不甘心,他永远也不会放弃儿子。

虽然爸爸也为儿子的这种学习状况着急,但他从没有把自己的这种情绪传达给儿子。有一天,他见儿子与小伙伴下跳棋,小伙伴连连被儿子打败。回到家后,他真诚地表扬了儿子,并亲自把跳棋摆好,要与儿子"杀"上几盘。没想到,儿子又五局三胜打败了爸爸。爸爸马上夸儿子:"儿子,原来你这么聪明呀,从今以后,爸爸要拜你为师了!"看着儿子那兴奋劲儿,爸爸接着说:"来,儿子,爸爸教你学拼音,我就不信,你的拼音比你的那些手下败将还要差!"

就这样,在爸爸的表扬和鼓励下,弛弛变了,变得不再提到拼音就皱眉头了,变得也会主动学习了……

当优点被放大了,人们做起任何事情来都会满怀信心,对于男孩来说更是如此。有时,也许他的目光总是放在自己的缺点上,忽略自己的优点,这时,就需要父母去引导他,让他在认识到自己优点的同

时,满怀信心地去学习。

方法二:用暗示引导男孩走出低谷

有时,为了安抚男孩或焦虑、或受伤、或自卑的心灵,父母偶尔可以说一些善意的谎言。

小男孩在期末考试前几天,违反了学校的纪律,被停课两天。爸爸了解了事情的经过后,没有责怪孩子,而是开玩笑似的安慰情绪低落的儿子:"我昨天做了一个梦,梦到你很伤心地哭了,我想这几天你一定要经历挫折,没想到这个挫折就是被停课两天呀!好了,没事了,接下来你要走运了,这次期末考试你一定能考个好成绩!"

小男孩虽然不相信爸爸的话,但听爸爸这样说,心里觉得舒服了很多。

这位父亲是明智的,因为怕儿子会受这种迷信思想的影响,所以他采用了玩笑式的谈话方式。当期末考试结束后,这位父亲不但向儿子说明了这一迷信思想的不科学性,还告诉儿子:"我们做错了事,就要接受学校的惩罚。当然,惩罚你并不是学校的最终目的,关键是你在这次惩罚中是否认识到了自己的错误,是否有改正错误的决心。"

方法三:时刻用积极的语言鼓励你的男孩

不管是与别人聊天,还是与儿子谈话,这位妈妈总是自豪地说儿子的优点,并把这些优点与学习联系起来:

"看,我的儿子看东西总是目不转睛的,他将来学习肯定会很棒!"

"儿子,你的精力真好,手脚总是不停,只要你愿意,以后你肯定能成为一名出色的运动员!"

"儿子,你的哭声真响亮,说不定你以后能当个出色的歌唱家呢!"

……

试想:在这种环境中长大的孩子能没有自信吗,能讨厌学习吗?

作为父母,我们要时刻用鼓励、信任的语言对这些不爱学习的男孩讲话,说不定哪一天,这些男孩真的坚强地克服了困难,真的对学习充满了信心,真的爱上了学习……

细节81

科学用脑——为男孩考高分添砖加瓦

生活中,很多男孩的父母常常这样说:

"我的儿子不笨,为什么学习起来这样吃力呢!"

"我家儿子每天学习的时间挺长的,为什么成绩却总是不理想呢!"

……

是的,很多父母都面临这种情况:儿子并不笨,也肯主动学习,学习效率却低得可怜。这是为什么呢?

其中有一个非常重要的原因:男孩不会科学用脑。

所谓科学用脑,就是根据大脑的生理特征,科学地进行工作及学习活动,防止大脑疲劳。一般来讲,会科学用脑的孩子学习效率会很高,而不会科学用脑的孩子往往事倍功半。

男孩乐乐今年上五年级。最近一段时间,他上课总是打瞌睡,注意力总是集中不起来,更要命的是,不论是上喜欢的还是不喜欢的科目,每到后半节课,他都会出现严重的犯困现象。爸爸带他去看医生,结果被医生诊断为是脑负担过重。医生告诉乐乐爸爸,这种症状常发生在用脑过度的成年人身上,没想到在小学生的身上也会出现。最后,医生提醒乐乐,学习时一定要科学用脑,否则不但没有学习效果,还会影响大脑的健康。

脑科学家们经过统计发现,小学生甚至还有一部分中学生最不科学的用脑方式,就是大搞疲劳战术。即,该休息时不休息,即使感觉特别累时也在学习。

为什么孩子们在感觉很累时还要学习呢?大多数孩子给出的答案是这样的:

"每天除了做老师留的作业外,还要做爸爸妈妈留的作业。"

"每天除了做作业外，还要练习画画、书法。"

"爸爸妈妈给我买了很多本课外习题，我每天做到深夜都做不完。"

……

由此可见，孩子不懂得科学用脑，很多时候是被父母"逼"的。很多父母都认为，人类的大脑潜能几乎接近于无限，对于头脑聪明的小男孩来说，开发他们大脑最好的方法就是多用脑，其实，这是一个大大的误区。

开发孩子的大脑，不等于掠夺式地使用大脑。即使男孩再聪明，如果家长强迫他们不科学地频繁用脑，他们的脑细胞也会死亡，脑力也会衰竭。因此，想要提高男孩的学习成绩，父母一定要指导他科学用脑。

◎ 给父母的建议

在竞争日益激烈的现代社会，父母教男孩学会科学用脑，就等于为他考高分添了非常重要的一块"砖"，加了非常重要的一片"瓦"。

父母应该如何指导男孩科学用脑？

家长一定要明白，那用"头悬梁，锥刺股"式的用脑方式是不值得提倡的，因为对于大脑还在发育阶段的男孩来说，那无异于是摧残他们的大脑。

除此之外，父母可以借鉴以下几种方法：

方法一：引导男孩充分利用最佳用脑时间

也许你早就发现了，不同的孩子在不同时间段的学习效果是不同的。例如，有的孩子在早晨记忆知识记得特别快，而有的孩子却喜欢在安静的夜里学习，因为他们觉得那时的学习效果最好……这说明了什么？

说明每个孩子的生物钟不同，他们在不同时间段的学习效率是不一样的。那些学习效果最佳的时间段就是他们的最佳用脑时间。

一般来讲，根据人与人的生物钟规律不同，科学家将孩子们分为这样三种类型：

一种是"猫头鹰型"，这种类型的孩子每到夜晚脑细胞便进入兴奋状态，精神饱满，夜晚便是他们的最佳用脑时间。因此，父母可以鼓励男孩利用晚上的时间多学一会儿。

第二种是"百灵鸟型"，这种类型的孩子黎明即起，而且整个上午

思维都很活跃,他们的最佳用脑时间是白天。因此,父母可以鼓励男孩利用白天,特别是利用早晨的时间多学习、记忆一些知识。

第三种是"混合型",这种类型的孩子全天用脑效率差不多,但相对而言在上午 8~10 点和下午 3~5 点学习效率较高。所以,父母一定要引导他用好这两个最佳用脑时间,以提高他的学习效率。

方法二:均衡开发男孩的左右脑

脑科学研究表明,人的大脑可以分为两部分:左脑和右脑。左脑和右脑的功能不同:左脑具有语言、概念、数字、分析等功能,右脑具有音乐、绘画、空间几何、想象、综合等功能。相对于女孩来讲,男孩的空间几何能力比较出众,但语言表达能力相对较差。因此,当男孩沉迷于做数学题时,父母也要引导他读读文学方面的作品,引导他讲讲自己或他人的故事,这样有利于他的左右脑均衡发展。

方法三:一定要保证男孩的睡眠是充足的

随着孩子升入小学以及年级越来越高,很多父母都面临这样一个问题:是让儿子多学一会儿,还是让儿子多睡一会儿。

其实,不管是从提高男孩成绩的角度来讲,还是从有利于他的大脑发育方面来说,让男孩保证睡眠都是非常有必要的。

一般来讲,男孩在学校学习一天之后,大脑几乎处于了疲劳状态,在这种情况下,如果父母还让他长时间学习,他的大脑便会处于超负荷状态,这不但会造成其学习无效率,而且还会有损男孩大脑的健康。

因此,父母一定要监督男孩,每天必须保证 8~9 个小时的睡眠时间,即使节假日也不能例外。

方法四:一定要让男孩养成吃早餐的好习惯

大多数男孩都有些小懒惰,早上的时间是紧迫的,有时他们为了多睡一会儿,常常会放弃吃早餐。其实,这对大脑的损害是非常大的,因为不吃早餐会造成人体的血糖下降,对大脑的营养供应不足。

另外,大多数学校的课程几乎都是这样安排的:上午的课程最多,而且最重要的课程几乎都排在了上午。如果男孩长时间不吃早餐,其大脑所需要的能量得不到供应,不但会影响听课效果,而且会对智力产生很大的不利影响。

短期学习目标,对男孩很重要

心理学家曾做过这样的实验:

将小学三年级一个班的学生分成 3 组,然后由 3 位老师领着到很远的地方去做行进训练。第一组的学生被要求跟着老师走就可以了;第二组的学生知道距离为 20 公里;第三组的学生不仅知道距离,还知道每一公里处都有一个告示牌,告诉学生已经走了多远。

最后的结果是,第一组的学生越走越丧气,没有一个人走到终点;第二组的学生虽然知道距离为 20 公里,但他们不能及时知道已经走过的距离,有近一半的学生中途放弃了;第三组的学生都走到了终点。

由此可见,太长远的目标反而不能激励孩子们前进。因此,当你的男孩对繁重的学习任务发愁时,当他对十分落后的名次没有自信时……父母有必要帮助他把长远的目标分解成若干个现实的短期目标,并协助他把这些短期目标逐个实现。这样,每实现一个小目标,他都会产生成就感和自信心,从而促使他不断去努力,并一步一步地接近那个远大目标。

◎ 给父母的建议

任何一个人想要成功,必须有坚定、明确的目标,男孩更应该如此。当男孩对"当个科学家""考清华、北大"失去信心时,父母就要帮他把这些远大目标细化。

一个小男孩拿着倒数第一名的成绩单回家了,他想这下完了,等待他的肯定是爸爸的一顿打骂。但出乎他的意料,爸爸看到成绩单后,并没有责怪他的意思,而是说:"太好了,这下你没有负担了!"

小男孩不解地看着爸爸。

爸爸继续给他解释:"你想想,一个跑在最后面的人还有什么负担呀!你再也不用担心别人超过你了,只要你向前跑,你就是在进步!"

小男孩很激动,也很受启发,他真诚对爸爸说:"爸爸,我知道该怎么做了。"

"那你告诉我,下次考试你打算超过几个人呀?"

"我……"小男孩在思考。

"爸爸不对你要求太高,下次你能超过两个人就行。"爸爸很严肃地说。

让老师和同学们大吃一惊的是,下次考试时,这个小男孩竟前进了10名。

男孩成绩考得不好,父母最不应该的做法就是不闻不问或又打又骂,否则会使他对学习丧失兴趣,或对学习产生恐惧感。但如果父母像上面事例中的那位父亲一样,给孩子设立一个个的短期目标或小目标,当这些目标实现时,男孩会感受到成功的喜悦,从而产生不太容易体验到的成就感。而这些成就感又会大大调动男孩自身的积极性,激发他的学习潜能。

但需要父母注意的是,孩子学习目标的制定既要符合孩子当前的学习水平,又要高于他的实际水平,这样才能促使孩子有效地进步。另外,为了使孩子的目标更加清晰直观,父母可以在班级中找一个与孩子学习水平相当的同学作对比。有了竞争对象,男孩的学习劲头往往会更大。

另外,我们还可以借鉴国外父母的做法。在国外,父母们常常用"许愿树"的方法来鼓励孩子一点点地进步。他们让孩子把一个学期内要实现的小目标做成卡片挂在树上,如"不写错别字""月考前进两名""一周内学会两篇课文"……孩子每达成一项,就可以把相应的小卡片摘下来。当孩子看着"许愿树"上的小卡片越来越少时,他们学习的积极性便会越来越高。

男孩的分数，父母要理智对待

大家都知道，男孩的学习成绩往往不如女孩，这与男孩坐不住、耐心差、注意力容易分散有关。但有一部分男孩十分神奇，他们学习很棒，甚至连那些学习很好的女孩与他们相比，成绩都会相差很大一段距离。所以，大家常常把学习好的男孩称为"懂事的男孩"。因此，这些"懂事的男孩"往往会成为整个家庭的"宠儿"。

小浩是个学习很棒的男孩子，因为成绩好，整个家庭都对他抱有很大的希望。一会儿爸爸对他说："只要你考上重点大学，我就给你买一部最好的手机。"一会儿叔叔对他说："只要你考上清华、北大，我就给你配一台笔记本电脑。"哥哥、姐姐们也来凑热闹，这个给他买套名牌运动服，那个给他买大量的课外读物，偶尔还会给一些"资金补助"……

但让大家奇怪的是，这个听话的小男孩好像并没有为这些优厚的"待遇"而感动，相反，他的学习成绩在一点点地下滑。成绩下降两名，大家没有在意；下降3名，大家觉得这是正常现象；但当他的成绩从前5名一直下降到20多名时，大家着急了：这孩子是怎么了——

小浩的成绩一直下降，除去"早恋"等特殊因素外，我们可以这样说，是家长对他的特殊"优待"使他的学习成绩大幅下降。

在前面我们已经提到过，男孩有钱就容易变坏，他们会通过打游戏、上网等各种消费来打发体内过剩的睾丸素。因此，父母有必要清楚地认识到：即使你再有钱，即使你的男孩学习再好，也不要让他拿到太多的钱，太多的钱会让他的注意力从学习上转移开来；男孩的注意力太容易分散了，如果你让他全身名牌，同学们的羡慕和称赞会使他飘飘然，他会把精力都放在衣着和外表上，从而忘记学习……

然而，与成绩好的男孩比起来，成绩差的男孩可没有那么幸运。因

为成绩差,他们在学校常常会遭受老师和同学们的白眼,回到家后,父母还常常指责他,打骂他……面对这样差劲的成绩,他们的父母好像有着充足的理由:"孩子学习不好,我在同事面前都抬不起头来!""在现在这个知识、信息时代,学习不好,他以后还有什么前途!"……

其实,成绩不好的男孩也有苦衷。有很多成绩不好的小男孩都曾悲观地这样表示过:

"我也想考个好成绩,但周围的一切,尤其是爸爸妈妈给的压力让我很压抑。在这种氛围下,我又怎么能考得好呢?"

"有时,我真的怀疑,我是不是仅仅为成绩而活。"

……

对待成绩不好的男孩,父母也要理智。尊重孩子,是让他们做好一切事情的前提。只有尊重他们,他们才会正视自己的缺点;也只有尊重他们,他们才会重燃学习的希望……

◎ 给父母的建议

父母常常根据分数给孩子"下菜碟":孩子成绩好,父母就把孩子当做"宝";孩子成绩不好,父母就打骂孩子。这些都是很不科学的教育方法,不但对孩子的学业发展没有好处,还会影响孩子的健康成长。

其实,每一位父母都应该用平常心来看待孩子的成绩,尤其是对待那些难管、更容易叛逆的男孩,更应如此。

学习是学生的职责,努力学习是每个学生都应该做到的事情。父母不要因为自己的男孩成绩好而沾沾自喜,或者用各种各样的物质来奖励他,否则只会让你的男孩有一种错觉:学习是为父母学的。

另外,对待成绩不好的男孩,父母首先不能打骂他,其次要鼓励他,帮他分析成绩不好的原因,帮他找到适合自己的学习方法,并告诉他们:"只要学习一直在进步,成绩是次要的。"

做到以平常心对待孩子的成绩,父母还要给孩子创造一种轻松的学习氛围,如与儿子一块儿讨论学习中遇到的问题,与儿子一起读书、一起学习……不要动不动就问孩子成绩、放学后就让这些好动的小男孩去做作业,否则只能让孩子有这样一种错觉:他是为成绩而活。

有效增强男孩记忆力的 3 种方法

家长们常说：

"男孩的记忆力不如女孩好，让他背语文课文、英语单词等与记忆有关的东西特别费劲。"

"越让他想着去做某件事情，他越是忘记。"

"即使是平常，他也常常会忘记戴红领巾，常常丢三落四。"

……

难道男孩的记忆力真不如女孩吗？答案是否定的，科学研究表明，刚出生的小孩子记忆力没有太大差别，更与性别无关。研究还表明，人的记忆能力是非常强的，一个正常人脑的记忆容量相当于 5 亿本书的知识总量，一个人的一生能储存 1000 万亿个信息单位。这种能力，再好的计算机也比不过。

那么，为什么男孩常常会表现出记忆力不好的状况呢？

这就要从男孩自身分析原因了。首先，男孩的注意力很容易分散，也许父母刚刚吩咐他去做一件事情，他突然被另一件事情吸引，从而忘记了去做家长吩咐的事情；其次，男孩子体内的反叛细胞很多，当他对老师或父母不满时，常常会以"忘记了"为理由来表示自己的不满；另外，男孩对暗示是没有什么反应的，当父母暗示他去做某件事情时，他没有反应，父母往往就会误以为他忘记了……因此，男孩才被冤枉地扣上了记忆力不好的"帽子"。

因为男孩的记忆力"不好"，很多家有男孩的父母想尽了办法：给他们买提高记忆力的营养补品、强逼着他们去记忆东西……不但最后没有效果，孩子的记忆力反而越来越差。

其实，人的记忆力是可以培养的。正如人们常说的"天才=1%的天

赋+99%的后天努力与培养",孩子的记忆力也是如此。虽然孩子在出生时记忆力或多或少地存在着一些个体上的差异,但后天的记忆力培养与训练更为重要。

◎ 给父母的建议

对待那些记忆力不好的男孩,父母(尤其是妈妈)最主要的任务就是停止唠叨。要知道,你整天在他的耳旁唠叨他记忆力不好,叛逆心很强的小男孩就会处处寻找机会来证明他的记忆力不好。

另外,父母还应采用合适的方法,来锻炼男孩的记忆力。

方法一:提高男孩记忆的自信心

曾有心理学家这样说:"凡是记忆力强的人,都必须对自己的记忆充满信心。"然而,有很多男孩在背课文、记公式、记英语单词之前,先有畏难情绪,担心记不住,对自己很没信心。这样,他就在心理上产生了抵御记忆的因素,造成精神不集中,总会记不住。

这时,父母切忌打击孩子记忆的信心。如有的父母骂孩子"你什么都记不住,一点记性也没有,对你说了也是白说"等,是很不妥当的。在孩子遇到记忆难题时,父母一定要耐心帮助他,要多给予鼓励,以培养孩子对自己记忆力的信心。

上小学的小宇经常向妈妈抱怨:"妈妈,我的记忆力不好,老师留的背诵作业,我总也完不成。"

妈妈看了看愁眉苦脸的小宇,笑着对他说:"别灰心,慢慢来,你小的时候就能背很多唐诗,我敢为你的记忆能力打保票。只要你用心记忆,再难记住的东西对你来说也不算什么。"

小宇仔细想了想:自己小时候的记忆力的确很棒,因此还经常被幼儿园老师表扬呢,现在的记忆力也是绝对没问题的。用这样的心态去对付那些需要记忆的科目,效率不但高了很多,小宇还发现,他的记忆力的确很出众。

当男孩对自己的记忆力产生怀疑时,做父母的要时常给孩子积极的暗示:"你一定能记住的""你小时候在背诵诗歌大赛上还得过奖呢""爸爸像你这样大时还不如你呢"……当他对自己的记忆力充满信心时,再让他背课文、记公式等,就不是困难的事情了。

方法二：鼓励男孩学会运用多通道记忆法

一位儿童心理学家曾做过这样一个试验：

分别让 3 组孩子来记一幅画的内容。对第一组孩子，只告诉他们画上画了些什么，并不给他们看画；对第二组孩子正好相反，只给他们看画，可是不再给他们讲每张画画了些什么；对第三组孩子是又让听又让看，不但给他们讲画的内容，同时给他们看那些画。

过了一段时间，这位儿童心理学家分别问这三组孩子记住了多少画上的内容。结果第一组孩子记住的最少，只有60%；第二组孩子记住的稍多点，记住了70%；第三组孩子记住的最多，达到86%。

任何人都是这样，只用视觉或只用听觉，记忆的效果都不是很好，但视觉与听觉并用，记忆效果就比前两种方法要好得多。因此，父母要想让男孩的记忆效果好，就要帮助他把所有感觉器官一同调动起来，即采用多通道记忆法。

多通道记忆法可以动员大脑的各部位协同合作，来接收和处理信息。男孩用这种方法来学习自己最不擅长的科目——语文、外语等课程，其效果最为显著。

方法三：教男孩利用直观形象进行记忆

一个小男孩自豪地对爸爸说："咱们家附近的这些人家的电话号码，只要让我看一遍，我绝对可以记住。"

"那你记一下这个号码。"爸爸指着前面那幢楼里送水店的电话故意考他。

晚饭时，爸爸想起了这件事，便让儿子背白天告诉他的那个号码，没想到儿子很轻易地就背出来了。爸爸很奇怪地问："你是怎样做到的呢？"

"这组号码表面看毫无意义，但把它分解成几个部分后就很容易记了。482，咱们家电话号码前三位也是这三位数，12是前面那幢楼的号码，而16是送水的那家的门牌号。这几组数字连起来正好是4821216。"孩子骄傲地回答。

根据心理学家的统计和研究，直观、形象的东西，尤其是视觉映像，容易给孩子留下深刻的印象。因此，当孩子记忆一些抽象的东西时，父母可以指导孩子，使抽象的东西尽可能与具体、形象的东西结合起来，在形象的基础上，概括出具有普遍性的结论，这样孩子就很容易记住了。

培养男孩的语言表达能力
——让他能说会讲

前面我们已经讲过,男孩的情感表达方式与女孩不同,男孩宁愿给生病的妈妈倒一杯水,也不愿用语言表达自己的情感。但是,在现代社会,一个人语言的水平往往标志着他的思维水平。即使一个小男孩很有自己的想法,但他不会表达或不善表达,他还是不会被众人认可。

因此,现实生活中,经常听到一些家长抱怨:

"我家儿子都9岁了,有时连老师留了什么作业都表达不清楚。"

"我家儿子上三年级了,说话结结巴巴,总是不能完整地把一件事情表述清楚。"

……

在需要表达的场合,面对男孩出现的脸红窘迫、木讷呆板、一言不发或者三言两语一带而过等一系列有关表达的棘手问题,父母很头痛。尤其是在公共场合,男孩表现出的内向、吞吞吐吐甚至失语等现象更令父母生气,于是就出现了不和谐的声音:"你怎么不说话?你是哑巴吗?你长嘴是干什么用的,就知道吃啊!关键时刻就掉链子……"

对待男孩的表达问题,父母千万不能着急。研究表明,男孩语言表达能力的发展要比女孩晚一些。当同年同月同日出生的小女孩已经能够流利地给妈妈讲故事的时候,也许这个小男孩只能简单地说几句话,因此做父母的应该体谅男孩。如果父母因为嫌男孩嘴笨而一味地指责他,男孩一定会产生自卑情绪,并对自己的能力深表怀疑,从而越来越不愿意表达。而且,有时父母的责备还会使内向的孩子产生自闭心理,从此拒绝说话。因此,面对不善表达的小男孩,父母不能只

是一味地指责他,而是应运用恰当的方法引导他开口说话。

另外,男孩语言表达能力差还有多方面的原因,有的是生理原因,有的是性格所致,但与早期教育训练不到位也有很大的关系。

猛猛刚刚学会说话的时候,妈妈便不再有意识地教他说话。猛猛妈妈总是对别人说:"我工作太忙了,没有时间再教孩子说话了。再说,孩子都已经会说话了,在这个语言的大环境里,孩子长大后慢慢就能说会道了。""又不让孩子去耍嘴皮子,没有必要再教他说话了。"……

但是,现在猛猛已经上二年级了,老师经常担忧地说:"这孩子的语言表达能力太差了,这样不仅不利于孩子写作水平的提高,而且将成为孩子日后发展的障碍。"

小猛猛就是因为早期教育不良而引起表达能力差的典型例子。这时,猛猛父母就要特别注意了,必须采取积极的态度,有计划地对孩子的语言表达能力进行补救。补救的方式可以是多样的,如父母可循序渐进地训练孩子的表达能力,从"书""一本书""这是一本书""这是一本很好看的书"开始,到比较完整地讲一个小故事,慢慢地引导孩子学会表达。

另外,教孩子精确描述一件事情也是一种很有效的方式。孩子在描述一件事、一个人物时都会比较笼统、含糊,这时,父母可以通过引导,让孩子把事情讲清楚。

上小学一年级的小宁放学回来,妈妈问他:"儿子,今天学了什么呀?"

"老师给我们讲故事了。"小家伙兴奋地说。

"讲的什么呀?"妈妈耐心地问。

"在很久很久以前……"说着便说不下去了。

这时妈妈耐心地提示她:"很久很久以前有个什么人呢?"

"哪吒!"

"哪吒都做什么了?"

"哪吒闹海!"

"是吗?那你给我们讲讲哪吒闹海的故事好不好?"

……

如果做父母的都能像小宁妈妈这样,站在孩子的角度,循循善诱,耐心引导,孩子的语言表达能力又怎么会不提高呢?

◎ 给父母的建议

信息时代,人们时时刻刻都离不开语言交流,语言表达能力已经成为衡量人才素质的一个重要方面。

童年时代是孩子语言表达能力的启蒙和高速发展阶段,再加上男孩的好奇心和模仿力都很强,这段时期是他们提高语言表达能力的关键时期。因此,父母一定要在这个时期针对男孩的特点,用正确的方法引导他去表达自己。

方法一:与你的男孩玩语言游戏

提高男孩的语言表达能力,仅靠平时与孩子交谈是远远不够的。因此,父母可以在生活中常与男孩玩语言游戏,如开展家庭成语接龙比赛、家庭演讲比赛、猜谜语比赛等。为了准备成语接龙比赛,父母可以为孩子购买成语词典或成语故事磁带、光盘、图书等。如果男孩对这种游戏感兴趣,他会主动去看、去记忆的。另外,父母还应鼓励他动口去说。

强子小的时候,父母为了锻炼他的语言表达能力,经常和他玩语言游戏。妈妈做考官,爸爸和孩子"同台竞技"。妈妈问:"鸭子会游泳,老鹰……"爸爸迅速回答:"老鹰会飞。"这样,强子明白了游戏的规则,很兴奋地参与进来。妈妈问:"苹果是绿色的,香蕉是……"强子马上接答:"香蕉是黄色的。"

父母让男孩以竞争的形式参与游戏,不但可以培养他在"时间压力"下迅速反应、准确表达的能力,还会使他觉得学语言是一件很有趣的事。同时这对男孩的记忆能力、应变能力、想象能力、扩散思维能力、概括能力等,也是很好的一种锻炼。

方法二:引导你的男孩把话说丰富

要想让男孩完整并出色地进行表达,父母首先应该有耐心。另外,父母还应注意,当男孩说话磕磕巴巴时,千万不能动不动就批评他,否则只会挫伤他的积极性。

一位妈妈这样记述了她引导孩子表达的心得:

今天,儿子放学回家,高兴地对我说:"妈妈,今天老师表扬我了。"这时,我放下了手中的家务,亲切地对儿子说:"是吗?妈妈先恭喜你了！快说说，到底老师为什么表扬你呀？"

"老师说全班语文单元测验只有 3 个打满分的，有我一个。"孩子自豪地说。

"是吗？那你说说详细经过，你们老师带着什么样的表情走进教室的？"我引导他。

"当时教室里十分安静……"

"请再用个成语描述，叫鸦雀……"我故意打断他。

"呵，对了，教室里鸦雀无声。老师兴高采烈地走进教室……"

"老师怎样说，面带什么表情呢？"

"呵，想起来了，老师面带微笑，满面春风地说：今天我要公布成绩了，全班有 3 个同学最出色，打了满分，他们是……"

"当时你心里紧张吗？形容一下。"

"我心里紧张极了，像敲起了小鼓，又像揣着小兔子乱蹦乱跳。"

"心里紧张，可以用歇后语描写一下，比如像十五个……"

"我的心像十五个吊桶汀水，七上八下的。当老师公布我是满分的时候，我心里的大石头才落了地，嘴里就像喝了蜜一样甜，激动得手舞足蹈！今天的我好兴奋，今天的我好快活！"

这样，在我的积极引导下，儿子把今天发生的事完整地表述出来了，随后，我又让儿子把今天发生的事情写成了日记。

如果父母真的能够长久地这样引导男孩表达自己的所见所感，当有一天男孩语言表达能力的窗口被打开后，他的语言表达能力就会迅速地提升。

培养男孩的想象力
——别让他的思维带上"枷锁"

　　一天，一个小男孩跟爸爸到公园里去散步。小男孩看见河边的一棵树秃秃的没有叶子了，便对爸爸说："树叶回家睡觉了。"爸爸马上反驳儿子："不对，树叶又不是人，怎么可能回家睡觉呢？秋天到了，树叶都落到地上了。"

　　"秋天到了，树叶都会枯萎，都会从树上落下来"这样的常识、这样的标准答案，男孩随时都可以学到。但从小时候起，思维就被"标准答案"束缚住，男孩也许永远都不可能再拥有丰富的想象力了。

　　但是，如果爸爸这样回答小男孩："对呀，树叶也想家了，所以秋天到了，它也投入大地母亲的怀抱了。"这样的回答不仅会让男孩了解到"秋天到了，树叶会落下来"这个常识，还会保护他的想象力，不至于使他的思维被束缚。

　　男孩天性好探索，但中国的男孩与外国的男孩相比，想象能力与创新能力往往要差一些，为什么呢？因为过多标准答案给中国男孩的思维带上了沉重的枷锁。所以，聪明的父母，在告诉孩子标准答案的同时，请不要扼杀他的想象力。

◎ 给父母的建议

　　儿童期是孩子想象力表现最活跃的时期，作为父母，请帮助你的男孩把思维"枷锁"打开，并为他插上想象的翅膀，去尽情激活他的想象力吧！

方法一：故意给你的男孩留点想象的空间

　　一次折纸游戏中，小男孩学会折小兔子后，把小兔子贴在了纸上。这时妈妈问孩子："小兔子生活在哪里啊？"

男孩就给小兔子画了一个漂亮的房子,还有绿草地、美丽的小花。接着妈妈又问:"你知道小兔子吃什么东西吗?"

"它最喜欢吃萝卜,我得给它画些萝卜!"男孩高兴地继续做着。

"你觉得小兔子还需要什么呢?"

"还需要朋友、妈妈、爸爸、玩具……"

男孩开始设计出越来越多的东西。原本只贴了一只小兔的白纸,现在不但有了漂亮的房子、绿色的草地、美丽的鲜花、可口的萝卜,还有在跑步的小乌龟、另一只穿着裙子的小兔、大大的蘑菇、飞翔的小鸟、高高的太阳、弯弯的小溪,别提有多热闹了。

孩子最爱做游戏,父母在和孩子做游戏时,一定要克制自己的"聪明",要让男孩做游戏的主人,这样才能给他发挥自己的想象力留下足够的空间,而他也可以在自己的想象中玩得更尽兴、更自主、更活跃。

方法二:用童心去激发男孩的想象

一位男孩的爸爸是语文老师,他对儿子的想象力培养绝对够"专业"。以下是他教子日记的一部分:

一天,我去幼儿园接儿子回家,天正下着小雨,我和儿子撑着伞边走边聊。忽然,儿子调皮地说:"爸爸,小雨点'砸'着我的头了,好痛!"边说边做痛苦状。

我说:"没关系,小雨点跟你开玩笑呢。"儿子听后高兴地笑了。

"你想想,小雨点还会跟你干什么呢?"我很喜欢问学生这一类带有想象创造性的问题。

"我不知道……"儿子嬉皮笑脸地说。小孩子就是有思维惰性,于是我只好启发他:"比如说,小雨点会在你的头上……"

"小雨点在我的头上跳舞!"儿子兴奋地说。

"对呀,小雨点还在你的鼻子上滑滑梯呢!"我指着他鼻子上流下的小雨滴说。

儿子可乐坏了,干脆跑出了雨伞:"小雨点还在我的头发上荡秋千!"

"你说得真好,再想想,还有呢?"

"小雨点还会在我的头上跳蹦蹦床,小雨点流到我的眼睛里假装是我的眼泪,小雨点滴到我的脸上给我洗脸……"儿子一口气说了很多。

"爸爸,我好喜欢小雨点!我真的真的好喜欢小雨点!"儿子在雨中

兴奋地说,在他眼里,这糟糕的天气因为有小雨点而变得乐趣无穷。

孩子的想象力是最丰富的,但孩子的想象力也是需要挖掘、需要培养的。也许有时孩子的想象是跳跃的,不着边际的,用成人的思维根本就无法理解。这时,父母需要做的就是,耐心倾听孩子的解释,用童心去激发孩子更多的想象。

有时,父母的态度太理性了,看到月亮,父母会告诉孩子,人类已经登上月球了,月亮上的那些图像是"环形山"。所以现在的孩子几乎没有听到过"嫦娥奔月"的动人传说,他们更不会去猜想神秘的广寒宫、寂寞的嫦娥姐姐和月兔是否是真实的了……

对于孩子来说,"美丽的错误"更能激发、拓展孩子的想象力。比如:小草绿了,不要告诉孩子那是春天到了,孩子会说"小草穿厌了黄衣服想换件绿衣服呢";雪人融化了,不要告诉孩子那是因为温度高了,孩子会说"雪娃娃在减肥呢"……只有父母更富有童心,孩子才能更富有想象力。

方法三:引导男孩多实验

10岁的小男生蓝沛一放学回家就高兴地对爸爸说:"爸爸,今天我们学空气了。原来空气这么神奇,没有它,人们就没有办法生活。"

"是吗?我怎么就看不到空气呢?你能给我证明它的存在吗?"爸爸像是在故意考蓝沛,说着便给他准备了做实验的工具——杯子、塑料袋、水等。

蓝沛因为爸爸的这句话变得活跃起来。他把空塑料袋口攥紧,并不断往里捏,直到塑料袋变成一个气鼓鼓的包,嘴里还嚷着:"空气,我已经抓住你了,看你还往哪里跑!"

最后,他将空杯子口朝下倒着压入水里,可是,空气并没有像他想象的那样从杯子口里冒出来。他着急地看着爸爸,爸爸笑着提示他:"想象一下潜水员是怎么呼吸的。"蓝沛眨了眨眼睛,让杯子在水里慢慢倾斜,终于有气泡从水里冒出来。他高兴地对爸爸说:"爸爸,我把空气倒出来了。"

孩子的思维是无边无际的,当他学习了新鲜知识,有了新想法,父母就要鼓励他动手去实验一下自己的想法。在想法得到正确、科学的验证之后,他不但更会满怀激情地去想象,而且这样的行动还可以大大提高他的创造能力。

写作——让男孩成为小小文学家

提起作文,很多男孩都会头痛:话都说不好,更不用说写作文了。于是,当老师让他们写日记、写作文时,他们不是记流水账,就是随便在作文书上抄两篇来应付老师。但是,这种"写作"方式对他们写作能力的提高只有百害而无一利。

很多男孩在说起自己的梦想时,会提到军事家、科学家、拯救人类的英雄……但很少有男孩说自己长大后要做一位文学家。他们不这样说并不是轻视文学家,而是因为他们觉得写作文实在太难,以至于他们都放弃了做那样的梦。

因此,很多父母对男孩的作文情况往往也无能为力,这不像一般的语文题、数学题,孩子不会可以给他们详细讲解。所以对待男孩的作文难问题,父母最常见的做法就是买几本《优秀作文选》给男孩看,但无数事实证明,这除了为男孩应付老师提供方便之外,其他方面的作用并不大。

那么,让男孩写好作文真的那么难吗?答案当然是否定的。

曾在一本书上看到过这样一个故事:

在一个美国家庭里,有一个小学三年级的小男孩。一天,男孩从学校回来,一进门就对爸爸说,老师让写一篇观察作文,他选择了金鱼,所以他要求爸爸给他买两条小金鱼。爸爸虽然很忙,但仍然很高兴地答应了。

爸爸带男孩来到市场,买回了两条漂亮的小鱼,并且又带男孩去了一趟图书馆,帮他借了两本有关金鱼的书。

回到家后,小男孩边看书,边观察那两只小金鱼,偶尔遇到不明白的问题,他就问爸爸。爸爸总是耐心地给他解答,偶尔还给他提一两点

小建议。

经过几天的研究,男孩的观察作文终于写好了。当小男孩把作文交给老师看时,老师高兴地夸奖他观察仔细、研究透彻,他写的这篇小作文都可以称得上是一篇小论文了。

写作文正是如此,在认真的观察、研究中,孩子才会对事物有一个新的认识。当他把这些新的认识写出来时,一篇很好的作文就已经成形了。而男孩也会从这篇作文的写作过程中体会到乐趣,从而喜欢上写作。

◎ 给父母的建议

男孩如果爱上了写作,那他的语文成绩肯定会很棒;但是,如果他对写作文很发愁,他的语文成绩往往会很差。因此,男孩学会了写作文,就不用再为他最不擅长的语文成绩而发愁了。

方法一:引导男孩观察生活

作文水平的提高,需要孩子具有很强的观察能力。而男孩好动的特点往往让他们不能将注意力集中在一点。因此,在日常生活中,父母一定要有意识地引导男孩去观察生活。

一位母亲这样写道:

冬日的早上,我送儿子上幼儿园,一边走我一边问儿子:"叔叔阿姨和小朋友都穿了什么衣服?""树叶有什么变化?""自己感到是不是冷了?"孩子在回答我的一连串问题后,对冬天就有了具体的认识……在我的引导下,儿子慢慢学会了观察周围的事物。

方法二:引导男孩口头作文

口头作文不仅可以培养孩子的观察能力和口语表达能力,更重要的是,其语言的逻辑思维能力也可得到锤炼。

一位妈妈曾这样介绍自己的教子经验:

当儿子遣词造句的能力发展到一定程度的时候,我尝试着跟他进行口头作文。作文的题目大多是即兴的,比如星期天我们上公园玩过之后,回家的路上,我就开始问儿子:"公园美丽吗?"儿子兴高采烈地回答:"非常美丽!""你能告诉妈妈公园如何美丽吗?"儿子歪着小脑袋,有板有眼地向我描述他在公园里看到的各种情形。

回到家后,我把儿子刚做的口头文章用笔记录下来,然后重念一次给他听:"看,这就是你写的文章,写得真漂亮!"儿子看到自己嘴里说的话瞬间变成行行的文字,大受鼓舞。从此,每到一处,他都自觉地跟我说:"妈妈,我要写篇好文章。"

在男孩对某一件事情很有兴趣时,父母要抓住他的兴奋点,引领他去描述,让他尽情地发挥、尽情地说。这样的口头作文不仅能锻炼孩子的口头表达能力,而且把这些记录下来,就是一篇很好的作文。

方法三:让你的男孩去联想

男孩们的思维是活跃的,他们往往会说着一个话题,又想起了另外一个话题,这时,父母要鼓励男孩去想、去说,因为联想和想象往往也是写好作文的关键。

另外,父母在和孩子的日常交流中,也要有意识地引导孩子通过联想和想象打开自己的思维,这样会使孩子的写作内容更充实、更有思想。

下面介绍一些玩"联想游戏"的方法:

1.数字的联想:如,由数字"1"想到竹竿、筷子、电线杆……由数字"2"联想到白鹅、鸭子……由数字"3"想到山、麦当劳……

2.数列的接力:从1数到20,用奇数接:1→3→5→7……用偶数接:2→4→6→8……用5个一数:5→10→15→20……

3.动物排排看:四只脚的动物有牛→狗→羊→狮子……会飞的动物有鸟→蚊子→雁→鸽子……

4.一笔接一笔:在地上摊开画纸,亲子共同用彩笔、颜料,一笔接一笔,合力创作。

5.一句接一句:串成一篇故事,可以用录音机录下来,全家共同分享。

英语——男孩学好英语不再是梦

作为父母,大都有过这样的体会:学生时代,不论是初中还是高中,班上大多数的男孩外语成绩都不好,而且即使是成绩很棒的男生,外语往往也是最令他们头痛的科目。这种现象在我们的下一代中仍然存在。大多数家有男孩的父母都面临着同样一个问题:自己十几岁甚至几岁的男孩,就对外语产生了畏难情绪,他先是对那些需要大量记忆的外语单词很反感,接着那些多变的语法又让他心烦……

难道上天已经注定大多数的男孩学不好外语了吗?为什么这么小的男孩就对外语产生了畏难情绪呢?

的确,由于不处在外语的语言环境中,由于听、说等锻炼的机会很少,所以要想学好这门第二语言,男孩们需要拿出足够的耐心和精力。我们都知道,男孩是坐不住的,男孩是没有耐心的,所以他们讨厌那些长长的单词和多变的语法。如果男孩讨厌上一件事情,即使这件事情对他很重要,他往往也不会怀着愉悦的心情和花太多的精力去做这件事情。所以,男孩要想学好外语,首先不应该对外语有反感。

另外,父母强烈的功利心往往是男孩不爱学外语的第二大因素。

生活中,我们经常会听到一些父母这样教育孩子:

"你怎么就这么笨呀!我像你这样大的时候都能和外国人对话了。"

"人家别的孩子的英语成绩都很好,你怎么就考这么几分呀?"

"看人家小强都能用英文讲故事了,你怎么连这几个单词还学不会呀?"

任何一个人学习语言都是有"静默期"的,就好像小孩子刚刚出生其实就具备发声能力,但他们要到一岁多才开始咿咿呀呀地说话一样,只有经过一年多的"输入"才会有"输出"。所以,孩子学习第二语言,父母的心态首先要放平稳。如果父母的功利心太强,不顾男孩学习外语的特点,而盲目地催促孩子考级、与其他孩子进行攀比,只会使男孩学外语的积极性大受打击,从而使他越来越厌烦学习外语。

◎ 给父母的建议

如果你的男孩的外语成绩不是很理想,做父母的首先应该戒骄戒躁。要知道,只有正确的引导才是提高男孩外语成绩的最有效途径。

方法一:提高男孩学外语的兴趣

只有让男孩对学外语有了浓厚的兴趣,他才可能静下心来去学。其实,对于这些爱表现、容易激动的小男孩来说,让他爱上外语学习并不是很难的事情。

小博的妈妈不懂外语,有一次,别人送了她一个进口的化妆盒。儿子回家后,她正想向儿子炫耀,但是打开包装后,却无论如何也打不开盒子,更可气的是上面只有几个英文字母,一个汉字都没有。妈妈没有办法,但又不好意思告诉儿子她打不开,只得试着问儿子:"儿子,你来帮我看看,这个盒子上写的是什么?"

儿子看了一眼,笑了,说:"妈妈,你是不是打不开这个盒子呀?这个单词'push'是'推'的意思,这是一个按钮。你看这样,这个盒子不就打开了吗?"儿子像老师一样教妈妈。

妈妈有点不好意思了,但一转念:为什么不利用这个机会让孩子学好外语呢?于是她对儿子说:"儿子,以后我跟你学外语,好吗?"

"好呀,不过你要听我的话呀。"儿子自豪地说。

小博妈真的按照儿子的要求从"A、B、C"开始学外语了,而正如她所料,她的"小老师"的外语成绩也在直线上升。

有时,父母找机会向男孩请教难度适中的问题,会极大地提高男孩学习的兴趣和认真学习的程度。所以,父母不妨创造机会,让孩子当回"老师"。如教奶奶学外语、教小妹妹小弟弟学外语等等,都能很大程度地调动男孩学习的积极性。

另外,如果父母的外语水平也不好,有信心和男孩一起学习,这对男孩来说也是一个很大的鼓励,同时又会增强他学习外语的信心。

方法二:让男孩养成科学的学外语习惯

习惯是一种巨大而持久的力量,许多重要的事情正是靠习惯的力

量去完成的。在男孩学习外语的过程中,养成良好的学习习惯,不仅有利于他外语水平的提高,而且能促使他的语言整体能力都大大提高。

首先,要让男孩养成认真听、耐心听的习惯。即,先用心静听录音,听准了,听会了,才跟着学说。不要急于说,是因为刚刚开始听就急着跟着说,这样做会使孩子对磁带产生依赖性,离开了磁带,就什么都不会说了;也不要听不准就跟着说,否则不利于提高听力,也会使他的口语进入一个误区。

其次,父母要鼓励男孩大声说、不害羞。父母要不断鼓励他大声地朗读、勇敢地与别人对话,这样不但有利于锻炼他的口语,当他的发音、语法出现错误时,也利于及时发现并纠正。

再次,父母要鼓励男孩大胆地联系实际做动作。人们的语音语言和身体语言是相辅相成的,做动作可以帮助男孩理解语言、表达语言,也有助于记忆。如父母在读"鼻子"这个单词时,可以有意识地让男孩去摸摸鼻子。

方法三:对男孩的外语成绩要多鼓励

对男孩的外语分数、成绩,父母千万不能要求过高。对他的要求过高,他尽了最大努力还是达不到,这样只会使他有很大的精神压力,甚至产生严重的自卑心理。有时,如果男孩一直处在很大的精神压力下,而且得不到鼓励,他往往会"破罐破摔"。但是,如果父母对他的要求合理,情况就会大不相同。

涛涛的成绩一般,外语成绩尤其糟糕。一次外语测验,他只得了 9 分。看着垂头丧气的涛涛,妈妈鼓励他:"别着急,一点点地进步,妈妈不给你提过高的要求,只要你认真学,下次能提高 10 分就可以了。"在妈妈的鼓励下,涛涛真的用心学了一段时间,第二次测验时,他竟然考了 61 分。涛涛特别高兴,用他自己的话说:"我第一次感觉到自己并不是'笨蛋'。"

男孩面对他们最不喜欢的科目——外语,往往会产生自卑心理,认为自己是"大笨蛋"。在这种情况下,父母一定要正确对待男孩的"分数",要做到"重过程,轻结果"。一位外语老师说:"男孩学习英语,家长不仅要有耐心帮助他学习,还要用一颗平常心对待他的成绩。"而事实往往也是这样,男孩在没有压力、轻松的环境下学习,成绩反而会呈加速度提升。

数学——发挥思维优势,让男孩成为数学天才

一提到做数学题,很多男孩都会很兴奋,因为他们喜欢数学,尤其喜欢向那些有点难的数学题挑战。

男孩喜欢数学,与他们的思维方式有关。我们都知道,男孩的逻辑思维能力要比女孩强得多。因此,那些需要很强逻辑性的数学题对于男孩来说往往就是小菜一碟;由于男孩的空间感比较强,让女孩感觉痛苦的立体几何往往却成了男孩的最爱。

虽然男孩喜欢数学,也愿意主动去学习数学,但对于他们的数学成绩,父母们往往也很忧虑。很多男孩的父母都向老师反映这样一个问题:儿子爱学数学,他能够做出很有难度的数学题,但为什么他的数学成绩还常常会不及格呢?

一个小男孩经常很轻易地就把老师出的一些较难的数学题“攻破”,因此很受数学老师的宠爱。但是,期中考试时,他的数学成绩竟然不及格。老师分析了一下他的试卷,发现他做错的都是那些很简单、大多数学生都会做的题目。老师把这个小男孩叫到办公室,把试卷拿给他看,并很真诚地问他:“你能告诉老师,你在做这张试卷时是怎么想的吗?”

小男孩看着那些出错的题目,不好意思地说:“老师,我错了。试卷刚发下来时,我大概看了一下这些题目,发现都是我会做的,所以就想,这样的题目我能考100分。但是由于看错数、抄错答案等,我都没及格……”

这个小男孩说出了几乎所有男孩的心声:数学题目难,他们不怕。但是,他们怕的就是题目太简单。所以,父母要想让你的男孩的数学成绩一直名列前茅,还要在必要的时候提醒他不要放松警惕,并在细心上下足工夫。

给父母的建议

每一个男孩都有一个数学家的头脑，只要父母正确引导，男孩的数学天赋就能被完全激发出来。

方法一：引导你的男孩去探索数学规律

在男孩很小的时候，很多父母都会有意识地辅导他做数学题。但父母都是怎样做的呢？呆板地出几道题让孩子算：2+3=？3+4=？……其实，父母这样做很容易让男孩产生厌烦情绪，进而使他觉得学数学很没意思。那么，父母到底应该怎样教男孩学习数学呢？

让我们来学学这位家长的做法：

小男孩季晨还很小的时候，妈妈就经常编题给他做。有一次，妈妈给季晨出了这样一道题目："哪两个数相加得10？这样的算式共有几个？"

季晨马上写出了答案："0+10，1+9，2+8，3+7…… 10+0。"

妈妈又问他："儿子，你真聪明，你看看能从它们中间找到规律吗？"

季晨看了一会儿，惊奇地对妈妈说："妈妈，真有规律呀！如果我把0到10一字写开，对称的数字相加，它们的和都等于10，那我能很快地知道哪两个数相加等于11，相加等于12……相加等于100……"

从那一刻起，季晨对数学的兴趣一发不可收拾。

其实，任何一个人学数学都是这样，当解出一道很难的题目时，他往往会产生很大的成就感，而这种成就感便成为了他爱上数学的理由。

任何一类数学题，都有其固定的解题规律。在父母的引导下，男孩自己摸索到一条数学的规律，甚至比解出一道高难度的应用题还有成就感。而这种成就感会促使他继续在数学天地里探索，从而越来越接近数学家的梦想。

方法二：让男孩的逻辑推理能力越来越强

逻辑思考能力是指，人们能从已知的条件，判断未知的结果，并懂得分析、判断、推理，能说出得出结果的原因依据。一位儿童心理学专家曾说过："数学是最好的培养孩子逻辑推理能力的工具。"而理论与事实都表明，逻辑推理能力越强，孩子的数学成绩就会越高。

一次，家里新买回来一袋大米，爸爸对儿子说："小伙子，你知道这袋大米有多少粒吗？"儿子皱了皱眉头，对爸爸说："这可怎么知道呀，

简直是强人所难嘛！"

爸爸笑了，引导儿子说："这可不是强人所难。来，咱俩一起分析一下。如果我们把大米分成好多份……再利用一下秤……你说会如何呢？"

儿子仔细想了想，兴奋而自信地对爸爸说："哦，我找到好方法了。先秤出一两大米，数出这一两大米的粒数，然后秤出这袋大米的总重量，就可以算出这袋大米的粒数。"

爸爸也笑了，继续引导儿子："孺子可教也。那你是不是可以利用这个方法算一算一张纸有多重呢？"

如果每位家长都能像故事中的爸爸一样引导孩子去分析、判断、推理，那孩子的逻辑思考能力肯定会很棒，并且每个孩子都会因此而爱上数学。

方法三：让男孩"动手"去体验数学的乐趣

一位爸爸问他的孩子："儿子，一张长方形的纸片有 4 个角，剪去一个角，还剩几个角？"孩子脱口而出："3 个。"这时，爸爸笑了笑，对孩子说："你为什么不亲手剪一剪再告诉我答案呢？"

孩子真的动手剪了，一剪才发现纸竟然有 5 个角。爸爸鼓励他："继续剪，看能不能剪得只剩下 3 个角？"孩子剪了半天，当他沿着对角线剪开那张纸时，终于剩下了 3 个角。那一刻，他那股高兴劲儿就不用提了。

父母鼓励孩子多动手做数学试验，不仅能让孩子领悟到书本上的某些结论，还能促使孩子多动脑筋，从而为创造发明打下基础。

研究证明，孩子良好的学习素质一半来自父母的熏陶。因此，父母在辅导男孩学习数学的时候，应多给他提出能引发他兴趣的问题，引导他开动脑筋寻找数学规律，鼓励他自己"动手"体验数学的乐趣，如此一来，你的男孩很容易会爱上数学，学好数学。

细节90

阅读——引导你的男孩博览群书

　　喜欢上蹿下跳的小男孩很少能够静下心来看会儿书，他们更喜欢从实践中获取知识。但他们也有爱读书的时候，只是只爱读他们喜欢的漫画书，如英雄系列《奥特曼》、历险系列《西游记》、童话故事系列《安徒生童话》等。这说明只要这些小家伙感兴趣，让他们坐下来读书并不困难。

　　孩子尤其是男孩子的读书兴趣，往往是在小时候培养起来的。然而，很多父母都认为：

　　"阅读是孩子上学以后的事。"

　　"孩子还没上学，还没有一定的识字量，是不可能阅读的。"

　　"到了一定年龄，孩子自然而然就会阅读了。"

　　……

　　其实，这些父母的想法都是不正确的。他们进入了两个思维误区：一是忽视早期阅读的可能性和必要性；二是过于强调识字是阅读的基础，忽视了儿童在阅读过程中对汉字的伴随学习。

　　美国一位研究儿童心理学的博士，曾在加利福尼亚州的一所小学调查 5103 名一年级的新生，其中有 49 个人在入小学以前已经在家里接触过阅读。博士对这 49 个孩子作了 5 年的追踪调查，发现与其他孩子相比较，他们的学习成绩一直保持领先的状态。

　　由此可见，早期阅读能给孩子带来很大的优势。但如果已经错过了对孩子的早期阅读教育，父母也不要着急。儿童心理学家认为，小学阶段仍是孩子进行阅读的黄金期。在这个时期，如果孩子能掌握高效的阅读方法，阅读大量文学名著、名人传记、科普读物等，将帮助他们确立积极的人生观、价值观，并且可以提高孩子的学习能力。

　　阅读是男孩读懂人生最快的途径。父母可以想想看：如果你的男

孩爱上了阅读,你对他的教育往往会省力很多。到那时,也许不再用你教,这些小男孩已经从书中读懂了"什么是真正的男孩汉""男孩子为什么要勇敢、坚强""诚信对他一生有着什么样的影响""他的身上背负着怎样的责任"……

◎ 给父母的建议

俗话说:"读万卷书,行万里路。"只有爱上阅读,男孩的探索性学习才能入门;只有对读书"情有独钟",男孩的眼界才能开阔;只有博览群书,男孩才能更快地走向成功。

那么,如何让男孩爱上阅读、正确阅读呢?

方法一:告诉你的男孩,书有多神奇

一天,妈妈带 5 岁的小男孩文冲到动物园去玩,他这里看看,那里摸摸,一双好奇的大眼睛忙个不停,并不时问妈妈:

"狮子吃蛇吗?"

"企鹅为什么生长在寒冷的地方?"

"大熊猫为什么是国宝呢?"

妈妈没有直接回答他。回到家后,妈妈拿出有关动物的书给他看,并神秘地对他说:"所有问题的答案都在这里面。"小文冲高兴极了,"哇!里面有这么多动物呀!"书上的动物图片使文冲看得入了迷,他一边看,一边要妈妈读书上的文字,文冲就这样开始了读书识字。以后,他只要在外面看到什么,听到什么,就要妈妈给他找有关的书,不知不觉中,小文冲读书的兴趣越来越浓了。

几岁的小男孩往往看到什么都要问个"为什么",这时,父母不妨及时向表现出求知欲的男孩推荐书,他真正体会到书真的有这么神奇时,就会不知不觉地爱上阅读。当然,父母在向孩子推荐书时,要考虑他的年龄,如果推荐的书超过了孩子的阅读能力,往往会适得其反。而且,必要时,父母要帮助孩子阅读。

方法二:让男孩体会读书的乐趣

为了让儿子体会到阅读的兴趣,正航的爸爸经常和儿子一起阅读,然后探讨书里的主人公,探讨从书中学到了什么。当然他还会故意让儿子提问题,自己故意装作不知道,以此来增加儿子的成就感。

一天,小正航读完了一本专门介绍树的书,他又开始考爸爸:"爸

爸,你知道世界上最老的树在哪个国家吗?它活到多少岁了呢?"

爸爸冥思苦想,只好这样回答:"我只知道咱们老家的房子前面有一棵 200 岁的老树,不知道它的年龄够不够大?"

听了爸爸的话,小正航笑得肚子都痛了,说:"老爸,那棵树的年龄根本都排不上号。告诉你吧,世界上最老的树是美国加州的一棵被称为'世界爷'的树,它活到 7800 多岁,只可惜在 10 多年前枯死了。"

看着爸爸惊奇又羡慕的眼神,小正航别提多高兴了。

当你的男孩读完一本书后,不管它有多简单,做父母的首先应该表扬他:"儿子,你多了不起呀,你竟然又读完了一本书!"这样会让男孩有一种感觉:读书是很伟大的事情。另外,父母还可以采取一点"手段",如让儿子把自己考住等办法,来增强他的成就感。也许有一天,在你的正确引导下,你的儿子就像小正航一样,真的把你考住了。

方法三:让爱读书的伙伴来引导不爱书的孩子

妈妈给上小学二年级的小男孩家昱买了很多课外读物,但是家昱都不喜欢读。暑假的一天,跟家昱上同一年级的表哥阳阳来家里做客,表哥很爱看书,就给家昱讲了很多书中的故事。他讲得眉飞色舞,笑翻了天,家昱一下就被吊起了胃口。

表哥一走,家昱就开始翻阅妈妈给他买的课外读物了。

很多时候,孩子们相互间的影响比大人对他的影响更大、更直接。近朱者赤,近墨者黑,对孩子来说更是如此。因而,父母要鼓励男孩和那些爱读书的同学交朋友,在那些爱读书的小伙伴的感染和熏陶之下,孩子渐渐也会爱上读书。

第十章

这样说男孩才会听，这样听男孩才会说

引语
YIN YU

　　大多数男孩是不听话的，他们常常在与父母作对中寻找乐趣：父母让他向东,他偏偏向西;父母让他锻炼身体,他偏偏要睡觉;父母让他学习,他偏偏要打游戏……

　　难道教育男孩就是上天送给父母最大的难题吗?

　　其实不然,小男孩虽然天性好动、爱玩、攻击性强、容易叛逆……但如果父母巧妙地与他沟通，小男孩的这些缺点都能得到有效的避免,有些甚至还可以演变成优点。

做父母,请不要这样与男孩沟通

提到与男孩的交流、沟通,很多父母认为,让男孩听自己的话很不容易,因此自己几乎时刻都在与男孩进行沟通:

"儿子一贪玩,我就告诉他,要好好学习,要不将来不会有出息。"

"我每天给儿子做饭、打扫房子、整理衣服,这不是时时刻刻在与孩子交流吗?"

"儿子做错事时,我总是狠狠地骂他一顿,这应该也是沟通的一种方式吧?"

父母总是习惯把自己的命令、指挥、责骂、批评看做是与孩子沟通。当然,这些也是一种沟通方式,只不过是消极的沟通。孩子长期生活在这种消极沟通模式下,往往会关闭自己的心灵,甚至会对父母产生敌意。

常常因"捣乱"受父母批评的男孩更是如此,如果他刚想把一个令他兴奋的消息告诉父母,父母却把他批评了一通,从此以后,他将再也不愿与父母分享他的喜怒哀乐了。所以,做父母的,当男孩不愿与你沟通时,你首先应该找到他不愿与你沟通的原因,然后再想办法与他沟通。一般来说,男孩之所以不愿意与父母沟通,原因可能有以下两个方面:

1.男孩存在较强的防备心理。

许多父母认为:孩子怎么会防着我们呢?我们做的一切都是为了孩子好呀!其实正是父母"为孩子好"的心理才导致了一种无意识伤害孩子的现象。

一位上小学三年级的男孩在他的日记里这样写道:

他们对我的生活照顾得无微不至,什么也不让我干,但是我真正想要的、想干的,他们并不了解,也不感兴趣。他们只是希望我好好念

书,除了念书什么也不让我做。

每个男孩都有很强的独立意识,如果父母不尊重他,总是以"我为你好"的思想来压制他,男孩就会受到伤害,于是他就会建立心理防御机制,防止父母再次伤害自己。这样,冷漠、无视、叛逆等自我保护的方式就出现了,沟通也随之停止。

2.男孩与父母鲜有共同语言。

许多父母只知道要求男孩好好学习,每天与男孩交流的话题也只限于他的学习,忽视他的情感等需求。

"妈妈,你知道周董是谁吗?"妈妈摇摇头。

"爸爸,我要和隔壁的小军 PK。""PK?"爸爸一脸茫然。

这样,在男孩眼里,父母成了"老古董",于是沟通也变得越来越困难了。

◎ 给父母的建议

方法一:不要"指责"

"你多大了,就知道玩,怎么就不知道学习呢?你什么时候才能让我省点心呀?"

"你这孩子,就知道闯祸,我上辈子造了什么孽呀,怎么生出你这样的孩子来!"

对于男孩来说,贪玩、不爱干净、攻击性强、好斗都是他们的天性。如果父母经常把这些责骂的话挂在嘴边,男孩的自尊心就会受到严重的伤害。而且,父母在男孩心目中的形象也会大打折扣。

也许是男孩真的让父母担心、着急了,也有可能是父母误会了他,但只有通过你的耐心教导,而并非一味惩罚、责骂,你的小男子汉才会改正错误。

要知道,只有那些不了解教育方法,不知道怎样运用有效的沟通来引导孩子、启发孩子的父母,才只会盲目地使用批评、责骂等负面的沟通方式来教育孩子。

方法二:不要"忽视"

男孩:"妈妈,我想和同学去踢足球。"

妈妈:"想去就去吧,别来烦我了,妈妈忙着呢!"

男孩:"妈妈,我有道题不会,你来教教我吧。"

妈妈:"妈妈很累,没有精力教你了,你自己再想想,要不明天去问老师。"

忽视型的家长基本上无心或无能力回应男孩的需要,通常这种类型的家长比较缺乏做家长的意识。

在这种环境中长大的男孩,人际交往能力差,不容易相信别人,适应环境的能力也不佳。因为自幼在情绪上受忽视,所以这种男孩长大之后很容易敌视别人,从而影响与他人的交往。

方法三:不要"纵容"

"好孩子,别哭了,妈妈什么都答应你。"

"儿子,你喜欢什么样的文具,只要听话,再贵的爸爸都给你买。"

……

在许多父母眼里,孩子是最重要的,孩子甚至是他们的希望。因此,他们努力为孩子塑造一个完美的世界,一旦孩子不满意了,他们就想尽各种各样的方法,帮孩子把快乐的世界修补好。

这样的做法,看起来是父母在用心呵护孩子,但事实上,这类父母是在不知不觉中放弃了自己做家长的责任。这样的孩子长大之后往往会出现以自我为中心的任性状态,冲动而缺少自制力,并缺乏换位思考的能力。

方法四:不要"包办"

孩子:"妈妈,我的衣服脏了。"

妈妈:"放那吧,妈妈一会儿就给你洗。"

孩子:"爸爸,下周我们学校组织去夏令营,你说我带些什么东西好呢?"

爸爸:"行了,爸爸知道了,明天就会给你准备好的。"

这种类型的父母只知道照顾好男孩的生活,生怕他饿着、冻着,可以这样说:这种类型的父母是出色的保姆、保镖,但不是优秀的父母。因为他们忽视了孩子的情感需求,也忘记了孩子有交往的需要、自我体验的需要,等等。

虽然这种类型的父母为孩子付出了很多很多,但孩子往往会不领情,因为在骄纵和包办下培养出来的孩子一般都自私、不懂得感恩。

细节92

男孩需要这样的沟通方式

提到与调皮又不听话的男孩沟通,很多父母都认为是一件很困难的事情。有时,父母说得天花乱坠,但男孩还是我行我素;偶尔,这些男孩还会专挑父母话中的漏洞,故意和父母顶撞;有时,父母原本是关心他,他却不领情;父母想对他说点知心话,却发现他心不在焉……因此,父母们研究最多的问题可能就是:这小子到底在想些什么?我怎么就无法与他沟通呢?

志强是个12岁的小男孩。随着他年龄的增长,志强妈妈总是有一种不妙的感觉:儿子与父母之间越来越生疏,不像小时候那样什么话都和爸妈说了。有时,爸妈问一句,他答一句,说得再多,他就摔门躲进自己的房间。

有一天,妈妈见儿子心情还不错,便小心地问他:"你故意疏远我们,不愿与我们沟通,是不是有什么心事呀?"

听到"沟通"两字,这个小男子汉的火上来了,冲妈妈嚷道:"你们那叫沟通吗?纯粹是灌输,即便是沟通,也是强迫沟通!"

原来,父母跟志强讲得最多的是要好好学习,某某同事的孩子又考进了清华、北大等等诸多志强不感兴趣的话题。而志强喜欢跟父母聊的则是学校的趣事、班上的新闻、日韩明星、流行歌曲等等。

当志强兴致勃勃地跟父母聊起这些话题的时候,父母不是心不在焉地"嗯、啊"两声,就是批评他爱慕虚荣,很快就将话题转移到了别的事情上。

可见,父母眼里的沟通并非真正的、有效的沟通,而是一种说教、灌输、权威式的一言堂。那么,什么样的沟通方式,才是男孩喜欢的,才能让男孩更容易接受呢?

事实上,父母如果无法开启男孩的心扉,自然也就无法有效地与他进行交流。因此,父母要想找到与男孩沟通的共同语言,实现有效的

亲子沟通,就必须要了解男孩需要什么。

一般来说,不管是男孩还是女孩,他们除了生理方面的需要外,心理方面还有很多需要。如果心理需要得不到满足,他们就会产生逆反心理,故意封闭自我。那么,男孩的心理需要到底有哪些呢?

1.被爱与爱。大大咧咧的男孩也需要父母关注他、爱他。当这种需要得不到满足时,男孩就会表现出冷漠、逆反的情绪。

2.独立。每个孩子都是一个独立的个体,尤其是个体意识更为强烈的男孩,他们不希望永远活在父母的保护当中,他们渴望能够独立地做一些事情。

3.尊重。大多数父母与男孩之间虽有沟通,但效果不甚理想,其主要原因就是没有尊重孩子。当没有得到应有的尊重时,男孩或者产生逆反、对抗的心理,或者破罐子破摔,这些都增加了亲子沟通的难度。

◎ 给父母的建议

把握了男孩的心理需求,父母还要用对的方式,找准时机与他沟通,这样男孩才能敞开心扉,快乐地与父母畅所欲言。

方法一:男孩喜欢"时尚老爸老妈"

任何沟通都是一个双向互动的过程,父母与男孩的沟通也是如此。如果父母讲的话,男孩无法理解,或者不想听,那么沟通就不是有效的。有些父母经常会一厢情愿地喋喋不休,根本不考虑男孩有没有兴趣听、能不能理解自己所讲的话,久而久之,男孩就学会了对他们的话充耳不闻。

一个上小学三年级的男孩抱怨说,妈妈每天就和他说六句话:

第一句话:"快点快点,要不上学就迟到了。"

第二句是:"早餐怎么也得吃点,要不上午的课顶不住。"

第三句是:"过马路要小心,看着点车。"

第四句是:"到了学校你千万努力。"

第五句是:"中午学校的饭不太好吃,但你正在长身体,一定要多吃点。"

第六句是:"放学回家先写作业,别着急看电视。"

这位家长对于沟通问题的认识就进入了一个误区,认为只要她说的话孩子听了,这就是沟通。其实不然,如果父母日复一日地只对孩子

第十章 这样说男孩才会听,这样听男孩才会说

说这些话，任何一个孩子都会感到厌烦，家长就没有达到与孩子沟通的目的。

那么男孩喜欢什么样的语言呢？平时父母应该与他们聊些什么呢？一位爸爸透露了他与儿子沟通的秘诀：

我知道儿子喜欢周杰伦，有时间我就会与儿子探讨，比如："周董最近又出什么新歌了，听说又拍新电影了？"每次与儿子的沟通都很愉快。

为了与男孩有共同的话题，父母不妨做"时尚老爸老妈"，多关注一下男孩关心的事物，从而自然而然地走入男孩的内心世界。

方法二：多问快乐，少问学习

如果问家长一个问题：男孩在学校最重要的事情是什么？几乎100%的家长都会异口同声地说："当然是学习！"

父母的眼睛总是过多地盯在孩子的学习方面，却往往忽视了孩子还有其他方面的需求。

很多父母试图和男孩进行沟通，打破家里的尴尬氛围。但这种交流往往最后一定会被父母扯到学习上，然后进行一番理想啊、前途啊还有命运方面的说教，最后宣告交流结束，双方均以失败告终！有时，男孩表面恭顺，其实心不在焉，根本没有交流的兴趣。因为这些话他们听得太多，已经厌烦了，由此导致沟通失败。

其实，男孩在学校最重要的事不是学习，而是快乐。快乐不仅仅反映了他的情绪变化，也间接反映了他的社会适应能力和社会交往能力。孩子要学习的不仅仅是书本知识，还有很多的社会常识需要在成长中逐渐学习。学校的课程中没有这些，父母不教谁教？孩子不快乐了，父母不问谁问？

"今天在学校快乐吗？"

"学校里有什么高兴的事情吗？"

"今天看上去情绪不太好啊，发生什么不愉快的事了吗？"

"有什么需要爸爸帮忙的吗？"

男孩听到这样的话，通常会很高兴。他们会想：原来爸妈不只是关心我的学习。于是，他们会很高兴地跟父母继续聊下去。

其实，关于学习重要性的道理男孩都懂，他们也理解父母的良苦用心。可父母年复一年、日复一日地反复唠叨，谁能不烦呢？说说轻松愉快的事，也是让孩子在学习呀！

父母这样说，男孩才会听

提到教育男孩，很多父母都会头痛，他们迫切需要知道：做父母的应该怎样说，才能真正地说到男孩的心里去呢？

的确，与男孩沟通比与女孩沟通要难得多。当父母强压着火气跟男孩说"好话"时，男孩表面上点头，做的却与说的恰恰相反；当父母摆出家长的姿态来压他时，他往往会脖子一扭，也摆出一副不屑与不服的神情；当父母用最大的耐心与他讲道理时，男孩却充耳不闻，或者干脆把耳朵捂起来……

教育孩子是父母的职责，但男孩对父母教育不屑一顾、毫不领悟甚至厌烦至极却不是正常现象。问题到底出在哪里呢？我们先来看一看现实生活中父母对男孩讲话的姿态吧。

期末考试结束后，男孩一进门就把考卷往地上一扔，摔门进房了。妈妈拿起地上的卷子一看，58分，火马上冒起来了，对着孩子房间的门大声喊："自己没考好，还敢发脾气，是不是又欠揍了？"

爸爸刚出差回来，却忘了给儿子买礼物，儿子知道后生气不吃晚饭。爸爸的火气也大了起来："不就是没给你买礼物吗，学习怎么没看你这样用心呀？"

……

这是生活中我们经常会遇到的场景，当男孩情绪不好时，父母马上摆出一副家长的气势，指责、恐吓，甚至打骂男孩。父母这样做会出现什么样的后果呢？除了使自己与儿子之间的沟通障碍越来越多之外，并不会起到其他作用。

其实，父母如果说话讲究技巧，不仅能使自己的目的顺利地达成，还可以使男孩快快乐乐地接受。

周六的早上,小男孩要去上书法课,可是他怎么也不想起床,还把被子一蒙,不耐烦地说:"哎呀,少去一天能怎样嘛,我要睡觉,不去了!"

这时,聪明的妈妈坐在孩子的床边,耐心地说:"不起床,我刚买的蛋糕你就没法吃了;而且下周还要补这周的书法课,下周去游乐场的计划就泡汤了,真遗憾。"

这时,男孩慢慢地把小脑袋露出被窝,不好意思地对妈妈说:"妈妈,我马上就起床。"

世上并没有真正不听话的男孩,只有没有掌握沟通技巧的父母。亲子关系是否融洽,很大程度上取决于沟通方式的正确与否。

◎ 给父母的建议

如果你的男孩总是听不进你的话,做父母的首先应该检查一下自己的说话方式,另外,你还需要掌握一些与男孩沟通的技巧。事实上,只要父母掌握了说话的技巧,再不听话的男孩也会表现出惊人的改变。

方法一:不说"但是"

在父母与男孩的对话中,我们常会见到这样的情形:

孩子对爸爸说:"爸爸,你周末带我去游乐场玩吧!"

爸爸回答道:"我知道你周日休息,很想去玩……"

话听到这里,孩子的脸上露出充满期待的笑容。

结果爸爸话锋一转,说:"但是,这周末你得在家学习。"

孩子刚刚还兴高采烈的小脸,马上变得暗淡无光了……

只是简单的两个字,却让男孩的脸色由晴转阴,"但是"的威力真的有这么大吗?答案是肯定的。在心理学上,有个很重要的避免亲子冲突的原则就是,不说"但是"法。

有些父母确实花了很多心思去欣赏自己的孩子,而"但是"二字却将父母的欣赏一网打尽。如父母这样对孩子说:"想和同学们一起做游戏是好事,但你现在应该以学习为重。"男孩听到这样的话,他们的理解是"除了学习,一切免谈"。这样,父母前面对男孩的欣赏就全被抹杀了。

那么,父母怎样说,男孩才愿意听,才更乐意接受呢?那就是把"但是"换成"如果……会更好"。如:"想和同学们一起做游戏是好事,如果你能先把作业做完,那就更好了。"父母这样说,男孩就不会误解了,而且会按照父母的要求去做,先做完作业,再去找同学们玩。

方法二:用孩子的语言回答孩子的问题

男孩的好奇心都很重,每个男孩的小脑袋里都装着很多"为什么",面对这些看似可笑的问题,父母千万不要感觉很烦。耐心地回答小男孩的问题,是父母与他沟通的一种方式。而用男孩更乐意接受的语言回答男孩的问题,更是父母与孩子快乐沟通的最好方式。

一个刚上小学的男孩这样问妈妈:"妈妈,太阳公公为什么会出来呀?"

"你来想想这是为什么。"妈妈笑着对男孩说。

"那是因为它看到小朋友在外面玩,它也想出来玩了。"男孩想了想说。

"你真棒,说对了。太阳公公自己在家里待着很没意思,突然它听到外面有很多小朋友高兴的笑声,于是也想出来凑凑热闹,这不,就出来了。"妈妈一边做手势,一边给孩子认真地讲。

很多事实都证明,如果父母总是以孩子的语言来回答孩子的问题,孩子会很愿意与父母交流的,他们甚至会把那些自己的"小秘密"讲给父母听。

细节94

父母这样倾听，男孩才会敞开心扉

小男孩好动、顽皮、喜欢凑热闹，但他们也有行为反常的时候，他们也会蔫蔫地不说话、莫名其妙地乱发脾气，父母不要责备男孩的行为"古怪"。其实，男孩每一个"古怪"行为的背后都有一个正当的理由。他们可能是在宣泄精神或身体上的创伤所引起的负面情绪，也可能是在呼唤父母的关注，以帮助他们更好地宣泄。这个时候，父母的倾听将是对他们最好的关注和支持。

然而，遗憾的是，绝大多数的父母都不重视倾听男孩的心声，他们会认为：男孩子，哪有那么多事！有些父母甚至忽视男孩的感受。

男孩满身灰尘，脸上还有几道划痕，哭丧着脸回家了，进门就说："气死我了，明天再遇到他，我就和他拼命。"

看到男孩这架势，做父母的肯定可以看出，他又和同学打架了。这时父母应该怎样做呢？

也许很大一部分父母都会这样说：

"又和同学打架了？不是告诉过你了吗，不许打架？你就是不听！"

"你又去给我惹事了，屡教不改，今晚不许吃饭了！"

"总是打架，打架都成了你的乐趣了！"

……

父母这样一说，即使男孩很委屈，即使他今天做了一件见义勇为的好事，即使他有满肚子的话要和父母说，此时，他都不会有与父母沟通的欲望了。而且事后无论父母怎样哄，男孩都不会说出与同学打架的原因。

其实，很多时候，男孩生气、愤怒时向父母倾诉，并不是想让父母帮他解决问题，而是希望父母做一个倾听者，对他的情绪表示认可。如

果这种需求得到满足,男孩的火气就会奇妙地消失一大部分。比如,同样是男孩与同学打架了,让我们来看看这位家长对男孩的态度:

男孩:"气死我了,我恨小A。"

家长:"看样子,小A令你很气愤呀?"

男孩:"是呀,我和他打了一架。"

家长:"为什么呢? 能告诉我原因吗?"

男孩:"其实也没什么,就是他把我最喜欢的漫画书弄坏了。"

家长:"那你一定很心疼了?"

男孩:"是呀,但我知道我的态度也有点太粗鲁了……或许,我明天可以找他好好谈一谈。"

看,当情绪得到认可时,这些容易冲动的小男孩会很快冷静下来。这时,也许不用父母再为他操心,他也会自己去想解决问题的办法。

在成长过程中,男孩每时每刻都有可能遇到困难,随时都可能遇到迷茫费解的问题,因此他的情绪常常会呈波浪状,上下浮动很大。所以,一会儿高兴得手舞足蹈,一会儿又郁郁寡欢,对于正在成长中的小男孩来说是很正常的情况。这时,男孩内心里最渴望的是有人能理解他的感受。也就是说,此时男孩需要的不是一个评论家、指导者,而是一个耐心的倾听者。

做父母的应当明白,倾听你的男孩的目的,不是看他说的东西对与错,而是用"倾听"这个动作给予他支持和理解;通过倾听这个动作,来表达自己对男孩的爱,让男孩感到他在这个世界上并不孤独,父母永远是他心灵的归宿。

◎ **给父母的建议**

认真倾听孩子的诉说是一种神奇的家教艺术,它能让孩子感觉到,父母在尊重他,并把他当成"大人"了。因此,孩子会更愿意把自己的心声告诉父母。所以,聪明的父母与其做高明的"说教者",不如做高明的"倾听者"。

方法一:用正确的方式倾听

一个9岁的男孩经常对同伴这样抱怨:"跟父母讲话真没意思,他们总是一边干别的事情一边听我说话,眼睛从来不看我,有时我都不

知道他们是不是在听我说话。"

的确,如果父母总是用一副高高在上的姿态与男孩交流,往往会使这些自尊心极强的男孩产生反感,进而放弃与父母沟通、交流。

那么,父母应该如何倾听男孩说话呢?

首先,父母倾听的姿态一定要正确。有关专家把父母倾听孩子的正确姿态总结为三点:

一是"停",手和心理的"停"。即父母要暂时放下正在做或正在想的事情,注视对方,给孩子表达的时间和空间。

二是"看"。即仔细观察孩子的脸部表情、说话的声调和语气、手势以及其他肢体动作等非语言信息。

三是"听"。即专心倾听孩子说什么,同时以简短的语句,如"你觉得老师不公平吗"、"你很生气自己被冤枉吗"等,把孩子的想法和感受引导出来。

另外,父母倾听孩子说话时,除了姿态要正确外,还要表现出听的兴趣。如果孩子经常听到的是父母这样的话,"知道了,早知道了。别烦我""该干吗干吗去吧,谁有工夫听你神侃",那孩子肯定会把自己心灵的大门紧紧关闭,从此有什么事也不会再向父母说。

因此,当男孩对你说某件好玩的事情时,作为父母一定要表现出兴趣,认真地听,并把这种认真的态度传达给男孩。那么父母如何表现出听的兴趣呢?

一是运用表情变化来传达。比如:保持微笑,并常常做出吃惊的样子。

二是利用语言表达。在倾听男孩说话的过程中,用简单的诸如"太好了""真是这样吗""我跟你想的一样""你的想法太好了,请继续说""我简直不敢相信"等等话语来表示你的兴趣。

你会发现,不论男孩的话题多么简单,如果你要表现出有兴趣的姿态,那么兴趣就会自然而然地产生出来。反之,如果你总是沉着脸,一言不发,一副漫不经心的样子,就会令男孩十分失望。慢慢地,他就会养成对什么事都漠不关心的坏毛病。一些孩子经常在课堂上发呆、不爱发言,很大程度上就是因为幼年时缺少好的听众。

方法二：再忙也要听你的男孩说

"我妈从来不愿意听我说话，她每天说得最多的话就是'我很忙'！"

"我家里人很少在一起说话聊天，每天都是自己忙自己的事情，在家一点都没有意思！"

"我和爸爸根本无话可说，他好像也不喜欢和我说话，所以我只好上网聊天了。"

其实，在内心深处，男孩是很希望与父母交流的。孩子有高兴的事，首先想到的是告诉父母，与父母分享快乐；如果有烦恼的事，他们也很想得到父母的开导和帮助。但是，大多数父母都没有与孩子交流的习惯，他们总是说"我很忙，哪有时间听孩子不停地说个没完呀"。因此，在这种观念下，父母与男孩之间的代沟就会随着时间的脚步而越来越深。

"每天暂停十分钟，听听少年心底梦"，这是一则公益广告，它通俗地讲出了父母要善于倾听孩子诉说的重要性。

对大多数父母来说，每天抽出一点时间，哪怕只有十分钟，并不是一件困难的事情。父母可以在吃饭的时候，与男孩聊聊学校的事情，当然不宜提学习成绩；妈妈可以在男孩睡前的十分钟，听他唠叨一下与同学之间的关系……听孩子诉说，是帮助孩子成长的一个很好途径，也是做父母的一份责任，因此父母应给予足够的重视。

方法三：不要打断孩子的话

一天，爸爸带了一个驼背的小朋友来家里做客。事先爸爸多次提醒儿子昆昆一定不要提与驼背有关的话题，以免伤害这个小朋友的自尊。

昆昆很听话，他与这个小朋友玩得十分开心。爸爸去厨房给这两个孩子倒了两杯果汁，刚走进客厅，便听到昆昆问那个小朋友："你知道你为什么驼背吗？"

"不知道。"那个小朋友小声地回答。

爸爸很紧张，他正想去制止儿子继续说下去，但又一分想知道儿子接下来想说什么，便忍住了。

"因为你的背上是将要长出来的翅膀，"昆昆轻轻地摸了摸那小朋友鼓起来的背继续说，"老师说了，驼背的小孩都是天使，因为他们的翅膀还没有长出来，所以背是驼的。但总有一天他们的翅膀会长出来的。"

"真的吗？太好了！"听了昆昆的话，那个小朋友欢呼起来。

昆昆爸爸也正在庆幸自己没有打断儿子的话。

每个孩子的心灵都是纯洁的，当男孩在讲述自己奇怪的想法时，做父母的千万不要打断他的话。随意打断男孩的话，不仅是不尊重他的表现，更有可能使男孩关闭心灵的大门，从此拒绝与你沟通。

方法四：倾听男孩的壮志豪言

"妈妈，告诉你一个秘密。今天老师给我们讲了一个外交官的故事，外交官好神气、好厉害呀！我长大以后也要做一名出色的外交官！"小男孩兴奋地把自己的小秘密偷偷地告诉了妈妈。而妈妈却说："就凭你那外语水平，先别做梦了，快学习吧。"听了妈妈的话，小男孩蔫蔫地学习去了，从此再也没有提过外交官的事。

也许，一个未来的外交官真的因妈妈的一句话而泯灭了。并且，可以肯定的是，这个小男孩以后绝对不会再向妈妈说起自己的梦想了。

在大多数父母眼中，男孩爱说大话，爱吹牛，但这往往是男孩志向高远的一种表现。或许他自己根本就没有意识到自己离那个目标有多遥远，但他确实有这种想法。这时候父母首先要对他的壮志豪言表示认可，然后再一点点给他分析"只有认真学习，才有可能实现这种梦想"。父母对他的认可和鼓励会给予男孩勇气和希望，从而向着更为现实的目标靠近。

表扬男孩有窍门——目的明确,态度真诚

大多数男孩都有"吃软不吃硬"的习惯,因此在男孩的教育问题上,很多教育专家都提倡采用"赏识教育"的方式。我国著名教育学家陶行知在当校长时期,曾这样教育过一个犯错的男孩:

有一天,他在校园里经过,看到一个小男孩手拿砖头在追赶一个同学,就赶忙制止了,并告诉小男孩过一会儿到校长室去。

等他回到办公室的时候,看到小男孩已经在等他了。

校长从兜里掏出一块糖递给他:"这是奖给你的,因为你比我来得早。"小男孩惊讶地接过糖。

校长又掏出第二块糖:"这是奖给你的,因为我不让你打人,你立刻住手了,说明你很尊重我。"小男孩将信将疑地接过糖,慢慢地低下了头。

校长又说:"据了解你打同学是因为他欺负女生,说明你很有正义感。"说着又掏出了第三块糖给他。

这时小男孩哭了:"校长我错了,同学再不对,我也不能用砖头砸他。"校长又拿出第四块糖说:"你已经认识到自己的错误,这很好,再奖你一块。我的糖奖完了,我们的谈话也该结束了。"

我们的教育家始终没有一句批评的话,只是用了四块糖、四句表扬的话,却使这个小男孩认识到了自己的错误。由此可见,表扬的威力有多大。

在现实生活中,很多父母都信服赏识教育,并经常用表扬的方式教育自己的男孩,但他们试过几次后都摇着头说:"我家儿子特殊,这种方法在他身上不管用。"真的是这样吗?这些父母都是怎样表扬自己的男孩的呢?

一位妈妈听说"赏识教育"后,便决定改变以前的教育方式。回家后,儿子每做一件事,无论做得怎么样,她都说:"儿子,太好了,你太棒了!"整整一个晚上下来,儿子被他夸得莫名其妙。最后,这个小男孩摸摸妈妈的额头说:"妈妈,你没事吧?"

表扬是种神奇的教育方法,用这种方法教育那些不听话、调皮的男孩子最为有效。但是,表扬是门艺术,是讲究技巧的,如果妈妈不分场合、不分事情地一味表扬男孩,男孩往往就会被夸得莫明其妙,有时,甚至还会引起男孩的反感,他们会认为父母太"虚伪"。

◎ 给父母的建议

表扬就像孩子成长中的营养剂,正确的表扬能够增强孩子的自尊、自信以及面对世界的勇气。那么,父母表扬男孩到底有什么窍门呢?

方法一:了解男孩渴望关注和赏识的心理

在日常生活中,很多父母常常会抱怨自己的男孩毛病太多,如坐不住、与同学吵嘴、打架……这些男孩真的就是以捣乱为乐趣吗? 实际情况并非如此,家长常常会对男孩好的行为熟视无睹,如男孩也有安静下来做游戏的时候, 也会有帮父母做家务的时候……而这些却不能像坏行为那样吸引父母的注意力。因此,那些渴望父母关注和赏识的小男孩只好出此下策,用捣乱的行为来吸引父母的眼球。

作为父母,如果你没有表扬你的男孩的习惯,不妨现在就试一试,留心他在做什么,如果他现在的表现让你感到满意,就马上对此提出表扬。表扬的力量是巨大的,在你不断的表扬声中,他的行为将发生奇迹般的变化,令你满意的行为会越来越多,那些坏行为也会随之减少。父母也不必担心男孩会过度依赖表扬,当你的男孩令大家满意的行为越来越多时,他自己也会品尝到由此而带来的更多乐趣,因此便会自发地把那些好行为坚持到底。

方法二:从内心赏识你的男孩

赏识教育并不是泛泛地对孩子说"你真棒",而是真正地从内心赏识你的孩子。

对于年龄比较小的孩子来说,也许他们并不知道父母是否是真心赏识他们,只要父母向他们翘大拇指,告诉他们"你真棒",这些孩子就

会高兴得又蹦又跳。但是，对于大一点的孩子来说，尤其是男孩子，他们需要的是父母真正的赏识。如果父母不是真正地从内心赏识他们，而仅仅是表面上通过"你真棒"来夸奖他们，他们会觉得父母很虚伪。这不仅很不利于父母与孩子的进一步沟通，而且还有可能会影响亲子关系。

也许有父母会说，自己的男孩很一般，没有什么值得赏识的地方。有这种思想的父母就大错特错了。任何一个孩子都有自己的优点和缺点，只要父母不只是盯着孩子的缺点，只要父母以平常心看待孩子，都会发现孩子的优点。父母真正发现孩子的优点时，才会真正发自内心地赏识他。

方法三：表扬男孩的行为，而非他本身

某学者去一位在中国居住的外国朋友家做客，朋友家 10 岁的儿子拿出水果来招待他。他接过小男孩递来的水果，很真诚地对他说："你真帅。"

当小男孩回屋之后，朋友很严肃地对他说："你伤害了我的儿子，你必须向他道歉。"

"我没有伤害他呀，我还赞美他呢！"学者一脸茫然。

"问题就出在这里，你赞美他长得帅，这是他的外表，是父母给予的，并不是他努力得来的结果。而他和你打招呼，并给你递水果，你却忘了赞美他的礼貌。"朋友一本正经地说。

最后学者向小男孩真诚地道了歉，并夸奖他懂礼貌。

生活中，很多父母也常常会犯这位学者所犯的这种错误。如当你下班回来感觉很累，儿子过来给你捶背，这时，你夸儿子"你真是个好孩子"，就不如这样表扬孩子："儿子捶得轻重正好，妈妈现在舒服多了。有你这么孝顺的孩子，妈妈觉得很幸福。"这会让男孩明白，孝敬父母是一个人的美德，他也会为自己拥有这样的美德而自豪。

方法三：在他人面前表扬你的男孩

当别人夸自己的男孩优秀时，很多家长都自谦地说："哪里呀，这孩子很顽皮的。你的孩子才懂事呢，学习又好，又懂礼貌。"其实，父母的这种做法很不科学，当男孩听到父母说的这些话时，他心里会很不舒服，尤其是那些确实很优秀的男孩。有时，他还会产生自卑感：原来，我在父母心目中的形象就是这样呀。

其实,在这种情况下,父母完全可以在别人面前表扬自己的男孩一番。在别人面前表扬男孩,往往更能激励他向更好的方向努力。当别人夸奖自己的男孩时, 聪明的家长可以这样说:"孩子取得的这些成绩都是他通过努力得到的,我们希望他离自己的理想越来越近。"

另外,在别人面前表扬自己的男孩时,一定要掌握"度",小心这个小男孩会翘起骄傲的"尾巴"。

方法四:通过他人之口表扬你的男孩

虎子的叔叔是位有名的企业家,虎子很崇拜叔叔。有一次,从叔叔家做客回来,妈妈无意间提了一句:"今天你叔叔夸你有礼貌了。"

"真的吗?"虎子表现出很兴奋的神情。

"真的呀,他亲口对我说的。"妈妈说。

从此之后,虎子遇到熟人打招呼、问好、帮忙他人……变得越来越懂礼貌了。发现这一神奇的效果之后,每次从叔叔家做客回来之后,妈妈都会神秘地告诉虎子:

"你知道吗,你叔叔偷偷地对我说,虎子抢着做家务,是个懂事的大孩子了。"

"叔叔夸你学习努力,说你将来肯定能干出一番事业。"

……

从此,虎子每去叔叔家做一次客,回来都会有很大的改变。

每个小男孩都会有自己崇拜的人,借他们的口来表扬你的儿子往往会产生很神奇的效果。小男孩是很爱面子的,尤其是在自己崇拜的人面前决不能丢面子。即使他们没有崇拜的人所夸的那样优秀,他们也会朝着那个目标去努力。因此,这样的表扬对于男孩来说,就是成长的推动器。

批评男孩有技巧——批评行为，而非他本身

那些被称为"捣蛋鬼""破坏王"的小男孩常常会受到父母的批评。的确，在这些小男孩的成长过程中，总会不可避免地犯这样那样的错误。于是，有些家长总是习惯把批评孩子的话挂在嘴上：

"我早就告诉你了不要那样去做，看，你又忘了。"

"看你的衣服脏的！"

"你又把房间弄乱了，还不快去收拾一下！"

……

对于叛逆的小男孩来说，批评并不是最好的教育方式，一味地批评更不会起到好的教育效果。首先，过多的批评会使男孩对批评"免疫"，也就是说，会让他对批评充耳不闻，这时，批评对他根本就不再有任何教育效果了。

其次，一味地批评很容易使小男孩叛逆，父母越不让他做的事情他越去做，而父母让他去做的事情他偏偏不去做。如果批评产生这样的教育效果，对于家长和男孩来说都是可悲的，在这种情况下，父母与男孩之间的正常交流根本是不可能的，亲子关系也很容易恶化。更令人担心的是，男孩很可能会因此偏离正常成长的轨道，从而走上歪路。

但批评作为一种教育和沟通的方式，并不能因此而退出教育的"舞台"。对于男孩那些有意违反家庭、学校的规定，故意捣乱等行为，还要用到批评的教育方法。因为父母不批评他，他往往不能分辨是与非，会蔑视规则、规定，长大后甚至还蔑视法律。因此，正确、恰当的批评会使男孩更为快速地吸取教训、更为快速地成长。

表扬孩子是有窍门的，批评孩子同样有技巧可言。首先，批评孩子的时机就很有讲究。教育专家指出，在五种情况下，做父母的绝不可批评孩子。这些情况是：

孩子同你讨论某种个人问题时；

孩子看上去非常激动而又没有说明白到底是怎么回事时；

孩子为某件事而兴高采烈时；

孩子需要人帮助他作出决定时；

父母想让孩子解释或同自己讨论某件事情时。

如果在这种情况下，父母批评了孩子，不是使他做事的积极性大大减退，就会伤害孩子的自尊。所以，父母在批评孩子时一定要慎重。

◎ 给父母的建议

教育孩子，批评一定要谨用，但又不能不用。但批评孩子时，如何掌握"度"呢？父母可以借鉴以下几种方法：

方法一：批评男孩的行为，而非人格

父母批评男孩，首先要遵循一个最重要的原则，那就是批评男孩的行为，而非批评他的人格。

很多父母喜欢这样批评孩子：

"你怎么这样笨呀，考这么差！"

"你这孩子太不诚实了，总是撒谎骗我。"

"你真是个不争气的孩子！"

父母批评男孩的目的是帮助他改正缺点。但因为男孩一次成绩没考好，父母就称他为"笨蛋"；因为男孩撒了一次谎，父母就给他贴上了不诚实的标签……这样，不但男孩改正缺点的几率很小，相反，他还会慢慢承认父母给他贴上的标签。可以说，父母的这种批评孩子人格的行为对男孩的成长是很不利的。

那么，父母如何批评才会不伤害男孩的自尊呢？聪明的父母这样批评男孩："这次考试，你没有好好学习，看，这次没考好吧！下次不可以这样了。""你去网吧上网没有告诉我，这种行为是不对的，好孩子是不会撒谎的，知道吗？"

另外，父母还应该学会建议性地批评男孩。所谓"建议性的批评"，就是指当孩子的行为不当时，父母应使用建议性的批评技巧来开口，以成功地协助孩子矫正行为。如男孩因上网而忘了写作业，这时，父母应该这样批评他："你昨晚因为上网，没时间写作业，我很担心。你这样

做不但伤身体,也会影响学习。我有些生气,因为你答应我不再长时间地上网了,结果却没有做到。希望从明天开始,你先做完作业再上网。我相信这样一来,你就能成为又会玩又会学习的优秀学生!"

在这段话中,父母既指出了男孩的错误,又给男孩指出了正确的建议,同时又对男孩抱有很大的期望,鼓励他去改正错误。相信男孩听了这些话,一定不会再让父母失望了。

方法二:不要当众批评男孩

明智的父母从来都是在他人面前称赞自己的儿子,当儿子犯了错误时则在家里单独进行教育。

有位教育学家说:"对儿童的教育,要在私下里进行;对儿童的赞扬,则应当着众人的面进行。儿童受到赞扬后,经过大家的一番传播,意义会很大,他会以之为骄傲和目标,并在以后岁月里更加努力去获得更大的赞扬。而当众宣布他的过失,会使他无地自容,会使他失望,因而父母制裁他的工具也就没有了。"

如果父母认真想一想,便会体会到其中的道理。当男孩在众人面前的形象被破坏,他很有可能会放弃自己的形象,从而更加大胆地去做坏事。所以,当众批评孩子是最不可取的教育方式。

方法三:要让男孩心服口服

对男孩的批评,最重要的是让他心服口服。这句话说起来很容易,做起来却很难。怎样的批评才能让这些机灵的男孩接受,又让他心服口服呢?

一位教育学家认为,无论在何种情况下,父母都应该保持冷静的大脑、理智的思维,切忌在情绪异常的状态下轻易批评孩子。他还表示,父母批评孩子,靠强制压服是行不通的,只有给孩子充分的说话机会,他才能反思自己的行为,才可能心服口服。

批评男孩子的错误,让他心服口服,一位明智的爸爸给我们作出了榜样:

一个周末,爸爸刚想让男孩看会儿书,没想到男孩却说早已约好与小伙伴踢足球。爸爸为男孩的这种不爱学习的态度感到很生气,但他并没有冲儿子发脾气,而是把儿子叫过来,要跟他聊会儿天。

爸爸:"最近你的学习成绩怎么样呀?"

男孩:"不……不……不好。"

爸爸:"成绩不好有心情出去玩吗?"

男孩低着头,没出声。

爸爸:"我认为世界上有三种学生,一种是会学不会玩的,一种是会玩不会学的,一种是既会玩又会学的。你属于哪一种?"

男孩:"第二种。"

爸爸:"你希望自己成为哪种学生?"

男孩:"当然是既会玩又会学的那一种了。"

爸爸:"很好,老爸最欣赏的也是这一种,相信我的儿子只要认真学习,马上就会成为这一种学生。"

男孩觉得爸爸说得很有道理,于是使劲地点点头。过了一会儿他问爸爸:"老爸,那我还去踢球吗?"

爸爸:"怎么不去,跟同学说好了,哪能言而无信呢!"

从此,男孩开始努力学习了。

让男孩对你的批评心服口服,仅仅靠指责和体罚是不够的。父母必须了解各个年龄阶段的男孩的心理,必要时还必须讲出点让男孩认为有道理的东西来,让男孩服气。

方法四:对男孩要赏罚分明

批评只是一种教育手段,其目的是通过惩罚性的措施,让孩子明白其中的道理,避免下次再犯。因此,批评只是一种手段,并不是最终目的。

父母在教育男孩时,一定要做到赏罚分明,不要出尔反尔,否则男孩会不明白你的意思,从而达不到教育的效果。

一个小男孩向妈妈撒了谎,妈妈识破后狠狠地批评了他,小男孩伤心地哭了起来。看到自己的宝贝儿子哭了,妈妈马上给他买了一支冰淇淋哄他不哭。

整个过程被一位教育专家看到了,他问小男孩的妈妈:"你为什么批评你的儿子?"

"因为他撒谎。"男孩的妈妈回答。

"但是又为什么给他买冰淇淋?是表扬他的行为还是给他受到批评的补偿?"教育专家问。

男孩的妈妈哑口无言。

规则一旦制定,就要严格地执行,否则,以后所有的规则都将被你的男孩打破。

有事好商量，男孩更合作

如果一个小男孩的父母告诉他："你必须朝东走。"这时，我们会发现一个奇怪的现象：这个小男孩听了父母的话可能会朝着任何方向走，但往往不会朝东走。如果这个男孩的父母这样对他说："儿子，东面有一个游乐场，我们希望你能去那里玩，这样你既能玩得开心，又能锻炼身体。"这时的小男孩就会高高兴兴地朝东走。

这就是"吃软不吃硬"的男孩，他希望父母把他当成独立的个体，希望父母凡事与他商量。

英国教育家斯宾塞说过："对孩子要少下命令，命令只有在其他方式不适用或失败时才用。要像一个善良的立法者一样，不会因为去压迫人而高兴，而是因为用不着压迫而高兴。"

两代人的沟通，最重要的是相互理解、相互尊重。而亲子间相互理解、相互尊重的方法就是学会商量。

因此，为了让小男孩尽快成长为成熟的"小大人"，做父母的很有必要做到凡事与他商量一下。这样不仅可以避免家庭中一些无谓的争吵，更重要的是，它可以教会男孩在社会上怎样做人和与人共事。

男孩小的时候，妈妈就用协商的方式与他交流，她常对儿子说的一句话是："你如果想让妈妈给你买你想要的东西，就必须要让妈妈高兴。"但如何才能使她高兴呢？她会告诉他的儿子改正他的坏毛病、帮妈妈做一些力所能及的事情等都可以。

这样的教育方式，使男孩在很小的时候就形成了一套属于自己的思维方式。为什么这么说呢？这还得从男孩的一次"伟大"举动说起。

男孩有一个好伙伴叫小勇，他们同年级同班，因此放学后男孩经常去小勇家玩。男孩的妈妈有点担心了：两个调皮的男孩会不会把小

勇的家里搞得乱翻天;会不会令小勇的家长产生反感？男孩的妈妈正想找机会给小勇的家长打个电话,向人家道歉,没想到小勇的家长却打电话过来了, 语气很和善地对男孩的妈妈说:"你们家儿子真乖,来我们家玩,还帮我收拾房间,他在家里一定也常常这样做吧？"

男孩回来,妈妈把小勇家长的夸奖讲给他听,他有点不好意思地说:"每次我有什么要求时,必须先让妈妈高兴了,妈妈才会答应我。所以,我认为,要想在小勇家玩,必须让小勇的家长高兴,所以我就帮他们收拾房间了。"

看, 这位妈妈并没有告诉男孩该如何去与小伙伴的家长相处,孩子自己却从日常与妈妈的沟通中,形成了一种特有的思维方式,从而很巧妙地运用到了人际交往中。我们可以这样说:是父母与他协商的沟通方式,让他具备了这一能力。

◎ 给父母的建议

商量,并不是简单的迁就,而是父母与男孩对话、沟通、相互了解,形成双方可接受的意见或办法。商量,是使每个问题的解决都打上"民主"的印记。

那么,父母到底应该如何运用协商的方式来促进亲子关系,从而使男孩更健康地成长呢？

方法一:用商量代替命令的口吻

小男孩由于贪玩,天已经黑了还没有回家,他的妈妈在家里焦急地等着。好不容易,小男孩回家了,妈妈没有劈头盖脸骂他一通:"这么晚了才回家,害得全家人替你担心。以后放学后哪也不许去,必须马上回家。"而是用十分平静的语气与儿子商量:"儿子,你这么晚才回来,全家人都为你担心,以后放学后早点回家好吗？"小男孩听了妈妈的话,不好意思地吐吐舌头说:"妈妈,对不起,害大家担心我了,我以后会尽量早点回家的。"

其实,妈妈的这两种说法表达的是同一个意思,都是表达自己对男孩的担心,同时希望他以后能早点回家。但是,如果妈妈用命令的语气与男孩讲话,即使意识到了自己的错误,男孩也不会心甘情愿地去改正错误。而妈妈用商量的语气与他讲,却达到了这一效果。所以,父

母希望男孩做某件事情的时候,不妨用商量代替命令的口吻。

比如,提醒你的男孩做作业时,你可以说:"你现在是不是该做作业了?做完作业就可以看会儿电视。"而不要说:"赶紧去做作业!"或"还不去做作业呀?"

请男孩帮忙做一件事情时,比如洗菜,你可以说:"你能帮我把菜洗一下吗?"而不要说:"快来帮我洗菜!"或"赶紧把菜洗了!"

商量的语气对男孩来说非常重要,他会认为你尊重他、关心他的感受,从而对你产生好感和信任,促进亲子沟通。

方法二:与你的男孩达成协议

帮助男孩改掉不良行为,强制的手段往往治标不治本,这时父母不妨试着与孩子达成协议,比如用"约法三章"来约束他的不良行为。但父母必须注意,与男孩达成的这个协议一定要让他心服口服,否则根本达不到约束的作用。

一次,小男孩鸿鸿与爸爸一起去百货商店,去之前爸爸已经和他说好,只是去转转,不买任何东西。但是,鸿鸿看到那个最新款的机器人玩具后,就开始缠着爸爸给他买,并说他们班的一个小朋友就有这样的玩具。

爸爸看了看玩具的价格,500元,基本上够他们一家人一个月的生活费了。但他并没有用"不能买,太贵了"来一口否决孩子,而是同他商量:"这个玩具确实很好,但它的价格太贵了,你知道要花多少钱吗?"

"多少钱呀?"男孩问。

"500块钱,够咱们家一个月的生活费了,如果给你买了这个玩具,我们一家人都要饿肚子一个月。你想想:如果早上不允许你喝牛奶了,中午和晚上不允许你吃饭了,你愿意吗?"爸爸很耐心地给男孩讲道理。

男孩摇摇头,但仍不甘心地盯着那个玩具。

爸爸继续开导他:"儿子,如果想得到这个很贵很贵的玩具,你是不能什么也不做的。知道吗,世界上是没有免费的东西的。你是不是也要做一件让爸爸妈妈喜欢的事情呢?比如改掉你任性、粗心、不讲卫生等坏习惯中的一种,爸爸就考虑花几个月的时间攒一笔钱为你买下这个玩具。"

"那好吧!"男孩已经有点开心了,拉着爸爸的手走开了。

这位爸爸的聪明之处在于,与孩子达成协议,既约束了儿子见什

么要什么的行为,又让他有了改正缺点的意识。如果真的喜欢这个玩具,他就会为了这个玩具去刻意改正自己的缺点。

每个小男孩都会向父母提出许许多多的要求,即使是很不合理的要求,父母也不能一口否决,因为男孩在接受那种他不想接受的事实时,是需要一个过程的。所以,父母可以用协商的方式给他讲道理,他慢慢接受后,自然会明白自己的要求太不合理了。

方法三:以商量的口吻处理亲子冲突

男孩和父母常常会因为观点不同而发生冲突,每当这时,父母总是不愿意自己的父母权威受到挑战,希望以父母的权威来压制男孩,使他改变主意。实际上,这样男孩不仅不会听从父母的意见,反而会产生逆反心理,恶化亲子关系。

冲突产生时,每个人都非常注重自己的尊严,不希望被他人压制,自尊心和叛逆心理都很强的男孩更是如此。

因此,明智的父母在这种情况下要学会使用商量的口吻,让男孩体验到父母的尊重、体验到人格的平等,这样,男孩在接受父母的意见时就比较顺利。

方法四:男孩自己的事情父母更要与他商量

随着年龄的增长,男孩的自我意识会不断地增强。他们往往希望父母把他当成真正的大人,放开手让他自己去作选择。所以,这时父母决不能再像照顾小孩一样,凡事都替他包办,凡事都替他作决定。否则,男孩一定会嫌父母烦,从而拒绝与父母沟通。所以,明智的父母即使对男孩自己的一些事情有不同的观点,也会通过商量的方式,把自己的意见传达给他,让他权衡利弊后再作决定。

比如,男孩穿什么样的衣服、换什么样的发型、交什么样的朋友……父母给他讲明白道理后,给他一些建议即可,没有必要强制他按照自己的想法去做。

如果父母忽视了男孩的主观能动性,一味地用家长的威严来压制他,他即使口头上同意了,内心也无法产生努力的动力。在这种情况下,男孩心里既不会高兴,更不会尽最大力量去努力,亲子关系也将受到很大的影响。因此,男孩自己的事情一定要让他自己作决定,父母需要做的仅仅是,把自己的建议或意见通过协商的方式传达给男孩,帮助他全面认识问题。

时常谈谈心,男孩的心理更健康,
行为更理智

大多数的小女孩都会有知心小姐妹,她们常常在一起分享心里的小秘密,常常有说不完的心里话。而小男孩则不同,他们只会玩、闹、疯,好像永远都没有秘密。

男孩心里真的没有秘密吗?大多数男孩的父母都会持有这样一种观点:男孩大大咧咧,根本不像女孩那样小心眼,他心里根本不会有什么秘密。其实,这种想法是大错特错了,因为男孩不善表达自己的情感,再加上他"死要面子"的特性,心里有什么秘密,他也不会表现在脸上,更不会向任何人诉说。

作为大人,我们都知道,一个人内心的情感得不到倾诉是很危险的一件事情。在男孩的成长进程中,他不可避免地会遇到这样那样的一些事情,这些事情肯定会对他的心灵产生一定的影响。男孩不像女孩,有什么好玩的事情马上告诉父母,有什么委屈马上向父母倾诉,所以,男孩父母的任务更加艰巨:不仅要关注儿子身体的成长,还要引导男孩把内心的情感发泄出来,让他的心灵也健康成长。

那,父母如何引导,男孩才愿意向父母倾诉呢?

一位教育学家曾说过:"一旦孩子出现比较严重的问题,父母就需要与孩子谈心,从心理、情感的角度来帮助孩子。"

对于那些更需要把内心情感发泄出来的男孩来说,与他谈心是很好的一种策略。但很多父母永远都是一副高高在上的姿态,甚至连与孩子谈心都采取高压政策。

一位男孩曾苦恼地说:"每次与妈妈之间有矛盾时,妈妈最爱说的一句话就是:'你以为你很了不起吗?你以为你的学习成绩很好吗?'每

当听到这句话时,我都觉得受不了。"

是的,如果父母一直用这样的姿态对待这些不善表达的男孩,不要说与他谈心,甚至连最基本的沟通都达不到。这样,对男孩心灵的健康成长,对亲子关系,都会有很大的影响。

也许在父母的眼中,孩子无论长多大,永远都是小孩子。但很多孩子,尤其是男孩,在十几岁甚至更早的时候就愿意父母把他们当做大人来看。其实,这时的父母完全可以用成人的谈话方式与他讨论问题,而不是采用家长式的谈话方式。

一个教育学家问一个与爸爸相处得很好的男孩:"你最喜欢你父亲的什么地方?"男孩马上回答:"风趣甚至疯狂,没有架子,就像我的朋友、伙伴,让我有许多话都愿意和他说。"

由此可见,父母要想走进男孩的内心世界,想与男孩轻松愉快地谈心,必须先把自己的姿态摆正。

◎ 给父母的建议

父母大都持有这样一种观点:与男孩交流不如与女孩交流简单,与男孩谈心更会难上加难。其实,父母不必有这样的畏难心理,只要你摆正自己的姿态,再掌握好与男孩谈心的时机,让男孩说出他的心里话并没有那么难。

方法一:把握与男孩谈心的时机

谈心不同于普通的谈话,它往往需要孩子认真倾听,并仔细理解父母的话,努力做到父母提到的要求及希望的结果。因此,当男孩正专注地做作业或做游戏时,父母不要和他去谈心,否则往往会使男孩产生厌烦的心理,即使在父母的要求下,男孩坐下来听父母说话,但他的心思也根本不在父母身上。所以,父母把握好与男孩谈心的时机,谈心才会更有效。

那么,父母与男孩谈心的良好时机有哪些呢?

一般来说,家长会之后是孩子最急于和父母谈话的时候,父母抓住这个机会,可以了解男孩的很多情况。

一位四年级的小男孩,平时对自己的学习不够重视,期中考试成绩很差。家长会后,他怀着忐忑不安的心情,等待妈妈的训话。但妈妈回来后,并没有大声训斥他,而是很亲切地对他说:"家长会上我感到很难为情,可能是我平时对你关心太少了。妈妈只希望你能找出失败的原因,期末考试时有所进步。"

男孩听了妈妈的这些话,有点受宠若惊,他向妈妈坦诚地说明了自己懒惰、贪玩的行为,并表示今后一定要改正这些坏习惯,把学习成绩赶上去。

除此之外,父母与男孩谈心的时机一般还有:

当男孩遇到困难时;

当男孩取得成绩时;

当男孩遭遇失败时;

当男孩表现出不良行为时:

当男孩心情不错时;

……

方法二:让男孩放下戒备心理

父母与男孩聊天、谈心时,男孩常常会有很强的防御戒备心态。因此,这就要求父母采取措施让男孩把戒备心理放下,谈心才能起到成效。

如果父母用"我们来谈谈吧"作为与男孩谈心的开端,这会使男孩想:"又来给我上政治课了。"如果父母用这样的态度教育男孩:"你真是个糊涂虫!""看我怎么来教育你。"这样,男孩只能层层设防了。因此,当男孩与父母的对立情绪较大时,父母可采取"冷处理"的方法,暂时延缓谈话,或者采用"曲线交谈"的方法,从另外的事入手,这样才能使男孩放下戒备心理,谈心才能更为顺利地进行。

另外,引导男孩说出心里话,父母要有足够的耐心。所谓欲速则不达,操之过急反而会使男孩感觉父母想控制他,因而对父母敬而远之,同样也达不到预期的效果。

方法三:当男孩失败时与他谈谈心

在成长过程中,男孩常常会遇到困难,遭到失败,虽然这些都是男孩更快成长的助推器,但它们毕竟会给男孩带来消极的影响。当男孩遭遇困难和失败时,父母及时地找他谈心,鼓励他从失落中走出来。久而久之,父母的这种做法就等于赋予了男孩坚强、勇敢、不屈不挠的个性。

小男孩在全年级的演讲大赛上出了丑，因为过度紧张忘了词，而不得不主动退出比赛。遭遇失败的小男孩很沮丧，一连好几天都不能从失败的阴影中走出来。

男孩的爸爸觉得应该帮儿子一把了，便找了个机会，与儿子谈心。

"儿子，还在为演讲那件事情而难过？"爸爸故意用很随意的语气问男孩。

"是呀，我觉得很丢脸，在全年级的同学面前都抬不起头来。"男孩还是很沮丧。

"但是，儿子，你不觉得你有勇气参加这次比赛就已经做得很成功了吗？任何事情都要一步来。"爸爸继续开导他。

"可是，有很多同学都笑话我。"男孩有点委屈。

"儿子，那些人笑话你的行为是不正确的，你没有必要去理他们。他们以为自己很行，却没有认识到自己行为的无聊。我不是和你说过吗？我们的世界存在大量的俗物，那些自以为是而又不懂得尊重别人的人正是俗物。你干吗要和那些俗物去计较呢？"爸爸情绪有点激动地说。

小男孩听了爸爸的话恍然大悟，终于从那次失败的阴影中走了出来。

在男孩遇到困难或失败时与他谈心，不仅可以让他认识到自己的不足，而且可以鼓励他、挖掘他的潜能，促使男孩发挥自己的优势，努力上进，从而促使他更健康地成长。另外，在这种情况下，父母与男孩及时谈心，很易拉近自己与男孩之间的距离。

方法四：当男孩有不良行为时与他谈谈心

随着一天天的成长，男孩可能会出现很多不良的行为，如任性、自私、嫉妒、自卑等。当男孩的这些不良习惯初露端倪时，父母及时地与他谈心，不仅有利于他很快地改正这些坏毛病，还可以使亲子关系更加亲密。

一位妈妈送正上小学的儿子上学。在路上，妈妈不小心踩到了男孩刚穿上的新鞋。男孩马上就不乐意了，照着妈妈的小腿就是一小脚丫，妈妈的裤子上马上就呈现出一个小脚丫的痕迹。妈妈很生气，照着儿子的小屁股就啪啪地打了几下。男孩很委屈，站在路边哭了起来。妈妈没理他，自己朝前走。

打完儿子之后，妈妈马上又后悔了，怕儿子因为这几巴掌一天都不能学习。于是，她又走回去，领着男孩慢慢朝前走，边走边聊。

"你在学校也是这样对待同学的吗？"妈妈的语气还有点生气。

"不是，这是我的新鞋子，第一天穿就被你踩得上面都是泥巴。"男孩很委屈地说。

"那你也不能踢妈妈呀！这样的孩子是好孩子吗？"

男孩低着头不说话了。

"当然，也是妈妈不对，不应该打你，妈妈跟你说'对不起'。"妈妈的语气有点缓和，"但我问你，要是有同学不小心踩到你，你会踢他吗？"

"不会。"

"那你会怎么办？"

"告诉老师。"

"然后呢？"

"让他对我说'对不起'。"

"再然后呢？"

"再然后我就说'没关系'。"

妈妈被可爱的儿子逗乐了，笑着问他："要是他不向你说'对不起'，你怎么办？"

男孩不知道怎么回答了。

妈妈替他回答了："要是同学没有向你说'对不起'，你冲他笑笑，他会觉得很不好意思，而且会很佩服你。你信吗？不信你下次就试试。"

父母在与男孩谈心时，千万不可喋喋不休地给他讲大道理，否则只会使他很厌烦，从而更听不进你的话。上面事件中的妈妈是明智的，她没有给儿子讲很多大道理，告诉儿子做人要宽容，而只是让儿子意识到自己的错误，并巧妙地告诉了他，下次再遇到这种情况该怎么办。所以，即使这个男孩没有从心里服妈妈，但下次再遇到这种情况，他一定会试一试妈妈说的那种办法。当尝到宽容别人给自己带来的快乐时，他就会自觉不自觉地把宽容当做自己做人的原则。

细节99

多渠道与男孩沟通——小纸条、写信、网络

男孩很喜欢新奇,他们对新鲜的事物往往会投入很大的热情。针对男孩的这一特点,做父母的不妨改变一下与儿子沟通的渠道,在男孩感到新鲜的同时,他可能会更快接受你对他的教育。

提到与男孩沟通,父母首先想到的往往是谈话——与孩子交谈,询问和了解孩子的感受、表扬孩子的优点、批评孩子的错误……但是,男孩往往早已对这种俗不可耐的教育方式厌烦至极。因此,任凭父母在这里说得口干舌燥,男孩依然是我行我素。可见,只靠语言的沟通往往不能引起男孩的沟通兴趣。

◎ 给父母的建议

没有不听话的男孩,只有不会沟通的父母。其实,父母与男孩沟通的渠道是多种多样的,只要父母用心,一个小小的沟通细节就有可能让你的男孩彻底改变。

方法一:不要忽视小纸条的作用

一些父母很不善于用语言表达自己的感情,特别是男孩到了十几岁,父母就更不容易和他进行面对面的交流了。这时,父母可以借助小纸条来传递你对儿子的爱。

因为工作的关系,凌枫的妈妈总是不能辅导、监督他做作业。每当这时,凌枫妈就会在儿子的课桌上放一个小纸条,纸条的内容一般为:"亲爱的儿子,妈妈为你准备了复习的单词内容,写完作业后要复习。妈妈在和你一起努力。爱你!"

每天差不多相同的内容,凌枫妈却很会变换形式,有时还会画个笑脸、给纸条画个花边,每天都会给凌枫一个惊喜。凌枫经常会自豪地跟同学说:"看着妈妈的纸条,就像妈妈在陪我写作业一样。"

写给男孩的字条,既可以对他进行表扬鼓励,也可以对他进行批评教育,有理有节的书面文字与暴风骤雨般的训斥相比较,男孩更容易接受前者。

方法二:用信件表达对儿子的爱

父母在教育男孩的过程中,常常会遇到这样的情况:自己有一肚子话要对儿子讲,却又不知道应该从哪里说起。尤其是遇到一些比较敏感的问题,更不知道该不该对他说、怎么对他说。

比如,当与男孩发生矛盾时,很多父母都不习惯向一个小孩子作表面的屈服,放不下面子与他平等沟通,这时,写信不失为一个好办法。父母可以在信里告诉儿子你的真实想法,告诉他你为什么会批评他,告诉他你永远爱他。当男孩读到这样一封信时,他一定能够感觉到父母对他的爱,同时他也会理解父母的这片苦心。

一位妈妈发现儿子写字的姿势很差,眼睛离书面最多 10 厘米,而且写作业的速度很慢,每天晚上经常将近 11 点才能把作业做完。这位妈妈很严肃地与儿子谈了,最后语气过硬,惹得儿子摔门躲进自己的房间。

第二天,儿子没和妈妈说话便去上学了。这位妈妈很着急,于是给儿子写了一封道歉的信。儿子接到信后,刚看一眼就低头向妈妈认错了:"妈妈,我也不好,我不该那么大火气。"

方法三:借助网络聊些男孩感兴趣的话题

虽然都是在家里,小光的爸爸却喜欢和儿子在网上聊天。

爸爸:听说你们班来了一位新同学,长得很帅。

男孩:是很帅,不过跟我比还差那么一点点,呵呵!

爸爸:不过,听说他成绩还不错。

男孩:确实不错,不过凭我这么努力,我不会让他超过我的。

……

其实,只要找到男孩感兴趣的话题,他们是很乐意与父母沟通的。一般来说,几岁到十几岁的男孩子,正在开始发展社交能力,这时,父母不妨与男孩多聊聊他的同学、朋友等。而且,QQ 语言的调皮能够缩小彼此之间的距离,增进父母与孩子之间的感情。

所以,有条件的家庭,父母不妨把儿子加为自己的 QQ 好友,或者给他发发电子邮件,增加彼此之间沟通的渠道。

与男孩进行非语言沟通——
拍肩膀、点头、眼神传达

与女孩相比，男孩大都不善言辞，对语言的敏感度也没有女孩高。因此，父母在与男孩沟通时，非语言往往更能打动男孩。比如：当男孩取得成绩了，父母拍拍他肩膀表扬他，比纯粹的语言表扬效果要好很多；当男孩犯了错误时，父母批评的眼神比批评的语言更能触动他……

语言学家艾伯特·梅瑞宾的研究表明，人与人之间的沟通高达93%是通过非语言沟通进行的，只有7%是通过语言沟通进行的。而在非语言沟通中，有55%是通过面部表情、形体姿态和手势等肢体语言进行的，只有38%是通过音调的高低进行的。

因此，艾伯特·梅瑞宾提出了一个著名沟通公式：沟通的总效果=7%的语言+38%的音调+55%的面部表情。

由此可见，非语言信息在沟通过程中是多么重要。

那么，对于教育孩子来说，什么是非语言沟通呢？儿童心理学家表示，非语言沟通是指运用恰当的目光、声调、动作等来与子女进行沟通。如对孩子表示喜欢、赞许时，可抚摩孩子的头、拍拍孩子的肩、点头微笑、挑起大拇指等，对孩子不满时沉默地向他直视一眼，或面部严肃等都属于与孩子的非语言沟通。

现在有很多父母常常忽视与男孩之间的非语言沟通，他们只顾一味说教，有些调皮的男孩甚至称自己的父母为"唠叨老爸""唠叨老妈"。也有的父母运用非语言信息不当，如经常对男孩发脾气、拍桌子、摔东西等，因而阻碍了亲子间的沟通，破坏了亲子关系。

对于不善言辞的男孩来说，非语言沟通更为重要。尤其是在具体的环境中，非语言沟通往往表达了特定的含义。

如，男孩做出了自认为很自豪的事情，很希望得到父母的认可，这时，如果父母单纯用语言与孩子沟通，告诉孩子："儿子，你真棒，我们因为你而骄傲！"孩子也会很高兴，但是这种高兴劲儿也许没过多久就过去了；但如果父母运用非语言与孩子沟通，微笑地走到孩子面前，分别给他一个拥抱，然后再告诉孩子："儿子，我们因为你而骄傲。"这样，男孩也许永远也不会忘记父母对他的赏识和鼓励。

再比如，当发现年幼的儿子正在跃跃欲试地想爬上阶梯的时候，父母用微笑的眼神看着孩子，同时在安全范围内不去帮助他，让他自己登上去。当男孩登上那个阶梯后，父母再对孩子笑笑，这时，男孩就会在父母的微笑中读到鼓励和支持。

◎ 给父母的建议

在日常生活中，父母要多用一些非语言的方式与男孩进行情感交流。

方法一：儿子遇到困难时，拍拍他的肩膀

家长拍拍男孩的肩膀，是表示对男孩的肯定和鼓励。尤其是男孩遇到困难时，父母拍拍他的肩膀，不仅能够使他对父母产生一种信任，还会给予他无穷的勇气和力量，让他去战胜困难。如：

男孩考试没考好，正在自己的房间里烦恼时，爸爸给孩子倒了一杯水，拍拍孩子的肩膀，转身离开了……

男孩心爱的小伙伴小花猫走失了，他正在伤心地哭泣，妈妈拍拍孩子的肩膀，给他递过一张纸巾。

……

无论男孩是高兴还是伤心，是兴奋还是沮丧，父母拍拍他的肩膀，都能拉近与他之间的距离。

方法二：用微笑和点头向男孩表示肯定

点头给予男孩的是一种认可和鼓励。

一个6岁的小男孩正在餐桌上吃饭，他很想自己夹菜，于是他拿起筷子，用征求的眼光望着妈妈。这时，妈妈微笑着向孩子点了点头，小男孩高兴地夹了一口菜，津津有味地吃了起来。

在这里，父母和孩子没有用语言，但他们之间的沟通非常顺畅。而这也正是微笑与点头的魔力。

方法三：让拥抱陪儿子长大

心理学研究表明，人都有一定程度的"皮肤饥饿感"，在父母与孩子的诸多接触方式中，以抱着孩子和搂着孩子的肩膀最能使孩子产生强烈的幸福感和安全感。

一位母亲在孩子很小的时候就坚持每天拥抱孩子三次，现在她的孩子上六年级了，从来没有和妈妈闹过矛盾。

早上，当孩子醒来时，这位妈妈会张开双臂抱抱孩子，并亲切地对他说："亲爱的儿子，你是如此招人喜欢，新的一天到来了，让妈妈抱抱吧！"

孩子放学回家，妈妈会放下手中的家务，抱抱孩子，并热情地对他说："今天又学习了一天，告诉妈妈，你今天学到了什么呀？"

晚上睡觉以前，这位妈妈会温柔地抱抱孩子，并对他说："来，让妈妈的拥抱陪你入睡！"

在父母的拥抱中长大的男孩，因为能够时刻感受到父母对他们的爱，所以他们与父母的感情一般都很好。另外，能够经常得到父母拥抱的男孩心理是健康的，他们总会以自信、乐观的态度去面对生活中的一切。

方法四：用眼神教育犯错误的男孩

调皮的小男孩经常会犯错误，因此，父母对于犯了错误的男孩总是不免要斥责几句。实际上，教育方式并不只有批评、责骂，其他的方式也会起到良好的教育效果。比如在男孩犯错误的时候，如果父母能够用眼神来"教育"他，相信教育的效果会更好。

一个 7 岁的男孩不小心把杯子打碎了。

爸爸听到响声，快速地走过来。

男孩马上向爸爸解释："爸爸，我不小心……"

爸爸看了看孩子，眼神中有点责备，但更多的是关爱："小心点，没有伤到手吧？"看到儿子没事，爸爸又去忙他的事情了。

这个小男孩在日记里这样写道："我永远也不会忘记爸爸宽容的眼神。以后不管再做什么事情，我一定要小心谨慎，不再粗心大意了。"

教育的最佳效果是让孩子意识到自己的错误，并懂得如何避免错误，而不仅仅是批评孩子，让孩子心里难受。上面事例中男孩的爸爸用眼神进行教育，便很轻易地达到了教育的最佳效果。

第十一章

解密危险禁区,防止男孩成为"问题男孩"

引语
YIN YU

很多教育专家都曾为中国的家庭教育下过这样一个结论——我们的父母有教育穷孩子的经验，却没有教育富孩子的经验；有教育多个子女的经验，却没有教育独生子女的经验。

可随着时代的发展，我们却不得不加上这样一条——我们的父母有教育简单化时代孩子的经验，却没有教育复杂化时代孩子的经验。

当今社会，孩子要面对的危险实在是太多了：网络、电视、早恋、更复杂的人际关系、更需智慧的生存之道、更沉重的心理压力……

对于在未来社会更需"顶天立地"的男孩子来说，这些危险尤甚！

男孩"变坏"不是偶然的

某少年儿童杂志曾经推出这样的教育格言:"淘气的男孩是好的……"杂志出版后,人们对这个教育格言的反映很不一样,普遍情况是大人不以为然,而男孩们兴高采烈。

"一个半夜拿石块打碎别人家玻璃窗的男孩是不是坏孩子?"

"一个偷拿了父母的钱逃学去打游戏机的男孩是不是坏孩子?"

经常听到有些父母说自己的男孩简直就是个"坏孩子",淘气得简直不可救药;还有的父母说很后悔自己当初生了男孩,要是个女孩就好了。

的确,在现实生活中确实有一些调皮捣蛋的男孩,他们不仅令老师头疼,更让父母担忧。也许他们就是人们所说的坏孩子,也许他们将来会成为坏孩子,但我们不可否认:他们,那些大家认定不可救药的坏孩子,曾经也是好孩子!

一个男孩,就曾在自己的日记中,记录了自己"变坏"的过程:

我好动,喜欢在教室里跑来跑去,常常把其他孩子撞倒,小朋友们因此都叫我"大马蜂"。我不小心撞着他们,哪怕撞得很轻,可只要他们一哭,老师保准训我,还告诉他们离我远一点。记得5岁那年,一个长得像洋娃娃似的小女孩把我的鞋踩掉了,而且踩完就跑。我知道她是老师心目中的红人,我偏让她给我提上。她跑去告诉老师,没想到,老师竟然当着全班同学的面批了我一通,说我是寄生虫。当天这个绰号就被叫开了,一直到我幼儿园毕业。

在我的记忆里,妈妈从没有陪我看过书,辅导我的次数也很少,父母对我都很放得开。小学6年我换了4个学校,第一次转学是因为老师多次找父母,妈妈嫌丢人不去,只好转学。第二次和第三次转学都与

学习有关。虽然当时我学得不坏,算是中等生,但妈妈对我的成绩很不满意,于是给我转到了教学水平更高的学校。最后这次转学,学校倒是不坏,而我却更坏了。

周围的同学学得都比我好,数我最差了。我特别想好好学习,可就是学不好,尤其是算术。

可最伤我自尊心的还是那次老师分组。老师把班里分成两组,一组是好孩子,一组是坏孩子,我当然在后一组了。我心里特不服气,那些十来岁还得靠妈妈穿衣服的孩子凭什么当好孩子!可气也没用,人家学习好啊,谁叫自己不争气呢!

有一次,我们年级去军训,老师又把班级分成了 6 个小组,好孩子和坏孩子自愿组合,没人要的孩子就得去外组。学校要求大家带手电筒,好孩子没有一个拿的,拿的都是我们坏孩子,因为我们都怕被班级甩出去。

现在我家离学校很远,我每天早晨 5 点多就要起来上学,晚上 11 点以前不敢睡觉。妈妈说人活着就得含辛茹苦,可坏孩子这么累也变不成好孩子,真让我觉得像冻冰棍儿似的那么冷。

我真的是坏孩子吗? 可我实在不想当坏孩子!

这个故事,这个"坏孩子"的内心世界,是否对身为男孩父母的你有所触动呢?

男孩小的时候,淘气是在所难免的,和小朋友争吵、打破了玻璃等都是再平常不过的事情。如果因此就把这样的男孩归入"坏孩子"的行列,那无疑是从此就给这个孩子贴上了"坏"的标签,让他背负着沉重的心理压力艰难成长。如此,孩子真是不想发展为"坏孩子"都很难。

◎ 给父母的建议

当一个男孩被认为是坏孩子的时候, 他的悲剧命运也就开始了,而且往往会成为家庭、学校乃至社会的灾难。所以,作为成年人,首先要树立正确的儿童观,要了解男孩的所思所想,认识到世界上没有生来就坏的孩子,也没有哪一个孩子天生愿意做坏孩子。

方法一:给男孩一个善意的评价

男孩的淘气更多是天性使然,如果成年人换个角度、换种眼光去看,情形就会大不相同。例如,同样是面对孩子的淘气,有的父母会觉得

孩子太烦，惹人讨厌，有的父母却会觉得这是孩子天真的表现，会给予宽容甚至赞扬。所以，建议父母经常给孩子善意的评价。

美国成功学的创始人拿破仑·希尔博士小时候被认为是一个应该下地狱的人。只要发生了什么不好的事情，他都会被别人怀疑，连他的父亲都认为他是所有孩子当中最坏的一个。而他的继母却找到了他身上某些优秀的品质，使这个孩子重获新生。

方法二：发现、认可男孩身上的优点

每个孩子都有他自己的长处，即便是那些成年人眼里的坏孩子也会有许多可爱之处，关键在于我们怎么去发现。

当你的男孩淘气、说谎、逃学、成绩差时，你不妨换一个角度来看：

他的淘气，也许正是一种创造力的体现；

他的说谎，也许恰恰是一种对不正确教育方式的间接反抗；

他的逃学、成绩差，也许正是他想博得您更多关注与关爱的一种暗示。

我们如果不想让孩子变得更坏，就没有理由把他贬得一无是处。利用他的优点去引导他，我们都会为有一个好孩子而感到骄傲。

方法三：宽容男孩的失败

当孩子出现问题时，许多父母最直接的想法是：人家的孩子都那么优秀，我的孩子怎么这样？同时他们会怀疑孩子本身有什么问题，而不是反思自己的教育方式是否有问题。其实，这时候，这些父母就已经进入了教育的误区。

您对孩子的期望值过高，就容易产生焦虑情绪，不能宽容孩子的失败，因此会常常把不能达到您的目标的孩子看成笨孩子、坏孩子。例如，在历史上经常挨罚的达尔文、被逐出校门的爱迪生，都是这样一些"坏孩子"。

一位教育专家就曾忧心忡忡地说：

"你知道吗？在北京某小学一年级的班里，竟有五六个小学生被认定是坏孩子，连他们自己也说自己是坏孩子。其实，他们不过是淘气、经常犯错误而已，怎么是坏孩子呢？"

孩子是在犯错误中长大的，孩子犯错误不可怕，重要的是父母怎么样面对孩子的错误。无论如何，父母都要充分相信没有本质上的坏孩子，要宽容孩子的失败，并给予孩子一个迷途知返的机会。

与男孩谈"性"，一定要讲究技巧

随着生殖器官的发育成熟，男孩对性问题会更为敏感，对性知识也更为好奇，但由于害羞以及父母的讳莫如深等原因，男孩多不愿求教于父母。于是，生活中就出现了这样一种现象：很多男孩子的性知识不是来自父母、学校，而是在与同伴的交流或者是从书刊影视中得来的。

但从这些渠道得来的性知识往往会带给孩子不正确的引导：例如，有的男孩会背着父母浏览黄色网站，甚至发展到偷窥女厕所等等。

据研究显示，孩子的性心理障碍都植根于童年时期和少年时期。因此，父母应积极参与性教育，使孩子从小就得到正确的性教育。

从心理学角度来说，不同年龄阶段的男孩，其性教育的内容也完全不同：

1. 5岁前的男孩，性教育主要是解决性别认同问题。家长应在洗澡、睡前很自然地让孩子认识自己的身体，不要有意地给男孩扮上女装，以免孩子从小对自己形成性朦胧意识，从而影响孩子的性取向。

2. 5~7岁的男孩，在求知欲驱使下常对男孩与女孩的差异感到迷惑不解，会向父母提出各种问题，此时父母应该根据自然现象，简单明了地回答他的问题，不需要过分详细地讲述性、生殖等。如果讲不透，孩子的好奇心得不到满足，反会更觉得神秘。

3. 7~14岁的男孩，父母应对其进行较系统的性知识教育。父母在同青春期之前的孩子谈性时，可借助自然现象、童话、寓言故事，采用比喻的手法把性教育内容穿插其中。

例如，父母可以从植物开花结果讲起，接着联系到人的性与生殖：

一位漂亮的姑娘春天把西瓜种子种到地里，之后她每天都给种子浇水、施肥，种子慢慢长出绿色的叶子。到了夏天，叶子上结出了小

花,花谢了就变成了小西瓜,小西瓜越长越大就变成熟透的香甜可口的大西瓜,这个时候就可以摘下来吃了。

妈妈在肚子里也种了一粒种子,在妈妈的精心哺育下,这粒种子慢慢长大,10个月后就变成了一个小人儿,然后妈妈就把他摘下来,于是这个世界上就出现了一个活蹦乱跳的宝宝。

此外,父母还可以在看《动物世界》等节目时,用动物的生殖活动进行比喻,和孩子谈蝴蝶的交配、金鱼或鸡、猫的繁殖等,以帮助孩子理解性知识。其间应避免直接、详细地介绍人类的性行为,以防给这个年龄的孩子带来不良影响。

在性知识教育的同时,父母还须进行性道德教育,帮助少年控制自己萌发中的性冲动,防止性过错行为的发生。

4. 14~18岁的男孩,父母应主动关心询问他的性困惑,并予以疏导。

◎ 给父母的建议

与你的男孩谈"性",很重要的一点就是,在孩子还小的时候就要告诉他:任何人的身体都是上天所赐予的珍宝;阴茎同身体中的其他器官并没有任何区别;无论是何种体型、肤色,都是美好的。

这种意识的灌输,将为男孩日后青春期及青年期的性认知奠定正确的基础。

方法一:孩子发问时要及时给予解答

通常男孩到了四五岁,不但会对自己的身体感到好奇,也会想认知他人的身体。他看到别人的身体和自己的不同时,就会想知道原因。这时,父母就应当对他讲解一下身体各部位及其功能,并给予明确的解释。

此外,当孩子对一些影视作品中的某些镜头产生疑问时,父母也不应当避而不答。

一个6岁的小男孩和妈妈一块儿看电视。当看到一对男女接吻的镜头时,他问妈妈他们在做什么,妈妈平静地说:"他们是在接吻,等一会儿我们看完电视,妈妈就给你讲讲接吻的故事,好不好?"儿子答应了。

看完电视后,妈妈对儿子说:"亲吻是人与人交流感情的一种形式,就像人们见面要问好、握手一样,一点都不神秘。而且,不同场合、不同形式的接吻也都有着不同的含义……"

在谈及性问题时，父母最容易犯的错误就是，对很多"性词汇"避而不谈，或吞吞吐吐。殊不知，这样反而会让孩子觉得神秘，觉得一定有什么不对劲，进而产生探索的欲望。

方法二：利用书籍对孩子进行性教育

有一位男孩睡觉时遗精，他认为自己是生病了，非常担心，又不好意思告诉父母，就自己在书摊买来不健康的书籍想从中找到答案。一日，母亲整理他的房间时，发现孩子这些不健康的书籍，这才意识到该告诉孩子一些正确的性知识了，但是父母都不好意思向他讲性知识。最后，这位母亲买来有关的青春期性知识的书籍放在了孩子的桌上……

有些父母觉得对孩子进行性教育很难开口，也有些父母觉得自己在这方面的知识太少无法对孩子实施教育。在这样的情况下，不妨采取买一些相关的教育书籍放在显眼的地方让孩子主动阅读的方法，既避免尴尬，也同样可以收到很好的教育效果。

方法三：及时帮男孩解除"性困扰"

对孩子进行性教育其实并不复杂，青春期教育网站、科普读物都可以提供科学的性知识。除了一般的性知识教育，父母千万不要忽视了对孩子身体发育的观察及具体问题的指导。

例如，男孩的包皮问题、睾丸大小、阴部痤疮、生殖器发育等问题，孩子由于没有经验无法作出准确的判断，都会带给他们心理上的困扰。

在这些问题上，男孩一般会更希望得到来自父亲的帮助。对此，父亲需要通过观察和关心孩子的发育状态，用自己的经验为孩子解答属于正常发育现象的问题，同时父亲也可用自己的经验指导孩子观察自己的发育情况。

上网成瘾——正确疏导是关键

如果你问男孩喜欢网络吗,想必百分之百的男孩都会表示自己十分喜欢网络这个虚拟的世界。

的确,相比女孩而言,男孩似乎对网络生活更加情有独钟。很多男孩的父母也都对此有着诸多的隐忧:

"我的儿子才7岁,那天他竟然告诉我,他已经在网络上交了两个女朋友。"

"我的儿子上小学三年级。他从小一向很乖,成绩也可以,我和他妈妈一向都很放心。但今年上半学期开始,他经常和同学放学后去网吧上网,还偷他妈妈的零钱、撒谎。我们也试过沟通,也打过、骂过他,但都没用。"

"我家儿子刚刚13岁,却每天都要上网数个小时打网络游戏,而他的同班男生中与之"志同道合"者竟然有十几名之多。"

为什么男孩会对网络如此着迷呢?其实这与男性特有的某些心理特征是分不开的。例如——

男孩常常是渴望得到认同和满足的,他们有着更多的领导欲望、支配欲望,而网络的虚拟性,恰恰可以加速男孩这种心愿的实现;

寻找快乐、喜欢新鲜的事物是孩子的本能,而更具探索精神的男孩更是如此,当网络的吸引力大于现实世界,男孩的注意力自然很快就会转向网络;

男孩是更渴望自由的,特别是随着年龄的增长,他会视父母的关爱和管教为一种束缚,而在自由自在的网络中,他会情不自禁地迷恋上那种成为主人的感觉。

由此我们不难看出,男孩的天性决定了他们对网络的免疫力要更

低一些。因此作为男孩的父母,所承担的家庭教育责任也就更重一些。

众所周知,进入青春期后,男孩的叛逆往往会令父母无所适从,也正因为如此,青春期成为了很多男孩网络成瘾的高发期。但其实,防范男孩上网成瘾的最佳时期,却并非青春期。

任何问题的出现,都会经历一个发生、发展的渐变过程,孩子上网成瘾也并非偶然突发事件。父母只有在孩子还小的时候,就给予孩子一种健康正确的家庭教育,才能有效防止男孩长大后深陷网络。

◎ 给父母的建议

迷恋网络的男孩曾坦陈:

"在网上,没有人问我考几分。"

"游戏中我可以统帅千军万马,攻城拔寨。"

"网上我有很多朋友,有人关心我,欣赏我。"

……

大多数上网成瘾的男孩都是因为在学校、家庭找不到快乐、自信,缺乏关爱,无人倾吐心里话,才会选择到虚拟世界里寻求慰藉,最终陷入无法自拔的境地。

那么,在家庭教育中,究竟有哪些因素会促使你的孩子迷恋网络呢?

专家研究表明,控制型、忽视型、溺爱型、严厉型家庭教育模式下的孩子,最容易染上网瘾。因此,扭转家庭教育模式,就是父母为防范男孩上网成瘾要做的第一件事。

方法一:控制型家庭 → 民主型家庭

鹏鹏的童年在很多人看来是非常幸福的。妈妈每天都把他的生活安排得井井有条,穿什么颜色的衣服、玩什么样的玩具,妈妈都一一为他打点好。妈妈还经常告诉鹏鹏,不要跟那些调皮捣蛋、不爱干净的小朋友一起玩。

但随着年龄的增长,外表看起来乖巧顺从的鹏鹏却疯狂地迷恋上了网络游戏。即便是不上网的时候,他也会不自觉地在桌子上做着敲打键盘的动作……

调查显示,在染上网瘾的青少年中,来自控制型家庭的比例为 50% 左右。

很多父母都喜欢控制自己的孩子,特别是一些男孩的父母,更是因为望子成龙心切,早早地就把孩子的前途、命运都设定好了。于是,除了学习,孩子交朋友、外出等等都会受到严格的控制,孩子也就渐渐形成了服从、懦弱、胆小、人际交往能力差的性格。

一般来说,男孩长期受控制的压抑,会在青春期时突然爆发出来。而不听父母的管理和约束的第一种逆反表现,就是去上网。在网上,男孩很容易体验到成功的感觉、自由的感觉,而这也正是他们在现实生活中很难体验到的。

将控制型家庭扭转为民主型家庭,很重要的一点就是父母要学会尊重孩子的意愿,不要事事将自己的意愿强加于孩子身上。

其次,对于男孩来说,建立民主型家庭很重要的一点就是加强父亲在男孩成长过程中的作用。父亲对于男孩的成长来说是很重要的,父亲往往代表着规则和秩序,男孩自控能力的形成与父亲的作用有很大的关系。

而在控制型家庭里,往往都是女性教育占强势,女性控制过多,父亲教育的缺失或者薄弱,就会导致孩子在成长过程中没有建立起规则,就会缺少责任心,对社会的适应能力也很差。因此,对于男孩的健康成长来说,父亲的作用绝对不可忽视。

方法二:溺爱型家庭 → 理智型家庭

溺爱型家庭的孩子,往往在家要什么就能得到什么,想干什么就得干什么,因而形成一种以自我为中心、多疑、敏感的性格。

小华从小就受家里人的宠爱,尽管家里经济条件并不是很宽裕,但父母对小华的要求几乎没有不满足的。10岁时小华住校学习,才开始学着系鞋带。过上了寄宿生活,身边没有了父母的看管,小华就迷恋上了网络游戏。随着游戏的不断升级,他的兴趣也与日俱增,直到后来每天上网4小时,每周上网7天,成绩急剧下降。

在溺爱型家庭中成长的孩子,一般心理年龄会偏低,不知道自己的优点和缺点,更不能正确对待批评,只要父母和他人批评他一点,他就认为这是对他的讽刺和挖苦。所以这类孩子一旦投入到网络世界里,就没有了自控能力。他们即便知道这样不好,也不想这样下去,但是一接触电脑就会情不自禁。

将溺爱型家庭转变为理智型家庭的关键就是，父母要将爱藏起来一半。父母应当明白，过多的爱对于男孩来说不仅是一种害，更是他一生都难以弥补的缺失。任何一个男孩，只有吃些苦、受到些教训、尝试一下失败，才会成长得更快!

方法三：忽视型家庭 → 关爱型家庭

忽视型的家庭有两类：一类是单亲家庭，还有一类就是父母外出工作不在身边的家庭。在这样的家庭教育模式下成长的男孩，往往缺乏爱、尊重和交流，没有安全感。

小健小学成绩很好，两次跳级，家人对他的期望很高，因此他觉得压力很大。因为父母平时工作很忙，无暇顾及他，小健平时都是靠游戏来舒缓压力。11岁时小健上了初中后进入少年特长班，因为周围都是很优秀的孩子，小健习惯的领先地位难以保持了，心情很是烦躁，父母对他的表现也很不理解和失望。重重压力让小健靠玩网络游戏来逃避现实。现在的他沉迷其中，不能自拔，对学习已经提不起一点兴趣了。

父爱或母爱的缺失，往往会促使孩子到社会上去游荡，形成放荡不羁的个性。因此扭转忽视型家庭的关键是，父母要给予孩子更多的关爱。即便因为某种原因，父母不能时常与孩子见面，也要通过电话或书信的方式关心你的孩子，让他感觉你的爱无时无刻不在身边，自己并没有被亲人遗忘或抛弃。

方法四：严厉型家庭 → 尊重型家庭

严厉型家庭的最大特点就是很容易出现暴力，有的父母觉得孩子不打不成器，在这样的家庭教育模式下成长的男孩，爱欺负弱小，调皮，爱撒谎，不自信，没有自己的思想。尤其在进入青春期后，对亲人说什么管理他约束他的话，他都会认为是虚伪的，会表现得特别反抗父母和老师，很偏执。

这样的孩子，一旦上网成瘾，就会很难纠正。

因此对于男孩来说，建立尊重型家庭尤为重要。面对男孩的错误，父母不妨多动用智慧，少动用打骂等手段，更多地从男孩天性的角度去考虑问题，采用沟通的方式去防范和解决一些男孩容易出现的问题。

把网络变成绿洲,指导男孩正确上网

当我们的男孩睁大好奇的双眼面对网络世界时,恐怕很多父母都会因此而惶恐不已、担心不已。因为父母深知,网络里既有丰富得如同海洋一般的知识,也存在着如同洪水猛兽一般的危险陷阱。如果稍有不当,恐怕自己的宝贝儿子就会从此沉迷网络。

特别是在看了一些关于网瘾男孩的相关报道后,很多父母更是一提到网络,就恨得咬牙切齿,恨不得将网络一棍子打死——

有的父母为此决定不在家里安装电脑;

有的父母开始把电脑设密码,禁止儿子上网;

有的父母一到周末或假期,就把孩子关在家里不让出门;

……

可时间长了,父母就会发现,这些办法都是治标不治本的。也许密码和大门可以阻止孩子接触网络的脚步,而男孩那颗渴望自由的心、探索未知的心却是无论如何也无法阻止的。而且有时候,这种过分的阻挡,反而会成为孩子沉溺于网络的加速器。

那么,究竟用什么样的办法,才能让我们的孩子正确而健康地去接触那个异常复杂和丰富的网络世界呢?

对此,专家的意见是:不能"堵",只能"疏"。

也就是说,对于防范孩子上网成瘾,父母首先要提高网络素养,对网络有一个正确的认识;要告诉孩子如何正确使用计算机,如何规避网络中的消极信息等;要让孩子明白,电脑不过是一种工具,"上网没有错,沉溺不应该"。

其次,父母要与孩子之间要保持一种沟通的习惯。要知道,只有你的小男子汉愿意听你说话,你的建议才会真正发挥出有益的

作用。

一位爸爸就曾这样记述了自己帮助儿子走出网瘾的经历：

儿子小林今年 8 岁，去年开始接触网络游戏，很快就到了痴迷的程度，经常旷课逃学，学习成绩明显下降。上学、放学押送，限制零花钱，为电脑设置密码等方式，对此都无济于事。后来，从心理专家那里我得知，沉迷网游的孩子内心多数比较封闭，所以要教育孩子，首先得打开孩子的心扉。

我决定改变我的教育方式。最初，我让儿子与我一起住，我与他一起玩网游，一起踢足球……渐渐地，儿子感到我们的关系不仅是父子，更是朋友。他开始逐渐向我敞开心扉，从开始时向我请教一些不懂的电脑游戏知识，过渡到当他在学习、交友遇到烦恼时，倾听我的意见。

成为朋友后，我开始在言谈之间提及沉迷网游的害处，并时常给他讲一些孩子因沉迷网游而失足的故事，不断触动他的心灵。在他对网游的危害有一定认识后，我就试着给他讲一些有趣的计算机知识。儿子喜欢画画，我就教他在电脑上画漫画，还教他使用画图软件和动画制作软件，他学得很认真，很快就能自己动手做一些简单的动画了。

渐渐地，儿子开始走出他曾沉迷的网络世界。

由这位爸爸的故事我们不难看出，教育孩子最好的方式，不是恐吓，不是打骂，也不是说教，而是沟通！

预防孩子沉溺网络也好，引导孩子摆脱网瘾也好，父母只有与孩子保持着一种畅通的沟通关系，孩子才会顺着你的正确指引，回归到一条正确的成长路线上。

◎ 给父母的建议

同现实社会一样，网络也不是一片净土。受年龄、性别和社会经验所限，男孩往往更难抵御网络病菌的侵扰。迫于此，很多父母采取极端措施：非得"陪"孩子上网，或者干脆不准上网。也有父母由于管不了孩子，采取了放任的态度……

在这样一个网络潮流不可阻挡的时代，我们的建议是：不要因噎废食，在最初的惊慌之后，请让我们静思对策。

对于父母来说，理智的态度应当是这样的：敢于引导，善于引导，

不单要管好孩子,更要管好网络、给孩子一片纯净的网络天空。

方法一:切记不能使用强制手段

对于男孩喜欢网络的情绪,最错误的方法就是无端指责和限制——

有的孩子由于一些原因喜欢上网吧,刚开始时并不严重,但父母被气昏了头,不分青红皂白打孩子……当父母与孩子之间产生隔阂,父母越打,孩子去网吧就越频繁。到了后来,父母和孩子简直没办法沟通,双方处于"敌对状态"。这样的父母无异于自行"取消"了教育权。

李先生一到暑假就坐立不安,因为放假时,儿子强强每天总是喜欢玩会儿电脑。为怕儿子染上"网瘾",李先生从孩子坐在电脑前就开始紧张不已,一直在房间内走来走云,对孩子啰嗦不断,接下来干脆在电脑上设置了密码,甚至拔掉了网线。强强对此非常气愤,经常偷偷跑到外面的网吧去上网。

其实孩子每天上网不超过两小时,就不能算是"网瘾",父母大可不必过于紧张。而且,网络作为现代社会不可或缺的交流工具、学习工具,对孩子的学习和生活也是十分有帮助的。

明智的父母常常是这样的:他们会引导孩子健康地使用网络,告诉孩子如何利用网络来学习知识、充实生活,并积极地参与到孩子所喜好的网络生活中!

方法二:严格控制孩子的上网时限

研究表明,孩子一次在网上的极限是4小时,超过这个极限就会形成条件反射,不上网就会觉得难受。

但要把孩子每次上网的时间控制在4小时却不是一件简单的事。对此,父母可采取与孩子签订"上网公约"等方式限制孩子上网,并可以在电脑上安装相关软件,严格限制孩子的上网时间。此外,父母还应积极帮孩子开拓其他兴趣爱好,这就可以避免让孩子的注意力集中在网络上。

当上网的时间缩短了,孩子就不会对网络形成依赖,从而减少沉溺网络的可能。

方法三:积极拓展网络的正面积极作用

任何事物都是利弊相成的,网络也是如此。只要利用得当,网络不仅可以为孩子提供学习上的帮助,更能成为父母和孩子之间沟通的桥梁。

特别是对于一些内向、害羞的男孩来说，网络更是他们向父母倾吐心事的最好途径。

一位爸爸曾这样介绍经验：

半年前，刚上初中的儿子迷上了上网。而我因为工作原因，经常"触网"，知道网上有些东西对孩子有害。孩子迷恋上网引起我与妻子的担忧：强制不让孩子上网，可能会适得其反；不然，又有什么良策呢？

经过仔细考虑，我决定偷偷做回儿子的网友。

几经旁敲侧击、斗智斗勇，我终于了解到儿子常上的网站和他的QQ号。我也取了个网名，申请了QQ号。此后，孩子上网吧，我就在书房里和他在网上聊天。几次接触后，我取得了他的信任，成了知心网友，也走进了他的心灵世界……有许多话他不愿告诉现实中的老爸，却告诉了网络中的老爸。对的，我给予鼓励；错误的，我给予引导。

通过网络这扇窗口，我时时掌握着儿子的心理动态，把握着他的成长航向，让他成了一个更爱学习、更懂事的孩子。

方法四：每天和你的男孩聊天半小时以上

上网成瘾的男孩有个共同特点：性格孤僻内向、不善交际、情感淡薄，与父母的对抗特别强烈。改善这种情况的最有效办法就是加强父母与孩子间的沟通。

因此，做父母的务必每天保持与孩子聊天的习惯，多聊一些孩子感兴趣的事情、多聊一些孩子关注的事情。

对孩子来说，家庭和父母永远都是最好的学校和老师，家长一定要坚信这一点。父母爱孩子，孩子也爱父母和家人，家庭生活中这颗爱的种子，就会在孩子的心里生根发芽，爱的情感就会逐渐形成。有了这些，孩子就不会再到网络中寻求精神滋养。

方法五：安装保护软件，以便"过滤"黄色、暴力内容

对于幼小的男孩来说，网络上很多的黄色、暴力内容，危害是巨大的，也是最难防范的。对此，父母也可以购买相关软件，在自家的电脑上设置防护措施，将这些网络毒素清理出孩子的网络世界。

此外，父母还应教给孩子一些基本的网络安全常识，如：上网交友时不能轻易说出自己的真实姓名、电话、住址、学校名称等个人信息，不与网友见面，对网上求爱者、谈话内容低俗者不予理睬，等等。

心理压力——积极疏导是上策

生活中,父母往往会对儿子的发热、咳嗽、打喷嚏等身体问题十分关注。但无数事实告诉我们,单纯关注孩子身体状况是不够的,一个真正健康的孩子,不但要身体健康,更要心理健康。

而相比较女孩来说,男孩在成长过程中所受到的压力,要更大一些。

因为是男孩,所以必须勇敢、坚强;

因为好冲动、易激动,也就更容易犯错误;

因为更喜欢争强好胜,所以也就有了更多与他人比较之后的痛苦;

更因为从小就被父母寄予了很高的期望,而承担着太多的学习压力。

众所周知,适度的压力可以激励人奋进向上,完全没有压力会使人疲乏、懒散,但压力大大又会使人因无法承受而出现心理问题。

可以说,男孩的心理压力伴随着他们的成长,是无处不在的。做父母的,唯有追根溯源,从小就积极引导你的小男子汉正确面对压力,及时疏导压力,方能让你的男孩更积极、更努力、更阳光地看待人生中的一切问题。

◎ 给父母的建议

要想帮助孩子首先要了解孩子,了解他的心理压力是什么、压力来自何处。所以,父母首先要聆听孩子的倾诉,要抽出时间和孩子面对面地交谈,要专心认真地听孩子说话。

方法一:安抚受委屈的男孩

孩子受到委屈时,父母首先应设身处地地理解孩子当时的心情。当孩子向你表达某种感受时,你可用孩子的原话表示你对他的理解。这种方法,在心理学上称做"反射情感"。

小勇从学校回家后,一直不高兴,妈妈问他出了什么事,小勇说:"今天下午,明明不是我打刘娟的,可是老师硬说是我打的,真气人!"这时,妈妈说:"明明不是你打的,老师硬说是你打的,是气人!"小勇觉得父母是站在自己一边的,气也就慢慢地消了。

通过这种方法,可以极大安抚受委屈的孩子,使他抑郁的情感得到及时宣泄,进而使孩子的情绪趋向平静。

相反,有的父母看到孩子委屈的样子,就会一个劲儿地追问:

"老师对你说了什么? 干了什么? "

"你为什么不对老师说清楚? 你怎么这么蠢? "

这样的追问和责备, 所起到的作用只会使孩子备感不满和委屈,使孩子负面情绪的能量成倍地增长。可以说父母的这种解决方法无疑等于火上浇油。

方法二:允许男孩自然流露各种情绪

孩子的喜怒哀乐等情绪体验是毫无掩饰的, 他们敢爱, 敢恨,敢说,敢笑,这是幼小孩子心理方面的一种优势,一种使得孩子能及时宣泄各种情绪的优势。

但有很多男孩的父母并不了解情绪自然流露对孩子心理健康的意义——

"男子汉也哭,羞! 羞! 羞! "

"男子汉要坚强,不许哭! "

"遇到一点挫折就垂头丧气,真不像个男子汉。"

都说男儿有泪不轻弹,但孩子毕竟还小,如果人为地控制他的情绪表达,强行地让孩子自我压抑,那最终无疑会使孩子不堪重负,而导致心理失衡。

面对男孩所受的委屈,父母应当表现出豁达与理解。如果希望自己的小男子汉坚强些,那不妨告诉他:"哭吧,把心里的不高兴都抒发出来。但擦干眼泪后可要做个坚强的男子汉哦! "

方法三:帮助男孩克服成长中不可避免的恐惧

男孩是更喜欢群体活动的, 他们喜欢和朋友拉帮结伙地在一起玩,喜欢和同学们团结一致地游戏。也正因为如此,很多时候,男孩往往会因为自己和有些同学做得不一样而被孤立。

比如,有的男孩不愿跟着别人一起逃学、不愿在考试时跟同学一起作弊、不愿偷着学抽烟等等,而会因此受到嘲笑,甚至被孤立,也会由此感到恐惧,不知所措。

这时,父母应当教育困惑的男孩坚持原则,不对的事就一定不能做;要让孩子知道,能够做到不随波逐流是很不容易的,这正是一个人成熟勇敢的表现,也是有主见、有头脑的表现。

方法四:让孩子分享自己的经验

面对不可避免的成长压力,父母应当要孩子知道,压力人人都会有,父母也常常会有烦恼的时候。

小轩是个聪明好学的孩子,一直在班级中担任班长。一次,在工作中他与同学发生了摩擦,并因此而受到了老师的责备。从此以后,小轩一直压力很大,也不用心负责班级的工作了。爸爸知道后,对他说:"知道吗,前一阵爸爸工作上也出现了一个纰漏,被领导大批了一顿,爸爸为此也郁闷了很久。但事后爸爸想通了,犯了错误接受批评是应该的,只要我把工作做得更好,谁都会对我竖起大拇指。"小轩点了点头,理解了爸爸的良苦用心。

以自己的亲身经历去教育孩子,不仅可以避免说教之嫌,更容易使孩子接受自己的建议。同时,父母也应该告诉孩子自己是怎样应对困难、克服压力的,给孩子树立一个实际的榜样,以增强孩子的勇气和信心。

方法五:不要给男孩过多的学习压力

曾有这样一则报道:

某偏远地区的男孩学习一直很好,是当地的"状元"。他本想报考本地区的重点中学,最后却在妈妈的逼迫下报考了某大城市的重点中学。结果,入学后学校进行了 3 次考试,他的成绩都名列中下。这时,妈妈又打来电话,责备他不好好读书。在成绩与母亲的双重压力下,入学 3 个月后,他选择了跳楼自杀。后来,他的母亲来到了学校,声嘶力竭地一声接一声地喊:"是我害了我的儿子!是我害了我的儿子!"

故事是个案但也是发人深省的!当父母对孩子寄予了过高的期望,孩子往往就会因达不成父母的期望而产生沉重的心理压力。这种压力,有时会让孩子变得逆反心理严重,从此厌恶学习;有时又会将孩子推入痛苦的深渊,无法自拔。

细节106

"叛逆期"——理解帮助最重要

随着年龄的逐渐增长,这个小男子汉的主意也会逐渐多起来。

某一天,你就会突然发现,那个原来听话乖巧的孩子忽然变了:父母让他干什么,他偏不干;父母不让他干的,他偏按照自己的主意去干,而且一副不耐烦的样子。

这突然的转变,会使得一直喜欢把孩子的一切都控制得有条不紊的父母气得咬牙切齿,不明白孩子为什么越大越难管教,并从此开始为孩子的叛逆行为深感烦恼。

其实,对于任何一个孩子特别是男孩子来说,叛逆都是其成长过程中不可避免的一个阶段。即便在小时候很听话的孩子,也会随着年龄的增长、思维能力的增强,而产生叛逆行为,特别是在青春期时尤为严重。

从孩子的心理成长角度来说,一般会有两个反抗期。

第一反抗期:3~4 岁。

在 3 岁之前,孩子在心理上处于与父母一体的状态;3 岁以后,他们能区分自己与环境的不同,产生了独立行动的愿望。他感到自己受到限制的时候,就会出现反抗倾向,比如——

天气凉了,让孩子穿外套,孩子硬是不穿;

客人来了,让他有礼貌地招呼客人,他就是不理不睬;

孩子不仅学会了发脾气,而且变得极为固执,常对父母说"不"。

从孩子生理和心理发展的角度看,这种"反抗期"的表现是一种正常的现象。经验表明,在三四岁表现出反抗精神的孩子,更容易成为心理健康、独立坚强的人,而丝毫没有反抗表现的孩子,则往往在性格上趋于软弱和寡断。对于这个第一反抗期,父母只要做到因势利导,给予孩子更多的选择,制订一定的规则,就可有效避免孩子的这个固执走向极端。

第二反抗期：12~15岁。

当孩子长到十几岁时，由于认知能力和世界观都正在初步形成，他们开始进入渴望被理解、被尊重的"第二反抗期"，因而此时他们总会有一种"我已长大了"的感觉，时时处处都要表现独立、自强的个性。

叛逆心理是青少年在成长过程中经常会出现的一种心理状态，也是一种有主见的象征。此时的孩子反对成人把自己当"小孩"，处处以成人自居。为了表现自己的"非凡"，就对任何事物都倾向于批判的态度。

◎ 给父母的建议

众所周知，叛逆这种行为会更多地发生在男孩身上。在睾丸素的作用下，男孩对独立、自由、新鲜的渴望往往会十分强烈。因此当外界对其产生控制因素时，他们就会表现出强烈的反抗精神。

有的男孩，面对父母、老师的指责，很容易就会产生烦闷、反感的心理；

有的男孩除了听不进老师和父母的教诲外，还经常会上课迟到，逃课，厌学等；

有的男孩热衷于穿奇装异服、染发以及故意和人过不去等等。

父母都知道，如果叛逆的男孩不能得到有效的指导，就会造成男孩和家人、老师的关系紧张，从而产生代沟；有时因为父母不能理性地处理事情，还会引发男孩的偏激行为，甚至导致心理极端等问题。

因此，不管你的男孩现在是否已经进入叛逆期，一些正确对待叛逆期男孩的方法，就是你必须要提前掌握的。

方法一：多让男孩自己去实践体验

男孩之所以对很多事情都固执己见，正是因为缺少实践经验。如果此时父母只是单纯地告诉他："你的想法不对""不行"，就会激发男孩的反抗心理。而这时，父母只要多让孩子去实践，多让孩子进行体验，就能有效化解孩子的逆反心理。

父子俩散步，儿子看了西瓜一定要买，父亲说离家太远，提回去太累了，不买。儿子不高兴："我喜欢吃的西瓜你不买，你喜欢我学习好，我也不好好学。"父亲一想，对儿子说："买瓜可以，你要负责提回家。"

儿子同意了,累得满头大汗才把西瓜抱回家。这件事使儿子感触很深:"吃个西瓜真不容易啊。"

故事中,父亲既有效化解了孩子的对立情绪,又让孩子心甘情愿地认识到了自己决定的错误。可以想象,体验了一次拎西瓜的辛苦,男孩下次必然会对自己的任何决定都更加慎重。

方法二:在孩子遭受挫折的时候给予理解和支持

12岁的男孩正处于青春叛逆期,他反抗,易怒,对一切看不顺眼的事物都极力反对、逃避,把母亲的教导当做耳边风。

一天晚上,男孩刚从外边回来,就一头钻进了卧室,躺在床上想着一天的不如意、不顺心。他刚想伸手抱起枕头发泄,却意外地发现了一封信。信上面写着:"儿子,我了解你对目前的生活感到不顺心和失败。我知道做父母的不一定什么都对,但是,我对你的爱是全心全意的……任何时候,你想找我谈谈,我都欢迎你。请记住,妈妈永远爱你,更以能拥有你这个儿子而感到骄傲。爱你的妈妈。"

在以后的生活中,每当男孩的情绪波动时,他的床边总会出现一封母亲的信,一直到他长大成人。后来,男孩成为了一名周游世界的演说家。

这位母亲没有训斥孩子,也没有用钱"收买"孩子。她用一封凝结着母亲深爱的信件来与儿子进行沟通。她用爱心抚平了孩子波动的情绪,给予了孩子一份坚定的生活信念。

作为孩子,经常会有失败的经历和由此带来的烦恼。父母在孩子失败时要给予及时的鼓励与支持,这是消除孩子逆反心理的最好方法。

方法三:尊重男孩,进行民主教育

平等、民主的教育方式是消除男孩叛逆心理的主要手段。这就要求父母在教育男孩的时候要充分尊重他,多以平等、友好的态度与他谈心。在男孩犯错误时,父母要给予理解,给予帮助,引导他认识错误的原因,指导他吸取经验教训。

民主教育的主要形式有如下三点:

第一,不可以势压服。

处于反抗期的孩子,更像一个力度强劲的弹簧,如果父母用强势去压制,反会引发孩子更大的反抗力度。正确的方法是,父母多站在朋友的角度,在理解和爱的基础上,疏通孩子的心理,帮助孩子释放心中的压力。

第二,不提过高要求。

父母在学习上对孩子不要提过高的要求,应提一些比孩子的实际能力略高一点的、让他经过努力能完成的要求。这样,孩子成功后不仅能享受到喜悦,还能增强自信心。

第三,给孩子更多理解。

在教育孩子时,父母要更多地理解、尊重孩子,把他当成一个开始有独立意识的小伙伴,给他情绪变换和思考的余地。孩子有了思想准备,就相对容易接受大人的意见。

方法四:开放自我

父母发现孩子的兴趣会影响功课时,不要立即禁止,最好能多了解情况,如陪孩子去电子游戏中心,和孩子讨论他的偶像,并借此提醒他什么是应该学的、什么是不应该学的。

只有进入孩子的内心世界,父母与孩子才能相处得更融洽。当父母与孩子相处融洽了,孩子就不会反叛了。

第十一章

解密危险禁区,防止男孩成为「问题男孩」

应对男孩最常见的不听话行为
——尊重,理智,不唠叨

男孩的父母都有这样一个共同的感触:男孩是好动的,是脾气大的,是有个性的,是精力充沛的……因为生理因素的作用,男孩从小就会表现出许多与其性别特征相符合的个性特征。

也正因为拥有这样的个性特征,相比女孩而言,男孩不听话的行为要更多。

有的男孩学会了顶嘴;

有的男孩动不动就耍脾气,不听话;

有的男孩很霸道,不仅崇尚武力,更是唯我独尊。

面对不听话的男孩,很多父母都会一筹莫展,道理也讲了,教训也给了,可孩子依然我行我素……究竟该如何应对男孩的不听话行为,已经成为了困扰男孩父母的一大难题。

◎ 给父母的建议

下面,我们针对一些男孩在生活中最常见的一些不听话行为,为父母提供相应的一些方法。

方法一:顶嘴 → 尊重你的男孩

5 岁的男孩能说会道,你说一句,他顶你 10 句,且振振有词。

比如玩具不收好就去看电视,妈妈说:"不收好不能看电视。"他就说:"我有权决定什么时候收拾玩具。"妈妈气得关掉电视不让他看,他就叫起来:"你不能干涉我的自由! "

孩子的话,可以说"句句是真理",且能够维护自己的权利,他的行为本质没有错。但问题是,他显然对父母欠缺一种尊重,当然前提是父母也没有尊重他。

其实,在孩子回答"我有权决定什么时候收拾玩具"时,父母可以不再言语,而事后可与孩子讨论这样两个问题:父母希望他立即收拾玩具,他是否应该接受? 他希望什么时候收拾玩具,父母是否也可以接受?

方法二:耍脾气 → 停止唠叨,强化男孩的自制力

一位烦恼的家长这样说:

儿子玩起电脑游戏没完没了,我说:"别老玩,眼睛会弄坏的。"他头也不回地说:"你真烦,烦死了。"如果你和他讨论这个问题,就陷入纠缠不清的讨价还价之中,弄得我头都大了。

孩子嫌父母烦,是因为他必须停止玩游戏,且即使不停止也势必玩不成。而顶撞的言语也显然是家人的翻版。

玩电脑时间长了影响眼睛,是孩子已经知道的,是父母曾多次唠叨的问题,他显然已经听腻了。 正确的做法是与孩子约定玩电脑的时间,并用闹钟或计时器予以控制。此外,在平时,父母应特别地表扬他如何有自控力,予以优点强化。

方法三:反驳有理 → 减少笼统的大道理说教,注意具体事情具体要求

以下是一位家长的原话:

儿子聪明伶俐,为达到自己的目的,会以各种理由说服我们,如:"为什么不?""为什么要那样?""我们可以……"比如去外婆家前,我叫他快穿好衣服,他立刻"回敬":"为什么要快? 外婆家又跑不了。""你不是总叫我做事要仔细、耐心吗?""外婆也总说慢慢来,不可心太急。"……我觉得很难对付他。

由于思维能力所限,孩子不能理解人们的行为是需要弹性和灵活性的。还因为父母经常对他大讲道理,所以他就会据此反驳父母教育理念的自相矛盾。

对此,父母可减少笼统的大道理说教,注意具体事情具体要求。如孩子说"外婆家跑不了",你的回答可以是"但外婆会着急"。针对"你不是总叫我做事要仔细、耐心",不可回答"特殊情况例外",否则,孩子下次又会用这句话为自己找理由。父母可用日常生活中孩子经历过的事例,以故事的形式,具体指导孩子的行为,逐步发展孩子的思维。

方法四:不断要新玩具 → 多提供结构性玩具,让孩子拼拼拆拆

一位烦恼的妈妈这样说:

下班回家,儿子第一句话就问:"给我买玩具了吗?"他爸爸出差,从外地打来电话,他抢过话筒就叫:"给我买玩具!"现在家里玩具成堆,可儿子还是不断地说要买。

具有很强的探索欲,同时喜欢新鲜事物,这是男孩普遍的个性特征。其实,在上述例子中,孩子真正在意的并不是玩具是否"新",而是一种"新"的玩法,这是孩子探索的需要。

此外,这与父母购置玩具的特性也有关,如:漂亮的玩具汽车只能开来开去地玩,孩子玩两天就厌了;若是可拆装可变换造型的汽车,孩子就能反复琢磨着玩,要是父母再加以引导和鼓励,孩子就更能玩出创意,玩出名堂。

此外,父母还可引导孩子旧玩具新玩法或把废弃物当玩具,如果真能引起他的兴趣,他也会玩得兴致勃勃。

方法五:霸道 → 教孩子学会理智

一位家长如是说:

在儿子眼里,玩具永远是别人的好。看到邻居家孩子玩什么,他立刻追过去抢着要玩。别人骑木马,他竟会把别人拽下来,自己骑上去。

若孩子两岁,这种行为属于正常;4岁值得注意;8岁就是霸道,说明家庭教育存在问题,孩子自我中心没能随着年龄的增长而逐步减少,仍然停留在两岁的水平上,且认为只有武力才能解决问题。

对此,父母可态度坚决、口气平和地制止男孩的抢夺行为,但不能训斥打骂。孩子哭,就让他哭一会儿,事后再就事论事讲道理。

方法六:不肯回家 → 让孩子尽可能尽兴地玩

一位家长这样向别人报怨:

每次带儿子去游乐场,他都哭着赖着不肯回家,弄得我们筋疲力尽。

很多小男孩的精力都特别旺盛,常会因为玩性特别强或是平时玩得太少而玩起来不肯收场。玩性正浓时离开,无疑需要巨大的意志力,父母应理解孩子的心情。

对此,父母平时应多给你的小男孩创造更多的户外运动机会,使其充沛的精力得到释放;还可提醒男孩离开的时间(如再过10分钟回家),给他一个心理准备,就会取得较好的合作。

偶像崇拜——和他一起去"追星"

对"明星"偶像的崇拜,已成为孩子们的时尚追求。很多孩子甚至为"明星"偶像或喜或悲,甚至自杀、出走……许多父母大惑不解,不知道孩子"追星"到底是对还是错,更不知道该如何纠正孩子"追星"的心态。

一位着急的家长如是说:

儿子洋洋今年上小学六年级,他的成绩却直线下滑,上课不好好听讲,回家不认真做功课。一切都是因为他迷上了周杰伦,而且像着了魔一样。

从发型、衣着再到行为言谈,儿子无一不在模仿他的偶像。因为周杰伦不苟言笑,原本开朗活泼的儿子也变得不爱说话,无论谁与他说话,能不回答的他尽量不回答。我问他为什么要这样,他说:"不说话那才叫'酷'!"

最让人担忧的是,自从儿子迷上周杰伦之后,整个人的心态都发生了变化。因为有周杰伦的外表对照,儿子觉得自己的脸太大,不好看,总是疑心自己的样子无论到哪里都会惹人讨厌,自卑感与日俱增。

成长中的男孩,最大的特点就是自控能力不强,喜欢感情用事,是非观念差,因此,他们往往看不到"追星"的负面影响,更不知道"明星"也有不可取的方面。对此,建议父母分这样几个步骤与你的男孩沟通:

◇ 多关心、了解子女,和他谈谈、聊聊为什么崇拜这位偶像;

◇ 和孩子分享崇拜的心情,作为生活的调剂,也算是陪他一起成长;

◇ 提醒孩子,了解偶像之所以能成功的过程,有什么特质、优点、关键因素等,使之转变为成长助力;

◇ 不要对孩子的崇拜行为给予负面评价,你的嘲笑、蔑视,只会使"代沟"加深;

◇ 带孩子进行多方面的休闲娱乐:打球、唱歌、参观、旅游……

男孩喜欢明星是天性使然,作为父母首先是理解,其次是引导。这样,他肯定能从迷茫中摆脱出来,成为一个求实上进的好孩子。

◎ 给父母的建议

作为父母,我们首先要承认,孩子生活的时代与我们生活的时代不一样。进入信息时代的今天,人们选择的机会多了,各种诱惑也多了起来,文化生活丰富多彩……面对这样一个万花筒般的世界,孩子想不"追星"都难。

而且我们在前面也曾分析过,对男孩进行强制教育往往会得不偿失,因此,面对孩子"追星",做父母的首先应该理智面对。

方法一:理解孩子,不进行过激评论

因为时代的不同,孩子的想法与我们成年人的差距很大。如果我们一味地站在自己的角度去看问题,用武断的方式禁止孩子追星,在孩子面前公开辱骂某些明星,只会引起相反的结果。

一个男孩在信中诉说了对母亲的不满:

我喜欢一位女歌星,她的歌声特别美,让我忘掉了所有烦恼。可我妈妈不理解,甚至嘲笑我:"喜欢个唱歌的真没出息,还喜欢个女的,真丢脸!"妈妈的话让我难受极了。我只是喜欢听她唱歌,看她纯净的笑容,怎么就丢脸了?妈妈为什么这么侮辱我,还侮辱我心中的偶像?我觉得妈妈简直不可理喻,我恨她,恨她侮辱我的偶像……

任何一个男孩都有榜样情结,"追星"也是他们的一种正常精神需要。男孩们喜欢自己心目中的偶像明星,觉得这些明星长得帅气,敢做他们不敢做的事,敢说他们不敢说的话……明星所做的一切,恰恰是他们渴望却不敢做的。

所以面对狂热追星的男孩,父母首先应该做到的,就是理解他,尊重他。

方法二:和你的男孩一起去追星

不喜欢娱乐的男孩是不存在的,让男孩放弃自己的偶像更是不合理的。因此,父母发现儿子"追星",不妨也同他一起"追星"。因为父母只有了解了孩子追的"星",才可以和孩子谈"星",而父母对"星"发表的客观评论,对孩子的人生观与价值观的形成将起到潜移默化的作用。

下面这位父亲的做法就非常值得大家借鉴：

一天晚上，儿子在看"快女"比赛，电视里周笔畅正深情地演唱，儿子看得目不转睛。我悄悄地坐到他身边，说："我也来看看，我儿子这么喜欢的歌手一定有她的过人之处。"儿子马上兴奋起来，"笔笔的歌唱得一级棒……"

从那以后，每次《快乐女声》比赛，我都会和儿子一起观看。我还帮儿子搜集关于周笔畅的信息和各种海报。对于我做的一切，儿子非常高兴，我听到一次他给同学打电话说："我爸爸可棒了，对我喜欢笔笔可支持了！"

此后，我和儿子成了无话不谈的好朋友，谈论的话题从周笔畅开始，逐渐延伸到他成长中的很多方面——我们谈到了理想、未来等这些以前从未谈过的话题，我对儿子多了很多了解，儿子对我也多了很多信任。

这位父亲很了不起，他尊重孩子，理解孩子，在和孩子共同了解偶像的过程中，挖掘偶像的榜样作用，让偶像的力量激励孩子进步。

作为父母，只有先拉近与孩子的关系，才可能让孩子听进你的话。父母只要全心全意用心去贴近孩子的生活、孩子的心灵，就完全可以像这位父亲一样正确引导孩子，使孩子在"追星"中健康成长。

"早恋"——与你的男孩一起面对

常听很多男孩父母在抱怨：

"现在这孩子也太早熟了,我家孩子刚刚小学四年级,就已经学会给女同学写情书了。"

"我家的孩子更是了,刚刚小学毕业就向我宣布,他已经是个男子汉了,有自由恋爱的权利。"

"早在小学三年级儿子就有女生给他递纸条说,长大了要和他私奔,还送了他好几张照片。到了初中更一发不可收拾,只上课时和女生递的纸条,他自己数过,竟有 40 多张……"

其实,不管是男孩还是女孩,对异性产生好感都是正常的。一般来说,青春期以前的所谓"好感""喜欢"是不能称为"早恋"的。受现代社会电视、广告、电影等媒介的影响,很多孩子在小学阶段就会产生性别意识,进而对异性产生好感。这时候的情感,大多是纯真的友谊,往往会随着年龄的增长渐渐趋于理性……

因此,我们所定义的"早恋",一般是指即将进入青春期或已经进入青春期阶段的非理性爱恋。

早恋的危害,是人尽皆知的。特别是男孩,一旦陷入早恋的漩涡,便极难自拔,并且会因此与父母产生很深的隔阂。所以,无论你的男孩尚且年幼,还是已经进入青春期,关于如何面对儿子早恋的问题,都是你应该且必须提前知道的。

随着青春期的到来,男孩长胡子了,变声了,对独立自由的渴望也日益强烈起来。这时候,随着荷尔蒙的分泌增加,他们对异性产生好感是在所难免的事情。这种情感,是男孩生命的一部分,更是男孩在成长中自然流动的一种生命气息和情绪。对此,做父母的最应做到的就是

理解和尊重。

一位妈妈曾向教育专家请教:"我儿子说他喜欢一个女孩。我该怎么办?"

"你该祝贺他呀!"教育专家刚说完,母亲就紧张睁大眼睛看着她。

"是该祝贺孩子,告诉孩子他长大了,能发现一个人的美好,会用爱的方式承担责任了!"

"这么说行吗?不更助长他走远了吗?"

"不会的。他能告诉你,说明你们之间有非常好的沟通基础,你的祝贺本身是对孩子情感的尊重和信任,有了信任,大人说的话,孩子才能听进去。"

任何一个男孩在对异性产生好感的同时,都会有很多的困惑。他此时需要的,是能够理解自己的父母,是能够帮助自己解决问题的父母。

如果此时父母表现出一种豁达、一种尊重,并首先以恭喜祝贺的形式作为开场白,孩子的心理负担定然会减轻很多,并将心里话毫无隐瞒地倾诉出来。

一般来说,男孩对情感的困惑往往是这样的:

"我喜欢班上一个女生,她的生日快到了,但我又不敢表白,怕耽误自己的学习,也怕她拒绝,我该怎么办?有些时候,很想引起她的注意,但又怕她讨厌我,我该怎样抑制这种感情?"

"曾经有一个朋友(异性),我跟她一直很好,不知从何时开始,我感觉到她对我的喜欢超出了友谊。"

"我的一个女同学帮助我学习,使我学习努力,成绩开始上升,我是否该和她成为情侣?"

作为内心时刻处于矛盾与煎熬中的男孩,他此时最需要的就是尊重和帮助。如果父母以开放的心态,理解儿子这些正常的情感苦恼,又何愁不能打通与孩子之间的沟通通道,进而用自己的思想去影响儿子呢?

◎ 给父母的建议

喜欢某女生的情感本身是美好而纯洁的,它是男孩长大的一种标志,也是男孩认识自我、发现自我需要的一面镜子。所以,面对孩子生命展露出的这份自然,我们若是以不自然的态度和方式去处理,结果

只会让我们和孩子同时陷入到一种无以名状的困境之中。

方法一：及时发现男孩的早恋倾向

对于早恋，早发现，早提醒，早帮助，是一种十分有效的解决方式。以下问题，只要超过三项，父母就该格外留神了——你的小男子汉不一定正在恋爱，但一定有了早恋倾向：

他最近突然变得很爱打扮，并常对着镜子上下打量；

一向朴素的他，竟然要求父母添置时髦衣服；

他的学习成绩突然有明显下降，并持续了一段时间；

活泼好动的他开始变得沉默起来；

他回家后喜欢一个人躲在房间里，不太喜欢和父母交流；

他对某异性的名字特别敏感；

他经常会在无意间谈起公园、溜冰场、音乐茶座等场所。

方法二：千万别激发出男孩的逆反心理

随着年龄的增长，男孩的叛逆特征是有目共睹的：

进入青春期后，父母看到儿子考试成绩不好，就训斥责骂说"你真笨"。那么此时的男孩往往就会想：好啊，你说我笨，那我就笨给你看。结果男孩下次考试更差了！

很多男孩长大后都不喜欢穿父母给买的衣服，其原因往往并不是讨厌那件衣服的款式，而是因为事先父母没有征询过他的想法。这时，男孩就会想：让你买，买了我也不穿！

与考试、穿衣服同样的道理，父母一旦发现男孩有什么情感方面的蛛丝马迹，不是搞侦察追究，就是围追堵截，采取各种手段防患于未然，那么，叛逆的男孩就会想：既然你不相信我，干脆我就找个朋友谈谈，看你们能把我怎么样！

于是，原本只是与同学之间正常交往，由于父母的猜疑而使事情走上了反面。换句话说也就是，大多数情况下，是父母把儿子逼上了早恋的弯路。

值得提醒的是，作为男孩的父母，当发现孩子的心思被某个女孩牵走了，千万不要慌张，更不要立马拦刀挡在孩子面前。处在青春期的男孩，叛逆是其主要的思想与行为特征。特别是父母对其纯真的情感或女孩有歪曲评价时，就更容易激怒孩子。

方法三：潜移默化影响法

如果想跟青春期的男孩保持良好的沟通，让他接受正确的引导，就需要讲究沟通的艺术。一般来说，在早恋问题的沟通上，不能少了父亲的参与。

作为父亲，也曾经历过和男孩相似的成长经历，用自己的故事去影响孩子，是再好不过的方法。

一位开明的父亲，一直和儿子保持着良好的沟通关系。儿子12岁的时候，父亲很认真地告诉他："爸爸也有过12岁。12岁孩子犯的错误，爸爸都犯过；12岁孩子干的傻事，爸爸也都干过。如果你遇到想不明白的事，或者做了错事和傻事，可以告诉我，爸爸是最懂你的人。"这样的话题在以后的日子中，每年都会被父亲提起一次。就这样，男孩无论是遇到了打架问题，还是早恋问题，都得到了父亲的及时帮助。

除了父亲要与儿子保持着良好的沟通、交流习惯，以便及时掌握男孩的情况外，父母还可以通过日常生活的细节，潜移默化地对孩子的恋爱观进行正确引导。

一位母亲，经常巧妙地利用电视剧对青春期的儿子作情感指导。看见电视剧里漂亮聪明但极端个人主义、有强烈控制欲的女人，他就对儿子说，这样的女人会吸引男人，但找这样的女人，男人会一辈子倒霉。

虽然这位母亲的话稍有偏激，但我们不可否认这样一个事实：在看电视剧时，通过评价剧中人物帮助孩子分辨、判断情感投放的对象，入情入景入理地进行情感指导，会比讲道理更容易让孩子接受。

此外，父母还可以在日常生活中，适当给男孩讲讲关于男人一生的魅力——梦想、胸怀、胆识、进取、责任，等等。这有利于帮助孩子找到自己现实生活的位置，以及未来人生的发展方向。

沉迷暴力、血腥的影视节目
——净化男孩的成长环境

曾有这样一个著名的心理学实验：

心理学家把两组孩子随机分配到两个屋子里，一组观看暴力打斗的影视节目，另一组没有观看这些暴力节目。当电视播放完以后，观看暴力节目的一组孩子开始撕扯屋里的玩具，并且互相打斗；另一组的孩子则没有出现这些现象。心理学家由此得出结论：观看暴力电视对孩子的影响很大，甚至会激起孩子的效仿。

在性别差异上，心理学家则注意到，女孩观看暴力节目与是否出现暴力行为间的关系，并不如男孩那般明显。

为什么暴力影视节目会对男孩的心理影响如此显著呢？

道理很简单。因为孩子还小，认知功能发育不完全，对事物缺少批判能力，容易模仿，当荧屏里出现暴力镜头，孩子会觉得好玩，却意识不到它有什么不对或者危害。这样，孩子就会接受暴力节目里人物言行的教育，甚至认为这是好的，是"勇敢"，以凶残有力、打架闹事为荣。

特别是男孩，由于受体内激素的影响，他们会表现出更多的领导欲、占有欲，而这也正是促使男孩更易受到暴力影视节目影响的原因。

一位妈妈就曾这样记述了发生在自己儿子身上的暴力事件。

儿子五六岁的时候，就总喜欢玩打打杀杀的游戏，还经常会威胁其他小朋友说："我要杀死你""我要打死你"，把其他小朋友吓得直哭。还有一次，他竟然自己在抽屉里找到了一把刀，把我刚给他买的一个玩具进行了肢解。天啊！我的儿子这是怎么了？

后来通过分析，我和他爸爸才弄明白了。原来，儿子平时十分喜欢看武打剧，因为孩子的奶奶十分疼爱孙子，就经常提供一些武打剧给他看……结果，孩子就学会了模仿，经常表现出一些攻击行为。

究竟是什么样的心理影响,让曾经乖巧的孩子变得崇尚暴力呢?

我们都知道,在电视或其他传播媒体上,均有许多情节在描述用各种暴力行为来解决大小不同的各种冲突。如此一来,孩子就可能会以为"好人"制服"坏人"这类的以暴制暴,是一种可被接受的社会正义。对于无法完全区分虚构故事与现实生活的孩子来说,模仿暴力行为也就是必然的事情了。

◎ 给父母的建议

研究显示,影视媒体的暴力内容不仅会使孩子产生暴力倾向,还会影响孩子的交往能力。当与别人发生冲突的时候,这类孩子往往不知道除了大打出手以外,还有什么别的方法。

因此,为了孩子的身心健康,父母必须为你的男孩把好收看影视节目这一关。

方法一:有选择地让男孩观看影视节目

孩子天生就喜欢模仿,爱模仿影视中人物和情节,且没有善恶的自我分辨能力,因此,父母应慎重地为孩子选择合适的电视节目。

可选择看一些知识性较强、有教育意义的、光线颜色变化较慢的动画片、动物纪录片等,例如《动物世界》《喜羊羊与灰太狼》《蓝猫》等,或是一些经典的动画片,如《西游记》《七个葫芦兄弟》等等。而在成人看来老土的一些国产动画片,事实上也非常适合孩子看,尤其是以中国典故为题材的动画片,如《三顾茅庐》《愚公移山》等,都有很好的教育意义。

同时,父母要时刻擦亮眼睛,含有恐怖、暴力、色情等成分的电影和电视节目以及描写暴力、爱情的"成人动画片"是不适合孩子收看的。

方法二:陪你的男孩一起观看影视节目

父母不仅应陪着孩子观看影视节目,还不要忘记与孩子进行交流、讨论这一重要环节。此外,让孩子归纳故事内容、分角色扮演某些经典的故事情节等,也非常有助于提高孩子的观察力、记忆力、语言表达能力、表演能力以及创造力。

对已有电视瘾的小朋友来说,父母更应该多与孩子相处,分散孩子对电视的注意力。例如,可尽量多带孩子进行户外活动和社交活动,减少孩子与电视相伴的时间;同时与孩子约定严格的看电视时间,大人小孩共同遵守。

第十一章 解密危险禁区,防止男孩成为『问题男孩』

再版后记

男孩和女孩的教育方式应该有区别吗？为什么会有区别？这种区别体现在哪些方面？

因为工作的关系，身边常有一些父母问我这样一些问题。对于此，我也总会无一例外地给出这样的答案：男孩与女孩的教育是不一样的，各有侧重，各有特色。

先举两个生活中常见的现象来说明一下，比如——

理财方面：男孩有了钱，第一个想到的大多是如何去消费，买好吃的还是买游戏卡等；而女孩呢，大多会偷偷攒下来一些，享受积攒的快乐。

在与人交际方面：喜欢竞争的男孩，面临的最大难题往往是易争斗、有点"争强好胜、惹是生非"的嫌疑；而更注重关系的女孩，则往往更易被友谊左右，为之而苦恼、受伤……

这就是男孩和女孩，从小时候的男孩喜欢玩枪、女孩喜欢玩娃娃，再到长大后的男孩更易叛逆、女孩更易自卑和受伤，其成长轨迹与规律都是截然不同的。与此同时，对于长大后的孩子，社会和父母对其的期望也是不同的：对男孩的最大期望是责任与成功，对女孩的最大期望则是有内涵且幸福。

这也就决定了，父母的培养要点和方向、方法也应是各不相同的。

当然，这也正是本套丛书力图解决的问题。

本套丛书在原版的基础上进行了增订，增加了一些新的章节，完善了旧版的一些内容，基本上涵盖了男孩、女孩教育的方方面面，是一套培养男孩、女孩的百科全书。在男孩、女孩各自的 100+10 个成长细节中，父母朋友们将更加详细、全面地了解到教育孩子的每一个细节，并将学到很多可以拿来即用、一用即灵的实用方法。

希望这两本书,能够给更多的男孩父母、女孩父母带去一些实用的启示!

《培养了不起男孩的 100 个细节》《培养完美女孩的 100 个细节》出版后,持续热销了很多年,并有幸成为了全国近 100 万妈妈们的共同选择!在此,借着图书再版的机会,我也向广大读者朋友致以衷心的谢意!

此外,图书出版后,我也陆续接到了很多家长的来信,诉说自己的教育烦恼。在此,也给大家公布一下我的邮箱:yunxiao_2008@126.com,当您遇到难题了、有困惑了,请写信将详细情况和表现告之。我以及我们的教育团队,将第一时间为您答疑解惑。

本书作者 云晓